Inhalt

Vorwort VII

I. Einführung: Grundlegende Fragen 1
1. Das Problem des Menschen 1
2. Eine vorläufige Definition 3
3. Philosophie und Theologie 6
4. Das Problem des christlichen Glaubens 9

II. Not und Errettung – das Thema der Schrift 15
1. Vom Übel zur Bosheit 15
a) Eine komplexe Thematik 15
b) Erfahrungen aus Konflikt und Rettung 19
c) Die Bosheit der Menschen 23
2. Ein gütiger Gott? 25
a) Beunruhigende Entdeckung 25
b) Weisheit und Recht 26
3. Ergebung und Widerstand 28
a) Verengung und Ungleichgewicht 28
b) Der große Protest 29
c) Verweigerung der Antwort 33
4. Jesus – Maß und Überwindung des Bösen 37
a) Die Erfahrung: Dem Bösen nicht widerstehen . . 37
b) Die Deutung: Das Böse besiegt 40
c) Mit dem Bösen umgehen 44

III. Das gute Weltsystem – die Negation des Schlechten . . 51
1. Das Böse im Rahmen höherer Ordnung 52
a) Kosmologisch: Die Ordnungsidee der Antike . . 53
b) Naturwissenschaftlich: Der Preis einer funktionierenden Wirklichkeit 60
c) Anthropologisch: Grenze zwischen Leben und Tod 71
2. Das Böse als Mangel an Gutem (Augustinus) . . . 77
3. Das Böse zwischen dem Sein und dem Nichts (Karl Barth) 83
4. Das zentrale Problem 88

IV. Das Böse als Problem der Freiheit 93
1. Augustinus' Freiheitsappell 94
2. Das Erbsündenproblem 100
3. Von Martin Luther bis Søren Kierkegaard 105
a) Zwischen Gott und Satan (Martin Luther) . . . 106
b) Sünde – Angst – Schuld (von Blaise Pascal bis Søren Kierkegaard) 111
4. Schuld und Verfehlung 117
5. Auswege 122

V. Rechtfertigung Gottes – Rechtfertigung des Menschen? 128
1. Das Theodizeeproblem 129
a) Die Geschichte des Gedankens 130
b) Seine heutige Gestalt 139
2. Geschichte der Entfremdung 147
a) Das Unheil der Geschichte 148
b) Täter und Opfer 157
3. Gefährliche Erinnerung 164

VI. Gott zwischen Ohnmacht und Macht 172
1. Das Dilemma der Liebe 172
2. Nachfolge Jesu als Beginn von Gottes Reich . . . 178
a) Nachfolge als Lebensstil 178
b) Konfrontation mit dem Tod 181
3. Innergöttliches Geheimnis? 184
4. Gottes endgültige Macht 192
a) Mißverständnis „Allmacht" 192
b) Der Liebe das letzte Wort 196

Anmerkungen 203

Abkürzungen 208

Literaturverzeichnis 209

Register 231

Vorwort

Im Jahre 1985 erschien in der Wissenschaftlichen Buchgesellschaft meine kleine Schrift zum Problem des Bösen in der Theologie. Ziel jener Schrift war es, aus systematischer Perspektive den damaligen Stand der theologischen Diskussion in gedrängter Form darzulegen. Vor einigen Jahren hat mich der Verlag um die Vorbereitung einer Neuauflage gebeten. Aus beruflichen Gründen mußte ich es zunächst bei Vertröstungen belassen. Inzwischen ist eine gründliche und umfassende Neubearbeitung entstanden. Dabei wollte ich nicht nur den erweiterten Diskussionsstand nachzeichnen, sondern auch die inzwischen veränderte Stimmung aufgreifen. Nachdrücklicher als damals sprengt die Frage nach dem Bösen den theologischen Horizont und zieht eine breite Aufmerksamkeit auf sich (man denke nur an den Erfolg von Rüdiger Safranski). Insbesondere wird das Theodizeeproblem offener und härter diskutiert. Der anhaltende Rückzug der christlichen Kirchen aus der Öffentlichkeit und das wachsende religiöse Interesse einer weithin „säkularisierten" Bevölkerung machen es so möglich und notwendig, Grundsatzfragen kritischer anzugehen und offenere Lösungen vorzuschlagen.

Das kommt dem Gesamtthema zugute. Das Buch will seine christlich-theologische Inspiration gewiß nicht verleugnen, auch bleibt es der Aufarbeitung der theologischen Tradition verpflichtet. Aber ich hoffe, daß es mehr als sein Vorgänger auch zum Gespräch über die Grenzen hinweg taugt. Um so schmerzlicher wurden mir die Grenzen bewußt, die mir der mögliche Gesamtumfang des Buches auferlegt hat.

Der Verlag hat das Entstehen dieses Buches mit großer Geduld und Nachsicht begleitet. Vor allem danke ich Herrn Bruno Frisch für die Ausdauer seiner Begleitung. Angesichts des Themas versteht es sich, daß ich das Buch niemandem widme. So bleiben die Gefühle der Zuneigung und der Dankbarkeit auch dieses Mal in pectore.

Nimwegen, im Juni 1999 Hermann Häring

I. Einführung: Grundlegende Fragen

Das Böse ist allgegenwärtig, und viele haben sich daran gewöhnt. Zugleich ist es das Ärgerlichste und Abscheulichste, das wir uns denken können. Es hat Menschen verzweifeln lassen und ganze Generationen in die Katastrophe gestürzt. Ungezählte haben seinetwegen ihr Vertrauen, ihre Orientierung, gar ihr Leben verloren, aber noch nie wurden wir seiner Herr. Dabei könnte alles ganz anders sein. Die Weltgeschichte ist voller Vorsätze und Zukunftsbilder; sie wird angetrieben von den Erwartungen und den machtvollen Utopien einer guten, sagen wir, einer gerechten und einer versöhnten Zukunft. Warum ist aus ihnen nie etwas geworden? Wer verhindert, daß das Böse, von uns allen doch verabscheut und gehaßt, immer wieder sein Ziel erreicht? Sind es die Natur oder die Umstände, die den Keim der Konkurrenz, des Unrechts und des unverdienten Unglücks immer wieder wachsen lassen? Dagegen steht, daß das größte Unrecht immer und ausschließlich von Menschen begangen wird: soziale Ungerechtigkeit, Verachtung und zwischen Menschen ausgeübte Gewalt. Es ist nicht einfach die Tatsache, daß wir das Böse zu wenig verabscheuen. Im Gegenteil, niemand will es gelten lassen; es gibt keine Epoche, die sich nicht mit ihm auseinandergesetzt oder es bekämpft hat. Dennoch hat sich bis heute niemand seinen Zugriffen entzogen. Dabei ist nichts gefährlicher als der Plan zur kompromißlosen Vernichtung des Bösen. Der Fanatismus zog seine zerstörerischen Kräfte schon immer aus dem, das er bekämpfte.

1. Das Problem des Menschen

So bleibt das Böse ein Problem, das uns hilflos macht[1]. Wir scheitern schon beim Versuch, das Böse zu definieren oder wenigstens dingfest zu machen. Oft wird Besitz durch verdeckten Diebstahl gesichert, Gerechtigkeit durch ungerechtfertigte Gewalt, Sicherheit durch die Bereitschaft zu töten, Gesundheit durch schleichende Vergiftung. Seit einigen Jahren ist das Problem neu in unser Bewußtsein gerückt. Das Jahr 1990 schien zur Stunde Null, zur Stunde der globalen liberalen Revolution zu werden. Wie anders hätte F. Fukuyama die Frage stellen können, ob das „Ende der Geschichte" jetzt bevorstehe? Am Ende seines Buches bezieht er sich auf A. Kojève, der – ähnlich wie schon Jesaja – das Ziel aller Geschichte in der Metapher von der Stadt des Friedens und der Vernunft faßt. In dieser Stadt des Friedens und der Vernunft werden schließlich alle Menschen ankommen. Wirklich? Das gedanklich so scharf konzipierte Buch endet doch sehr offen. Der Autor fürchtet, den Menschen könne es auf Dauer zu langweilig werden (Fukuyama, 446). Und tatsächlich führte die Erledigung des Ost-West-Problems nicht zu großräumigen Problemlösungen, sondern zu neuen Problemkonstellationen. Kein Bürgerkrieg kam zur Ruhe und kein Volk seitdem zum Frieden. Im Gegenteil, neue und unerwartete Probleme kommen auf uns zu.

Auch diese neue Situation hat ihr Kultbuch gefunden. Im Augenblick bestimmt, wie es scheint, S. P. Huntington den Ton, der im 21. Jahrhundert einen großen und epochalen „Kampf der Kulturen" auf uns zukommen sieht. Hier wird, jedenfalls im Geiste, schon aufgerüstet. Die großen Kulturkreise sollen es sein, die jetzt zum unversöhnlichen Kampf, zu globalen „Bruchlinienkriegen" antreten: westliches und orthodoxes Christentum, Islam und Hinduismus, Konfuzianismus, Japan und Lateinamerika, Schwarze und Weiße. Hat Huntington recht? Die Gefahr solcher suggestiver Visionen ist, daß sie genau das produzieren, wovor sie warnen.

Nun sollte das Böse nicht einfach mit weltpolitischen Bedrohungen identifiziert werden oder auf sie beschränkt bleiben. Doch für ein Buch, das sich auf dem Boden christlicher Tradition mit dem Bösen beschäftigt, sollte klar sein: Die Beschränkung auf individuelle oder private Fragestellungen, auf rein moralische Aspekte ist unerlaubt. Von Anfang an steht die biblische Auseinandersetzung mit dem Bösen in einem *umfassenden Horizont.* Es geht um Geschichte und Zukunft der Menschheit, Krieg und Frieden, Armut und soziale Gerechtigkeit, Unterdrückung und umfassende Freiheit. An der Lösbarkeit und Unlösbarkeit gerade dieser Fragen muß sich die christlich-theologische Auseinandersetzung knüpfen. Die aporetische Erfahrung ist zentral, daß wir in einer Welt leben, die sich gegen das Böse wehrt und es zugleich produziert, die das Böse verabscheut und ihm zugleich verfallen ist, die mit Herz und Verstand an seiner Bewältigung zu arbeiten scheint, sich in Wirklichkeit aber von ihm verführen läßt, die das Unmögliche versucht und zugleich weiß, daß sie daran zugrunde geht, gerade weil sie dieses Unmögliche nicht leistet.

So kann die Erfahrung des bleibend Bösen im weltpolitischen

Maßstab zu der Überzeugung führen, daß ganze Kulturen von einem Zerstörungstrieb oder von Zynismus durchsetzt sind (Fromm, Nietzsche) oder daß nichts so sehr zu fürchten ist wie der Mensch (Horstmann), daß das Trachten der Menschen böse ist „von Jugend an" (Gen 8,21), so daß um der Menschen willen am Ende Zerstörung stehen muß (Anders, Sommer). So ist das Banalste, was vom Bösen zu sagen ist, vielleicht das Weiseste, das sich von ihm sagen läßt: Das Böse darf und dürfte nicht sein, aber *es ist* (Schulz 1972, 721). Dieser Basissatz umschreibt das Problem des Bösen hinreichend, wenn auch in äußerster Allgemeinheit. Deshalb kann man sich darüber streiten, welche Haltung gegenüber dem Bösen die fruchtbarere ist: die unbescheiden kämpferische, die auf die Utopie einer versöhnten Welt setzt, oder die bescheiden bewahrende, die in Verantwortung das zu behüten sucht, was es an Leben und Lebenswertem gibt. Wie auch immer die Antwort sein wird, eine Lösung wird mit der grundlegenden Erkenntnis beginnen müssen: Das Problem kann nach menschlichem Ermessen gar keine Lösung finden, schon gar nicht eine rational-theoretische, die allem Handeln vorangeht und es eindeutig steuern könnte.

2. Eine vorläufige Definition

Deshalb ist zunächst die Frage zu stellen, was das Böse ist. Im weitesten Sinn verstanden meint das Böse alles *Schlechte*. Es bedeutet im Kern Angriff auf Dasein und Leben (Heering, 9–13); seine Richtung ist der Tod. Augustinus nennt es in aller Kürze und wohl auch präzis: *das was schadet*[2]. Das ist eine Definition, die allgemein gilt. Weil aber alles, was ist, sein möchte und wohl auch sein darf, sind alle Dinge und Ereignisse böse, die nicht sein sollten oder sein dürften, weil sie – in welcher Hinsicht auch immer – schädlich oder gar verderblich sind. Das ist ein Ausgangspunkt, in dem sich alle weiteren Überlegungen über das Böse immer wieder treffen müssen.

Dabei gibt es zwei grundsätzliche Probleme. Das erste Problem nenne ich die *Täter-Frage*. Die westliche Tradition kennt eine klassische Unterscheidung, die tief in der philosophischen und theologischen Tradition unserer Kultur verwurzelt ist. Es ist die Unterscheidung zwischen dem Übel, das uns vorgegeben ist und faktisch zu Schaden führt, und dem Bösen im strengen Sinn, das von Menschen, von Tätern also, frei gewollt ist und schaden will. Zum vorgegebenen *Übel*, in der Tradition oft auch das physische Übel *(malum physicum)* genannt, gehört alles, was uns an Schädlichem von der Natur, den Dingen und den Umständen her widerfährt. Das können Schmerz oder Entbehrung, Unglücksfälle oder Enttäuschungen, geistiger Verfall oder der Tod sein. Zum gewollten *Bösen*, in der Tradition oft das moralische Übel *(malum morale)* genannt, gehört alles Schädliche, das uns von anderen Menschen absichtlich, also aus freiem Willen zugefügt wird. Es ist keine Frage, daß Begriff und Gedanke des moralisch Bösen erst auf dem Hintergrund eines bestimmten Bildes vom Menschen entstehen konnten. Es ist das Ideal des Menschen, der letztlich frei über sich und sein Handeln verfügen kann. Es ist zugleich der urteilende Blick auf einen Menschen, der böse werden kann, weil er für das verantwortlich ist, was er tut. Je deutlicher sich dieses Menschenbild freier Verantwortlichkeit durchsetzt, um so intensiver wird man versuchen, die frei gewollten Anteile einer jeden Handlung herauszufinden, um sie moralisch zu werten, sie als Verdienst oder Schuld anzurechnen. Es ist auch unmittelbar einsichtig, daß nur dieses frei gewollte Böse um seiner selbst willen geschehen kann. Nur in freier Absicht kann man zerstören, um zu zerstören. Eine solche Absicht um ihrer selbst willen hat sozusagen absolute Qualität; sie läßt sich nicht mehr steigern.

Allerdings konnte diese Einteilung in Übles und Böses nie allen Fragestellungen gerecht werden, denn genau in der Überschneidung liegen die Probleme, so daß eine klare Unterscheidung von Übel und Bösem oft nicht möglich ist. Es geht um das Problem der *gebundenen Freiheit*. Vor allem die Wissenschaften, deren Gegenstand das menschliche Handeln ist, haben auf dieses Phänomen hingewiesen. Psychologie und Soziologie können je auf ihre Weise und mit ungezählten Beispielen den „Normalfall" menschlichen Handelns illustrieren, in dem Zwänge und freie Entscheidungen einander so durchkreuzen, daß der freie, unbedingte und sich selbst bestimmende Wille zur Fiktion wird. Andererseits kann der Gedanke der Entscheidungsfreiheit und Selbstverantwortlichkeit nicht aufgegeben werden. Gegenseitiges Vertrauen und ein Minimum an Verläßlichkeit würden sonst zerfallen. So mag die Unterscheidung zwischen Übel und Bösem vielleicht eher einem humanen, erkenntnisleitenden Interesse dienen als einer empirisch feststellbaren Wirklichkeit. Deshalb liegt es nahe, von einem übergreifenden Begriff auszugehen, also vom Bösen in einem umfassenden, das Übel einschließenden Sinn.

Ein zweites Problem nenne ich die *Opfer-Frage*. Ideologiekritische Überlegungen haben das Bewußtsein dafür geschärft, daß

Theologie und Philosophie das Böse in der Regel aus der Perspektive des Täters besprechen. Was aber bedeuten Freiheit und Verantwortung aus der Perspektive vieler Opfer? Was bedeuten für sie Schuld und Vergebung? Ihre Erfahrungen sind gerade nicht Freiheit und ihr Problem ist nicht das Vermögen, Böses zu wollen, denn sie leben oft in Unfreiheit und sozialer Abhängigkeit, konnten nie eine faßbare Freiheit entwickeln. Sie fragen allenfalls noch, wer ihnen beisteht und wie die sozialen, gesellschaftlichen und individuellen Gründe ihrer Not zu überwinden sind. Das ist ein weiterer Grund, um vom Bösen in einem weiteren und umfassenden Sinne zu reden.

Vor diesem Hintergrund hat sich, jedenfalls in theologischen Diskussionen, eine weitere Unterscheidung durchgesetzt. Ich nenne sie vorläufig die strukturelle oder soziale *Unrechtssituation.* Diese Kategorie liegt quer zu den genannten. Es ist die Wirklichkeitsdimension der Sozialität, der gesellschaftlichen, geschichtlichen und kulturellen Situiertheit. Allerdings helfen diese Unterscheidungen nicht weiter, solange nicht klar ist, was wir mit dem Bösen im weitesten Sinn des Wortes meinen. Diese Frage ist in unserer Denkgeschichte nie richtig zur Ruhe gekommen, denn das Wesen des Bösen ließ sich nicht definieren; offensichtlich hat es überhaupt kein Wesen. Zwar läßt sich der Wille eines Menschen böse nennen, sofern dieser schaden *will.* Was aber ist das Böse selbst? Fünf Kennzeichen sind von Bedeutung:

(1) Das Böse erscheint immer als Eigenschaft, ist also Prädikat. Es ist nie in sich selbst, sondern in Ereignissen, in Handlungen und deren Wirkungen. Möglicherweise ist es deshalb einer Wesensphilosophie immer wieder entglitten. Es ist also ein Relationsbegriff; seine Sache hat mit Handeln und Erleiden, mit menschlichen und sozialen Beziehungen zu tun. Als böse wird erfahren, was bedroht, Ordnungen auflöst, Leben zerstört, Entwicklungen in Katastrophen enden läßt.

(2) Anders vielleicht als das Gute, das Schöne oder als andere Eigenschaften ruht das Böse (im weiteren Sinn des Wortes) nie genau definierbar in sich, sondern bestimmt sich in bezug auf Absicht und Wirkung. Ein Schaden kann schwer, jedoch unbeabsichtigt, eben zufällig sein. Ein Schaden kann aber auch minimal sein, obwohl jemand schwerste Vernichtungen beabsichtigte. In beiden Fällen zeigt es sich als Verneinung, als Zerstörung. Es bedarf keiner eigenen Begründung dafür, daß diese Dimension von Wirklichkeit und Wirkung in Religion und Glaube eine besondere Bedeutung entfaltet.

(3) Wer das Böse allerdings als eine solche Verneinung identifiziert oder ernst nimmt, kann es nur kompromißlos ablehnen. Wer es zudem als Macht über sich erfährt, wird die Frage nach seiner Errettung nicht mehr von der Hand weisen. Deshalb bewirkt die Erfahrung des Bösen immer wieder äußerste Betroffenheit, sie macht objektivierende Distanz unmöglich und zwingt zur unbedingten Selbstimplikation. So verweist die Erfahrung des Bösen in einen ursprünglichen Zusammenhang, der allen Analysen vorausgeht.

(4) Warum aber ist die Rede vom Bösen in unserer Sprache so selbstverständlich? Dies läßt sich am besten über die dritte Unterscheidung fassen. Das Böse, wurde gesagt, sei eine Unrechtssituation. Konkret erscheint es jedoch als ein Zusammenspiel hochkomplexer Prozesse, die teils gesteuert, teils zufällig, teils nicht steuerbar sind. Oft zeigt es sich als *unüberwindliche Macht*, die buchstäblich über Leichen geht. Dieser Machtcharakter des Bösen spielt in der religiösen Sprache eine wichtige Rolle. Vermutlich bildet die Übermacht des Bösen das eigentliche religiöse Problem.

(5) Doch verhindert der Machtcharakter des Bösen nicht, daß es zugleich als meine Tat erscheinen kann. Wenn ich Mittäter des Bösen bin, dann betrifft mich das Böse zugleich als Wirkung. Dieses *Janusgesicht* gehört – von den Tätern aus gesehen – zum Bösen durchaus dazu. So zeigt das Böse zugleich etwas von meiner Identitätsbedrohung und von meiner Identität; es affiziert mich von außen und hat mich schon immer von innen infiziert. Es gehört zum Vermögen der Religionen, daß sie – führend für jeweils „ihre" Kultur – diesen Sachverhalt zum Ausdruck bringen. Dies macht es verständlich, daß wir als Täter des Bösen, die wir sind, eine betroffene und zugleich bekennende Sprache führen. Religionen reden von diesem Bösen deshalb in einer indirekten Weise, d. h. in Symbolen, Mythen und vielfachen Erzählungen. Dieses Reden bedeutet zugleich existentielle Verarbeitung des Bösen, nicht seine Lösung, aber Umgang mit dem Problem. Ricœur (1971, II) hat in seiner klassischen Arbeit zur Phänomenologie des Bösen darauf aufmerksam gemacht.

3. Philosophie und Theologie

Allerdings ist damit zum Reden über das Böse nicht alles gesagt[3]. Diese unmittelbare Rede vom Bösen (in Symbolen, Mythen, Erzählungen) betrifft den innersten Kern, sozusagen die Mitte dieses Redens, in dem alles Sprachhandeln noch beieinander ist und aus einer selbstreferentiellen Dimension lebt. Theologisches Nachdenken hat den *elementaren Charakter* dieser Redeweise ernst zu nehmen und dafür zu sorgen, daß bei der späteren Ausfaltung keine der hier vollzogenen Dimensionen verlorengeht. Aber natürlich darf auch die Theologie bei dieser Redeweise nicht stehenbleiben. Schon der Versuch einer definierenden Umschreibung ging weiter, indem er ein analytisch beschreibendes Element einforderte. Weiter ging auch schon die eben unternommene Unterscheidung des Bösen in drei Grunddimensionen. Weil das Böse eine so starke selbstreferentielle Komponente enthält, ist Selbstdisziplin für eine nüchterne Analyse geboten. Deshalb geht mit dem Bösen nur angemessen um, wer sich der Mühe des Nachdenkens, der Objektivierung sowie der hermeneutischen Aneignung unterzieht.

Es muß bei diesen Hinweisen bleiben; die Analysen können nicht bis ins Detail geführt werden. Ebensowenig können wir die östlichen Wege der Leidens- und Bosheitsbewältigung hinreichend berücksichtigen oder auf die Erfahrungen eingehen, die sich in der jüdischen und muslimischen Geschichte bis auf den heutigen Tag angesammelt haben. Schließlich ist im folgenden keine Beschäftigung mit der christlichen oder anderer Mystik zu erwarten. Wir folgen vielmehr dem klassischen Weg der abendländischen Theologie, die sich immer auf der Grenze zwischen Glauben und Philosophie befand und sich so als verantwortete Reflexion des Glaubens von der Philosophie unterschieden hat. Wir betrachten das Böse hier – wie könnte es anders sein – als *Problem der Menschen*, seien sie Täter, seien sie Opfer. Dazu gehören ihre Schuld und ihr Elend, auch die Tatsache, daß wir oft Täter und Opfer zugleich sind. Das bedeutet aber: Wenn es uns um Menschen und Menschheit geht, dann lassen sich eine allgemein anthropologische und eine spezifisch theologische Betrachtung nicht hinreichend unterscheiden.

Ganz grundsätzlich gilt, woran auch wir uns zu halten haben: Hinsichtlich des Bösen sollten die Religionen mit ihren spezifischen Systemen der Bewältigung nicht gegen die Philosophie ausgespielt werden. Staunen und Erschrecken, die Suche nach Quellen und besseren Wegen stehen auch an ihrem Anfang. Die Suche nach einer gemeinsamen, religiösen und zugleich profanen Sprache ist dafür exemplarisch. Diese Gemeinsamkeit gilt zumal für das kulturelle Erbe unserer Geschichte. Wir, d. h. die Theologie, die Philosophie und die Humanwissenschaften, die Sprachen und symbolischen Welten der verschiedenen Religionen, sitzen letztlich in einem Boot und bleiben auch weiterhin aufeinander angewiesen. Jahrhundertelang hat die Philosophie für die Theologie ein heilsames Korrektiv bedeutet. Ihr Problem ist lediglich, daß sie nicht ebenso eindeutig wie die Theologie auf eine sie tragende lebenspraktische Institution, also nicht auf ein praktisch vermitteltes Vorverständnis verweisen kann. So verfällt sie bisweilen einer Attitüde der Objektivität und Universalität, die mehr mit schlechter Abstraktheit als mit konkreter Analyse zu tun hat. Das Problem der Theologie dagegen ist ein anderes geblieben: Bis auf den heutigen Tag hat sie keine spezifische Methodik der Exploration und der Reflexion entwickelt. Was kann und was muß sie anderes tun, als denkend (wenn auch geleitet von der Tradition ihrer großen Texte und der Gemeinschaft derer, die den Glauben lebenspraktisch realisieren) den Fragen von Heil und Unheil nachzugehen? Was kann sie anderes tun, als in rationaler Reflexion (und somit nicht anders als die Philosophie) den Umgang des christlichen Glaubens mit dem Bösen kritisch zu erhellen?

Angesichts der Problematik des Bösen zeigen sich beider Stärken und Schwächen in verstärktem Maße. Die Theologie hat den Verdacht, daß die neuzeitliche Philosophie dem Problem des Bösen nicht gerecht wurde (K. Barth). Das allerdings gelang ihr selbst kaum. Teilweise folgte sie methodisch und inhaltlich, wie wir noch sehen werden, den philosophischen Schwächen. Teilweise widerstand sie der Philosophie, entzog sich dabei aber dem Zwang zum selbstkritischen Denken und ersetzte schwierige Reflexion durch fromme, gar unerleuchtete Praxis.

Diese Zeiten sollten vorbei sein. Recht und Pflicht zur denkenden Reflexion gehören zum Recht und zur Pflicht eines glaubenden Lebenskonzepts. Doch sollte die Theologie deshalb ihre spezifischen Möglichkeiten nicht vergessen. Theologie und Glaube bewahren die Möglichkeiten der religiösen Rede und sollten so das Böse selbst in seiner Dynamik und Gefährlichkeit zur Sprache bringen. Sie kann und sie sollte Gegenkräfte in *emotionaler Tiefe* mobilisieren. Religiöse Sprache handelt. Religionen offenbaren die Situation, indem sie Gefahren und Hoffnungen ganzheitlich, voranalytisch also und pathetisch, d. h. aus der Situation von Betroffenen und im Blick auf eine transzendente Dimension artikulieren. Der Appell an die je eigene Situation wird weder aufgehoben noch zur bloßen Konsequenz des Denkens neutralisiert. Er wird vorweggenommen und er bestimmt (biblisch und abendländisch gesprochen) das Problem als Frage nach dem rettenden Gott. Wenn der Umgang mit dem Bösen daher ein Indikator sein sollte für die philosophische und religiöse Qualität eines theologischen Denkens, so liegt es nahe, Philosophie und Religion vom Ursprung her aufeinander zu beziehen, und zwar als Frage nach der Situation des Menschen schlechthin (Pannenberg 1977b, 299–329). Wir suchen Antworten für Mensch und Gesellschaft, nicht für eine erlesene Gruppe Auserwählter. Was zählt, ist die öffentliche Überzeugungskraft und Relevanz von Glaube und Theologie, nicht ihr Vermögen, private Tröstung (die hiermit nicht diskriminiert sei) zu verleihen.

4. Das Problem des christlichen Glaubens

Wir versuchen also im Rahmen einer theologischen Reflexion, das Böse als religiöses Problem zu denken[4]. Was aber ist damit gemeint? Wir haben schon darauf hingewiesen, daß Religionen und Religiosität das Böse ganzheitlich und selbstreferentiell, von einem ursprünglichen Erfahrungsgrund her und auf expressive und praktische Folgen hin verarbeiten. Die Religionen sind voller Bosheitserfahrungen, die in Riten und Erzählungen, Weisheitssprüchen, Gesängen und Tänzen, in Utopien und apokalyptischen Erwartungen gestaltet werden. Wenn man neueren Forschungen folgt, dann kann hinzugefügt werden: Alle Weltreligionen verarbeiten ihre Wirklichkeitserfahrung im Blick auf „eine Letzte Wirklichkeit", aus der sie „in Vertrauen, Gebet oder Meditation, in Wort oder Schweigen Kraft und Hoffnung schöpfen" (Küng/Kuschel 1993, 21). Allen gemeinsam ist also eine letzte Relativierung der empirisch erfahrbaren Welt auf ein Anderes hin, gleich wo es angesiedelt ist. Im Sprach- und Vorstellungsfeld der monotheistischen Religionen fügen wir deshalb hinzu, daß diese Verarbeitung im Blick auf eine welttranszendente, sinngebende Instanz geschieht, die in vielen Religionen „Gott" genannt wird – oder die ins Schweigen führt. Diese Religionen versuchen, kurz zusammengefaßt, den existentiellen, geschichtlichen, kosmischen Sinn (oder Unsinn) des Bösen im Blick auf Gott zu fassen. Die Frage lautet also: Was ist und was bedeutet das Böse angesichts eines letzten Vertrauens auf Gott? Wie können wir es verarbeiten? Was können wir angesichts des Bösen für uns und für die Zukunft der Welt hoffen?

Nun wäre es möglich, diese abstrakten Fragen in deduktiver Manier weiter zu entfalten und zu beantworten. Allerdings wäre das nicht sehr hilfreich. Zunächst hätte die christliche Theologie an diesem Punkt einer verantwortungsvollen Philosophie nichts hinzuzufügen. Ferner bliebe auf diesem Wege ungefähr alles offen, was für die Religionen, was insbesondere für die biblischen Religionen wichtig ist. Was ist mit Gott gemeint, und wie kennen wir ihn? Was sagt der christliche Glaube über den Kampf Gottes mit dem Bösen, und aus welchen Visionen leben wir? Welche spezifischen Lebens- und Menschheitserfahrungen bringen die biblischen und speziell die christlichen Erinnerungen ins Spiel? Erst die Bearbeitung und Beantwortung solcher Fragen kann die fundamentalen Absichten konkretisieren, die für Religionen charakteristisch sind: Soll etwa ein Sinn des Bösen herausgefunden oder sein Unsinn entlarvt werden? Sollen Menschen lernen, sich dem Bösen zu fügen, ihm zu entkommen oder es abzuschaffen? Wie können wir damit Ernst machen, daß wir beim Bösen immer schon existentiell Betroffene sind und dem Bösen zugleich mit aller Macht zu begegnen haben? Geht es letztlich um Fragen der Wahrheit oder der Macht, der Vergeltung oder der Unterwerfung? Müssen wir lernen, uns ins Böse zu fügen oder uns dagegen aufzulehnen? Geht es in erster Linie um seine Herkunft oder Zukunft? Und wenn alle diese Fragen aufgeworfen sind, wie sollen wir sie zueinander gewichten?

Deshalb ist darauf hinzuweisen, daß es nicht nur eine Möglichkeit gibt, über das Böse zu reden. In der Geschichte christlich-religiöser Erfahrung hat das Böse die verschiedensten Gesichter (Blank 1982). Ferner hat es im Laufe der Zeit seine *Namen* gewechselt. Das sind zur Zeit Jesu etwa nicht nur die Übertretung des Gesetzes, die Unkenntnis der Schrift oder der böse Trieb, der in jedem Herzen wohnt, sondern auch die Unterdrückung Israels, der gottlose Herodes und die römische Besatzungsmacht. In der christlichen Kirche sollten ausgerechnet die Juden (in den Evangelien schon zu den heuchlerischen „Pharisäern" stilisiert) und das Gesetz (in paulinischen Texten zu einer geradezu fluchbeladenen Sache theologisiert) diese Funktion bald übernehmen. Das Böse sind später (in einer gnostisch geprägten Epoche) die Welt und ihre Vergänglichkeit, der Leib, bisweilen die (vor allem weibliche) Sexualität. Höchst gefährlich waren für die Christen der ersten Jahrhunderte diejenigen, die für den Staat religiöse Verehrung forderten; Nero wurde zum Prototyp des Antichristen. Noch für Augustinus sind die Großmächte seiner Zeit und Geschichte „Räuberbanden". Sobald die christliche Religion aber für die öffentliche Ordnung des römischen und byzantinischen Reiches eine kulturelle und religiöse Verantwortung mitübernommen hat, werden diejenigen zu Bösen, die der öffentlichen Ordnung bedrohlich werden. „Lichtbringer" (also Unruhe stiftender Luzifer) wird im *Exultet* der Osterliturgie noch Jesus Christus genannt; später ist es der Teufel (Hinkelammert, 222–231). Es sind die Dissidenten der Spätantike, die Ketzer im Hohen Mittelalter, die Hexen in einer schwierigen Übergangszeit zur Moderne, die Protestanten oder die Römischen zur Zeit der Reformation, später die Revolutionäre, die Modernisten, dann die Liberalen, Sozialisten oder die Kommunisten. Die Tatsache, daß in unserer Zeit und in unserem Kontext die Bösen kaum mehr auszumachen sind, weil diffus allgegenwärtig und zugleich abwesend, wirkt sich innerhalb der Kirche als schwere Krise aus. Individuelle und kollektive Pathologien und Psychosen, Fundamentalismen und ekstatische Reaktionen der Weltflucht sind die Folge.

Deshalb kannte und kennt eine jede Epoche, sei sie christlich oder nicht, ihre eigenen Ausgestoßenen, die das Böse symbolisieren. Es waren die Besessenen, die Juden und die Moslems, die Neger und Wilden. Erfahrungen des Bösen, Ängste also, wurden auf Menschen projiziert, diese als Teufel in Person wahrgenommen (Haag 1974). War solches Geschehen einfach vulgär oder naiv? Möglicherweise brauchen wir ja für das Böse Symbole, um unsere Schrecken besprechbar zu machen (Claret). Es gibt Satane und Satanisches in Menschengestalt. Ich nenne nur Hitler und Stalin, Auschwitz und Hiroshima, den heuchlerischen Sadismus der Schreibtischtäter und den Blutrausch der Folterer (Sofsky 1996), die Blutrituale des Kriegers (Ehrenreich), die atomare Vernichtung und den totalitären Überwachungsstaat.

Natürlich kann diese Symbolisierung nicht nur durch Benennung geschehen, sondern auch mit den Mitteln von Erzählung und Literatur (Kuschel 1997). Dort wird deutlich, daß beim Bösen religiöse und andere Dimensionen einander unmittelbar durchdringen, ohne dekkungsgleich zu sein. Das, was den Menschen an sich angeht, das ist religiös relevant. Gerade deshalb hat das Böse je nach Verhältnissen, nach Ängsten und Erinnerungen, je nach den Stabilitätsbedürfnissen einer Epoche seine Gesichter gewechselt und in der Theologie Rückwirkungen ausgelöst. Es gab entsprechende Satanologien und Staatslehren (man denke nur an die Symbolik des Leviathan), Ketzerwiderlegungen und Teufelsdiagnostiken, einen Hexenhammer und konfessionelle Polemik. Es gab die theologische Ideologie der Inquisition, für die das ganze Erdenrund in Teufelstrug versank, und die Theologie des Kreuzzugs, für die kein Blutbad an Muslimen zu grausam war. Es gab eine Legitimation von Kolonialismen, die sich auf den teuflischen Aberglauben der „Eingeborenen“ berief, einen nationalen Größenwahn religiöser Prägung, die Verdammung des

„treulosen“ jüdischen Volkes und das Recht zur zwangsweisen Bekehrung.

Von der einen christlichen Tradition oder der einen christlichen Theologie des Bösen läßt sich kaum sprechen. Dies darf im Blick auf dieses Buch nicht vergessen werden, das vielleicht mehr Einheitlichkeit suggeriert als es tatsächlich gibt. So bleiben wenigstens eine Hoffnung und eine Frage: Gibt es in der selbstkritischen (theologischen) Bearbeitung des Bösen eine *spezifisch christliche Tradition*? Wo beginnt die entsprechende Theologie, die alle humanen Einsichten und Mittel der Problemlösungen zu Hilfe nimmt, um spezifisch christlich zu antworten? Sind wir nicht in Gefahr, ein allgemein humanes Gedankensystem (den Lobpreis von Gewaltfreiheit und Toleranz, von Nächstenliebe und unbedingter Gewaltfreiheit, die Erinnerung an die Opfer und an nicht wiedergutzumachendes Unrecht) als religiöses oder als christliches auszugeben? Macht sich eine Theologie nicht überflüssig, die nur noch in diesen Standard humaner Anthropologie und Weltbeurteilung einstimmt? Wir werden uns hüten müssen, diese Frage vorschnell zu beantworten, aber ihretwegen haben wir besonders darauf zu achten, was die Schrift uns zu sagen hat.

Was aber schadet wirklich? Unsere alltäglichen Urteile sind selber schon von religiös geprägten Erfahrungszusammenhängen bestimmt. Hinzu kommt, daß sich viele Zusammenhänge gerade in religiöser Perspektive anders als im profanen Alltag auslegen lassen. Glaube und religiöse Betroffenheit vermögen die Wirklichkeit ja sehr wirksam und „gegen den Strich“ zu interpretieren. Religionen präsentieren eine kontrafaktische Wirklichkeitserfahrung. So werden Leiden etwa zur Quelle des Heils und Demütigung zum Zeichen göttlicher Auserwählung. Gerade solche kontrafaktische Wirklichkeitserfahrung wiederum vermag den Glauben und das „normale Leben“ zu bestätigen. Allerdings entstehen auch da Fragen: Wie können sich solche kontrafaktischen Interpretationen legitimieren und in welchem Fall sind sie illegitim? Wie läßt sich verhindern, daß sie für uneigentliche Zwecke instrumentalisiert werden, und von welchem Augenblick an werden spezifische religiöse Interpretationen zu inhumanen Zwecken mißbraucht? Welches Leiden ist als gottlos zu bekämpfen und in welche sollen wir uns fügen?

Angesichts solcher Fragen sind wir heute mit einem tiefgreifenden Umbruch konfrontiert. Eine große Unzufriedenheit mit unserer eigenen christlichen Tradition ist die Folge. Im Vokabular unserer Selbstbezichtigungen dominieren Stichworte wie Machtgier und Autoritarismus, Imperialismus und Traditionalismus, Leibfeindlichkeit und Rationalismus, Patriarchalismus und Ausschluß von Minderheiten, Verketzerung und Antisemitismus, ein tiefer Unfriede mit allen Impulsen der Emanzipation sowie ein unstillbarer Drang nach einer lenkbaren Eindeutigkeit, die nirgendwo zu haben ist.

Die Liste solcher globaler Vorwürfe ließe sich fortsetzen (Deschner). Bisweilen bedarf es geradezu eines großen Mutes, um sehenden Auges und mit offenen Ohren dennoch an der Wahrheit und Heilskraft der christlichen Botschaft festzuhalten. Um so genauer werden wir auf die *Überzeugungskraft* von Antworten zu achten haben. Dabei muß dem Streit unter ihnen Raum gegeben werden, wenn die christliche Weltinterpretation sich nicht als Selbstinterpretation abkapseln will. Jede Theologie muß deshalb das vorgegeben Christliche kritisch auf seine Widerlegungen beziehen:

- auf die stets größere Macht des Bösen wie auf die utopische Kraft einer prophetischen Religion,
- auf die ideologischen Selbsttäuschungen ebenso wie auf die Kunst des Bösen, sich immer neu zu verstellen und sich als lebensnotwendig darzustellen,
- auf den schicksalhaften und zwanghaften Verlauf von Geschichte und Geschichten ebenso wie auf die Möglichkeiten menschlicher Freiheit und die Zusage Gottes, daß er im entscheidenden Augenblick unseres Daseins rettend auf unserer Seite steht.

Diese kritischen Korrelationen aber können nie abgeschlossen werden, das wäre ungeschichtlich gedacht. Denn sowohl die Horizonte des Christlichen als auch die Horizonte des Menschlichen verändern sich zum Besseren oder zum Schlechteren, modifizieren ihre Konstellation. Unbestritten ist, daß die Erkenntnis des eigenen Unglücks zum Ruf nach einem rettenden Gott führt. Dies hat die Religionskritik scharfsichtig erkannt. Unbestritten ist aber auch, daß der geradezu wahnsinnige Glaube an einen uneingeschränkt guten Gott den Widerspruch aller Empirie herausfordert. Könnte an Gott etwa nicht „vernünftiger" glauben, wer ihn nicht für den Retter hielte? So treibt der christliche Glaube das Problem des Bösen auf die Spitze. So gesehen führt aber auch der Glaube an Gott zum schärfsten praktischen Widerstand gegen das Böse – wie anders könnte dieser Glaube glaubwürdig und überzeugend bleiben?

Der christliche Glaube erlaubt es gerade nicht, die häßliche Frage des Bösen vom Bereich des Religiösen abzuspalten. Gerade im biblischen Raum ist und bleibt das Böse gerade als profane Frage ein eminent religiöses Problem. Wenn es gutgeht, führt die Auseinandersetzung mit ihm deshalb in die Mitte des christlichen Glaubens. Die Frage nach dem Bösen bringt deren innere Konstitution zum Vorschein. Das ist ein mühseliges Geschäft, das hier – wenigstens in großen Linien – nachgezeichnet werden soll.

II. Not und Errettung – das Thema der Schrift

Was ist aus der Bibel über das Böse zu lernen? Ist es überhaupt noch sinnvoll, diese alten Bücher in der Hoffnung auf gegenwärtige Belehrung über ein so komplexes und aktuelles Thema zu lesen? Im Umgang mit dem Bösen zeigt die Bibel elementare und zugleich vielfältige Züge. Dabei vertritt sie keine einheitliche Doktrin; in erster Linie erzählt sie Geschichten. Sie berichtet von Erwartungen und Konflikten, von Siegen und Niederlagen, von menschlicher Gemeinheit und menschlicher Größe. In der Bibel wird gedroht und ermutigt, geklagt und gebetet, gelitten und gehandelt. Es werden Wege zum Bösen und Auswege besprochen: Armut und Verzweiflung, Rettung und Not. Es geht schließlich um einen Gott, der oft seine Güte bereut, und wie zur Warnung vor naiver Frömmelei endet diese umfangreiche Textsammlung in ihrem christlichen Teil mit einem apokalyptischen Szenario voller Grauen, Schrecken und Katastrophen bis hin zum endgültigen Tod.

Zwar sind unter den Texten der Bibel viele zur Belehrung über das Böse. Es gibt Rechtssatzungen, Weisheitssprüche und Drohungen in Fülle. Aber es gibt auch ungezählte Erzählungen; sie sind eher eine Anleitung zu wachsender und kritischer Sensibilität für das, was in und mit Menschen geschieht. So rät die Bibel oft genug, die gute Sache zu tun statt gegen das Böse zu reden, den Menschen die Treue zu halten, statt Gottes Wille zu proklamieren. Es muß seine Gründe haben, wenn Bert Brecht die Bibel mit ins Gefängnis nahm oder wenn E. Bloch meinte, mit der Sozialkritik eines Amos ließe sich besser deutlich machen, wer Gott sei, als mit aller modernen Theologie. Die Bibel ist, was das Böse betrifft, ein großes, zutiefst menschliches Buch.

1. Vom Übel zur Bosheit

a) Eine komplexe Thematik

So beginnen wir mit einer Erkenntnis, die den weiteren Gang des Buches bestimmen sollte: Vor dem Hintergrund der Bibel erscheint das Böse als ein höchst abstrakter und summarischer Begriff

(Schmidt-Biggemann 1993). Biblische Texte schreiben dem Bösen keine Wesenskonstitution zu; es wird nicht zum Gegengott. Es wirkt vielleicht widergöttlich, im Chaos und im Unrecht, in Satan und in einem schrecklichen Ende, natürlich in ungezählten Menschen und in ihrer Geschichte. Die Bibel kennt aber kaum Fixierungen. Deshalb ist vor *unerlaubten Vereinfachungen* zu warnen. Die erste Vereinfachung neigt dazu, den Grund des Bösen lediglich in einer Ursache zu suchen, nennen wir sie Satan, Sündenfall oder Ungehorsam gegenüber Gott. Solche Bannung in einen Begriff übersieht aber leicht, daß das Böse in Geschichte und Geschichten oft seine eigene, geradezu blinde Dynamik entfalten kann. Das Böse ergänzt und potenziert sich, wächst (einer Idee von Deleuze/Guattari zufolge) immer neu zu einem großen Wurzelwerk, einem *Rhizom* zusammen, also zu einem Geflecht, das keine Ordnung, keinen Anfang und kein Ende kennt und deshalb geradezu unverletzlich, unausrottbar wird. Weite Passagen der Bibel ließen sich von diesem Gesichtspunkt her rekonstruieren. Damit ist eine andere Gefahr im Umgang mit dem Bösen verbunden. Sie besteht darin, daß die Anklage des Bösen zur Routine und zu einem Entlastungsmechanismus verkommt. Das Böse wird dann zwar nicht von einer vereinfachten Ursache her, aber auf eine vereinfachte Gegenwart hin identifiziert. Es wird dann in Ereignissen lokalisiert, in Menschen *personifiziert* oder fundamentalistisch in bestimmten Ereignissen verankert. Solche Ereignisse sind dann der „Sündenfall“ oder Sodom und Gomorrha, Babel oder Harmagedon, Kreuzigung Jesu oder die Zerstörung Jerusalems. Genannt werden Kain oder die Feinde Israels, Pharao oder ein abtrünniger König, Herodes oder Judas, Pilatus oder die Juden.

Daß das Böse mit seinen drei genannten Dimensionen (sachliches Übel, intendierte Bosheit und gesellschaftliche Situation) in der Bibel eine große Rolle spielt, hängt mit der Eigenart der jüdischen Tradition zusammen. Die Frage nach der *Freiheit* und der *Verantwortlichkeit* für politisches Handeln und nach dem Umgang mit Macht, aber auch der Appell an Wille und Herz spielen eine bedeutende Rolle. In seinem Kern wurde das Böse als Ungehorsam gegenüber Gott oder als Abwendung von ihm, d. h. als „Sünde“ verstanden und entschlüsselt. Dieser Perspektive war jeder Provinzialismus fremd. Viele Menschen in der Bibel erscheinen als ausgesprochen frei und selbstbewußt, als tatendurstig und unternehmungsfroh. Sie durchziehen endlose Wüsten und bauen Städte, sie trotzen Überschwemmungskatastrophen und bringen Stadtmauern zum Einsturz. Dabei gibt es Helden und Schurken, tiefste Niedertracht und höchste Humanität, nackte Eigensucht und selbstlose Solidarität. Immer aber werden sie in religiösen und sozialen Zusammenhängen gemessen. Deshalb ringen sie in Höhlen um Gottes Wahrheit und verkünden Gottes endgültige Freiheit, erkennen sie sein Wirken im leisesten Wind und stehen auf der Seite der Ausgestoßenen, helfen sie den Kranken und verhöhnen die Vertreter weltlicher Herrschaft. Die Betenden und die Verzweifelten, die Versöhnung mit dem Bruder und das Scherflein der Witwe haben ihre eigene Würde. So kommt der Kampf gegen das Böse in seinen verschiedensten Schichten zur Geltung.

Zugleich gibt es in der Bibel so etwas wie einen elementaren und höchst dramatischen Grundzug, in den die Frage des Bösen und seiner Überwindung eingeordnet und immer wieder aufgenommen wird. Es geht um die Spannung von Not und Errettung. Dennoch läßt sich die Schrift nicht auf eine Betrachtungsebene reduzieren. Ihre Texte haben verschiedene Wirkungen. Sie beschreiben oder handeln, lenken die Leser oder übergeben sich ihrer Interpretation; sie wirken wie normative und gebietende Blöcke oder wollen in Gebet oder Besinnung nachgearbeitet werden. Sie beziehen sich auf prägende Erfahrungen oder wollen solche ermöglichen. Wer die Problematik auf die Bosheit menschlichen Wollens und Entscheidens zuspitzt, wird gleichzeitig auf das Problem böser Mächte verwiesen. Wer sich vorrangig für die Frage eines gelingenden Lebens interessiert, wird bald mit Gottes bedingungsloser Vergebung konfrontiert. Den Deutern einer gottgewollten Vergangenheit stellen sich die Schrecken einer ungewissen Zukunft entgegen, den Pessimisten einer fehlgeleiteten Geschichte die Hoffnung einer versöhnten Endzeit. Wer alles auf den Beginn von Gottes guter Schöpfung setzt, scheitert prompt an der Problematik Ijobs und mißlungener Theodizeeversuche. So wie die Wirklichkeit selbst sind weder die Textrealität der Bibel noch die Erfahrungskompetenz ihrer Leser auf einschichtige Formeln zu bringen.

Dabei ist noch nicht einmal erwähnt, daß die biblischen Schriften (also: die Bibel Israels sowie die zusätzlichen kanonischen Schriften des Christentums) eine religiöse, kulturelle, soziale und politische Denk- und Erfahrungsgeschichte von gut drei Jahrtausenden wiedergeben, dies in verschiedensten Arten von Texten und Textkonstellationen. Archaische Erzählungen wie die Sündflut und der Turmbau zu Babel (im jetzigen Textgefüge stark theologisiert) gehören dazu wie die Sozialkritik des Amos, die Anklage des Ijob, die Rechtfertigungslehre des Paulus. Geschichten von kleinen und größeren Betrügereien sind ebenso zu lesen wie die Lebensläufe von Menschen, die ohne alle Schuld in den Schatten des Lebens gerieten oder einen unverdienten Tod sterben mußten. Hinzu kommt das Problem, daß der historische Informationsgehalt bestimmter Erzählungen oft nur schwer zu entscheiden ist, weil wir die historischen, kulturellen und sozialen Kontexte oft kaum entschlüsseln können. Eines ist sicher: Die Bibel bietet keine Theologie des Bösen an sich, sondern verschiedenartige Fragen und Antworten zum Bösen lösen einander ab, überlagern und widersprechen einander. Das gilt auch für eine spezifische christliche Interpretation der Schrift.

Allerdings führt die Erfahrungskompetenz aus der Jesusgeschichte zur Konzentration der Perspektiven. Gewiß, ohne die ungezählten Texte der hebräischen Bibel würden die Geschichten Jesu nahezu stumm. Aber chronologisch werden die Texte von einigen Jahrhunderten jetzt durch einen Erfahrungsraum von wenigen Jahren gefiltert; soziologisch wird die Umbruchzeit von einer frühjüdischen zu einer hellenistisch beeinflußten Kultur zum prägenden Kontext. Und schließlich sind es Wort, Taten und Geschick eines einzigen, höchst umstrittenen Propheten, die man jetzt als „Erfüllung" jener ungeheuer vielfältigen früheren Erfahrungen versteht. Wir werden sehen, daß letzteres gerade für die Interpretation des Bösen eine ungeheuer konzentrierende, aber auch einengende Bedeutung haben wird. Der Kampf zwischen Leben und Tod, der Sieg also eines endgültigen Lebens über das endgültige Sterben, wird dann zu einem der zentralen Symbole, durch die dieser Kampf ausagiert wird.

Dieses Gefälle der Interpretation ist von einer christlichen Theologie mit hermeneutischer Umsicht zu übernehmen. Alles, was biblische Texte an Inspirationen, Fragen und Vielfalt bieten, behält seine Legitimität. Es gibt aber auch eine Engführung, die schon in den Schriften Israels angelegt ist und im Juden Jesus zur Entscheidung kommt. Dieses Problem späterer Interpretation ergibt sich nicht aus neuen Inhalten, sondern aus neuen Kontexten und Situationen, die jeweils neue, also nie endgültige Lösungen erzwingen. Für die folgenden Kapitel gilt dieser Vorbehalt indirekt. Zumal im letzten Kapitel muß sich erweisen, ob und wie die großen biblischen Fragen nach Unheil und Befreiung noch die Fragen eines zeitgenössischen Glaubens an Gott sind. Eine christliche Theologie sollte nicht nur Gott als den Gott Israels und Jesus als wahren Juden verstehen, sondern die erhellende Kraft eines solchen Glaubens für unsere Gegenwart zeigen, wie dies im vierten und fünften Kapitel versucht wird. Unter diesen *Vorbehalt* sei dieses erste Kapitel gestellt.

b) Erfahrungen aus Konflikt und Rettung

Die Schrift in ihrer Gesamtheit kennt keine Theologie des Bösen[1]. Sie spiegelt die Erfahrungen von Gutem und Üblem, von Angenehmem und Unangenehmem, von Nützlichem und Gefährlichem wider. Das hebräische Wort ra, ra'ah bedeutet das „Schlechte" in seiner elementaren und uneingeschränkten, aus der Lebenserfahrung gewonnenen Bedeutungsbreite. Es spricht von der Wirkung von Menschen und Dingen, ist deshalb verstehbar als die Minderung von Dingen und Menschen. Insofern ist dies kein überraschender, eher ein zu erwartender, kein spezifisch religiöser, sondern ein sehr normaler Alltagsbefund. Schlecht sind das ungesunde Wasser (2 Kön 2,19) und der unfruchtbare Landstrich (Num 20,5), die verdorbene Feige (Jer 24,1 f.), die abgemagerte Kuh (Gen 41,1 ff.) und schlecht ist der Tag, der Unglück bringt (Eph 6,13). Schlechtes widerfährt deshalb dem Menschen, der ein Kind verliert (Gen 44,34) oder in seinem Leben Not und Unheil erleidet (48,16; Lk 16,25), der in der Gemeinde bloßgestellt wird (Spr 5,14) oder im Kampf unterliegt (2 Kön 14,10). Übel sind der Schlangenbiß, der Tod durch eine Naturkatastrophe (Gen 19,19) oder durch Feindeshand (Ri 20,34), natürlich die Verwüstung von Jerusalem (Neh 1,3). Schlechtes tut der Mensch (Jer 44, 2 f.; vgl. 49,9–44; Gen 39,9; 50,20). Schlechtes tut das ganze Volk (Jer 2,13). Und es ist kein Wunder, daß der Mensch selber schlecht genannt werden kann. So verstanden ist das „Schlechte" ein Begriff der unmittelbaren Empirie, ohne Hintergedanken und aufgehoben in einem Sprachgebrauch, der sich auf den praktischen Umgang des Menschen mit seiner Wirklichkeit bezieht. Da ist nichts Besonderes festzuhalten für die Problemstellung der Theologie, es sei denn die Tatsache, daß die theologische Frage nach dem Schlechten dessen ganze Breite erfassen muß. Die Zufälligkeit der Bezugsfelder läßt vermuten, daß man in Israel noch vieles andere schlecht hätte nennen können, das eben schlimm, gefährlich, angsterregend, ansteckend oder gar tödlich ist. Man könnte von einer ungefilterten Pragmatik sprechen, die den Leser – schon vor aller Analyse – in das Schlechte als solches verstrickt.

Vom Schlechten wird also nüchtern berichtet; es gehört zur faktischen Vielfalt des Lebens. In der Regel wird es nicht verherrlicht, sondern als Lebenswirklichkeit gezeigt, nicht immer kritisiert, aber nur selten gepriesen. Ebach zeigt diese Unbefangenheit an einem Vers, mit dem David in den Reigen der Erzählungen eingeführt wird: Er sei, heißt es da, „ein tüchtiger Mann, ein Mann des Kampfes, verständig in der Rede und schön zum Ansehen – Jahwe ist mit ihm!“ (1 Sam 6,18).

Man kann nicht behaupten, daß David einfach von seinen Kriegsfähigkeiten her beurteilt würde, aber Kampffähigkeit gehört eben dazu. So werden der Krieg und Gewaltereignisse lange Zeit als Teil der Wirklichkeit beschrieben. Bluttaten und grausame Kriege gibt es da überall, und selbst die 100 Philistervorhäute als Brautpreis für Michal werden akzeptiert (1 Sam 18,25) (Müllner 1987). Moses erschlägt in Israel einen ägyptischen Aufseher; so beginnt die Befreiung. Die tapfere Judit erdolcht Holofernes. Mirjam singt nach dem Durchzug durch das Rote Meer mit der Pauke in der Hand:

> Ich singe dem Herrn ein Lied, denn er ist hoch und erhaben.
> Rosse und Wagen warf er ins Meer ….
> Der Herr ist ein Krieger, Jahwe ist sein Name.
> Pharaos Wagen und seine Streitmacht warf er ins Meer.
> Seine besten Kämpfer versanken im Schilfmeer. (Ex 15,2 ff.)

Man kann diesem Lied ebensowenig Sanftmut bescheinigen wie den ungezählten Kriegsberichten, die die Geschichtserinnerungen Israels durchziehen. Sogar die Landnahme Israels wird zum Kriegsgeschehen hochstilisiert. Für unser Weltbild problematisch ist schließlich die davidische Herrscherideologie, die bis in die Gegenwart hinein eine unheilvolle Rolle spielt (Heym).

Das Üble besteht also in seinen vielfältigsten Formen, aber inwieweit findet sich Israel von diesem Schlechten in Frage gestellt? Zunächst wird das Schlechte – normal und ohne alle Überhöhung – besiegt oder eingeordnet. Die verdorbene Feige wird nicht gegessen, das faule Wasser gesalzen, die Feinde werden überwunden. Davids Ruhm setzt sich trotz aller Hofintrigen durch. Wer sich dem Leben stellt, erfährt eben, wie sehr Stärke aus der Bedrohung, die Bejahung eines Lebens aus der Konfrontation mit dem Tode kommt und wie intensiv das Wohl der Gemeinschaft mit dem sinnvollen Opfer des Einzelnen verkoppelt sein kann. Die Nüchternheit und Profanität dieser Gesichtspunkte verhindert eine vorschnelle Überhöhung der Frage auf ein (pseudo)religiöses Niveau, das von der Wirklichkeit eher wegführt.

Deshalb wird es gut und notwendig sein, die biblischen Texte kritisch und mit dem Mut zum *eigenen Urteil* zu lesen. Bevor wir dem Islam die Lüsternheit eines „Heiligen Krieges“ andichten konnten, hat man ihn in den biblischen Schriften entdeckt und damit christliche Kriegslüsternheit legitimiert (Ebach, 22–30). Deshalb ist es auch wohltuend zu entdecken, daß Kritik an Gewalt und Unrecht, an Rüstung und Machtideologien schon in den Texten derselben Bibel beginnt. Ein Musterbeispiel sind die Erzählungen vom fanatisierten Elias, der sich dazu berechtigt sieht, 450 Baalspriester zu erschlagen (1 Kön 18,20–46; in der ökumenischen „Einheitsübersetzung“ ist noch immer von einem „Gottesurteil“ die Rede). Dann aber muß er selbst die Situation des Verfolgten ertragen und in einem schmerzlichen Prozeß lernen, daß sich Jahwe nicht im Sturm, sondern im Säuseln des Windes zeigt (1 Kön 19,1–13). Ein unüberwindliches Hindernis bietet für manchen Frommen das rachsüchtige Ende eines anrührenden Gebetes, das die Situation der verschleppten Juden an den Ufern des Euphrat zeigt: „An den Strömen von Babel, da saßen wir und weinten, wenn wir an Zion dachten. Wir hängten unsere Harfen an die Weiden in jenem Land ...“ Ein Gebet voll tiefster Trauer und Wut, das dann mit dem schrecklichen Wunsch endet: „Tochter Babel, du Zerstörerin! Wohl dem, der dir heimzahlt, was du uns getan hast! Wohl dem, der deine Kinder packt und sie am Felsen zerschmettert!“ (Ps 137,1 f.; 8 f.). Diese Aussage, höchstens noch als Ausdruck höchster Erregung akzeptabel, bleibt in der ganzen Bibel unwidersprochen.

Aus der Erinnerung an den Exodus und angesichts der späteren Geschichte hat sich Israel nur kurze Zeit als wohletabliertes Volk, als Staatssystem oder Dynastie verstehen können. Nicht im Gelobten Land, sondern in der Wüste und in der Verbannung hat es seine spätere Identität gefunden. Der Exodus wird zu seiner großen kollektiven Erinnerung. Es suchte immer neu und hat deshalb auch seinen Ursprung als eine Abfolge grenzenlosen und andauernden Suchens verstanden. Es blieb eine Gemeinschaft, die angesichts der Übermacht ringsum immer wieder der rettenden Hilfe bedurfte. Gott ist für Israel weder Dämon noch eine himmlische Schicksalsgröße, weder Tyrann noch Willkürgott, letztlich auch nicht der große Schützer oder Legitimator eines Staatssystems (obwohl auch diese Züge spürbar sind), sondern einer, der immer wieder zu Hilfe kommt. Er erscheint als *Retter.*

Natürlich wird diese Hoffnung auf Rettung nicht zum umfassenden theologischen System, wohl aber zu einer der großen Leitlinien, die die Geschichte Israels bis heute bestimmen. Man denke an die Geschichte Israels als eine Geschichte des von Jahwe unverbrüchlich gewährten Bundes (Gen 9;15), an den gelungenen Auszug aus dem Haus der Knechtschaft (Ex). In Abraham, Moses, in der nomadisch-heimatlosen Existenz der frühen Stämme verdichtet sich die Erfahrung des Weges aus dem Elend ins Heil, vom Schlechten zum (nie erreichten) Schalom. Zentral ist jetzt die immer wieder zurückkehrende, die jährlich bis heute am Pesachfest gefeierte Erinnerung an den „umherirrenden Aramäer" (Dtn 26,5) von ehedem, der schließlich seine Heimat sucht, sie wieder verloren und wieder gefunden hat. Aus dieser Grunderfahrung des „Exodus" resultiert Israels gemeinschaftstiftender Glaube, der Glaube an die Erwählung durch Gott und an die Verheißung des Landes, „in dem Milch und Honig fließen" (Ex 3,8 u. ö.). Er besteht während des Stämme-Paradigmas der vorstaatlichen Epoche. Es folgt die Zeit des Reichs. In David, so sagt die Schrift, ist die Hoffnung des sterbenden Moses (Dtn 34), der das Verheißene Land nur von ferne erblicken durfte, endgültig erfüllt. David, der gerechte Herrscher, „strahlt" nun „wie das Licht am Morgen, wie die Morgensonne ohne Wolken". Ein noch größeres Gewicht erhielt, wie es scheint, die Hoffnung auf den rettenden Gott in der nachexilischen Zeit, in der sich in Israel die Hoffnung auf eine zukünftige Rettung immer mehr steigerte und verselbständigte.

Ist damit eine Antwort auf die Frage des Bösen gegeben? So gesehen wären von Übel letztlich die Schwächung oder der Verlust politischer Macht, der Untergang des Volkes. Das Böse wäre letztlich also darüber zu bestimmen, was dem Überleben des Volkes dient. Zwar zeigen sich solche Tendenzen in der religiösen Legitimation der davidischen Monarchie bis hin zu deren Untergang. Dennoch wird eine solche Reduktion den biblischen Texten nicht gerecht. Denn langfristig erweisen sich die politischen Hoffnungen als Illusion; dennoch läßt sich Israel auch im politischen Untergang nicht beirren. Je mehr nämlich dieses Volk in die politische Bedeutungslosigkeit und Unfreiheit zurückfällt, um so schärfer zeichnet sich die Kraft der Hoffnung auf ein messianisches, nationale Grenzen sprengendes *Gottesreich* ab, das dereinst hereinbrechen und sich in globalen Dimensionen verwirklichen wird. Jerusalem, zuvor Zentrum der Macht, Ausgangspunkt und Opfer ungezählter Kriege, Ort politischer Machtgier und Intrigen, wird im Schlußteil des Jesajabuchs schließlich zum Zeichen des Friedens, der Tempel zum Mittelpunkt des Heils (Jes 60,1–22).

Diese sehr kurz gehaltenen Hinweise, die wir hier nicht näher belegen, sind Gemeingut wissenschaftlicher Exegese und von systematischen Theologien auf verschiedene Weise berücksichtigt worden. Die These ließe sich in einem chronologischen Gang durch die hebräische Bibel bestätigen, vor allem im Umschlag von den Geschichts- zu den Prophetenbüchern, schließlich im Blick auf den Verfall des Reiches und auf die neue Identität, die das Volk nach seiner Verbannung durch Babylon gewann. Offensichtlich werden diese Unheilserfahrungen im Glauben an den einzigen universalen Gott (Dtn 6,4) sowie an die Güte von Gottes Schöpfung (Gen 1), bis hin zur Erschaffung der Welt „aus Nichts“ (2 Makk 7,28), überwunden (Assmann). Entscheidend für die Frage des Bösen ist deshalb die *Konsequenz*, mit der sich Israel auf diesen Glauben einläßt: Der Glaube an den einzigen und universalen Gott hält das Volk dazu an, alle Erfahrungen auf eine Karte zu setzen, denn jetzt hat alles mit Jahwe zu tun. Leichter wird der Glaube dadurch nicht, denn jetzt sind auch andere Völker in Gottes Heilswillen aufgenommen (Jes 2,2; 25,6; Mich 4). Selbstkritik und die Frage, was genau Gott von Israel will, erhalten mehr Schärfe. Das Problem des Bösen wird dadurch nicht gelöst, aber doch erträglich: Jahwe wird auch des Schlechten Herr.

c) Die Bosheit der Menschen

Die Antwort weiter biblischer Teile ist eindeutig: Adam, der Mensch als Mann und Frau, sind es, die Böses tun (E. Haag). Sie zerstören das von Gott Geschaffene und Geordnete, und ihre bösen Taten breiten sich zu Beginn der Geschichte (Gen 1–9) wie ein Sturzbach über die Erde aus (Haag 1978, 43–72). Diese Überzeugung bildet sich in einer Epoche aus, in der sich ein moralisches Bewußtsein entwickelt, sich Israel also immer deutlicher an die Weisungen Jahwes gebunden fühlt. So wird zwar die Vorstellung einer Bindung nach dem Muster neu-assyrischer Vasallenverträge übernommen, aber man kommt auch zur Erkenntnis: Das Vertrauen auf Gott ist nicht nur in einem äußeren „Gesetz“ niederzulegen, sondern muß im Herzen der Menschen wachsen: „Darum sollst du den Herrn, deinen Gott, lieben mit ganzem Herzen, mit ganzer Seele und mit ganzer Kraft“ (Dtn 6,5).

Das ist eine Forderung, der ein Mensch kaum befriedigend nachkommen kann oder, genauer gesagt, gegen die Menschen nach aller Erfahrung immer wieder verstoßen. Alles Schlechte wird jetzt vom Gesichtspunkt der Moralität her verstanden, also als das *Böse der Menschen* identifiziert. Es ist die Gott widerstrebende böse Tat, die Sünde[2].

Das „Herz“ der Menschen (Jer 5,23 f.) wird in der Erklärung des Bösen jetzt zur komplementären Schlüsselkategorie des universalen Schöpfungsglaubens. Auf den Schöpfungsbericht, den Lobpreis von

Gottes guter Schöpfung, folgt so mit innerer Konsequenz die Geschichte von der Bosheit der Menschen. Adam und Eva versagen im Garten (Gen 3). Kain wird zum Mörder seines eigenen Bruders (Gen 4). Die Hochmütigen werden sich einen Namen machen (Gen 11,1–9). Die Geschichten von der Sintflut (Gen 6–8), von Sodom und Gomorrha (Gen 19,1–29), der Vertreibung Hagars (Gen 21,9–21), dem Betrug Jakobs (Gen 27,1–40) und vom Verhalten der Brüder des Joseph (Gen 37), die Heldengeschichten der Patriarchen, erst recht die spätere Geschichte des Volkes zeigen, „daß auf der Erde die Schlechtigkeit der Menschen zunahm und daß alles Sinnen und Trachten ihres Herzens immer nur böse war“ (Gen 6,5). Immer wieder wird bestätigt, daß das Trachten des Menschen böse ist „von Jugend an“ (Gen 8,21). So wird Israel zum „sündigen Volk“, zur „Verbrecherbrut“ (Jes 1,4). Menschsein und Schuld gehören geradezu zusammen. „Denn es gibt keinen Frommen auf Erden, der nur Gutes täte und niemals fehlte“ (Koh 7,20).

Diese Überzeugung begegnet durchgängig auch im Neuen Testament (Baumbach, Becker): „Begreift und versteht ihr noch immer nicht? Ist denn euer Herz verhärtet?“ (Mk 8,17). Auch Paulus geht von diesem Grundsatz aus: Der Mensch ist böse, wie sich das Volk Israel von Anfang an aus eigener Schuld in seine eigene Bosheit verstrickt (Röm 2,17–29). Faktisch kann die Sünde der Menschen jetzt als Grund für Gottes Handeln angeführt werden. Die Idee von Sünde und Strafe wird schon Jahrhunderte vor Jesu Auftreten als zentrales Element jüdischen Glaubens thematisiert. Die prophetische Entdeckung der menschlichen Verantwortung hat ihre eigene, geistesgeschichtlich revolutionäre und im Interesse der menschlichen Würde nicht mehr rücknehmbare Wahrheit. Sie ist gekoppelt mit einem schmerzlich erfahrenen Freiheitsverlust, den Ricœur mit dem Begriff des „unfreien Willens“ umschreibt (Ricœur 1971, II, 175–182). Aber es soll auch das Unverständliche verständlich gemacht werden, daß Gott nämlich den Menschen widersteht, obwohl er der unverdient Gute ist. Jahwe kann strafen. Er vertreibt den Menschen aus dem Paradies und schlägt sein Volk, bis hin zur schlimmsten Demütigung des Exils.

2. Ein gütiger Gott?

a) Beunruhigende Entdeckung

Es ist eine unheimliche Seite der israelitischen Gotteserfahrung, daß Jahwe Lenker der Geschichte schlechthin ist (Haag 1978, 43–49), d. h., Jahwe ist es, der das Herz des Pharao (Ex 10,1) und das des Volkes verstockt (Jes 6,10). Er läßt das Reich zerfallen; er beansprucht das Recht, Israel wie der Töpfer die Schüssel wieder zu zerschlagen (Jes 45,9; Jer 18,6). Sollte dieser Gott mit dem Bösen nichts zu tun haben (Gnilka 1961; Hesse 1955)? Auch das Böse müssen wir aus seiner Hand nehmen (Ijob 2,10). Und was Ijob im Blick auf sein Leiden gegenüber Gott formulierte, das hatte Deuterojesaja schon schöpfungstheologisch präzisiert: „Ich bilde Licht und erschaffe Finsternis, ich mache Heil und *erschaffe [!] Schlechtes*" (45,7). Jetzt erreicht dieses Schlechte (ra'), das wir als umgangssprachliche Formel kennenlernten, eine ungeheuerliche religiöse und theologische Qualität. Zunächst hatte Gott zwar alles gut geordnet, aber nicht alles schlechthin ins Dasein gerufen (W. Gross 1992, 35–38). Diese Eingrenzung der Schöpfungsaussage wird dann gut 200 Jahre später, wie Jes 45 zeigt, radikalisiert. Jetzt hat Gott auch – Ergebnis der Exilserfahrung – die Finsternis ins Dasein geholt. Die „*Verstockungstheorie*" taucht zunächst in der Exodustradition auf (Ex 4,21; 7,3; 10,7 u. ö.). Diese Theorie ist ungeheuerlich, denn sie macht Jahwe zum Urheber der Bösen in einem besonderen Sinn. Mit noch größerer Wucht kehrt sie in Jes 6, 9 f., gut 200 Jahre vor dem Niedergang des Südreichs, wieder:

> Geh und sag diesem Volk: Hören sollt ihr, hören, aber nicht verstehen. Sehen sollt ihr, sehen, aber nicht erkennen. Verhärte das Herz dieses Volkes, verstopf ihm die Ohren, verkleb ihm die Augen, damit sein Herz nicht zur Einsicht kommt und sich nicht bekehrt und nicht geheilt wird.

Dieses Wort bezieht sich zwar auf einen begrenzten Zeitraum (Jes 32,3–4) und weist Jahwe keine moralische Verantwortung für die Bosheit der Menschen zu, aber nur Jahwe kann als letzter Grund eines letztlich unerklärlichen Geschehens genannt werden (vgl. Joh 12, 40 f.). Je radikaler der Glaube an Gott als den einzigen Herrn der Welt angesetzt wird, um so schärfer treten die unlösbaren *Grenzerfahrungen* heraus. Ganz offensichtlich bleibt die Provokation unausweichlich; der Glaube an das Gute in Gottes Schöpfung wird überstrapaziert. Jeremias spitzt in unerhörter Schärfe zu: „Ihr habt das

Böse gesehen, das Ich [!] über Jerusalem und über alle Städte Judas gebracht habe: Sie liegen heute in Trümmern, und niemand wohnt darin, wegen des Bösen, das sie getan haben" (Jer 44,2f.).

Ist Gott also für das Böse verantwortlich? Natürlich wird die Frage noch nicht in modernen Kategorien verhandelt, sie hat aber schon den Geruch des Unlösbaren, Undurchdringlichen und Tragischen. „Geschieht ein Unglück in der Stadt – ohne daß Jahwe es bewirkt hat?" (Am 3,8). Der Untergang einer Stadt oder eines Staates mit all seinen Kriegsgreueln und Brutalitäten (Am 9,1–4) ist also von Jahwe gewollt: „Alles hat Jahwe für seinen Zweck geschaffen, so auch den Frevler für den Tag des Unheils" (Spr 16,4). Das heißt nichts weniger als dies: Nicht nur das Übel, die Erfahrung von Schmerz und Leid an sich, sondern auch die Bosheit des Herzens kann von Jahwe gewollt sein (W. Gross). Der Kern des Schöpfungsglaubens ist wohl nicht ein neuer unschuldiger Gottesbegriff, sondern die dramatische Auseinandersetzung zwischen einer Hoffnung auf Gottes Güte und den gegenteiligen Erfahrungen, mit denen die Glaubenden täglich konfrontiert sind.

b) Weisheit und Recht

Gott ist also Schöpfer der Welt, in einer letzten Weise auch Herr und Lenker menschlicher Freiheit. Dieser Ansatz hat noch eine andere, versöhnlichere und versöhnende Denkrichtung angeregt. Sie läßt sich in der *Weisheitsliteratur* finden. Dort erscheint – bis hin zu Texten des Neuen Testaments (z. B. Joh 1,1; Röm 11,36; Kol 1,15) die Weisheit als eine Begleiterin Gottes, die vor allem Irdischen geschaffen und bei der Schöpfung anwesend ist (Spr 8 und 9). Zeitgenössisch ausgedrückt: Gott hat die Welt in Weisheit erschaffen. Mythisch gesagt: Die Göttin der Weisheit war von Anfang an dabei und hat allem, das ist, und allem, das geschieht, ihren Stempel aufgedrückt. Zwar würde man oft Gottes machtvolles Eingreifen wünschen, aber alles ist – deutlicher Ausfluß des Denkens in einer aufkommenden Stadt- und Verwaltungskultur – „nach Maß und Gewicht geordnet" (Weish 11,20). Solches Maß nun läßt sich verstehen als die Gesamtordnung natürlicher, gesellschaftlicher oder geschichtlicher Abläufe, als die Gesamtordnung einer ruhigen und weitsichtig ausgleichenden Gerechtigkeit, als das Walten einer letzten weltgeschichtlichen Vernunft.

Aber jede neue Gesamttheorie läßt *neue Grenzen* erkennen. Wer nämlich die inneren Zusammenhänge von Weisheit und Gerechtigkeit einmal verstanden und eingesehen hat, muß sich mit seinen persönlichen Erfahrungen diesen Einsichten klaglos beugen. Spätestens im 2. Jahrhundert wird das Problem der Grenzaussagen erkannt. *Jesus Sirach* (15,11–13) warnt schon unverhüllt, und der Kenner der Schrift entdeckt von Zeile zu Zeile die Polemik gegen Jesaja:

> Sage nicht: Von Gott kommt meine Sünde.
> Denn was er haßt, das schafft er nicht.
> Sage nicht: er selbst hat mich verführt.
> Denn er hat keinen Sünder nötig.
> Böses und Greuliches haßt der Herr,
> und denen, die ihn fürchten, läßt er nichts widerfahren.

Hier geraten also Amos und Jesaja, die Verstockungs- und Verführungstheorien, in die Kritik. Zwar erreicht „die Reflexion über das Böse einen bisher nicht bekannten Grad von Bewußtsein" (Haag 1978, 59), aber die Anklage Gottes wird hier als Lösung nicht akzeptiert. Daraus aber ergibt sich ein eindeutiges, nicht allzu barmherziges Postulat; die Menschen können, sofern sie nur wollen, Gottes Willen entsprechen: „Wenn du willst, kannst du das Gebot halten" (15,15). Sind wir Menschen aber wirklich unseres eigenen Wollens mächtig? Diese Frage wird erst in der Umbruchszeit zum Christentum bei Paulus neu aufgeworfen; er nämlich zweifelt daran, daß wir Gottes Weisung, wenn wir nur wollen, auch immer erfüllen können. Deshalb hat die Tora immer Fluch zur Folge (Gal 3,10).

Auf den ersten Blick gilt das Böse bei Jesus Sirach als Frage an den Menschen und wird mit rationalen Argumenten unterbaut. Es bestehen aber Zweifel, ob diese Argumente der religiösen Provokation standhalten, die durch das Böse entstanden ist. Die Provokation entsteht dort, wo Zweck und Gerechtigkeit, von der Glaubenslehre behauptet, nicht mehr einsichtig und durch Gegenerfahrungen in die Diskussion gekommen sind. Zunächst aber zeigt sich vor dem Hintergrund der großen Rettungsgeschichte in vielen biblischen Zeugnissen die unverrückbare Überzeugung, Gott könne das Böse in jedem Fall *zum Guten wenden*. In jeder neuen hoffnungslosen Situation kann man sich ja an das zentrale Bekenntnis erinnern:

> Der Herr führte uns mit starker Hand und hocherhobenem Arm unter großen Schrecken, unter Zeichen und Wundern aus Ägypten (Dtn 26,8).

Aus Knechtschaft wird also Befreiung, und jenseits der Wüste wartet des Gelobte Land. Exemplarisch ist diese Erfahrung dann in der Geschichte Josephs, des Lieblingssohns von Jakob, auf hohem literarischem Niveau neu gestaltet (Gen 37–50): „Ihr gedachtet nur Böses zu tun, aber Gott hat es zum Guten gewendet" (Gen 50,20), sagt Joseph zu seinen Brüdern, die ihn vernichten wollten. Am Ende steht immer das Gute: „Jahwe behütet dich vor allem Bösen, er behütet dein Leben" (Ps 121,7). In solcher Überzeugung, mag man sagen, ist der jüdische Glaube bis auf den heutigen Tag bei sich, und der christliche Glaube hat dem nichts hinzuzufügen.

3. Ergebung und Widerstand

a) Verengung und Ungleichgewicht

Dennoch ist das nur die halbe oder vielleicht eine falsch begriffene Wahrheit, denn die Wirklichkeit spricht auch in Israel bisweilen eine andere Sprache. Es gibt das Übel, politische Mißerfolge, schlimme Schicksale, Krankheit und grausamen Tod. Wie geht man damit um? *Gerechtigkeit* erweist sich als ein elementarer Bezugsrahmen, dessen Regeln sich auch Gott beugt und beugen muß. Der Gedanke der Vergeltung kommt ja schon im Fallbericht zum Zuge. Die Arbeit im Schweiße des Angesichts, die Geburt in Schmerzen, der Tod und der Verlust des Paradieses finden so ihre Erklärung. Wenn Gott der Gerechte ist, dann vergilt er auch, dem Gerechten zum Lohn, dem Schuldigen zur Strafe (Rut 2,12; vgl. 2 Sam 3,39). Mehr noch, Rache wird letztlich zum Vorrecht Gottes (vgl. Ps 94,1): „Mein ist die Rache, spricht der Herr", heißt es dann unter Verweis auf die Schrift im Neuen Testament (Röm 12,19 und Hebr. 10,30; vgl. Dtn 32,35).

Daher entsteht auch der Gedanke der ausgleichenden Gerechtigkeit. Mit ihm hat man endlich, wie es scheint, den archimedischen Punkt aller Welterklärung gefunden. Aber an diesem Punkt beginnt auch ein Prozeß, dessen *Doppeldeutigkeit* bis heute gefährlich ist. Wenn Rache und Vergeltung Gott vorbehalten werden, dann haben sich die Menschen nicht mehr als Rächer aufzuspielen. Das hat eine humanisierende Wirkung. Zugleich liegt es dann auch nahe, Gottes Rache als besonders schlimmes, endgültiges und grausames Recht zu denken. Die Gerechtigkeit wird zu einem geradezu göttlichen Prinzip, das Gott zu einem gnadenlosen Aufrechner macht. Die Idee der Vergeltung kommt jedenfalls gerade wegen ihrer religiösen Dimensionen nie zur Ruhe und muß schließlich als Rechtfertigung

Gottes scheitern. Natürlich werden Vergeltungsmechanismen von Anfang an relativiert, aber schließlich kommt doch eine gefährliche Neigung auf: Der Zusammenhang von *Tun und Ergehen* (K. Koch) wird objektiviert. Schon der Jahwist kennt ihn und stellt ihn gegen die Generationenhaftung. Jetzt wird er auf je persönliche Lebensschicksale eingeengt. Dieser Zusammenhang wird in der Weisheitsliteratur mehr und mehr isoliert und als eine sich selbst stabilisierende Ordnung verstanden. Schon am Buch der Sprüche, der frühesten Weisheitsliteratur (vor allem Kap. 25–27), läßt sich das gut erkennen.

Hat also gesündigt, wem es schlecht geht? Erst das Johannesevangelium verwehrt endgültig, vom Unglück eines Menschen auf dessen Vergehen und die Schuld seiner Vorfahren zu schließen (Joh 9,2f.). Sirach versucht einen Mittelweg, indem er den Zusammenhang von Tun und Ergehen zwar bestätigt, ihn aber auf seinen positiven Teil einschränkt. Zwar lasse sich vom Unglück nicht auf Sünde schließen, aber „denen, die Ihn fürchten, läßt Er nichts widerfahren". Über die Bösen, denen es gutgeht, schweigt das Buch ebenso wie über den möglichen Umkehrschluß, daß die Elenden eigentlich böse sein müßten. Diese destabilisierende Erfahrung führt im düsteren Koheletbuch – „Wind, Wind, alles ist Wind ..." – schließlich zur völligen Resignation:

> Gott ist es, der den Unschuldigen wie den Schuldigen verurteilt ... Jeder Mensch unterliegt dem Geschick, und auch die Tiere unterliegen dem Geschick. Sie haben ein und dasselbe Geschick. Wie diese sterben, so sterben jene. (Koh 3,17)

Auch solche Erfahrung wird in der Schrift aufbewahrt, und man darf sich mit ihr auseinandersetzen. Aber in der Schrift zeigt sich auch, daß solche Erfahrungen des Geschicks und der Resignation nicht hingenommen werden müssen, sondern zu weiteren Fragen führen.

b) Der große Protest

Die Bibel enthält Erstaunliches, geradezu Unvereinbares. Obwohl die ganze Geschichte Israels von einem tiefen Vertrauen in die Führung Jahwes getragen ist (die Exoduserzählung gilt als narrativer Urquell dieses Vertrauens), scheut sich die hebräische Bibel nicht, das Problem des Übels immer neu anzusprechen. Dafür stehen nicht nur das Buch Ijob[3], sondern auch ungezählte Rufe, Klagen, Schreie und Bitten um Erhörung, Ausbrüche der Enttäuschung und der Wut. Politische Katastrophen und kollektive Demütigung, die Grausamkeit brutaler Kriege und das Elend Einzelner stehen dann zur Debatte. Ein eindrucksvolles Beispiel dafür ist *Psalm 44*, in dem das Volk seine Demütigung und Hoffnungslosigkeit beklagt. Doch hat dieser Text noch die Kraft, an Jahwe zu appellieren: „Steh auf und hilf uns, in Deiner Huld erlöse uns!" (v 27). Dieser Appell ist in einem anderen Text schon nicht mehr zu finden. Gemeint ist Psalm 88, 19, der, wie W. Gross sagt, geradezu trostlos schließt (vgl. auch die Klagelieder):

> Du hast entfernt von mir Freund und Gefährten,
> meine Vertrauten (das ist nur noch die) – Finsternis!

So findet sich in diesem Psalm eine frühe Erfahrung hoffnungsloser Enttäuschung, der mit theologisch aufbauenden Argumenten nicht beizukommen ist.

Das *Buch Ijob* nimmt unter den Schriften Israels eine Sonderstellung ein. Es behandelt weder ein Stück der Geschichte Israels noch gibt es dazu (wie etwa die Prophetenbücher) einen kritischen Kommentar. Ungewohnte Universalität prägt das Buch. Dabei fehlt der traditionelle Rückgriff auf die altisraelitische Geschichtserfahrung oder auf den Gedanken von Gottes Vorsehung, die auch das Böse zum Guten lenkt. Die Provokation des Buches liegt gerade im Verzicht auf eine Erklärung des Leidens, im Verzicht auf Argumente der Erinnerung und des Hoffens. Im Buch zerbricht die rational so schlüssige Korrespondenz von Tun und Erleiden. Das ist seine unnachahmliche Größe.

Die Rahmengeschichte (1,1–2,10; 42,7–17) ist weithin bekannt. Der Viehzüchter Ijob aus Ur, reich über die Maßen und überdies fromm, wird von Gott gesegnet und für seine Rechtschaffenheit belohnt. Aber Satan tritt auf als Gottes *agent provocateur*: Ist Ijobs Gottesfurcht nicht letztlich Fassade; würde er auch im Elend gottesfürchtig bleiben? Gott läßt die Frage zu, und das Unheil geht seinen Lauf. Ijob verliert Herden, Haus, Töchter und Söhne. Er wird in seiner Armut noch vom Aussatz befallen, von seiner Frau in seiner Gottergebenheit möglicherweise verspottet (2,9).

Das Ijobbuch bezieht seine Kraft aus seiner radikalen Konfrontation: Die *Idee* eines gerechten Gottes und die *Erfahrung* dieser ungerechten Situation widersprechen sich. Unschuldig Leidende verlieren allen religiösen Halt. In den Reden des Ijob und seiner Freunde werden Argumente von Lohn und Strafe mit Leidenschaft und

Beredsamkeit vorgeführt. Die Argumente scheinen Stück um Stück zu zerbrechen. Die Vorwürfe der Freunde (Kap. 11) offenbaren nur die Unfähigkeit oder gar die Unbarmherzigkeit ihres Arguments, als *müsse* der Leidende schuldig sein („zum Gespött wird der Gerechte", 12.4), als stelle der Unschuldige seine Gerechtigkeit noch über Gott (Kap. 32–37).

Angesichts einer solch beschwichtigenden Rationalität wird Ijob in die direkte und vorbehaltlose Konfrontation getrieben. Von den Theologen der Gerechtigkeit im Stich gelassen und schließlich wegen seines Unglaubens angefeindet, erfährt er Gott selber als Feind (30,21). Gottes Blick bedroht ihn (7,19), dessen Handeln wirkt tödlich (13,15). Gott ist abwesend, wo er helfen müßte (23,8 f.); er bleibt stumm (30,23). Zugleich ist dessen Ferne Ijobs innerster Wunsch (7,8 f.); der Mensch wird vor Gott zum vergehenden Nichts (14,1–4). Deshalb beharrt er auf seiner Unschuld (16,17) und hält an seinem Weg fest (17,9). Seine Plädoyers werden direkt zur Anklage Gottes (13,3), zum scharfen Protest gegen ihn.

Allerdings bleibt die Frage, gegen welchen „Gott" Ijob protestiert. Nahezu alle Interpreten weisen darauf hin, daß sich Ijob in diesem Protest auf Gottes Wahrheit selber beruft. Ijob verharrt also im Anruf an Gott und wird sich am Ende Ihm stellen. Vor diesem Hintergrund gewinnt Ijobs Gespaltenheit ihre Schärfe: Einerseits wird ihm Gott zum bedrohlichen und tödlichen Abgrund aus Erfahrungen, die bis heute nicht überholt sind: „Nackt verbringen sie die Nacht, ohne Kleider, haben keine Decke in der Kälte" (24,7). Andrerseits wird es Ijob durch diese Konfrontation möglich, gegen seine Theologenfreunde an einen *besseren Gott* zu appellieren. Er verlangt – über alles religiös Gängige hinaus – eine unmittelbare Garantie: „Leg doch die Bürgschaft für mich bei dir nieder" (17,3). Ijob enthüllt so – wohlgemerkt in seinem religiös sprachlichen Handeln, nicht in der Reflexion – eine neue Dimension; ich nenne sie eine (hoffende?) Berufung auf Gott *gegen* Gott: „Seht, im Himmel ist mein Zeuge, mein Bürge in den Höhen" (16,19). Von diesem „Bürgen" erfahren wir weiter nichts, das sich mit unserem Wissen von Gott verbinden könnte, aber der Gott der Theologenfreunde wird damit in die Schranken gewiesen. Ijob stürzt sich in eine halsbrecherisch gewagte Hoffnung, die er in keiner Weise belegen kann. In höchster Provokation und in letzter Selbstachtung ruft er:

> Ich aber weiß: mein Anwalt lebt und ein Vertreter ersteht mir aus dem Staube. Selbst wenn die Haut an mir zerschlagen ist, werde ich Gott schauen ... mir zum Heil ... Es gibt noch ein Gericht. (19,25. 29c)

Gott, soviel scheint sicher zu sein, wird entgegen dem Eindruck, den die Scheinfrommen haben, die Rechte Ijobs über dessen Tod hinaus wahrnehmen. Es ist eine höchst polemische und widerlegbare Behauptung. Ijob bleibt nur übrig, selbst in der Gottverlassenheit an (den je wahreren) Gott zu appellieren, ihm unmittelbar zu begegnen.

Ist das aber ein Ausweg? Durch die gegen Gott protestierende Berufung auf Gott formuliert das Ijobbuch den kompromißlosen Widerspruch. Es thematisiert eine weitgespannte, für den Monotheismus ungeheuer gefährliche, nahezu *verselbständigte Kritik* an religiösen Gerechtigkeitsideen und legitimiert den religiösen Widerspruch schlechthin. Immer wieder hat es deshalb zu verschiedensten (fideistischen, pessimistischen und atheistischen) Interpretationen Anlaß gegeben. Hinzu kommen die modernen christlichen und christologischen Deutungen, die von Hegel und Kierkegaard bis H. Küng und J. Moltmann entworfen sind.

Eindeutig verabschiedet wird der Gedanke einer rational schlüssigen Theologie, die das Leiden im Angesicht Gottes zu erklären und Gott zu entschuldigen beansprucht (s. Kap. 5). Gleichzeitig bestätigt wird das Mißtrauen gegenüber dem Projekt der modernen Rationalität, die alles ordnet, regelt, wohl diskutiert und damit das Chaos überwindet. Es stellt die moderne religionsphilosophische These in Frage, Religionen könnten die Ohnmachtserfahrungen zähmen. Im Gegenteil, Ohnmachtserfahrung wird provoziert. Gleichzeitig mißt dieses Buch im Verlauf der Gespräche das Handeln Gottes am Menschen. Durchaus sachgemäß treibt es das Problem eines auf Gottes Güte bauenden Schöpferglaubens auf die Spitze.

So modern also die Wirkung des Buches ist, so wenig darf die ursprüngliche (wenn auch nicht voll kohärente) Konzeption des Buches aus den Augen verloren werden. Zwar pocht Ijob zu Recht auf seine Unschuld, aber am Ende des Buches kommt Gott selbst zu Wort (Kap. 34–41), und erst jetzt erreichen Geschichte und Diskurs den für unsere Frage kritischen Punkt. Als Protestierender stellt Ijob sich Ihm, ohne seine Beziehung zu Gott abzubrechen, zu verrechnen oder lediglich als therapeutische Hilfe in Anspruch zu nehmen. In dieser Radikalität der Beziehung ist die große religionskritische Leistung dieses theologisch und literarisch außerordentlichen Dokuments zu sehen.

c) Verweigerung der Antwort

Allerdings werden auch Anklage und Hadern an ihre Grenze gebracht. Denn sobald Gott das Wort ergreift, kehrt sich die Dramatik noch einmal um. Jetzt bestimmen nicht mehr Ijob, geschweige denn seine Freunde den Prozeß, sondern *allein Jahwe*, der in seiner ganzen Herrlichkeit erscheint. Der Befragte ist nun Ijob, von dessen eigenem Schicksal plötzlich nicht mehr die Rede ist. Gottes Macht und Weisheit erscheinen vielmehr in der Größe der Schöpfung, im gebändigten Chaos eines Behemot (dem Nilpferd; 40, 15–24) und Leviathan (dem Krokodil; 40, 25–41, 26). Das Maß und die Schönheit, der Blick auf Gottes Übermacht und Voraussein sind die Antwort, der sich Ijob ergibt (Ricœur 1971 II, 354–371). Schöpfung ist Bändigung eines Chaos, das jedoch nie ganz überwunden ist. An ihm findet auch Gottes Macht seine Grenze.

Deshalb warnt O. Keel zu Recht davor, die modernen Kategorien eines existentialistischen, grenzerprobten Menschenbildes unkritisch in die Ijobsproblematik einzutragen (Keel 1978a; Locher). Das Ausmaß des Angriffs kommt erst in Jahwes Wort zum Durchbruch. Ijobs Klage ist ein *Angriff auf die Ordnung der Welt.* Nur vor einem kosmo-theologischen Hintergrund können die Antwort Gottes und die Reaktion Ijobs überzeugen. Gottes Macht, die das undurchdringliche Chaos (wenn auch nicht absolut) in einer Weise zu bändigen weiß, die die menschliche Einsicht weit überschreitet, gibt den entscheidenden Maßstab für alles, was geschieht: „Wo warst du, als ich die Erde gegründet? Sag es denn, wenn du Bescheid weißt“ (38,4). Jahwe erscheint nicht als derjenige, der das Chaos erschaffen hat oder schafft, sondern als einer, der das Chaos immer neu bändigen muß. Schöpfung ist keine Tat mit abgeschlossenem Ergebnis (wie es dann in 2 Makk verstanden wird), sondern ein ständig gegenwärtiger Prozeß.

Gegen diese Argumente kommt auch Ijob nicht an, zumal Gott auch dem unschuldig Leidenden nicht recht gibt. Das Buch gibt gerade am Ende große Rätsel auf. Ijob legt – so eine verbreitete Lese- und Übersetzungsweise – trotz seiner Verzweiflung die Hand auf den Mund (40,4). Er widerruft, bereut seinen Protest in Staub und Asche (42,6). Lernt er jetzt trotz allem, sein Schicksal anzunehmen? Diese Frage bringt den zeitgenössischen Interpreten schon genug in Verlegenheit. Sie wird vollkommen, als Gott nun dem leidenden und ergeben verstummten Ijob geradezu traumhaft seine volle Gesundheit, die Gemeinschaft mit Menschen, Kinder und das Verlorene doppelt zurückgibt. Hat Gott wirklich eine satanische Wette (1,9; 2,5) mitgespielt, als wäre sie bloßes Spiel, um Ijob am Ende noch mehr belohnen zu können?

Der Dulder Ijob sowie ein übermächtiger, abgründig belebender und vernichtender Gott, ein Gott der unsäglichen Abgründe, in denen Schuld oder Unschuld keine Rolle spielen: Es zerschellt sogar das Maß einer Gott und Mensch umgreifenden, an Güte und Gerechtigkeit orientierten Moralität. Nach Ricœur wird hier das tragische Element herausgearbeitet, das in der Selbstverständlichkeit des biblischen Glaubens zu verschwinden droht: „Vielleicht darf die Möglichkeit des tragischen Gottes nie ganz ausgetilgt werden, damit die biblische Theologie vor den Plattheiten des ethischen Monotheismus bewahrt bleibe“ (Ricœur 1971 II, 366 f.). Leiden und Zerbrechlichkeit sind das Problem dieser Welt, nicht moralisches Versagen und Sünde. Nur wer sich vor *Gott selbst* beugt, weiß, was Glauben wirklich bedeutet. Dann erst kann nämlich deutlich werden, was in den biblischen Texten wiederholt herausgearbeitet wird: Das Böse des Menschen zeigt sich nicht an der einen oder anderen Übertretung des Gesetzes, sondern an seinem Unvermögen, entgegen dem Gang der Geschichte und entgegen seinem Schicksal Gott *radikal zu vertrauen*, so wie Abraham vertraute, der so zum Vater des Glaubens wurde (Gen 15,6).

Es ist aber auch eine andere Lösung möglich. Sie heißt nicht Vertrauen, sondern Widerstand und Bewahren der eigenen Unschuld. Berges (1994), der diese Lösung entwickelt, übersetzt nur einen entscheidenden Vers anders. Nach ihm findet in 42,6 kein Widerruf, sondern eine Verweigerung statt. Schon in 9,21 war ein Ton des hartnäkkigen Beharrens angeschlagen: „Vollkommen unschuldig bin ich – kenne mich nicht mehr – ich will von meinem Leben nichts mehr wissen.“ Während der Verhandlung blieb noch offen, ob und wie Ijob seine Haltung ändern würde. Die Situation spitzt sich zu, denn den Theologen zufolge zeigt sich Gott selbst: „Vom Hörensagen nur hatte ich von dir vernommen; jetzt aber hat mein Auge dich geschaut“ (42,5). Jetzt nachdem Ijob Gott ins Antlitz geschaut hat, legt Ijob nicht die Hand auf den Mund, vielmehr kommt eine vielleicht enttäuschende, aber höchst aufrechte Antwort: „Ich empfinde Widerwillen, davon will ich nichts wissen!“, um dann zu schließen: „so finde ich Trost auf Staub und Asche“. Hier muß Berges zitiert werden: „Hiob lenkt am Ende der Gottesreden nicht ein, er bereut überhaupt nichts von dem, was er zuvor behauptet hatte, sondern ist konsequent bis zum letzten Augenblick … Es geht einzig und allein um die konsequent durchgehaltene und durchlittene Vollkommenheit Hiobs“ (Berges 1994, 314f.). Gott ist für ihn zwar allmächtig, aber eben – ungerecht.

Wenn das aber die Folgerung Ijobs ist, dann liest sich auch der Schluß noch einmal anders. Gott setzt Ijob nicht ins Recht, weil er sich eben doch gebeugt hat. Vielmehr wird er von Gott nun anerkannt (und in zwei Versen viermal „mein Diener“) genannt, weil er Gott bis zum letzten widerstanden, sich keiner orthodoxen Theologie eingefügt und das Spiel mit dem Schuld-Vergeltungs-Dogma nicht angenommen hat. Gott weiß sozusagen selber, wie ungerecht er es auf der Welt zugehen läßt.

Nun wäre es falsch, eine dieser „Lösungen“ oder gar beide als befriedigend darzustellen. Protest und Verweigerung um ihrer selbst willen, aber auch ein Vertrauen gegen alle Erfahrung sind bedrohlich. Der Text wird überfordert, wenn er in immer neuen Anläufen für neuzeitliche Fragestellungen herhalten muß, von der Legitimation des Gehorsams über eine radikale Theologie- und Rationalitätskritik bis hin zur Absetzung Gottes. Dabei wird regelmäßig übersehen, daß die Anklage gegen Gott ihre Wirkung nur erzielt, solange der Schrei nicht in einer leeren Unendlichkeit verhallt (Häring 1996). Zugleich wird das Buch unterschätzt, wenn es zur Fundgrube theoretischer Antworten degradiert und für neue theoretische Diskurse umgeschmiedet wird. Dabei weist es doch gerade Theologie, Weisheit und Rationalität in ihre Grenzen.

Angesichts dieser Theologenkritik ist eine andere Perspektive der Auseinandersetzung einzunehmen. Dabei ist nicht nur daran zu erinnern, daß die Gestalt des Ijob vielfältig literarisch tradiert wird. Vielmehr muß gefragt werden, ob dieses Buch nun seinerseits ein theologischer Traktat sein will, oder ob es die Auseinandersetzung über Gottes Gerechtigkeit der Welt und das Leiden der Menschen auf einer anderen Ebene führt. Die wahre und kreative Aufarbeitung des Ijobstoffs ist heute ja nicht in theologischen Traktaten, sondern in der modernen Literatur[4] zu suchen (Langenhorst 1995; Langenhorst 1996; Grimm/Beyerdörfer) – in jüdischer Literatur zumal, nachdem das jüdische Volk wie kein anderes das Schicksal Ijobs kollektiv erfuhr[5].

Das gibt zu denken. Wir sollten nichts vereinfachen, aber doch die Entdeckung ernst nehmen, die G. Theobald (1983) als „poetische Theodizee“ umschrieben hat: Im Ijobbuch treten zwar Theologen auf, wird Weisheit verhandelt, den Theologen der Meister gezeigt und das Gerechtigkeitsaxiom entlarvt. Aber dies geschieht nicht in der Form einer neuen Theologie, sondern in der Konfrontation des Gerechtigkeitsdenkens mit einem höchst dramatischen Schicksal. Diese Sprache informiert nicht, sondern kommuniziert; sie deduziert keine Schlüsse, sondern schafft eine Welt des Leidens und erbitterter Reaktion, einen Prozeß der Widersprüche und unabgegoltener Erfahrungen. Theobald entdeckt im Ijobbuch das Welttheater des Leidens. Die Spannung zwischen höchstem Zynismus (das provozierte Leiden als Spiel) und bitterem Ernst (das inszenierte Leiden als erfahrbare Wirklichkeit) mobilisiert die Leser als Teilnehmer, indem sie in das Geschehen verstrickt werden, also ihre eigene Erfahrung des Leidens und des Mit-Leidens einbringen und verarbeiten.

Das Ijobbuch ist also kein theologisches, sondern im besten Sinne des Wortes ein religiöses Buch. Es erfordert kein Mitdenken, sondern Mitarbeit, es doziert nicht, sondern präsentiert, es will nicht zu Protest oder Demut anleiten, sondern zeigt in einem Prozeß der großen Kommunikation, wie es sich mit der unlösbaren Spannung zwischen den beiden Reaktionen verhält.

Allerdings ist ein letzter Gesichtspunkt zu nennen, weil auch die Theorie vom großen Drama in verschiedene Bezugsrahmen gesetzt oder mißverstanden werden kann. Ijob agiert und argumentiert, protestiert und verweigert sich als Betroffener. So wird er alle Betroffenen, d. h. alle Leidenden und vom Lebensschicksal Geschlagenen, auf seiner Seite haben. Aber die Interpretation hat zu beachten: Nicht meine persönliche Ijob-Situation steht zur Debatte, sondern die Situation der Ungezählten, die unschuldig leiden, wo und in welchen Ländern auch immer. Erst diese Perspektive erschließt das Buch in seiner ganzen Herausforderung. „Gemäß dem Hiobbuch in seiner kanonischen Gestalt hat das unschuldige und ungerechte Leiden in Gott selbst seinen Ursprung. Das ungerechte und unschuldige Leiden haben es Hiob erst ermöglicht, dem biblischen Gott in all seiner abgründigen Tiefe zu begegnen. Nur derjenige, der über alle Maßen seiner Verantwortlichkeit hinaus, d. h. der maßlos, und derjenige, der vollkommen schuldlos leidet, kann Gott bodenlos erfahren" (Berges 1994, 305). Nicht die Auflösung der Probleme ist also Sache des biblischen Glaubens, sondern deren unverkürzte Präsentation (Kuschel 1997, 54).

4. Jesus – Maß und Überwindung des Bösen

a) Die Erfahrung: Dem Bösen nicht widerstehen

Die Frage nach dem Leiden wird nicht nur im Ijobbuch gestellt[6]. Der Fromme fragt Gott in den Psalmen, warum Er ihn verlassen habe (Ps 22); Markus legt diesen Schrei nach Gott dem sterbenden Jesus in den Mund (Mk 15,34). Die Klagelieder bringen den Schmerz der Verbannten zur Sprache. Eine tiefgreifende Wirkungsgeschichte erreichen in der christlichen Tradition die Lieder vom „Gottesknecht" (Jes 42; 49f.; 52f.; Haag 1995). Er hat keinen Namen, wird geschildert als das stumme und geschundene Opfer, „verachtet und von den Menschen gemieden" (Jes 53,3) und stumm wie ein Lamm zur Schlachtbank geführt (53,7), Sinnbild des Schicksals Israels. In solchen Augenblicken wird keine Geschichte aus der Perspektive der Sieger geschrieben, sondern es obsiegt die Erfahrung der Unterlegenen. Deutlich wird, daß das Leiden der Frommen nach den Maßstäben menschlich-gerechter Zurechnung sinnlos bleibt, sobald die Hoffnung auf Rettung schwindet. Es muß sich ein Weg zeigen, an dessen Ende die Rettung durch Gott steht. Durch diese rettende Zukunft ist Jahwe geradezu definiert, und darin stimmen Ijob, die Gottesknechtlieder und andere Schriften Israels überein (Geyer 1983, 40). Viele Jahrhunderte erwartete Israel die Lösung in einer besseren politischen Zukunft. Zum ersten Mal erscheint in Jes 60–66 die Erwartung eines universalen Heils, das alle realpolitischen Grenzen sprengt.

„Apokalyptik" und „Eschatologie" lauten die Kunstworte, die die Vorstellungswelten eines Weltendes und einer Welterneuerung umschreiben. Die apokalyptische Denkwelt hat sich bis heute im letzten Buch des Neuen Testaments erhalten. Schon ein oberflächlicher Blick zeigt, wie intensiv dort die Erfahrungen des Schreckens verarbeitet werden. Eschatologisch werden alle Welterklärungen genannt, in denen ein messianisches „Ende" und ein messianischer Neubeginn dieser Welt in chronologischem oder in qualitativem Sinn eine Rolle spielt (Marquardt). Es geht um den immer bedrohten und zugleich erhofften Sinn der Geschichte und um die Möglichkeit, den beschriebenen dramatischen Zusammenhang von Leiden, Schuld und Gerechtigkeit in innerer Freiheit zu bewältigen. Dieses Erbe wurde dem Christentum und dem Islam weitergegeben.

In diesem Paragraphen wird das Augenmerk auf die *anthropologische* Konzentration gerichtet, die das Schlechte in der biblischen

Tradition, zumal im Neuen Testament erfahren hat. Im Kern bleibt den neutestamentlichen Texten nur eine einzige Geschichte zu berichten und in ihren Folgen darzulegen. Es ist die Geschichte Jesu von Nazaret, der die Bosheit von Menschen am eigenen Leibe erfuhr. In diesem Bezugsrahmen erscheinen Menschen primär als Sünder, als Täter des Bösen vor Gott, angewiesen auf dessen Vergebung und Hilfe[7]. Weil Menschen das Böse getan haben und ständig tun, nimmt es auf der Erde überhand (Röm 5,12). Weil es aber durch der Menschen Tat überhand genommen hat, bildet es jetzt eine übermenschliche Macht, die nach Johannes geradezu kosmische Ausmaße angenommen hat (Hasitschka 1996). Gleichzeitig bleibt unbestritten, daß Gott in jedem Fall und bedingungslos vergibt, falls Menschen sich ihm nur zuwenden. Das „Neue" Testament nimmt die biblische, damit auch frühjüdische Tradition ja einfach auf, um sie von der überwältigenden Erfahrung mit Jesus her neu zu verstehen und zu beleuchten. Das ließe sich an den Evangelien, aber auch an Paulus zeigen.

Neu sind deshalb auch nicht die *Namen*, die das (oder der) Böse sehr realistisch als letzte Ursache und polemisch entlarvende Benennung erhält: Teufel, Satan, Feind und Drache, Beelzebul und alte Schlange, Beliar und Herrscher dieser Welt, der die Menschen in Unfreiheit niederhält, das Böse in Gottes guten Acker sät, der Besessenheit, Krankheit, Tod und Unglauben bewirkt, den Menschen ins Verderben reißt (Limbeck 1974, 273), alles zusammen „die ins Bild gebrachte Unverständlichkeit des Bösen" (Claret 1997, 393). Radikal biblisch ist bei Paulus und Johannes deshalb auch die Konzentration des Problems auf *die* Sünde, als Singular verstanden. Die historisch-kritische Forschung konnte zudem deutlich machen, wie sich *Jesus* gegenüber dem Bösen stellt, wo er es demaskiert hat. In bester prophetischer Tradition warnt er vor den Gefahren und Verfestigungen der eigenen religiösen Tradition (Kult, Hierarchie, Torabestimmungen, religiöse Arroganz). Dem stellt er, wie die Bergpredigt gut zeigt, eine radikalisierte und verinnerlichte Ethik, aber auch die freudige Erwartung von Gottes Reich gegenüber, in dem sich alle Verhältnisse von Reichtum und Armut, von Macht und Unterdrückung, von Friede und Gewalt, von Lachen und Weinen umkehren. Auf biblischer Linie liegt seine radikalisierte Naherwartung bis hin zur Überzeugung, jetzt breche das Reich an[8]. Urbiblisch ist sein entschiedenes und vorbehaltloses Ja zum Guten, bis hin zur Forderung, die Feinde zu lieben und – in geradezu absurder und selbstmörderischer Weise – dem Bösen nicht zu widerstehen (Mt 5,39).

Gewiß, in der Radikalität der jesuanischen Botschaft zeigt sich eine kritische Grenze, mit der die religiöse, politische und intellektuelle Elite des damaligen Judentums wohl Mühe hatte. Es war die Problemstellung einer religiösen Reform, die möglicherweise einen tiefgreifenden Paradigmenwechsel zur Folge hatte, aber ein religionsstiftender Durchbruch war nicht zwingend. Hören wir für unsere Frage nach dem Bösen also von Jesus nichts Neues? Es gibt, wenn ich recht sehe, keine neuen Ideale, wohl aber eine *neue Erfahrung.* Sie zeigt, daß der erwartete Friede und die Versöhnung möglich sind. Der verengte Blick auf Jesu „Lehre", d. h. auf seine Überzeugungen, Appelle oder Gleichnisse, kann das wirklich Neue des „Neuen" Testaments deshalb nicht freilegen. Denn schon seine Liebe zu den Gleichnissen zeigt, daß Gottes Reich für ihn nichts Objektives, Selbstverständliches oder Erklärbares ist. Wer es verstehen will, muß zu hören wissen, sich einstimmen und sich in aktiver Partizipationslust auf die Herausforderung einlassen.

Deshalb ist zugleich auf Jesu praktischen Umgang mit dem Bösen zu blicken. Noch einmal: Jesus hat die Sünde genauso scharf angeprangert wie die Propheten, aber anders als sie, die sich ihrer Gerechtigkeit so bewußt waren, ging er auf diejenigen zu, die in der jüdischen Gesellschaft als ausgesondert galten. Er hat sie in äußerster Selbstverständlichkeit angenommen und ebenso selbstverständlich das Gute getan. Obwohl gemäß biblischer Tradition nicht gerade werden kann, was krumm ist (Koh 1,15; vgl. 7,13), obwohl Jesus das Böse mit verschärftem moralischem Bewußtsein anprangerte (Mt 5, 17–48), obwohl gemäß Dtn 13,6 das Böse aus der Mitte Israels zu schaffen war und auch aus Jesu Botschaft das „Weichet von mir" (Mt 25,41) um der Nächstenliebe willen nicht einfach eliminiert werden kann: Trotz dieser Setzungen verlangt Jesus nicht Umkehr als Vor-Bedingung allen Heils, sondern er ebnet ohne alle Vorbehalte den Weg dazu. Wie viele Gleichnisse (vom Suchen, vom Wachsenlassen und von der Umkehr) zeigen, ist die prophetische Ethik Ausgangspunkt, aber nicht Ziel. Er nimmt alle an. Man kann allenfalls noch darüber böse sein, daß Gott gut ist (Mt 20,15).

Darin liegt sicher ein entscheidender Punkt: Jesus verkündet nicht einfach, er *lebt* den Appell in letzter gewaltloser und unbedingt solidarischer Konsequenz. Nur so läßt sich Jesu Forderung verstehen, dem Bösen nicht entgegenzutreten, sondern die andere Wange hinzuhalten (Mt 5,39). Aus dieser Erfahrung läßt er das Lob der Gewaltfreiheit (Mt 5,5) an sich selbst bittere Wirklichkeit werden. Zwar übernimmt er auch damit eine Handlungsanweisung aus alttestamentlicher Tradition: „Rege dich nicht auf über die Bösen und ereifere dich nicht wegen der Übeltäter. ... Vertraue auf Jahwe und tue das Gute“ (Ps 37,1.3). In seinem Lebenskonzept aber erhalten Friedenswille und Friedenshandeln eine unbedingt zentrale Stellung, die seinen gewaltsamen Tod trotz aller Angst und Schwäche in Kauf nimmt. Das Echo in späteren Schriften hat diese Radikalität behalten: „Vergeltet niemand Böses mit Bösem! Seid allen Menschen gegenüber auf Gutes bedacht“ (Röm 12,17; vgl. 1 Thess 5,15; 1 Petr 3,9). Oder, wie es kurz darauf heißt: „Laß dich nicht besiegen vom Bösen, sondern besiege das Böse durch das Gute“ (Röm 12,21). Eine Lebenspraxis, die eine solche Maxime verwirklicht, ist in sich unwiderlegbar.

b) Die Deutung: Das Böse besiegt

Nun mögen diese Schlußfolgerungen zwar eindrucksvoll sein, im Blick auf die Macht des Bösen reichen sie aber nicht aus. Geht es in Haltung und Mentalität Jesu nicht einfach um eine bewundernswerte Humanität oder Liberalität? Wird da nicht einfach ein konsequentes Verhalten angemahnt, dem später dann doch nur wenige folgen können? Offensichtlich ist anderes entscheidend: neben der bruchlosen Verschränkung von Theorie und Lebenspraxis nämlich in der bruchlosen Verschränkung von profan mitmenschlicher Handlungs- und religiöser Glaubensdimension. Jesus lebt und erlebt die Auseinandersetzung mit dem Bösen nicht in der „Sachproblematik“ von menschlicher Sünde und göttlicher Vergebungsbereitschaft, sondern als Umgang mit solchen, die vom Bösen offensichtlich betroffen und von dem sie zu befreien sind; das sind „Zöllner“, „Sünder“ und Kranke (Blinde, Lahme, Aussätzige), Arme und Unterdrückte (Lk 4,18 f.) – und dies ohne jede Verrechnung von Elend und Schuld (Lk 13,4; Joh 9,3). Jesus nimmt – wenn wir die einschlägigen Texte richtig verstehen – alle ernst, die und sofern sie Opfer sind, sogar die Täter. Das macht ihn selbst verletzlich. Gottes Reich beginnt nämlich nicht mit der Rache für das Böse und nicht mit dessen Vernichtung, sondern als die Tat neuer Gemeinschaft.

Wie aber sollen wir entscheiden, ob Jesus recht hat? Das ist die große, bis heute aus zwei Gründen umstrittene Frage. Der erste Grund erwächst aus dem Problem historischer Rekonstruktion. Die Evangelien berichten (wie anders?) im Rahmen ihrer je eigenen Interpretation. Haben sie nicht fingiert, idealisiert und ein Bild nach Wunsch und Erwartung der späteren Gemeinde geschrieben? Die

Frage ist hier nicht im Detail zu beantworten. Aber alles, die Reaktion der Freunde und der Gegner, weist darauf hin, daß Jesu Verhalten gerade in dieser Frage als Durchbruch erfahren wurde. Der zweite Grund ergibt sich aus dem beschriebenen Gang der Geschichte selber. Jesu Handeln wurde nicht nur von den zuständigen jüdischen Instanzen verurteilt, sondern ist nach den damals verfügbaren Maßstäben auch gescheitert. Was sollen vor diesem Hintergrund die absurden Behauptungen, in Jesus sei das Böse überwunden, die Welt also erlöst? Die Erfahrung spricht dagegen; das Schlimmste ist eingetreten, worauf nur Protest und Verstummen bleibt: Die gerechte Person wird – trotz ihrer Unschuld – vom Unheil, vom Leiden, selbst vom Tod überwältigt.

Kurz nach diesen dramatischen Ereignissen sprechen seine Anhängerinnen und Anhänger aber eine ganz andere Sprache. Warum aber haben sie – plötzlich und sehr unerwartet – diesen Sieg des Unrechts und dieses katastrophale Versagen der Gerechtigkeitsidee kontrafaktisch, entgegen dem Augenschein als entscheidende Niederlage des Bösen verstanden? Zur Klärung des Problems müssen, soweit möglich, die damaligen Geschehens- und Verstehensprozesse rekonstruiert werden.

Das kann zunächst von einer sachorientierten Perspektive her geschehen. Wer nämlich aus inhaltlichen Gründen zur Überzeugung gelangt ist, Israel hätte sich im Namen seiner eigenen Glaubenstradition seinem neuen Propheten und Gottessohn nicht versagen dürfen, kann Inhalt und Praxis der jesuanischen Verkündigung nicht einfach als widerlegt betrachten. Deshalb konnte die Jüngerschaft Jesu nur zum Schluß kommen: Die Sache Jesu kann und muß weitergehen, weil es nur einen konsequenten Weg zur Überwindung des Bösen gibt. Das ist das bedingungslose Gute, an dem sich die jüdische Identität Jesu erweist.

Eine zweite, personorientierte Perspektive kommt hinzu. Sie hängt damit zusammen, daß Jesus – nach allem, was wir wissen – als Person in seinem Programm aufging. Er *war* bei den Menschen, machte Vergebung, Solidarität und den Kampf gegen das Böse in seiner Person *erfahrbar*. Er ist nicht wie Ijob eine literarische Fiktion. In seinem gewaltsamen – von seiner Seite aus gewaltfreien – Tod kamen Person und Handeln unüberbietbar zur Übereinstimmung. Deshalb hat der Tod genau das erreicht, was er verhindern sollte: Jesus wird zum leibgewordenen Symbol des neu verstandenen Reiches Gottes. Deshalb findet jetzt bei seinen Anhängern eine vorbehaltlose Personalisierung statt. Jetzt wird das Wirken eines einzigen

Menschen als der entscheidende Kampf gegen die Macht des Bösen begriffen (Limbeck 1974, 273). An die Stelle der geschehensbezogenen Erzählung tritt nun eine religiös metaphorische Sprache, die ihre Kraft aus der Glaubensentscheidung für Jesus als den Christus bezieht. Die großen Erwartungen und Hoffnungen, die in der jüdischen Tradition niedergelegt und formuliert sind, bieten nun den Verstehensrahmen und die Begrifflichkeit, die Jesu Bedeutung für die Christen in Worte fassen läßt.

Jesus wird jetzt als Bezwinger der Dämonen gepriesen, als der Befreier von Satan, den er wie einen Blitz vom Himmel fahren sah (Lk 10,18). Er wird zum Herrn über die Sünde, da er in den Kreislauf von Gewalt und Gegengewalt nicht eintritt (Mt 5,39) und das Böse unter Berufung auf Gott einfach vergibt (Mk 2,5–11). Jesus wird schließlich zum Stifter und Anfang des Friedens (Joh 14,27; Röm 14,17); er *ist* der Friede (Eph 2,14), da er für ihn gestorben ist.

Vor diesem Hintergrund mußten alle, die Jesu Hoffen und Scheitern zur Kenntnis nahmen, mindestens drei Fragen beantworten:

(a) Führt Jesu Lebenspraxis wirklich aus dem elenden Kreislauf von Gewalt und Vernichtung heraus? Es gibt viele und sehr ernste Gründe, die für eine positive Antwort sprechen. Gewalt überwindet nur, wer vorbehaltlos liebt und die tödliche Spirale durchbricht.

(b) Können wir die Antwort Jesu zugleich als die messianische Antwort Gottes und als eine wichtige Klärung des Gottesbildes verstehen? Läßt sich die Ehre Gottes wirklich im Wohl derer finden, die in ihrer Armut, Todesnähe oder in ihrem Versagen auf mich angewiesen sind? Das ist zunächst eine Frage an die eigene Gotteserfahrung und steckt deshalb voller Herausforderung.

(c) Eine dritte Frage verleiht der Auseinandersetzung mit der Gestalt Jesu höchste Dringlichkeit. Sie lautet: Läßt sich Jesu Person wirklich als der persongewordene Wille Gottes und als der leibhaft weltliche Beginn einer messianischen, das Böse überwindenden Zukunft verstehen? Die Auseinandersetzung mit dieser Frage provoziert die meisten Spannungen, weil genau sie ihn das Leben gekostet hat. Der Tod Jesu löst das Problem des Bösen gerade nicht, sondern stürzt seine Anhänger in eine unlösbare und höchst dramatische Aporie.

Wir erreichen hier – der Analyse des Ijobbuchs vergleichbar – einen Punkt, an dem keine rationale Lösung, sondern nur noch Teilnahme weiterhilft. Die Berichte von Leben und Tod Jesu können nicht rationalisiert, sondern müssen in ihrer Dramatik gelesen und belassen werden. Deshalb bedeutet Erinnerung an Jesus erst die Frage nach den Abgründen dieser bösen, von grausamem Unrecht durchzogenen Welt, erst Aufruf zum Widerstand gegen alle versöhnten und versöhnenden Gottesbilder, dann erst Einstimmung in die positiven Antworten, die auf die Todeserfahrung Jesu folgen: Auferweckung von den Toten, Himmelfahrt, Vergebung aller Sünden. Das Bekenntnis zu Jesu Auferweckung durch Gott bedeutet also eine ärgerliche Provokation, weil sie Sieg behauptet, ohne den Triumph der Mörder ungeschehen zu machen. Umgekehrt hält die Siegesfreude die Erinnerung an das Schicksal Jesu wach. Sie warnt so davor, das Vertrauen auf Gott als fromme Tröstung zu verstehen; denn im Augenblick, da Jesus Gott wirklich begegnet und sich zugleich von ihm verlassen weiß, hat er nichts mehr zu sagen, es sei denn das, was er schon gesagt, getan und erlitten hat. „Er ist *nicht* hier“ (Mk 16,6). Das ist die schreckensbesetzte Osterbotschaft. So kann es nur erstaunen, wie gründlich diese abgründige und erschreckende Grundkonstellation später im Namen eines ontologisch und politisch stabilisierten Gottesbildes verdrängt worden ist.

Dennoch kommt es genau in diesem Zusammenhang zu erstaunlichen Behauptungen: Gott sei ein Gott des Lebens, stärker als der Tod (Hld 8,6), die neue Weltzeit habe begonnen (1 Kor 1,20). Aber diese Hoffnungsbilder haben keine feststellende, sondern eine gestaltende, vorausgreifende Kraft; sie bringen die Widerstandskraft gegen das Böse auf den Punkt. Deshalb übersetzen die Evangelien diese Symbolik in den *Ruf zur Nachfolge*. Die Bergpredigt (Mt 5), die Gerichtsrede (Mt 25) und das Doppelgebot der Liebe (Mt 22,34–40) werden zu den klassischen Jesustexten, die zukunftsträchtig sind. Nicht nur wir werden – so die Sprache des Glaubens – Jesus in denen begegnen, die uns brauchen, sondern auch die Täter und Opfer des Bösen werden in uns Jesus begegnen wollen, da wir sein Handeln fortsetzen. In ihm und nirgendwo sonst ist die Zukunft der neuen Weltzeit.

Die Glaubwürdigkeit messianischer Überzeugungen liegt deshalb in ihrer aktuellen Erprobung. Die Behauptungen, in Jesus sei *das Böse überwunden*, Gott habe seinen Sohn auferweckt oder der Tod sei vom Sieg verschlungen (1 Kor 15,54), sind Sätze der Erfahrung, zugleich des Versprechens und des Engagements. Ein solches Bekenntnis will nämlich besagen: Wer sich einmal auf die jesuanische Lebenspraxis eingelassen hat, erfährt in ihr in wachsendem Maße eine unüberbietbare Selbstverständlichkeit, Zukunftsoffenheit und eine Verbindlichkeit, die sich auch dem Ernstfall des Todes (dem Martyrium) stellt. Dabei wird das menschliche Vertrauenspotential zwar laufend überfordert (Mk 9,24) oder gar widerlegt (Röm 4,18), aber den Impuls und die Erfahrung der Liebe legt niemand still. Die christliche Botschaft entkoppelt deshalb den Glauben an den Sieg des Guten nicht von der Hoffnung auf einen rettenden Gott. Dieser Gott nämlich zeigt sich für die Christen im Antlitz Jesu, und daraus folgt: „Wer nicht liebt, hat Gott nicht erkannt, denn Gott ist die Liebe“ (1 Joh 4,8); deshalb bleibt in Gott, wer in der Liebe bleibt (1 Joh 4,16b). Diese Erfahrung ist gerade deshalb unverzichtbar, weil niemand Gott je geschaut hat (1 Joh 4,12). Insofern gibt es für einen zeitgenössisch christlichen Zugang zum Problem des Bösen keinen wichtigeren Text als 1 Joh 4,7–20 – vorausgesetzt, daß wir neben den „Brüdern“ die Schwestern nicht vergessen.

Liebe heißt in dieser Perspektive deshalb Vertrauen auf Gott, und im *Vertrauensmangel* christlicher Zeitgenossen, nicht in ihrer moralischen Schwäche, liegt nach biblischem Verständnis das Hauptproblem, das entscheidende Versagen. Wie Jesu Moralität ihre Wurzel in seinem unbedingten Vertrauen auf Gott hat, so kommt es auch für seine Nachfolgerinnen und Nachfolger darauf an, sich ganz dem Gott der Zukunft zu öffnen und in Ihm Stand zu gewinnen („Glaubt ihr nicht, so bleibt ihr nicht“; Jes 7,9). Unglaube oder Glaube sind für das Johannesevangelium die Grundalternative der Welt (Joh 1,10–12). Sie bedeuten – nun ohne zeitlichen oder sachlichen Vorbehalt – Gericht oder Errettung (Joh 12,44–48), Bosheit oder Heil.

Für Jesus stehen unter diesen Vorzeichen im Zentrum: die Ankündigung eines künftigen Glücks für die Armen (Mt 5,3–12), die endlose Vergebungsbereitschaft (Mt 18,21 f.) und die Versöhnung von Gottes- und Nächstenliebe (Mt 22,37–40), als Feindesliebe radikalisiert (Mt 5,43–48). Paulus spitzt in der Auseinandersetzung mit seinen jüdischen Kontrahenten – und wohl wissend um die Alternative von kosmischer Katastrophe und Rettung – alles auf die Vertrauensfrage zu: „Der aus Glauben Gerechte wird leben“ (Gal 3,11). Damit ist sicher ein faszinierender und unaufhebbarer Höhepunkt theologischer Reflexion erreicht; denn weiter läßt sich im Rahmen des Monotheismus die Reflexion und Konzentration auf das *religiöse Problem des Bösen* nicht mehr vorantreiben.

c) Mit dem Bösen umgehen

Bislang wurde die damalige Bedeutung der neutestamentlichen Texte rekonstruiert. Jetzt wird die Frage im Blick auf die Gegenwart aufgegriffen: Können Bekenntnis und Glaube (Röm 10,9) an Jesus Christus wirklich ein Maßstab sein, um das Böse zu überwinden? Wie können wir gleichzeitig vom damaligen Tod Jesu wissen und für die gegenwärtige Zeit behaupten, das Böse sei überwindbar oder gar überwunden? Um einer Antwort näherzukommen, sei die vielschichtige Problematik auf vier spezifisch christliche Gegebenheiten hin zusammengefaßt.

Der Beginn des Reiches Gottes

Das Bekenntnis zu Jesus wird nur glaubwürdig bei gleichzeitiger Nachfolge Jesu, wenn also der von ihm verkündete und gelebte Willen Gottes als Maßstab des eigenen Lebens und der eigenen Wertewelt angenommen und gelebt wird (Arens). Erinnert sei deshalb an die jesuanische und urchristliche Überzeugung, daß Gottes Reich nicht Zukunft bleibt, sondern immer dort beginnt, wo die *Tat der Liebe* ohne die Bedingungen des Gerichts oder der Buße möglich wird. Schon Gesagtes wird hier in *geändertem Kontext* wiederholt, um darauf hinzuweisen: Diese „Lehre“ Jesu, also seine Handlungsanweisung, behält nach christlicher Erfahrung auch in späteren Zeiten, also unter der Bedingung des Glaubens an Jesus, ihre Gültigkeit. Nicht ohne Grund messen gerade die Evangelien und Paulus die christliche Existenz und die Gemeinde unnachgiebig an der Bereitschaft zur Vergebung, an der Liebe und der Friedfertigkeit. Christen und christliche Kirchen müssen, sofern sie Jesu Lebenspraxis übernehmen wollen, auch heute noch aus der Erfahrung leben, daß *alle* Menschen von Gott angenommen und daß sie um Gottes willen aus ihrer Not zu befreien sind. Gleichzeitig werden im Vertrauen auf das Gute Christen auch verletzbar gegenüber dem Zynismus derer, die das Schwache und Wehrlose mit Gewalt vernichten. Diese Praxis des konsequenten Friedens muß unter den gegenwärtigen Bedingungen neu bedacht werden. Anders wäre – aus christlicher Perspektive – Jesus vergebens gestorben und könnte Gottes Reich hier und jetzt nicht beginnen.

Jesu Leiden und Tod

Die Nachfolge Jesu wird, wie wir sahen, von Anfang an mit einem dramatischen Problem konfrontiert: Wird die bedingungslose Güte Gottes, die sich ja irgendwo erweisen muß, nicht durch den Tod Jesu und durch die Gewaltgeschichte von Kirche, Christentum und Christen eher widerlegt als bestätigt? Jesu Handeln zeugt zwar von höchster Humanität und Solidarität, aber er ist mit dieser Gewaltlosigkeit vor Gott und den Menschen gescheitert. Diese Schwäche trat bei seinem Tod offen zutage, so daß er in unübertroffener Eindeutigkeit schließlich zum Opfer des Bösen geworden ist. Gott selbst ist zum Mitspieler einer grausamen Geschichte geworden.

Das hat für den Glauben an Jesus wichtige und weitreichende Folgen. Nicht nur Jesus ging als Leidender in das Gedächtnis der Geschichte ein (Dömer, 70–93). Leidende sind mit ihm zusammen, wie schon in den Liedern vom Gottesknecht, *alle Menschen*, die in der Auseinandersetzung dieser Welt stehen und so der Unfreiheit, der Armut oder der Verachtung ausgesetzt sind (Hengel; Janßen 1996; Ruppert; Schütz). In diesem Sinn gibt es ein stellvertretendes Leiden. Nun sind nach allem, was wir wissen, die Verhältnisse bei Jesus eindeutig. In seiner Solidarität mit den Menschen hat er den Tod keineswegs gesucht, aber er ist vor dem Tod auch nicht weggelaufen. Aus dieser Entschlossenheit zieht die Erinnerung eine unwiderlegbare Kraft. Die Folgen für eine christliche Anthropologie sowie die Kritik an unseren täglichen Ideologien der Macht sind unübersehbar. Die Schrift kennt keine Verliebtheit in das *Leiden* und keine Leidensverherrlichung, wie es durch manche spätere Erlösungstheorie und Erlösungsmystik nahegelegt, von Nietzsche und anderen dann denunziert wurde. Die Leiden Jesu und Israels entstehen immer aus einer aufgezwungenen und abgelehnten Situation. Der Weg des Leidens muß aus dem vorbehaltlosen Tun des Guten und aus der Solidarität mit Leidenden kommen. Nur so kann er als legitim, als Kreuzesnachfolge begriffen und als guter Weg angenommen werden. Auch Jesus hat nicht das Kreuz, sondern die Abhilfe gegen das Böse gesucht.

Bei ihrer theologischen Aufarbeitung des Lebensweges Jesu war den Evangelisten diese Dimension wichtig. Jesus erscheint als derjenige, der mit den Menschen Mitleid hat (Mt 9,36) und deshalb selber zu Entbehrungen bereit ist: „Der Menschensohn hat keinen Ort, wo er sein Haupt niederlegen kann“ (Mt 8,36). Angesichts der zu erwartenden Katastrophe schreckt er aber nicht zurück, sondern macht seinen Jüngern den Weg zum Kreuz deutlich (Mt 16, 21–23). Er richtet seine Augen auf Jerusalem, wo die Entscheidung fallen muß. Vor allem der Hebräerbrief und der Erste Petrusbrief greifen das Thema des Leidens auf und gewinnen eine neue Basis der Bearbeitung. Sie erinnern sich gerade des *Menschen* Jesus (Hebr), der sich selbst der Sache anheimgestellt hat. Leiden hat christlich gesehen nur Sinn als Leiden um der Mitmenschen willen, und dies im konkreten Bezug auf Hilfe zu einer besseren Zukunft (Schillebeeckx 1977, 211–281): „Dazu seid ihr berufen worden; denn auch Christus hat für euch gelitten und euch ein Beispiel gegeben“ (1 Petr 2,21).

Überwindung des Todes

Im Blick auf die Geschichte der Menschheit haben wir nüchtern zu bleiben. Leid in sich ist und bleibt *sinnlos*. Es ist oft nicht mehr zu korrigieren, hinterläßt irreparable Schäden oder vernichtet ein Leben. Den Tod fürchten wir wie den Teufel, vor allem dann, wenn er unter Schmerzen oder zu früh kommt. Wer Leiden um anderer willen akzeptiert, kann darin einen unzerstörbaren Sinn erfahren. Vieles wird dann nicht als Leiden erfahren, weil nur die Wirklichkeit der andern und der Kampf gegen ihre Not wahrgenommen wird. Auch gibt es eine sehr natürliche Selbstverständlichkeit und ein Glück des Guten. Seine Wahrheit wiegt nach biblischer Erfahrung die Banalität des Bösen auf weite Strecken hin einfach auf.

Doch solche Hinweise, die aus der allgemeinen Lebenserfahrung genommen sind, überwinden dieses Problem des jüdischen und des christlichen Glaubens noch nicht. Wie wir sahen, personalisiert und verdichtet sich für Christen das Böse als Erfahrung von Leiden und Tod in der Erinnerung an das Schicksal Jesu. Leider führte diese Personalisierung oft dazu, daß neben dem Leiden Jesu das Leiden der Menschen vergessen wurde. Oft hat man unterstellt, es gebe in der Menschheitsgeschichte kein schlimmeres Leiden als Jesu Passion. Solche Individualisierung ist illegitim und zudem gefährlich. Es läßt nämlich vergessen, daß das Problem des Bösen einen universalen und objektiven Horizont hat. Die Sache des Bösen lautet im Kern *Zerstörung und Tod,* wen auch immer sie treffen. Wenn deshalb von Jesu Sieg über den Tod die Rede sein soll, dann darf dieser universale Horizont nicht vergessen werden. Zwar wissen wir, daß „Christus, von den Toten auferweckt, nicht mehr stirbt“ (Röm 6,9). Derselbe Paulus hat aber auch gesagt: „Wenn es keine Auferstehung der Toten gibt, ist auch Christus nicht auferweckt worden“ (1 Kor 15,13). Was aber ist im Blick auf das Böse mit dieser Auferstehung und Rettung gemeint?

Warten auf die Vollendung?

Die Rede von der Auferstehung Jesu Christi darf nicht darüber hinwegtäuschen, daß damit Hoffnung und Utopie noch nicht eingeholt sind. Zum einen liegt die Auferweckung der Menschheit noch in der Zukunft, zum andern steht auch gemäß den neutestamentlichen Texten die „Wiederkunft“ des Messias noch aus. Schließlich spricht gerade die Geheime Offenbarung in höchstem Realismus von den Schrecken, die der Geschichte noch bereitet werden. Das Böse wird die Menschheit begleiten, solange es sie gibt. Auch nach dem theologisch strengen Ijobbuch folgen warnende und tröstende, realistische und in Gottes Zukunft weisende Antworten. Es ist durchaus nicht so, daß sich die biblischen Texte ausschließlich auf die Frage des Exodus, des sozial bedingten Leidens oder einer sozial gerechten Welt konzentrieren. Zwar bildet die Erfahrung des Leidens, der Armen und der Schwachen eine zentrale Perspektive biblischer Weltsicht, aber die angebotenen Antworten erschöpfen sich weder im Protest noch in gesellschaftskritischen Modellen; erst recht bildet die Ijobfrage aus biblischer Sicht nicht das zentrale Problem. Ein großer Reichtum von Möglichkeiten der Bewältigung und der Sinngebung, des inneren und des äußeren Umgangs, moralischer und pädagogischer, auf das Ich und auf das Wir gerichteter Anworten wird angeboten, bis hin zur Relativierung des Todes selbst, dem ja – mit einer revolutionären religiösen Metapher gesagt – ein „neues Leben“ folgt (Berger 1996).

Warum erhält sich in der Bibel diese offene und kaum systematisierbare Vielfalt? Zusammenfassend mögen zwei Hinweise genügen. Der erste bezieht sich auf die geschichtliche und personale Orientierung der biblischen Tradition. Offensichtlich setzt sich die Schrift mit wirklichen Ereignissen und Geschichten von konkreten Menschen auseinander. Deshalb erscheint auch das Böse in der Vielfalt der Bezüge, die sich aus dem Leben von Menschen ergeben.

Der zweite Hinweis bezieht sich auf den Schöpfungsgedanken, der – einmal formuliert – die gesamte biblische Tradition in seinen Bann zieht. Zwar läuft er im Laufe späterer Jahrhunderte hinaus auf den Gedanken: Alles schlechthin ist von Gott ins Dasein gerufen, also existiert auch das Böse nur kraft des Willens Gottes und seiner Gnade. Aber das darf nicht vom ursprünglichen Kontext getrennt werden. Dieser sieht Schöpfung immer als *Bewältigung des Chaos*, als Bezwingung der lebensbedrohenden Weltungeheuer, als einen stets neuen, neu zu erringenden Sieg über die Mächte des Todes. Gott ist derjenige, der das Böse immer neu bezwingen muß und die Menschen dafür mit in den Dienst nimmt (Westermann, 46). Deshalb liegt die befreiende Wirkung der großen Religionen, der biblischen Religionen und des Christentums zumal, nicht in schlüssigen Antworten auf das Problem des Bösen, auch nicht im Angebot eines geheimen oder offenen Heilswegs, der uns vom Bösen einfach befreien könnte.

Die befreiende Wirkung liegt in der Offenlegung des geschichtlichen Dramas von Tätern und Opfern, vom Triumph des Mörders und der Ehrenrettung der Ermordeten, von Leiden und Freude, von Besitzen und Loslassen, von Hochmut und Erniedrigung, von Verlust und unbeugsamer Liebe, von Opfer und unvergänglichem Lohn, von Saatkorn und Frucht, von der Lebenserfahrung im Augenblick des Todes. Die befreiende Wirkung liegt darin, daß dieses Drama in seinen endlosen Varianten besprechbar und besprochen wird, sowie in der Tatsache, daß Gott genau in dieser zu Wort gewordenen Dramatik ins Spiel kommt. Kein Opfer darf, kein Opfer soll und kein Opfer muß alleinstehen, das ist der Kern christlicher Alltagspraxis. Messianische Erwartung erfüllt sich nicht im machtvollen Sieg über das Böse, sondern in einem gemeinsamen Widerstand, der sich nicht im Kreislauf von Gewalt und Gegengewalt verfängt und deshalb sogar ein Scheitern in Kauf nehmen kann.

Dabei scheint es eine Grunderfahrung zu geben, in der sich alle biblischen Traditionen schließlich finden: Die Erfahrung der Liebe entwickelt, wie schon gesagt, eine Kraft, die dem Tod zu widerstehen weiß. Zwar macht solche Liebe auch ungeheuer verletzlich, oft schwach und anfällig für Enttäuschung. Die Tiefenwirkung solcher Liebe läßt sich aber nicht abkoppeln von einem letzten Vertrauen darauf, daß Gott im Tod selber auf seiten der Opfer zur Stelle ist und ihnen am Ende Gerechtigkeit verschafft. Sofern Tod und Todesmöglichkeit aber immer gegenwärtig sind, kann auch die messianische Hoffnung immer gegenwärtig sein. Es geht darum, daß wir den Messias, der Leiden, Tod und Hölle kennt, in jeder Sekunde unseres Lebens erwarten (W. Benjamin). Ein solch schöner Gedanke sollte aber nicht die Grauen verdecken, die zu dieser Erwartung führen. In der Apokalypse läßt der Schreiber des Buches unter dem Altar die Dahingeschlachteten rufen:

> Wie lange zögerst du noch, Herr, du Heiliger und Wahrhaftiger, Gericht zu halten und unser Blut an den Bewohnern der Erde zu rächen? (Apk 6,10)

Die Antwort, die gegen Ende des Buches gegeben wird, behauptet keine Wirklichkeit, sondern schafft Hoffnung. Sie lautet eher verhalten als absolut:

> Seht, die Wohnung Gottes unter den Menschen! Er wird in ihrer Mitte wohnen, und sie werden sein Volk sein; und er, Gott wird bei ihnen sein. Er wird alle Tränen von ihren Augen abwischen: Der Tod wird nicht mehr sein, keine Trauer, keine Klage, keine Mühsal. Denn was früher war, ist vergangen. (Apk 21,3 f.)

Um das Abwischen der Tränen wird es seit der Zeit jenes Textes dann in allen Jahrhunderten, bis hinein in unsere Gegenwart gehen. Deshalb bleibt das Böse für die Bibel ein zentrales und ein zutiefst religiöses Problem.

III. Das gute Weltsystem – die Negation des Schlechten

Eine Phänomenologie des Bösen könnte bestätigen, worauf ich in der Einleitung schon hinwies: Von seinem „Wesen“ her ist das Böse prädikativ, relational; es besteht in seiner Wirkung und hat eigentlich kein Sein in sich. Man mag sagen, es sei eine Ordnungskategorie, in die unangenehme und möglicherweise destruktive Phänomene aufgenommen sind. Aber auch sie sind, wie es scheint, für den Menschen und die komplizierte Weltordnung unverzichtbar. Sie reguliert sich ständig, schafft Neues, scheidet Altes aus. Es gibt die Kreisläufe von Leben und Tod, Hitze und Kälte, Organisation und Unordnung. So sind ökologische Systeme dann gut, wenn sich in ihnen Gleichgewichte herausbilden, wenn sie nicht nur integrieren, sondern auch ausstoßen. Je komplexer aber solche Systeme werden, um so deutlicher ist schlecht für das eine, was für das andere gut ist. Das Böse bemißt sich immer nach seiner Funktion in je seiner „Welt“.

Man mag sagen, das Wohl des Menschen biete ein besseres Kriterium. Im vorhergehenden Kapitel wurde die Frage schon eindeutig beantwortet. Die biblische Tradition setzt klare Bezugsrahmen des Bösen. Ihre „Welt“ ist die Zukunft einer versöhnten Menschheit und eines Friedens zwischen Mensch und Natur. Dazu gehören wesentlich Gerechtigkeit, Gemeinschaft und Dienst am Leben. Deshalb werden Elend, Leiden und Tod zu einem bisweilen unlösbaren, dramatischen Problem. Aber auch Menschen sind keine rein geistigen Wesen oder wertgeleitete Personen. Genau sie sind Teil der materiellen Welten. Wonach bestimmen wir dabei das Gute und das Böse?

Wenn das Böse in und aus Zusammenhängen lebt, dann ist es nicht direkt angreifbar. Es bildet, wie schon gesagt, Wurzel- und Netzwerke, chaotisch wirkende Systeme. Das ist seine *Stärke*. Solange es diese Welt gibt, ist es unausrottbar, nicht definitiv am Ende. Dieses Eingefügtsein in große Zusammenhänge ist aber auch die *Schwäche* des Bösen. Solange nämlich die Welt nicht am Ende ist, kann es – in all seinen Erscheinungen und Dimensionen – auch immer wieder aufgehoben und eingeordnet, überlistet, somit auch überwunden werden. Dies macht unseren stets neuen, nicht nur moralisch entschiedenen, sondern auch intelligenten Widerstand notwendig und möglich.

Solche Grunderfahrungen haben schon im antiken Denken und in der frühen christlichen Theologie eine zentrale Rolle gespielt. In ihrem Gefolge sei hier die Frage gestellt: Was ist denn das Schlechte dieser Welt? „Welt“ hat in diesem Zusammenhang, wie wir sehen werden, einen spezifischen Sinn. Wir fragen hier nach seinem Ort und seiner Funktion. Wenn die Schöpfung *in sich* gut sein soll, dann muß auch besprochen werden können, was das Böse *in sich* bedeutet. Wir gehen von Lösungsmodellen aus, die in den ersten Jahrhunderten von der christlichen Theologie aufgegriffen wurden, und wählen als Einstieg Augustinus, der bei der Übernahme des Neuplatonismus (wie überhaupt antiken Denkens) in die Theologie des Westens eine Schlüsselrolle spielte. Wenn in diesem Kapitel vom „Bösen“ die Rede ist, dann wird es (sofern nicht anders vermerkt) wie zuvor schon verstanden in seinem allgemeineren, Übel und moralisch Böses umgreifenden Sinn, das von Griechen und Römern jeweils noch mit einem Wort (κακον bzw. *malum*) umschrieben wird.

1. Das Böse im Rahmen höherer Ordnung

Zur Voraussetzung eines besonnenen Umgangs mit dem Bösen gehört also dessen Einordnung in eine umgreifende Ordnung. Als solches wäre das Böse „reines“ Chaos, rational überhaupt nicht denkbar, geschweige denn zu bewältigen. Im Rahmen eines umfassenden Ganzen kann es jedoch neutralisiert werden und eine positive Rolle spielen. Denken wir an den Schmerz, der vor Verstümmelung schützt, oder an eine Erkrankung, die alle Immunreaktionen aktiviert, an die gebändigte Explosion eines Explosivstoffs, der einen Motor antreibt. Das an sich Destruktive erhält dann von einem „höheren“ System her seine Funktion. Dieser Grundtypus der Problemlösung hat sich bis in die Gegenwart hinein durchgehalten und in der Neuzeit zu ungeheuren Triumphen geführt. Die Metamorphosen dieser Ordnungsdeutung werden wir unter den Stichworten „kosmologisch“, „naturwissenschaftlich“, „ontologisch“ behandeln. Einige Beispiele sollen die Reflexionsfiguren jeweils illustrieren.

a) Kosmologisch: Die Ordnungsidee der Antike

Die Idee des geordneten Kosmos steht im Mittelpunkt religiöser Mythen von Schöpfung und Zerwürfnis der Welt und fasziniert bis heute (Häring 1979, 73–136). Dabei zeigte sich: Dieser „Kosmos" war nur die Metapher für eine Ordnung, die sich im „Verhalten" der materiellen Dinge zeigt. Der Gedanke von Kosmos und kosmosgleicher Ordnung wurde im griechisch-hellenistischen Denken in verschiedener Richtung und über einen langen Zeitraum hin ausgebildet. Vorsokratiker und Pythagoräer, Cicero und Varro haben sie gestärkt. Die überaus erfolgreiche Philosophie der Stoa baute sie in ethisch praktischer Absicht aus zur Lehre von der rationalen Ordnung der Welt, in die sich der weise Mensch kraft seiner Vernunft voll und ganz einzufügen weiß. Eingegangen ist dieses Denken schließlich in die universal ausgerichtete Ordnungs- und *Kosmosidee* der spätantiken Philosophie, die mit Plotin einen letzten hervorragenden Höhepunkt erreicht[1]. Im Vergleich seiner Doppelschrift „Über die Vorsehung" mit Augustins Frühdialog „Über die Ordnung" (386) läßt sich die Grundidee exemplarisch ablesen[2]. In folgenden Grundgedanken kommen die Werke überein:

(1) Der Gang der Dinge ist immer und eindeutig *gekoppelt*, der Geschehenszusammenhang also immer „in Ordnung". Was Plotin eher voraussetzt, wird bei Augustinus vielfältig illustriert. Die Natur handelt in eindeutigen Folgeketten, im Prinzip genau berechenbar, sei es der Rhythmus für das Plätschern eines Bachs oder der Fall der Blätter. Kein Zufall formt die Gliedmaßen eines Insekts, kein Baum wächst grundlos. Das Reich der Zahlenverhältnisse (für die Antike von hoher Bedeutung) ist unwandelbar, Erweis für die Unsterblichkeit der Vernunft. Den Zufall also gibt es nicht (Häring 1979, 81). Die Frage, worin diese Ordnung gründet, in einer umfassenden Weltvernunft (Stoa), einem letzten Weltprinzip (Plotin) oder in Gottes geistiger Führung (Augustinus), steht hier noch nicht zur Debatte. Entscheidend ist zu sehen, daß diese Überzeugung nicht naiv berichtet, sondern schon bei antiken Schriftstellern stark reflektiert wird. Schon für die Vorsokratiker und für Platon war die Vielfalt des Wirklichen ein ernstes Problem, das das Übel überhaupt erst möglich macht. Plotin weist auf Unglück, auf Leid, auf das Fressen und Gefressenwerden in der Natur, auf Unrecht, Armut und Krankheit hin. So auch Augustinus: Unrecht, Verdächtigung, Feindschaft, Verrat, Aufstand, Mord, Krieg und unsicherer Frieden. Augustinus geht aber einen Schritt weiter und wendet die Anfrage an die Weltordnung zur

Kritik am Fragenden selbst. Intellektuelle und moralische Unordnung der Beobachter machen es unmöglich, die Ordnung der Welt zu erkennen. Wer unstet und ziellos dahintreibe, der gleiche einem Menschen, „der auf einem Mosaikboden steht, und dessen kurzer Blick nicht über den Umriß eines einzelnen Steinchens hinausreicht" (I, 2,3). Also nur, wer das eigene Leben zu ordnen weiß, ist fähig, die Ordnung der Dinge zu erkennen.

Ethisch gefärbte Antikritik also macht solchen Erkenntnisoptimismus *inappellabel.* Bei Plotin führt er zu unbarmherzigen Folgerungen: „Alles ist nur Kulissenschieben und Szenenwechsel" (III, 2,17). An der Reaktion Augustins dagegen zeigt sich offensichtlich eine spezifische Grundentscheidung der biblischen Tradition. Er nimmt das Leiden der Menschen nämlich ernst. Tränen haben ihr Recht; der Mensch bedarf der gütigen Führung. Und dennoch formuliert er einen prinzipiellen Vorbehalt: „In Ordnung" bleibt, was ist, denn physikalisch und geschichtlich ist es in den Kosmos des Weltablaufs eingeordnet. Die Ambivalenz dieses Ordnungsvertrauens ist offenkundig, denn es hat gleichermaßen eine entlarvende und eine stabilisierende Funktion. Augustinus gesteht den Menschen die Erfahrung des Leidens zu, aber zugleich sucht er einen Weg, um diese Erfahrung des Leidens als gerecht darzustellen. Was Menschen erleiden, haben sie verdient. Dies führt zum Problem der Gerechtigkeit, das schon in der biblischen Tradition angesichts eines persönlichen Gottes eine wichtige Rolle spielte. *Leiden* ist ja eine Erfahrung, die in der biblischen Tradition ernst genommen wird. In biblischen Berichten wird das Leiden in der Regel an „harten" äußeren oder moralischen Kriterien gemessen. Es resultiert aus Krankheit, Bedrohung und Tod, offensichtlicher Demütigung, Einsamkeit oder Gottverlassenheit. Ijob und die Passion Jesu sind dafür prägende Beispiele. Kann es wirklich sein, daß Menschen das Leiden verdient haben – auch das, das man ihnen aus Bosheit zufügt? Die christliche Tradition hat diese Frage sicher lange Zeit vernachlässigt.

(2) Nach Augustinus ist der Gang der Dinge in jedem Fall *gerecht.* In der moralischen Beurteilung der Welt ist er Stoiker geblieben. Auch Unglück und Leid müssen „in Ordnung" sein: Solange die Menschen vom Kosmos her und ihre Geschichte als geregelter Ablauf begriffen werden, bleibt die Idee einer *ausgleichenden Gerechtigkeit* – innerhalb dieses Kosmos realisiert – unangefochten. Sie ist ein kosmisches Gesetz. Dies galt schon für Plotin, der Übeltat und Strafe in eine strenge, dreifach gestufte Korrespondenz bringt. Jetzt schon erniedrigt sich der Täter, im Jenseits muß er sühnen, in einem

zweiten Leben wird er durch gleiches Unrecht büßen. Rückschlüsse sind deshalb möglich; der Arme etwa war ein böser Reicher. Auch Augustinus hält an diesem allgemeinen Prinzip fest, daß „jedem je nach seinen guten und schlechten Taten das Seine zugeteilt wird" (I, 7,19). Diese Vorentscheidung sollte für Augustins Denken noch weitgehende Folgen haben. Zunächst aber ist damit die Frage nach dem Verdienst des Menschen und nach seiner Freiheit im Rahmen der Weltordnung gestellt.

(3) Die Ordnung des Ganzen wird durch die *Freiheit des Menschen* nicht zerstört: Zwar schließt das Ordnungsprinzip Vielfalt gerade nicht aus. Dennoch ordnet sich alles Einzelne, wie verschieden es auch verlaufen mag, in den einen Plan ein. Für Plotin ist dieser Einklang aus metaphysischen Gründen zwingend. „Denn da alles aus Einem herrührt, läuft es mit Naturnotwendigkeit in Eines zusammen" (III, 1,9). Das „Eine", das ist Gott als namenloser, schweigender Urgrund allen Seins. Wenn dies aber so ist, dann arbeitet der „Logos" (mit „Weltplan" zu übersetzen und später als Denkfigur im „Logos" des dreifaltigen Gottes rezipiert) geradezu dialektisch in der Selbstsetzung des Einen: Er setzt die Teile gegeneinander, bewirkt also „Kampf und Schlacht" (III, 2,16). Augustinus kann dieses Eine, das er mit „Gott" übersetzen müßte, so nicht in Anschlag bringen, weil Gott Kampf und Schlacht nicht wollen kann. Deshalb bleibt es beim Reflexionsbegriff der Ordnung, die er jetzt auf seine Weise theologisch definiert: „Ordnung [lateinisch: ordo] ist das, wodurch alles gelenkt wird, das Gott gegründet hat" (I, 10,28), oder einfacher: das, wodurch Gott alles lenkt. Der Akzent der Definition liegt also auf einer abstrakt und apriorisch gefaßten Universalität. Wer diese Definition annimmt und zugleich behauptet, das Böse durchbreche die Ordnung, setzt sich mit sich selbst in Widerspruch. Auch durch des Menschen Freiheit, so die Folgerung des neuplatonischen Christen Augustinus, kann diese Ordnung nicht gestört werden.

Ist aber der Mensch dann noch frei? Es ist wichtig, bei dieser Frage keine falschen Positionen einzunehmen. Nach Plotin kann es eigentlich überhaupt nichts Übles geben, das nicht Teil der universalen Ordnung wäre, weil der Logos der Welt es so will. Vorsichtiger geht da Augustinus als Christ ans Werk. Zwar ist auch für ihn jede Unordnung auf höherer Ebene Teil einer umfassenderen Ordnung, aber er sorgt für Vermittlungen. Seine Ordnungsphilosophie führt zu einer *ästhetischen Betrachtungsweise*. Das (auf den ersten Blick) Häßliche eines Bildes, die Gegensätze von Licht und Dunkel, also von Angenehmem und Erschreckendem, können nur noch dessen Dynamik steigern (I, 7,18). Der junge Augustinus geht da erstaunlich weit, denn seine Verachtung des (moralisch) Bösen kann dessen ästhetische Rechtfertigung nicht verhindern. Die Frage nach der menschlichen Freiheit wird so nicht beantwortet und wird sich später um so schärfer stellen.

Plotin vergleicht den Weltplan mit dem Dichter und Regisseur, den Menschen mit dem Schauspieler, der den Part *auf eigene Verantwortung* spielt. Damit hat auch Plotin zugestanden, daß der Mensch über seine geschaffene Natur hinaus noch „ein anderes Prinzip (αϱχη), nämlich ein freies" hat (III, 3,4). Dieses allein macht Fehler erklärbar, die nicht mit dem guten Gesamtplan vereinbar sind: „Die guten wie die bösen Taten des Einzelnen müssen aus ihm als Einzelnem kommen, und man darf nicht dem All ihre Hervorbringung zuschreiben – auf keinen Fall die der bösen" (III, 1,4).

Nun ist dieses Freiheitspostulat aus einer Verlegenheit geboren, denn es muß der Weltplan beschrieben werden. Es steht damit in Spannung zu einer anderen, der wahren menschlichen Freiheit. Nach Plotin besteht sie in der Fähigkeit, Materie und Körperlichkeit zu überwinden. Das führt zu einem paradoxen Ergebnis; denn gerade wer an der Unordnung mitwirkt, also Böses verantwortet, ist im Sinne seiner eigentlichen geistigen Möglichkeiten „unfrei". Es ist eine Spannung, die sich später durch die gesamte christliche Anthropologie bis hinein in unser Jahrhundert durchzieht, die Spannung nämlich zwischen *libertas* und *liberum arbitrium*, zwischen Willens- und Wahlfreiheit, zwischen der eigentlichen Freiheit, in der wir zu uns selbst (und zu Gott) in ein angemessenes Verhältnis kommen, und der Freiheit, in der wir uns (relativ willkürlich) gegenüber den Dingen dieser Welt verhalten. Der qualitative Unterschied oder gar das Auseinanderklaffen zwischen diesen beiden Freiheitsarten wird erst in der Neuzeit grundsätzlich bedacht.

Für Augustinus dagegen verschiebt sich hier der Horizont in bezeichnender Weise. Vom christlichen Glauben aus zielt jetzt die Frage nicht auf eine anonym sachliche, sondern auf eine personale Beziehung. Er fragt nicht nach der moralischen Qualität der Ordnung, sondern danach, *ob Gott das Böse liebt.* Nein, antwortet er ganz formal und im Wortspiel: Es könne ja nicht „in Ordnung" sein, daß Gott das Übel liebt. Sobald es Böses aber gibt, muß es in dieser Ordnung aufgehoben sein. Gott liebt das Böse also nicht, dennoch übt es die ihm zugemessene Wirkung aus. Ein Widerspruch? Für Augustinus bedeutet diese Antwort eine ordnungstheoretische Differenzierung.

Das Üble geschieht nicht *aufgrund* der Ordnung Gottes. „Erst nachdem es entstanden ist, wird es in die Ordnung eingeschlossen.“ Im Blick auf die Sünde wird diese Differenzierung anschaulich: „Alle Naturen hat Gott gemacht, nicht nur diejenigen, die in Gerechtigkeit und Tugend verharren, sondern auch diejenigen, die sündigen werden: Nicht damit sie sündigen, sondern damit sie das Universum schmücken, gleich, ob sie sündigen oder nicht“ (De lib. arb. III,11.32; Häring [1979], 124–136). Dem Bösen sind also nicht nur seine Grenzen, sondern auch seine Ziele gesetzt.

Der zitierte Satz gibt präzise das Problem an, das bis heute zwischen einer moralischen und einer kosmologischen Weltbetrachtung bleibt. Zwar bleibt das Böse abzulehnen, aber es versieht seine guten Dienste. Zwar verharmlosen solche Überlegungen das Böse nicht, aber sie nehmen ihm den Stachel als dasjenige, das unter keinen Umständen hinnehmbar ist. Jede ordnungstheoretische Überlegung wirkt quantifizierend, relativierend, entschuldigend. Sobald aber ordnungstheoretische Überlegungen anfangen, nur noch sich selbst zu bestätigen, haben sie auch ihre Grenze erreicht. Im Alltagsleben wird dann festgestellt, alles sei schließlich für etwas gut. Dann bestätigen sich in der Gegenwart die Zunahme des Wissens, der technische Fortschritt, das Wirtschaftswachstum oder die Zunahme des Verkehrs, und sie treten an die Stelle der archaischen, kosmisch-astrologischen Gesetze. Solche Ordnungsmodelle von Natur oder täglichem Leben, der Wissenschaft oder Politik, des sozialen Unrechts oder der Unterdrückung gehören zur alltäglichen Bewältigung des Lebens. Es gibt die Regeln von Tun und Ergehen, die Überzeugung von einem letzten Ausgleich und einem geordneten Ablauf der Natur. Im Blick auf Religion sprechen Soziologen von Komplexitätsreduktion (Luhmann, 9–71).

Auch Augustinus hat im Siegeszug des hellenistischen Denkens ein solches Ordnungsschema übernommen. Es ist, kritisch formuliert, die Theorie von einer anonymem, sich selbst reproduzierenden und sich selbst bestätigenden Ordnung. Zugleich aber paßt er diese Ordnungstheorie in seinen biblisch-theologischen Ansatz eines monotheistischen Schöpfungsglaubens ein. Im Spannungsfeld beider Konzepte aber bleibt die Problematik von Bosheit und Sünde als unlösbares Rätsel. Ob die Freiheit des Menschen dabei letztlich geleugnet, zum Lückenbüßer der Bosheitsproblematik degradiert, oder ob das Böse unangemessen relativiert wird, das hängt letztlich von ordnungsfremden Prämissen ab. Nun hat schon der Vergleich zwischen Plotin und Augustinus deutlich gemacht: Diese ordnungstheoretische Denkfigur kann in verschiedene umfassende, philosophische oder theologische Konzeptionen integriert werden. So bietet sie auch heute noch eine erste, geradezu notwendige, eine vor-philosophische und vor-theologische Möglichkeit, das Schlechte im Blick auf den Lebensalltag zu bewältigen. Dabei halte ich folgendes fest:

(1) Der ordnungstheoretische Zugang kann, wie schon angedeutet, an Alltagserfahrungen anknüpfen und viele lebenspraktische Maximen übernehmen. Was im Alltag geschieht, hat in der Regel seine Ordnung und ist an sich nie für alle Betroffenen zugleich übel. Doch hängen die guten und die üblen Wirkungen von der jeweiligen Situation ab. Ungezählte Erscheinungen des Alltags, die schmerzhaft oder sogar zerstörend wirken, werden im Rahmen umfassenderer Funktionssysteme immer schon akzeptiert, weil sie als unausweichlich oder als nützlich und lebensnotwendig gelten. Zu einer überlebensfähigen Kultur gehört ja ihre Fähigkeit, Schmerz und Leid in einem bestimmten Maß zu verarbeiten, sowie mit Gewalt, Leiden und selbst mit dem Tod gut umzugehen (Häring 1998c). Teil umfassender und lebensfähiger Funktionssysteme sind auch die zahlreichen, für sich betrachtet grausamen Zusammenhänge. Jedes Glück wird mit Nachteilen erkauft; auch alles Gute hat seinen Preis. Auch unser Wohl und Glück bleibt eingebettet in Prozesse, abhängig von relativen Vor- und Nachteilen. Das gehört gewiß zu den Basissätzen einer (von einem Grundvertrauen zur Wirklichkeit getragenen) Lebensweisheit. Und allein diese Weisheit kann es ermöglichen, mit den Widrigkeiten des alltäglichen Lebens in produktiver Weise fertig zu werden, auch das Üble – in bestimmten Grenzen zumindest – als sinnvoll und nicht als Widerlegung allen Lebenssinns zu begreifen. Sonst wird die Lebensfähigkeit menschlicher Individuen und Gemeinschaften gefährdet.

(2) Dieser Zugang hat den Vorteil, daß er den Kosmos, die in der Natur endlos verschränkte Vielfalt von Geschehensabläufen als Anschauungsmodell zu Hilfe nimmt. Der Verweis auf eine übergreifende Weltordnung ist von archaischer Überzeugungskraft und von elementarer religiöser, auch in der Bibel wirksamer Valenz (P. L. Berger). Zu nennen sind Argumentationsfiguren aus der Weisheitsliteratur: Jeder erhält das Seine (Weish 1–6); alles hat seine Zeit (Koh 3,1–8); geordnet ist alles nach Maß und Gewicht (Weish 11,20); die Welt zeugt von Gottes undurchschaubarer Weisheit und Größe (Spr 8,22–30), nach der die ganze Welt gemacht ist (vgl. Kol 1,16). Sie schlagen sich nieder in den großen Führungsgeschichten, deren oft undurchschaubares Geschehen sich erst am Ende erhellt (Josefsgeschichte oder Tobit,

aber auch die Geschichten von Abraham, Isaak und Jakob, Gen 12–36). Zu nennen ist die Grundüberzeugung des biblischen *Schöpfungsglaubens*, daß alle Natur nur Gottes Größe bezeugt (z. B. Ps 8; 19; 29; 104; 135). Damit werden die Gestirne und kosmischen Erscheinungen zugleich entmythisiert. Polemisch werden die Christen in den Briefen an die Epheser (1,20–23; 3,9–13; 6,12) und an die Kolosser (1,15–20; 2,8–15) davor gewarnt, sich von den kosmischen „Mächten" und „Gewalten", den vergöttlichten Schicksalskräften der Gestirne also, unterjochen zu lassen, nachdem sie in Christus Freiheit erlangten. Dennoch bleibt der Aufruf, sich in Geduld in den Gang der Dinge gerade deshalb einzuordnen, denn sie können uns unsere Freiheit nicht nehmen. Gerade diese Entideologisierung der erfahrbaren Mächte macht einen pragmatischen Umgang mit ihnen möglich. Auch der Kampf gegen das Böse ist nicht von ideologischen, sondern von sehr pragmatischen Voraussetzungen her zu führen. Das ist der beste Weg, manchem Bösen (also mancher negativen Erfahrung, mancher Enttäuschung und manchem Schicksalsschlag) frühzeitig seinen Stachel zu nehmen.

(3) So läßt sich auch von einem religiösen Standpunkt aus für eine große innere Freiheit und Flexibilität plädieren. Ein zur Geduld und zum aktiven Leiden bereiter, solidarischer und zugleich pragmatischer Zugang zum Bösen entspringt der Einsicht, daß die Beurteilung eines Übels wesentlich vom Standpunkt der Urteilenden selbst abhängt. Die jeweils übergreifenden Gesichtspunkte und die Wahrheit des Ganzen sind ja oft nicht eindeutig objektivierbar, sondern durch partikulare Erfahrungen und Interessen, durch umfassende Wertsysteme oder Vorzugswahlen bestimmt. Damit ist nicht Willkür gemeint. Auch wenn moralische Appelle in Verruf geraten sind, ist die Forderung nach Verantwortung neu ins Bewußtsein zu bringen (Küng 1993). Es geht im Kampf gegen das Böse immer auch um eine verantwortete Selbstvergewisserung und Selbstkontrolle von Individuen, Gemeinschaften und Gesellschaften. Deshalb ist heute auch für das religiöse Bewußtsein die Frage zu stellen, was in welcher Situation das entscheidende Übel sei und welche Verhältnisse das letzte Wort haben. Die ordnungstheoretische Diskussion kann im Blick auf das Böse nicht von inhaltlichen Fragen absehen.

(4) Unverzichtbar ist also die Erfahrung, die auf Lebenszusammenhänge achtet. So läßt sich auch die Grenze des Ansatzes sehen. Die distanzierende Frage nach der Gesamtordnung hilft ja zunächst nur einmal, den Normalablauf eines in Regelerfahrungen integrierten und stabil gehaltenen Lebens zu verstehen. Für Grenzerfahrun-

gen aber, für den Zusammenbruch ganzer Regelsysteme, für den Tod und die Vernichtung Betroffener bieten diese ordnungstheoretischen Perspektiven kaum das angemessene Instrumentarium, denn dann stehen ihre eigenen Voraussetzungen zur Diskussion. Auschwitz einer ästhetischen oder nur historisch vergleichenden Betrachtungsweise zu unterziehen, wäre blanker Zynismus. Während für Plotin das All noch zwingend „verrechnet“ ist, kann bei Augustinus die Frage nach Gott noch einmal wiederholt werden. Von dieser Offenheit ist bei Augustinus einiges zu spüren, wenn er die anonyme Logossituation in die Frage nach einem persönlichen Gottesverhältnis übersetzt. Das führt zu keiner naiven Scheinlösung, denn nicht ohne Grund sollte gerade Augustinus das Problem später noch weiter vorantreiben.

b) Naturwissenschaftlich: Der Preis einer funktionierenden Wirklichkeit

Nun hat unsere Kultur das Stadium eines mythischen Kosmosdenkens schon lange verlassen. Die modernen naturwissenschaftlichen, technischen und prognostischen Erfolge verdanken sich dem konsequenten Willen, jedes Phänomen als Ergebnis einer Wirkursache zu begreifen (Habermas; Horkheimer/Adorno; Kulmann; Stork; Weber; Zimmerli). Objektiviertes und anwendbares Wissen entsteht, wo konsequent – nach Plan und Einsatz bestimmter Ursachen – beabsichtigte Wirkungen erzielt werden. Umfassende Verstehensmodelle von Kosmos und Erde, Leben und Menschheit, oft unter dem Mega-Modell der Evolution zusammengefaßt, leben aus einem analogen Verstehensprinzip: Nach stringenten und ursächlich wirkenden Gesetzen hat sich alles aus einem vorhergehenden Zustand entwickelt. Auch Begriffe wie Chaos, Zufall, kybernetische oder selbstreferentielle Systeme durchbrechen dieses Denken von Ursache und Wirkung nicht. Zu einem Umdenken zwingt höchstens die Unschärferelation (W. Heisenberg), die jedoch für das Begreifen des alltäglichen, technisch organisierten Geschehens faktisch keine Rolle spielt.

Entscheidend ist für unseren Zusammenhang nun nicht die immanente naturwissenschaftliche Diskussion, sondern die Prägung des allgemeinen Bewußtseins durch naturwissenschaftliches Denken, das sich im Alltag der Technik ständig legitimiert. Was an Naturgeschehen, also an materiell erweisbarem Geschehen, kausalursächlich oder genetisch erklärt werden kann, das gilt als erklärt und – soweit die Kategorie verwendbar ist – auch als sinnvoll. Der Kosmos und alles, was in ihm ist, wurde rational begreifbar und gilt damit als Garant für ein grundlegendes Ordnungssystem. Ihm wird Sinn zugestanden, es wird also prinzipiell akzeptiert, weil ihm ein umfassendes Erklärungsvermögen eignet.

Drei Eigenschaften führen zu dieser Autorität des Naturgeschehens: Einheitlichkeit, Konstanz und Existenzgarantie. Der Kosmos wird begriffen als ein im Prinzip *einheitliches* System der Abläufe; Ausnahmen sind weder zugelassen noch notwendig. Diese Einheitlichkeit schafft eine Art rationaler Autorität. Ferner werden die Regeln der Abläufe als unbeugsam und *konstant* angesehen; sie lassen sich immer weiter in Makro- und Mikroräume hinein verfolgen. Daran zu zweifeln erschiene – innerhalb der Grenzen des Kosmos – völlig absurd. Diese Konstanz verschafft dem materiellen Wirkungssystem einen tiefen Vertrauensvorschuß, der an religiöse Dimensionen erinnert. Die Kategorie der Ursache wird zur späteren Säkularisierung des göttlichen, schaffenden Prinzips (Denker [1975], 74). Schließlich bietet die Existenz der materiell kosmischen Welt eine umfassende *Existenzgarantie*, da sich auch Phänomene wie Leben und Geist – man denke an die Evolutionstheorie im Rahmen der Biologie und Biogenetik – innerhalb ihrer erklären lassen. Diese kosmische Welt erscheint nicht nur als notwendige, sondern auch als hinreichende Bedingung des Daseins. Was aus der Perspektive etwa der monotheistischen Religionen als die Gesamtheit des Geschaffenen erscheint, kehrt sich in seiner Gesamtheit um zum alles schaffenden Prinzip. Eine solche Sinnerklärung kann von einer explizit religiösen Erklärung zwar immer noch unterschieden werden, aber sie funktioniert zumindest so lange, wie die Normalsituation des Alltags noch funktioniert. Die relativ junge emphatische Bedeutung des Begriffs „Sinn" hat diese Transposition in die Religiosität des Alltags ermöglicht und zugleich verschwiegen.

Nun bringt jeder Vertrauensvorschuß für ein System auch die Neigung mit sich, Übel zu legitimieren und die Opfer, die es fordert, zu rechtfertigen. Die Zuwendung zum funktionierenden Weltsystem sowie der daraus resultierende technische, eventuell auch soziale, politische, kommunikative Fortschritt fordern eben ihren Preis und ihre Opfer. Ihn zu zahlen scheint uns die Sache wenigstens so lange wert, als wir dessen Nutznießer sind. Dieses Phänomen ist theologisch nicht aufgearbeitet. Wohl aber ist das Bewußtsein einer theologischen Aufarbeitung unter den Anfragen einer nachhaltigen und ökologisch verantworteten Zukunftssicherung intensiv gewachsen (Altner). Das, wofür die Aufklärungskritik der Frankfurter Theorie die

Grundlagen legte (Adorno), kann inzwischen ohne die ideologischen Grabengefechte der sechziger Jahre auch in der Theologie unter den Vorzeichen konkreter Analysen besprochen werden (Jonas 1979). In der Antike etwa war ein expliziter *religiöser Streit* über den Kosmos möglich und nachvollziehbar. Heute kommen wir dem Problem nur indirekt, und zwar über die Frage nach den Folgen auf die Spur. Zudem ist auch das im Mittelalter noch wirksame und für den Glauben höchst wichtige kosmomorphe Weltbild abgelöst (Topitsch), das Weltall am Ende eines langen Prozesses entgöttert. Die *Entzauberung* der Natur ist auch dort nicht zum Stillstand gekommen, wo die Baupläne unseres biologischen und psychischen Lebens bloßgelegt werden und man die Frage stellt, was denn „Leben“, was „Seele“ und „Geist“ eigentlich noch sei.

Nun zeitigte diese Entwicklung schon für die alltägliche Erfahrung des Bösen *befreiende Wirkungen.* Dieser Prozeß der Rationalisierung hat uns archaische Ängste genommen und die Lebensverhältnisse entschieden verbessert. Krankheiten und Naturkatastrophen gelten nicht mehr als Geißeln Gottes, Pest und Sonnenfinsternis nicht mehr als Boten eines von jenseits gelenkten Verderbens. Dem öffentlichen Hexen- und Besessenheitsglauben hat die Innenbeoachtung der Psyche den Boden entzogen; Dämonen bevölkern unsere Umwelt nicht mehr. Nach wie vor können Gläubige die Natur als Buch Gottes lesen, aber jetzt ist die „Natur“ Zeugin einer erklärbaren Ordnung.

Über Geschichte und Gründe dieser fortschreitenden Rationalisierung kann hier nicht gehandelt werden. Es muß M. Webers Hinweis genügen, daß der Beginn eines solchen Prozesses eng mit dem Theodizeeproblem verbunden ist (Weber, 405). Eine Analyse der biblischen wie der griechischen Tradition könnte nach Habermas (I, 262–298) dabei ein erstaunliches Phänomen verständlich machen: Dieser Prozeß einer konsequenten Rationalisierung konnte gerade dort eine so dominierende Stellung erringen, wo zwei für die Weltinterpretation sehr leistungsfähige Welten aufeinandertreffen, nämlich das kognitive Potential griechischer Welt-Anschauung und das ethische Potential jüdisch-christlicher Welt-Verbesserung (und damit der Weltbeherrschung). Auch der römische Machtgenius hinterließ gewiß seine Spuren (Küng 1994, 453–480). Im Blick auf unsere Frage können wir die „konsequente Anwendung der durch ethische und kognitive Rationalisierung errungenen Denkweise auf profane Lebens- und Erfahrungsbereiche“ (Habermas I, 297) als Triumph jener Ordnungsidee verstehen, von der die Rede war. Deshalb wissen wir seit Horkheimer/Adorno auch von der *fatalen Dialektik*, die dadurch in Gang gesetzt wurde. Die Selbsterhaltung des Individuums setzt seine Anpassung an die Erfordernisse der Systemerhaltung voraus (Horkheimer, 96), nicht umgekehrt. Den Unterlegenen zeigt sich eine Welt, die eben so ist, wie sie ist, weil die Überlegenen sie nach ihren Bedürfnissen gestalten.

Wissenschaft und Technik sind damit nicht widerlegt, wohl aber ist die Verselbständigung der instrumentellen Vernunft und deren blind gewordene Dynamik zu beachten, die nicht mehr steuerbare, geradezu apokalyptische Systeme aufzubauen weiß (Anders), die sich selbst schon dadurch rechtfertigen, daß sie funktionieren (Fromm). Wer das Böse aufheben will, muß also, so paradox es auch klingt, mit ihm leben, zumal es seinen dämonischen Charakter abgelegt hat. Je mehr nämlich das Böse im Verlauf der Neuzeit magischen Bereichen entzogen und im Weltgeschehen konkretisiert wird, desto unbarmherziger wird den Menschen bedeutet, was ihre Lebensbedingungen sind. An vier Beispielen sei dies verdeutlicht:

Francis Bacon (1561–1626)

Francis Bacon, nicht zu verwechseln mit dem Philosophen Roger Bacon aus dem 13. Jahrhundert (1219–1292), gilt als einer der Pioniere der empirischen Wissenschaften (Epstein, Krohn). Er fordert eine rational geplante Empirie, also eine Art planmäßig vorgehende Heuristik, die den Zufallscharakter vorheriger empirischer Erkenntnisgewinnung durchbricht, Experimente konstruiert und so die Basis für ein induktives Argumentieren legt. Allerdings ist das Urteil der Nachwelt nicht eindeutig. Da ist einerseits der Visionär einer glücklichen und rundum befriedeten Gesellschaft, die er in seiner Utopie *Nova Atlantis* beschreibt (Bacon 1960). Wissen und Können der Menschen müssen (und können) in ungeahnter Weise ausgeweitet werden. Es entsteht eine Gesellschaft, die von wissenschaftlich technischen Erkenntnissen regiert wird und so zu einem dauernden politischen Frieden gelangen kann. Es ist keine Frage, daß im Kampf gegen alles Böse, Verwirrende und Irrige diesen Intentionen zuzustimmen ist. Aber da ist andererseits der Bacon, der die Herrschaft über die Natur gewinnen will. „Wissen ist Macht" (Novum Organon, I. 3), und dieses Wissen wird für die Ziele der Menschen instrumentalisiert. Nun kann F. Bacon, dem Mann des 16. und beginnenden 17. Jahrhunderts, daraus kein Vorwurf gemacht werden. Aber seine schriftlich niedergelegten Ideen wurden begleitet von einer skrupellosen Machtpolitik, die sich mit einem nüchternen und machtpolitischen Kalkül begründete. Die von ihm betriebene Verurteilung seines Freundes (des Grafen von Essex) wegen Hochverrats wird zum Symbol für ein skrupelloses Vorgehen, dessen Rationalität durch keine moralischen Hemmnisse mehr gestört werden darf. Harte Fakten und politischer Erfolg bedeuten hinreichende Legitimation.

Nun erinnert dieses Verhalten an eine andere Figur, die der beginnenden Neuzeit den Index des Dämonischen mitgegeben hat. Das ist Niccolò Machiavelli (1469–1527), der schon hundert Jahre zuvor die Staatsräson und deren Erfolg zum einzig politisch legitimen Handlungsprinzip erhob[3]. Ähnlich dachte F. Bacon. Charakteristisch dafür ist das Bild von Bacon in H. Mulischs Roman „Die Entdeckung des Himmels", in dem der Autor die Ausrottung der Juden durch den Nationalsozialismus verarbeitet und in einen größeren Zusammenhang rückt. In der Gestalt F. Bacons (und in Erinnerung an Faust) beschwört er die Geschichte der Neuzeit als die Geschichte eines katastrophalen Pakts mit dem Teufel, die in der Gegenwart zu ihrer Vollendung kommt.

Es geht hier nicht um historische Verifikation, geschweige denn um die moralische Beurteilung von F. Bacon und N. Machiavelli, wohl aber um das Schwanken der erinnernden Bewertung zwischen Fortschritt und *Dämonie.* Fortschrittlich ist die Tatsache, daß Situationen und Strukturen der Ohnmacht oder Unterdrückung, der Armut oder Hilflosigkeit wirklich überwunden werden. Dämonisch ist, daß im Sog dieser Fortschrittserfahrungen neue, höchst gefährliche und verderbliche Tendenzen zu erkennen sind, die auf Elend, Unterdrückung, Armut und Katastrophen von einer neuen Qualität hinauslaufen. Die Einsicht in die Ordnung der Natur, die Erwartung technischer Verfügbarkeit und die Hoffnung auf eine bessere Zukunft legitimieren auch höchst inhumane Tendenzen und Pläne.

Thomas Hobbes (1588–1679)

Thomas Hobbes, 27 Jahre jünger als F. Bacon, entwickelt nach ausführlichen philosophischen Studien eine Staatslehre, die Geschichte machen sollte (Hobbes). Darin entwirft er eine Konflikttheorie, in der das Böse und dessen Überwindung unter den neuen Denkbedingungen der aufkommenden Naturwissenschaft zum Austrag kommt (Koselleck/Schnur). Er überträgt diese Ordnungstheorie auf die Lehre vom Menschen, der notwendig von Affekten geleitet, also unfrei ist (Höffe). Die Gleichheit der individuellen Selbsterhaltungstriebe begründet nicht nur eine ursprüngliche Gleichheit der Menschen, sondern im Zusammenleben auch den Kampf aller gegen alle (Willms). Ein für Ordnung sorgender Staat kann im Rahmen dieser Ordnungslogik nur mit äußerster Härte reagieren. In Hobbes' Staatsgebilde, von ihm als „Leviathan" beschrieben, wird wegen des Kampfes aller gegen alle der Anschein des friedlichen Zusammenlebens genommen. Das „Böse" ist notwendigerweise in der Natur des Menschen begründet; er ist Individualist, konkurrierendes Wesen, dem Menschen ein Wolf. Dagegen hilft nur die Schaffung einer höheren Ordnung durch den Menschen selbst, und wieder erfolgt der Rückgriff auf jene planende Vernunft, die einer weisen und schützenden Ordnung zum Durchbruch verhilft. An die Stelle des Kosmos oder der Sozialität des Menschen tritt jetzt die rechnende und planende Rationalität. Sie muß den Menschen vor dem Untergang retten, kreiert deshalb den Staat. Die ihm zugrundeliegenden Absprachen sind dem göttlichen Schöpfungsworte gleich: „Die Verträge, welche die Teile dieses Staatskörpers verbinden, sind jenem bei Erschaffung der Welt von Gott gebrauchten Machtworte gleich: Es werde, oder: Laßt uns den Menschen machen" (Hobbes, 6).

In der Kombination von humanem Ziel und höchst inhumanen Machtansprüchen, in einer Utopie des Friedens und einem höchst friedlosen Weg dorthin zeigt sich erneut die entscheidende Ambivalenz neuzeitlicher Rationalität. Streben nach Macht und Unterwerfung unter diese Machtansprüche sind seitdem die entscheidenden Kategorien neuzeitlicher Staatslehren geblieben (Pannenberg 1983, 440). So bleibt zu fragen: Ist das Böse überwunden oder nur als *Herrschaft des Staates* potenziert? Sind so nicht Aggression und Gegenaggression in einen gefährlichen Kreis zusammengeschlossen, obwohl das Gegenteil erwünscht wird (Hacker)? Dieses Problem aber ist aus der inneren Logik der Theorie nicht mehr entscheidbar. Letztlich wird der Terror der Machthaber legitimiert und wird der „Brutalisierung der modernen Welt" (Hacker) Vorschub geleistet. Der starke Staat, als göttliche Schöpfung des Menschen gepriesen, funktioniert nach den Maßstäben einer berechnenden Vernunft und gerät dadurch in Gefahr, das zu potenzieren, was zu bekämpfen er angetreten ist.

Charles R. Darwin (1809–1882)

Allerdings waren zu Th. Hobbes' Zeiten weder der Geschichte noch der Staatslehre eine ontologische Dignität zuerkannt. Dies geschieht erst bei Hegel. So bleibt die ordnungstheoretische Diskussion des Bösen zunächst im Hintergrund, dem Modell einer kosmischen und quasi automatisch wirkenden Ordnung verhaftet und deshalb von einer gefährlichen Virulenz. Erst durch die Evolutionstheorie des

Charles Darwin kommt diese Ordnungsidee in Bewegung (Darwin), und dies sollte für das Verständnis des Bösen unmittelbare Auswirkungen haben[4]. Ganz von einer statischen Ordnung geprägt war ja noch die Naturlehre von Carl Linné (1707–1778). Das Leben der Erde entsprach noch einem unveränderlichen Kosmos bis zum Augenblick, da sie als ganze untergehen würde. Um so revolutionärer wirkte Darwins neue Perspektive, ein Paradigmenwechsel, wie man ihn sich bis hinein ins 20. Jahrhundert weitreichender und grundlegender nicht denken kann. Jetzt gilt, daß alle Tierarten sich auseinanderentwickelt haben. Später wird die Pflanzenwelt, schließlich selbst die Entstehung des Kosmos mit seiner Welt der Gestirne in diesen großen einen, sich immer weiter bewegenden Mega-Prozeß einbezogen. Alle Statik wird jetzt aufgehoben. Naturlehre wird zur Geschichte der Natur, Ordnung zur Entwicklung. Nicht mehr „Kosmos", sondern „Evolution" lautet jetzt das alles Leben umfassende Prinzip. Der Durchbruch zu einer empirisch unterbauten dynamischen Weltidee, im Kern verstanden als die universale Selbstbewegung der Materie oder des Lebens, ist gelungen.

Allerdings zwingt die Reflexion auf das Böse jetzt zu einer neuen Qualität. Aus dem Ordnungsprinzip des Eigeninteresses wird ein Steuerungsprinzip der Evolution. Die neu entdeckte Einheit des Lebens erweist sich in Wirklichkeit als eine Einheit mit doppeltem Boden. Denn die Entwicklung der Arten geschieht im Konflikt, wird als Überlebensproblem inszeniert, vorangetrieben durch „natürliche Zuchtwahl", gesteuert durch den „Kampf ums Dasein", wie die klassische und wohl verschärfte Übersetzung des Darwinschen *struggle for life* lautet (Heberer 1963, 685 f.). Nun hat auch dieses Grundprinzip eine auffällige Parallele; es ist der Konkurrenz im liberalistischen Wirtschaftssystem merkwürdig gleichsinnig (K. Marx in einem Brief vom 16. 1. 1861 an F. Lassalle); das elementare und lebenswichtige Phänomen des Kampfes ist in die Grundordnung des Lebens unverzichtbar integriert. Damit aber war neben dem Frieden des Staates auch der Friede der Natur gestört, der Konflikt nicht nur als Räson des Staates, sondern auch als fundamentales biologisches Elixier postuliert und anschaulich gemacht.

Nun ist die Konzentration auf den „Lebenskampf" eher eine Sache der Darwininterpretation als ein Anliegen Darwins. Was sich allerdings im allgemeinen Bewußtsein als das Ergebnis von Darwins Forschungen durchsetzte, das riß ein Problem auf, das nun nicht mehr im Sinne des ersten Kapitels der Genesis beantwortet wurde. Denn nachdem die Bibel an der Güte des Menschen zweifelt, wird jetzt zweifelhaft, ob die Welt im ganzen gut sei, dies in dem Augenblick, da die tiefe Verwobenheit des Menschen in den Prozeß seiner „natürlichen" Entstehung entdeckt und ins allgemeine Weltbild integriert wird. Ohne Kampf und Aggression, ohne dieses „Böse" also, können Art und Individuum nicht leben; offensichtlich braucht das Leben Vernichtung und Tod. Warum ist die Natur so *grausam* eingerichtet? Es ist eine Frage, die sich bis in die Philosophie unseres Jahrhunderts durchgehalten hat (Jaspers), und es wird wichtig sein, deren kritisches Potential auch in einer anderen Richtung zu erhalten, so daß neben der Verwobenheit der Menschen in die Natur auch dessen Distanz zur Natur deutlich wird. Zivilisationskritische Rückkehr zur Natur kann ebensowenig das Ziel sein wie leib-, lebens- und psychokritischen Positionen zu folgen.

Allerdings ist auf eine spezifisch biblische und damit auch christliche Interpretation dieser unangenehmen Botschaft zu achten. Schon die Bibel versteht, wie wir sahen, die Schöpfung der Welt aus der Hand Gottes als einen ständigen und nie abgeschlossenen Kampf gegen das Chaos (Zenger). Die Welt steht auf ihren Säulen mitten im Chaos des Weltmeers; Leviathan und Behemot lauern immer noch in den Wassern. Die Ordnung dieser Wirklichkeit kann und wird wieder zusammenbrechen. Die biblische Interpretation beginnt also dort, wo der aktiven Arbeit an der Welt gedacht und die Zeitlichkeit einer nie fertigen, immer veränderbaren Wirklichkeit nicht vergessen wird. Es ist deshalb zu berücksichtigen, daß die Theologie dieses „naturwissenschaftliche Modell" nicht kritiklos und uneingeschränkt auf die Gesellschaft übertragen kann (Adorno 1982, 87). Die „höhere Ordnung" der Natur ist dem Menschen nicht als einzulösendes Ideal, sondern als ein Problemraum gegeben, innerhalb dessen er zur Überwindung des Chaos beizutragen hat.

Sigmund Freud (1856–1939)

Max Weber hat die kulturelle Entwicklung der Neuzeit als einen Prozeß beschrieben, in dem die Welt entzaubert wird. Dieser Prozeß hat auch zu einer gewiß heilsamen Entdämonisierung und Dynamisierung des Bösen geführt. Das Kernproblem ist jetzt nicht mehr die endgültige Vernichtung, sondern die Gefahr, daß angestoßene Prozesse ihr Ziel nicht erreichen oder aus der Gesamtentwicklung ausbrechen, also in *Dysfunktionalität* und damit in Zerstörung enden. So erscheint das Böse als Zwischenstation und dramatisches Element, an dessen Ende ein gutes, vielleicht unerwartet gutes Resultat steht. Die Wissenschaften werden im Laufe der Jahrhunderte ungezählte Verlaufsmodelle und Beispiele aufzeigen, in denen sich der Durchgang durch unerfreuliche oder schmerzliche, bedrohliche und scheinbar grausame Prozesse als konstruktiv erweist. Allerdings wird so das Böse auch zum allgegenwärtigen Prinzip in Natur und Geschichte, in Mensch und Gesellschaft. Zu einem der zentralen Schlüsselworte wurde der Begriff des Konflikts. Für Hobbes besteht er – aus staatspolitischem Interesse – zwischen den Individuen. Darwin entdeckt ihn in allem Lebendigen, Freud wird noch einen Schritt weitergehen.

Sigmund Freud ist für unsere Fragestellung höchst interessant, weil er im Blick auf die psychische Struktur des Menschen eine qualitativ neue Konflikttheorie entwickelt (Freud)[5]. Er stört den inneren Frieden des Individuums und entdeckt ein mythisch und religiös geschütztes Gebiet des Menschen, seine „Seele“ nämlich, die bislang als Substanz des Geistes verstanden und von den geistigen Fähigkeiten des Willens und des Verstehens, seit der Romantik allmählich auch vom Gefühl als einem dritten Grundvermögen her verstanden wurde. Gemäß seiner *Instanzentheorie* wird das „Ich“ im Spannungsfeld zu zwei anderen Instanzen entwickelt, zu denen es in ein Gleichgewicht kommen muß, wenn es nicht zerstört werden will. Es gibt das „Es“ mit seinen von unten her wirkenden anonymen Trieben und das „Über-Ich“, eine von außen genährte moralische Instanz, die das Ich ständig auf seine Freiheit und Verantwortung hin anspricht und so Schuldgefühle produziert.

Damit hat Freud auch gegenüber einem rein naturwissenschaftlich objektivierenden Denken einen Durchbruch erreicht. Er ist in einen Bereich vorgestoßen, in dem es nicht nur um die gesetzmäßigen Wirkungen von Ursachen, sondern auch um die Verarbeitung von Antrieben und Erwartungen geht: ein Gegenstandsbereich, für den bisher die Annahme von Handlungsfreiheit und Selbstverantwortung grundlegend war. Allerdings versteht Freud Wissenschaft als Naturwissenschaft, d. h. als eine Arbeit mit meßbaren Größen und Kategorien. Zwar sieht er, daß psychische Größen mit materiellen Wirkursachen nicht einfach identisch sein können, nimmt aber an, daß *materielle Energie* Ursprung des Geschehens ist. Das innerpsychische Geschehen läuft dann nach dem Prinzip von Energie und Gegenenergie ab. So unternimmt Freud stets neu den Versuch, typische Konflikterfahrungen, die sich im Individuum einstellen, auf ihre innerbiologischen Ursachen hin nach den Regeln der Naturwissenschaft zu analysieren. Trotz seiner naturwissenschaftlichen Ambitionen hat sich Freuds Psychologie allerdings zu einer Hermeneutik der menschlichen Innenwelt entwickelt. Er wurde zum großen Erzähler psychischer Konflikte, ohne daß er über diese Sprachform je reflektiert hätte. Dabei schälte sich auch bei ihm immer mehr der Schlüsselbegriff der *Aggression*, also des Angriffsverhaltens heraus. Es muß nicht nur als Folge innerpsychischer Antriebe oder Konflikte verstanden werden, sondern es arbeitet auch innerpsychische Konflikte nach, reproduziert oder manifestiert sie sozusagen und wird so zum Spiegel dessen, was in einem Menschen vorgeht. In der gebotenen Kürze kann auf die Diskussion nur sehr knapp eingegangen werden.

Ein erster Hinweis betrifft Freud selber. Die Ganzheit seelischer Prozesse konstituiert sich nach ihm in einer Entwicklung, die stets unabgeschlossen bleibt, sowie in einem Ausgleich von Wunsch und Wirklichkeit (Jones II, 378), der stets neu zu finden ist. In seinen theoretischen Entwürfen geht er immer von einem Grundmodell des *innerpsychischen Konflikts* aus. Damit sollte er den theoretischen Fragehorizont der Aggressionsdiskussion weitgehend bestimmen.

Ein zweiter Hinweis betrifft den Begriff der Aggression (Denker 1974, 1975). In Theoriebildung und Diskussion wird er vielfältig und widersprüchlich definiert. Mit Erfolg hat er sich jedoch allen Versuchen entzogen, ihn in spezialisierte Fachwissenschaften zu bannen. Aggression, der alte völkerrechtliche und militärische Begriff (= Angriff), hält 1908 durch E. Simmel bzw. A. Adler als Qualifikation eines Triebes in die psychologische Theoriebildung Einzug (Denker 1975, 30) und beginnt seit den vierziger Jahren ein Eigenleben zu führen, als die Interessen von Soziologie, Verhaltenswissenschaften, Pädagogik und Friedensforschung hinzukommen. Es sind jetzt der Begriff und die Sache der Aggression, die zu interdisziplinären Untersuchungen führen, also ihrerseits verschiedenste Wissenschaften thematisch integrieren.[6]

Von seinem Ursprung in einem angreifenden *Subjekt* her gesehen, kann der Begriff eine konkrete Angriffstendenz (Wunsch, Absicht, Gefühle), eine allgemeine, vielleicht noch unspezifische Angriffsbereitschaft (= Aggressivität) oder ein bestimmtes Angriffsverhalten (die Handlung in Wort, symbolischem Verhalten, in der Tat) bedeuten. Vom Ziel, also dem angegriffenen *Objekt* her gesehen, ergeben sich wichtige Unterscheidungen, die möglicherweise für die moralische Beurteilung eines Verhaltens von Bedeutung sind. Zwar kann alles zum Objekt einer Aggressionshaltung werden, im Zentrum unserer Frage aber steht die *„intraspezifische"* Aggression. Gemeint ist damit der Angriff von Menschen auf Menschen, der von der Verhaltensforschung als Aggression zwischen Tieren derselben Gattung verstanden wird. Eine solche Aggression scheint schon bei Tieren – wenn auch nicht immer und ausnahmslos – einem besonderen Verhaltenstabu zu unterliegen. Weitgehend offen bleibt die Frage der „extraspezifischen" Aggression, also des Angriffsverhaltens zwischen Lebewesen verschiedener Gattung mit den Phänomenen des Beuteverhaltens, der Angst und der Verteidigung. Diese Hinweise können die Tragweite des Begriffs für unseren Zusammenhang verdeutlichen. Aggression definiert nicht eine Handlung an sich, sondern stellt eine Handlung (von Absicht, Ausdruck oder Wirkung her gesehen) in einen zerstörerischen Zusammenhang. Eine aggressive Handlung ist nicht nur faktisch schädlich, sie beabsichtigt physische, psychische oder soziale Schädigung oder Minderung bis hin zur Zerstörung (Mitscherlich 1970, 13). Damit wird verständlich, warum das Problem der Aggression so vielfältig, so kontrovers und von den verschiedensten Ansätzen her behandelt wird. Im Rahmen der empirischen, vor allem der anthropologisch orientierten Wissenschaften ist die Aggression zum Platzhalter dessen avanciert, was wir zu Beginn als böse bzw. als schlecht definiert haben. So kehrt die alte Frage in das empirisch geschärfte Bewußtsein zurück, ob nämlich das Böse als Böses *erfahrbar* ist.

Allerdings bringt diese Verzauberung durch Begriffe die Gefahr mit sich, zerstörerische Handlungen einem entsprechenden Instinkt oder Trieb zuzuordnen, auch wenn man ihn in szientistischer Objektivität nicht böse nennt. Wann aber haben wir das Recht, von Instinkten oder Trieben zu sprechen? Freud postuliert Triebe für bestimmte wiederkehrende, elementare Handlungsabläufe und bestimmt sie als Regungen, die „auf die Befriedigung gewisser ursprünglicher Bedürfnisse zielen" (IX, 41). Regelmäßige Wiederkehr eines *Handlungsmusters* und ursprüngliche Bedürfnisse sind also zwei von ihm eingeführte, durchaus plausible Kriterien. So lag es nahe, daß auch die Verhaltenswissenschaft bei ihrer Suche nach wiederkehrenden Handlungsabläufen einen Aggressionstrieb in das „Parlament der Instinkte" (K. Lorenz) einführte. Allerdings trägt dieser einprägsame Begriff mehr zur Verwirrung als zu Verdeutlichung bei. Was nämlich sind miteinander parlierende Instinkte? Sind es die sich elementar äußernden fundamentalen Bedürfnisse eines Lebewesens, oder sind es die eingeschliffenen Handlungsabläufe, die – wie Theorie und Untersuchungen von Lorenz zeigen – nur eines entsprechenden mechanischen Auslösers bedürfen? Und wenn schon der Nachdruck auf die Ursprünglichkeit des Bedürfnisses gelegt wird: Kann die Aggression überhaupt einem ursprünglichen Bedürfnis entsprechen oder wird sie nicht erst als Mittel zu einem lebensfördernden Zweck verständlich? Daß die Natur und das menschliche Leben in ihren Abläufen rational durchschaubar und erhellbar sind, das ist spätestens seit Freud wieder ungewiß. Insofern hat der begeisterte Naturwissenschaftler Freud alles zur Überwindung des naturwissenschaftlich objektivierenden Paradigmas in der Psychologie getan.

Freud setzt sich von Anfang an mit Phänomenen der Aggression auseinander. Bis 1915 ordnet er sie seiner Theorie vom Sexualtrieb als Sadismus und Masochismus unter und weist sie später – als Gegenpol zur Libido – den Ichtrieben zu: „Das Ich haßt, verabscheut, verfolgt mit Zerstörungsabsichten alle Objekte, die ihm zur Quelle von Unlustempfindungen werden“ (IX, 100). Diese Analyse zeugt nicht gerade von einem optimistischen Menschenbild. Die Triebe tun ihr Werk und sind auf die Koordinierung durch höhere Instanzen angewiesen. Denn entscheidend ist letztlich der hochkomplizierte, biographisch individualisierte Prozeß der persönlichen Reifung, der für Freud immer wichtiger wird. So ist die Wertung des Geschehens in jedem Fall auf einer höheren Ebene anzusetzen, auf der sich das Zusammenspiel der verschiedenen Faktoren entscheidet. Es ist für den Individualpsychologen letztlich die Frage, ob ein hochkomplexes inneres Ordnungsgefüge, menschliche Psyche genannt, glückt oder nicht. Aber daß es glückt, das kann Freud aufgrund empirischer Daten gerade nicht mehr voraussetzen oder erzwingen. Die nach Mittel und Zwecken ordnende Vernunft stößt hier an ihre Grenze. Dies wird aus Freuds weiterer Theorieentwicklung in exemplarischer Weise deutlich.

c) Anthropologisch: Grenze zwischen Leben und Tod

Aggression (Alfred Adler, 1870–1937)

Alfred Adler, der sich wegen der Aggressionsproblematik 1911 mit S. Freud überwarf[7], schrieb schon 1908 die handfesten Worte: „Nach mancherlei tastenden Versuchen gelangte ich zur Anschauung, das Entscheidendste im Leben des Kindes und des Erwachsenen sei seine Stellung zu den vor ihm liegenden Aufgaben. Wie einer diese Aufgaben anpackt, daran kann man ihn erkennen“ (1973, 53). Der Mensch wird von seinem „anpackenden“ Verhalten her definiert. Er steht nach Adler im Zwiespalt von „Minderwertigkeitsgefühl“ und dessen „(Über)kompensation“. „Männlicher Protest“ und „Geltungsstreben“ spielen neben dem begrenzenden „Gemeinschaftsgefühl“ eine zentrale Rolle. Der Mensch findet seine Identität, indem er seine Macht-Ohmacht-Beziehung zum anderen definiert, und dies tut er in jeder Tätigkeit. Die Haltung des Menschen hat für Adler deshalb „immer etwas Angreifendes“, also Aggressives. „Ich nannte die Summe dieser Erscheinungen den ‘Aggressionstrieb’, um zu bezeichnen, daß der Versuch einer Bemächtigung, einer Auseinandersetzung damit zur Sprache käme!“ (ebd.). Unter den Begriff werden also nicht nur die explizit destruktiven Erscheinungen gefaßt. Der Aggressionstrieb bestimmt die Grundhaltung des Menschen, beherrscht jede Bewegung und das Bewußtsein. So ist der Aggressionstrieb *allgegenwärtig*. Er nimmt nicht nur als Bewegkraft andere selbständige Triebe in Dienst, er ist nicht nur die in allen Handlungen und Strebungen wirkende Grundenergie, sondern auch deren Integration. Der Weg aller Befriedigung läuft vielmehr über ihn als eine „Summe von Empfindungen, Erregungen und deren Entladungen, deren organisches und funktionelles Substrat dem Menschen angeboren ist“ (1973, 58).

Der theoretischen Fundierung dieser These sowie den späteren Modifikationen ist hier nicht im Detail nachzugehen. In der Auseinandersetzung des Schülers mit seinem Lehrer fallen Grundentscheidungen, die rational und in vollem Umfang kaum nachzuvollziehen sind. Adler geht aus von einer ganzheitlichen (und wohl auch summarischen) Definitionsschematik des menschlichen Charakters nach außen, bei der Macht- und Minderwertigkeitserfahrung zu den zentralen Chiffren werden. Gewiß ist sein Aggressionsbegriff überdehnt und damit ausgehöhlt, weil er nicht nur Zerstörungstendenzen, sondern alle Befriedigung im kräftigen „Anpacken“ zu fassen sucht. Solcherart Aggression hat also nichts Bedrohliches mehr. Andererseits wird Adler gerade dadurch zum Repräsentanten eines höchst aggressiven Menschenbildes. Er hat von Bacon, Hobbes und Darwin mehr übernommen, als seinen pädagogischen Ambitionen lieb sein konnte. Daß er sich auf Nietzsches „Wille zur Macht“ beruft (1972, 50f.), muß ihn noch nicht desavouieren. Diese Anleihe entlarvt aber ein Grundproblem: Hier wird nicht von der Psychologie her Empirisches zu einem Menschenbild beigetragen, sondern Empirisches von einem bestimmten Menschenbild her entschlüsselt. Zum Leben, so Adler, gehört eben die Aggression als prinzipiell *wertfreie Angriffskraft*. Sie ist ein gesundes Element normalen Verhaltens.

Hier ist nicht die Frage zu entscheiden, welchen Nutzen diese Aussage als eine therapeutische oder pädagogische Arbeitshypothese hat. Leider hat sich Adlers Konzept auf breiter Basis durchgesetzt (Wuketits). Aggression gilt weithin und undifferenziert als ein lebenskonstitutives Element; ohne Ellenbogen kommen wir zu nichts. Ohne Aggression, wie *Hacker* sagt, kein Leben, weshalb er Aggression als „jene dem Menschen innewohnende Disposition und Energie" definiert, „die sich ursprünglich in Aktivität und später in den verschiedensten individuellen und kollektiven, sozial gelernten und sozial vermittelten Formen von Selbstbehauptung bis zur Grausamkeit ausdrückt" (73). H. *Schultz-Henke* baute Adlers Ansatz aus, indem er auf die motorischen Bedürfnisse des Kindes zurückgriff und aus ihnen die „aggressive", aber keinesfalls feindselige Tendenz des Geltungsstrebens erklärte. Warum aber ist dann noch die Rede von Aggression und nicht von Durchsetzungsvermögen, Selbstbehauptung, Gestaltungswille oder Kraft zur eigenen Identität?

Aggressionstheoretiker könnten antworten: Es gibt im Verhalten eben eine breite und gleitende Skala von Übergängen. Sie zeigen, daß „Aggression" nicht immer Angriff bedeutet. Das zeigt sich an den vielen Unterscheidungen, mit denen Aggressionstheorien arbeiten müssen. Aber genau diese Unterscheidungen machen brauchbare Differenzierungen schwierig. Man spricht von „primärer" und „sekundärer" Aggression, von Ichstrebungen und Zerstörungstendenzen. Instrumental erklärbare Aggression wird gegen die eigentlich bösartige abgesetzt, sozialtheoretisch wird Aggression konsequent als Gegenaggression verstanden. Die These von John Dollard schließlich, daß alle Aggression durch Frustration ausgelöst werde (Dollard), scheitert an der Tatsache, daß Aggression auch in frustrationsfreien Räumen nicht vergeht. So läßt sich bei vielen Theorien der Verdacht nicht ausräumen, daß im Kern des Lebens die Selbstzerstörung angelegt sei, gleich, ob man die Aggression verniedlicht oder ihr in peinlichem Pathos das Lob singt (Storr). So müssen wohl alle Aggressionstheorien scheitern, die die Rolle der Gesellschaft und das elementare Moment menschlicher Freiheit nicht mitbedenken. Theoretiker wie Alfred Mitscherlich, Theodor W. Adorno und Erich Fromm haben dies richtig erkannt. Damit werden Psychologie, Verhaltensforschung und empirische Soziologie nicht überflüssig, wohl aber ergänzungsbedürftig. Nicht wer diese als unter seiner Würde ablehnt, hat das Recht zur Kritik, sondern wer sie positiv aufgreift und die in ihnen *notwendigerweise* entstehenden Probleme zur Kenntnis nimmt.

Todestrieb (Sigmund Freud, 1856–1939)

Wir setzen wieder bei Sigmund Freud ein, der 1920 seine Triebtheorie noch einmal revidiert. Der passionierte Wissenschaftler versucht jetzt in seiner Schrift „Jenseits des Lustprinzips" eine Gesamtdeutung des Seelenlebens, geht aber „metapsychologisch" ans Werk. „Was nun folgt, ist Spekulation, oft weit ausholende Spekulation, die ein jeder nach seiner besonderen Einstellung würdigen oder vernachlässigen wird" (III, 234). In einer Art Befreiungsschlag unterstellt er seine ganze psychologische Theoriebildung der Grundspannung von Leben und Tod. Triebe nennt er in einem beinahe mythischen Sinn konservativ; sie drängen nicht nur zur Wiederholung, sondern auch zurück in den Ursprung des Lebens überhaupt. „Das Leblose war früher da als das Leben", deshalb: „Das Ziel alles Lebens ist der Tod" (III, 248). So gibt es den Lebens- und den Todestrieb. Die Todestriebe stürmen voran, die Lebenstriebe zaudern (III, 250); die Verhältnisse erscheinen nun verkehrt. Das Leben der Menschen ist am Tode orientiert.

Natürlich ergeben sich methodische Schwierigkeiten, und Freud ist sich ihrer bewußt. Empirisch ist dieser Todestrieb nicht verifizierbar. Der Lebenstrieb hingegen paßt als dominanter Grundtrieb nicht mehr ins theoretische, meta-empirische Konzept. Als außengewendeter Todestrieb hat die Aggressionsdynamik jetzt eine selbständige Stellung erreicht, die offensichtlich der vorwissenschaftlichen und ärztlichen Lebenserfahrung Freuds entsprach. Freud definierte die menschliche Psyche jetzt aus den Konflikten von Leben und Tod, d. h. von Liebe und Zerstörung. Die Triebe werden härter denn je einander gegenübergestellt; sie legen im Menschen einen tiefen Abgrund offen, der Freud von nun an immer deutlicher wird. Es ist das Problem der Destruktivität (s. edit. Vorbemerkung III, 215 f.). In unbedingter Redlichkeit geht Freud so den Weg über die Grenzen der individualpsychologischen Analyse hinaus und läßt sich durch *gesellschaftliche Erfahrungen* bestimmen. Im Jahr 1915 erscheint „Zeitgemäßes über Krieg und Tod" (IX, 35–60). Unrecht, Gewalttätigkeit, Lüge und Betrug, Treue- und Vertragsbruch, Habgier und Machtstreben kennzeichneten staatliches Verhalten. Die Einzelnen stehen dem in ihrer Brutalität nicht nach (IX, 39 f.). Weniger edle Triebe sind uns angeboren, als wir vermuten. Die Triebe, so Freud noch mit empirischem Pathos, sind eben, wie sie sind, „an sich weder gut noch böse". Aber ihre „Beziehung zu den Bedürfnissen und Anforderungen der menschlichen Gemeinschaft" (IX, 41) ist dysfunktional. Er beschwört das Problem noch einmal in seiner großen kulturkritischen Spätschrift „Das Unbehagen in der Kultur“ (1929; IX, 193–270): „Die Schicksalsfrage der Menschenart scheint mir zu sein, ob und in welchem Maße es ihrer Kulturentwicklung gelingen wird, der Störung des Zusammenlebens durch den menschlichen Aggressions- und Selbstvernichtungstrieb Herr zu werden. In diesem Bezug verdient vielleicht gerade die gegenwärtige Zeit ein besonderes Interesse. Die Menschen haben es jetzt in der Beherrschung der Naturkräfte so weit gebracht, daß sie es mit deren Hilfe leicht haben, einander bis auf den letzten Mann auszurotten“ (IX, 270).

Jetzt ist das Problem offen benannt, aber der moralkritische Moralist in Freud setzt sich nur bedingt durch. Das Gebot der *Nächsten- und der Feindesliebe* wird noch ironisch zerpflückt (IX, 238 f.): „Denn die Kindlein, sie hören es nicht gerne, wenn die angeborene Neigung des Menschen zum ‘Bösen’, zur Aggression, Destruktion und damit zur Grausamkeit erwähnt wird“ (IX, 247 f.). 1933, in seinem berühmten Brief an A. Einstein („Warum Krieg?“), schlägt er, der inzwischen nach England ausreisen mußte, allerdings einen betroffenen Ton an. Zwar führt er noch einmal seine Theorie vom Eros- und Todestrieb ein. Aber stärker als 1929 wird nun nach einer Rettung gegen den Destruktionstrieb gesucht: „Wenn die Bereitwilligkeit zum Krieg ein Ausfluß des Destruktionstriebs ist, so liegt es nahe, gegen sie den Gegenspieler dieses Triebes, den Eros, anzurufen“ (IX, 283). Und zum ersten (wie zum letzten) Mal äußert er sich positiv zum *Gebot der Liebe:* „Die Psychoanalyse braucht sich nicht zu schämen, wenn sie hier von Liebe spricht, denn die Religion sagt dasselbe: ‘Liebe deinen Nächsten wie dich selbst’. Das ist nun leicht gefordert, aber schwer zu erfüllen“ (IX, 283). Eine wenigstens operative Verständigungsmöglichkeit zwischen „Religion“ und seiner Position ist somit gegeben.

Freud ist, wie oft genug betont, unangemessenen Kategorien verhaftet geblieben. Aber er hat sie, wenn auch nicht radikal genug, relativiert (IX, 283) und ungewollt gezeigt, daß und warum sich das Problem des Bösen im menschlichen Leben *einer rational objektivierenden Analyse entzieht.* Solange nämlich das Weltsystem als „richtig“ vorausgesetzt wird, muß ja auch alle Aggression einen Grund, einen immanenten Sinn und eine lebenserhaltende Funktion erhalten. Was so aber an Elend und Zerstörung unabgegolten bleibt, das wird verdrängt. Wird die Aggression hingegen als destruktive Tendenz verallgemeinert, dann gerät das Vertrauen auf ein geordnetes Weltsystem ins Wanken. Damit werden die Verdienste Freuds und das Unternehmen einer empirisch verstehenden Psychologie keineswegs ignoriert. Es ist nur zu zeigen, daß seine naturwissenschaftlich orientierte Programmatik vielleicht dem Rätsel der menschlichen Seele, nicht aber dem Grauen menschlicher Geschichte hinreichend auf die Spur kommt. Zu den Problemen der *Theologie* unseres Jahrhunderts gehört es, daß sie profanwissenschaftliches Bemühen lange Zeit nicht weiterführte. Eine harmonisierend interpretierte Schöpfungslehre hat das Böse immer wieder auf ein „höheres" Gut hin funktionalisiert. Damit versuchte sie, das Problem der Opfer und der unberechenbaren, je individuellen Freiheit in „höhere" Funktionszusammenhänge hinein zu liquidieren, statt für die Geschlagenen dieser Erde vor den Menschen und vor Gott Partei zu ergreifen.

Das sogenannte Böse (Konrad Lorenz und andere)

Andere naturwissenschaftliche Versuche setzen diesen Ansatz fort, wenn sie das Böse zum „sogenannten" Bösen erklären (Lorenz), die Aggression als „sogenannte" Aggression relativieren, wenn sie Zerstörung, Konkurrenz und Konflikt ohne weitere Differenzierungen als Motor des Fortschritts legitimieren. Doch sind ausführliche Klagen über solche Tendenzen nicht sehr sinnvoll. Zwar erheben naiv neoliberale Wirtschaftstheorien immer wieder ihr Haupt (Küng 1997), und immer wieder versuchen junge Propheten, den Erfahrenen ihre Botschaft von einem knallharten Realismus beizubringen (Wuketits, 177–204), aber die allgemeine Stimmung hat sich am Ende dieses Jahrhunderts grundlegend gewandelt (Safranski, Sofsky, Ehrenreich). Zu sehr haben sich die unbarmherzigen Folgen weltweiter Aggressionen, aber auch die Unbarmherzigkeit scheinrationaler Ordnungstheorien (Z. Bauman) ins Bewußtsein eingeprägt. Keiner der relativierenden Versuche kann die Betroffenen letztlich versöhnen, wenn sie geschädigt oder vernichtet sind. Auf der Siegerseite der Menschheit hat man eine Epoche lang vergessen, daß der Tod keine funktionale Einordnung mehr duldet.

Das Böse bleibt – zumal für die neuzeitliche Rationalität und ihren ursprünglichen Willen zur Humanität – der unlösbare Kern eines Problemknäuels, dem noch weiter nachzugehen ist, weil immerhin viele seiner Fäden kognitiv und ethisch teilweise entwirrbar sind. Es ist dieser unlösbare Kern, der weltanschauliches und philosophisches Denken zu weiteren radikalen Versuchen getrieben hat. Sie führen zur Resignation vor dem wirklich Bösen oder zu dessen unbedingter Leugnung. Nur ein unumwundenes Ja oder ein vorbehaltloses Nein scheinen möglich. Das Denken muß an diesem Punkt bewußt meta-empirisch und positionierend werden. In die christliche Theologie hat dieses Denken durch Augustinus Eingang gefunden.

2. Das Böse als Mangel an Gutem (Augustinus)

Wir kehren zu Augustinus zurück, der sich mit der ordnungstheoretischen Lösung nicht zufriedengab[8]. Die stoizistische Frage nach der Funktion des Bösen wendete er zur Frage nach dessen Herkunft. Sie wurde ebenfalls vom Manichäismus gestellt und beantwortet. Der Neuplatonismus schließlich stellte die Frage nach dem Wesen des Bösen. Sie bedeutete für die spätantike Reflexion einen enormen Fortschritt; Augustinus nahm sie begierig auf.

Beginnen wir mit Augustins neunjähriger manichäischer Periode (373–382), die für immer Spuren bei ihm hinterließ. Die Religion des *Mani*[9] (218–276) war stark von der Erfahrung des Bösen, von einem tiefen Dualismus geprägt. Zugleich griff sie gnostische Daseinserfahrungen auf, d. h. die Erfahrungen der Angst und der Fremde in dieser Welt, die sich in philosophischen, mythischen und religiösen Erklärungsfragmenten äußerten. Es heißt, daß unsere Seele, dieser helle Lichtfunken, sich im düsteren Leib aufhalte und, wie ein verbreitetes Bild sagt, in dieser irdischen Höhle wie in einem Grab gefangen sei, dunkel und vom Licht der Wahrheit abgeschlossen. So komme es darauf an, die Sehnsucht nach dem Jenseits zu entdecken, den Weg aus dem Diesseits herauszufinden und zur wahren Erleuchtung, der „Gnosis" (= Erkenntnis) des Göttlichen zu gelangen. Prägend sind also Jenseitssehnsucht und eine starke Tendenz zur Weltflucht, begründet in einem starken Leib-Geist-Dualismus.

Der Manichäismus hatte sich im vierten Jahrhundert, von Asien herkommend, über den Mittelmeerraum, Nordafrika vor allem, bis hin nach Spanien verbreitet. Augustinus taucht als junger Mann in seine Denkwelt ein; sie gewährt ihm an religiöser Empfindung, was ihm die Philosophie eines Cicero und der Stoa versagte. Das Böse wird ihm jetzt als ungeheure Macht bewußt, und die Frage nach dessen Herkunft schlägt ihn in seinen Bann. Die Materie wird ihm zur religiös höchst virulenten Repräsentantin des schlechten Prinzips. Augustinus versucht, die Sache widerspruchsfrei durchzudenken, und bringt so manchen Manichäer in Argumentationsnot. Für Mani steht das Böse nämlich als zweites *göttliches Prinzip* (so hat es Augustinus jedenfalls verstanden) außerhalb der Macht Gottes. So gibt es, faktisch jedenfalls, einen „zweiten Gott", gleich, wie man ihn nennt. Das widerspräche nicht nur einem widerspruchsfreien Gottesbegriff, sondern der Mensch könnte dann auch schicksalhaft diesem Bösen verfallen. Für Augustinus erhält das Problem bald die Form einer ontologischen Frage: Kann die Materie in sich – d. h. kraft ihrer Substanz bzw. kraft ihrer Herkunft von diesem bösen Prinzip – wirklich schlecht sein? Religiös und existentiell gefragt: Kann Augustinus auf Gottes gütige Macht hoffen, wie er es in der Bibel lernte, oder muß er an Ihm wegen der Macht des Bösen verzweifeln? Für Augustinus ist das eine dramatische Frage: „In Ängsten wälzte ich die Frage, woher das Böse sei. Was für Qualen des gebärenden Herzens, welches Seufzen, mein Gott! ... Du allein wußtest, was ich litt; von den Menschen keiner“ (Conf. VII,7,11, zit. nach Augustinus 1966). Auf der einen Seite hielt Augustinus ganz biblisch an Gottes guter Schöpfung fest. Auf der anderen Seite hatte sich ihm der Dualismus der manichäischen Frömmigkeit tief eingeprägt.

Der Problemkomplex, mit dem sich Augustinus auseinandersetzte, wird oft einseitig interpretiert. Augustinus war nie weltfremd oder prüde. Er pflegte damals ein gut geregeltes, treues Verhältnis zu einer Frau. Und schließlich ist es hier nicht sehr sinnvoll, Augustins damalige Situation einer psychologischen Analyse zu unterziehen. Aber Augustinus wußte eben, prinzipiell zu denken, dies immer in einem umfassenden Horizont und angesichts des ganzen Bildungswissens, das seiner Zeit zur Verfügung stand. Er suchte einleuchtende Lösungen und zunehmend konsequenter nach Antworten, die sich von Gott als dem einen und letztgültigen Ausgangspunkt her denken ließen. Insofern hatte er sein Ordnungsdenken nicht aufgegeben.

Aber Augustinus entdeckt eine für seine Zeit schlüssige und kohärente Möglichkeit, Gott neu zu denken. Es ist das monistische System des Philosophen und Platonerneuerers Plotin. Im sogenannten *Neuplatonismus* sollte er eine philosophisch religiöse Bewegung auslösen, die das damalige religiöse Daseinsgefühl in ein konsistentes, rational durchreflektiertes System integrierte. Gott und die Heimat der Seele waren in einem Reich der Ideen und der unvergänglichen Wahrheit (Platon) zu suchen, das unserem irdischen Verstehen unzugänglich und nur über Vermittlungswege erreichbar ist. Plotins System folgt einer hierarchischen, streng von oben denkenden Ontologie. Ausgangspunkt von allem Seienden ist Gott. Er ist unbenennbar und wird deshalb von Platon das „Eine“ genannt. Dieses „Eine“ entläßt im Akt reinen Schauens (θεωρια) den alles schaffenden Geist (νους), dieser wiederum die alles regierende Weltseele (ψυχη). Diese Weltseele steigt in die vergängliche Welt hinab und entläßt aus sich die Wesen dieser körperlichen und vielfältigen Welt. Gott, dem Einen, steht nun das Viele gegenüber. In dieser Hierarchie des Seins bildet die Materie die unterste Stufe. Sie wird zum „Letzten“, das eigentlich nicht mehr gedacht werden kann, weil es buchstäblich der Grenzfall des Seins zum Nichtsein hin ist, und dies in einer Radikalität, die keine positive Aussagen mehr möglich sein läßt. So erscheint die Materie als die kontradiktorische Ferne von Licht, Geist, Idee: Dunkel als Nicht-Licht, Schein als Nicht-Geist, Veränderlichkeit als Seinsflucht, Seinsferne als Nichts (Mühlenberg, 230). Sie ist „wirklich und eigentlich nichtseiend, ein Schatten und Trugbild der Masse, ein Trachten nach Substanz. Daher lügt sie in allem, was sie verspricht. Erscheint sie groß, so ist sie klein, erscheint sie mehr, so ist sie weniger, und das Seiende, das man an ihr vermeint, ist ein Nichts, wie ein flüchtiges Spiel“ (III,6,7). Der Fortschritt in Plotins Denken bestand darin, daß er eine *einheitliche Weltsicht* entwarf, die sich auf Geist und Materie bezog und damit alles umfing.

Für Augustinus verkehrte sich damit die ganze Vorstellungswelt von Seiendem und Nichts, was zur Frage führte, ob nun die Abwesenheit oder die Gegenwart von Materie ein Nichts bedeutet. So hilft Plotin zwar, die manichäische Unterscheidung in ein gutes und böses Prinzip zu überwinden, aber an deren Stelle tritt die radikale philosophische Unterscheidung von Sein und von Nichts. Was folgt daraus für die Frage des Bösen? Nun, Seiendes ist gut, das Sein als Maß aller Dinge ist ja das *Gute schlechthin*; aber für die Argumentation kommt jetzt ein wichtiger Gesichtspunkt hinzu. Wenn das Sein hier dem Nichts gegenübergestellt wird, dann ist eben nicht das Vorhandensein von Dingen und Erfahrungen, sondern die innere Mächtigkeit, die Qualität, die „Höhe“ des Seins gemeint. Mit „Sein“ wird das Existieren eines in und aus sich heraus bestehenden Wesens bedeutet, und dieses kann kraft seiner eigenen substantiellen Bestimmung nichts Böses in sich haben (Flasch, 109–116). Infolgedessen ergibt sich für die Bestimmung der Güte eine ähnliche Zuspitzung wie für die Bestimmung des Seins. Auch hier geht es nicht um mehr oder weniger zufällige Wirkungen, sondern um eine Grundeigenschaft aller Wesen: „Alles Seiende ist kraft des ihm innewohnenden Seins gut.“

Eigentlich braucht die biblische Tradition dagegen keine Einwände zu erheben, aber das biblische Weltverständnis ist auf Zeit, Handeln und das menschliche Zusammenleben ausgerichtet und nimmt die Verfehlungen gegen Gott intensiv wahr. In Plotins zeitlosem System hingegen bleibt für das Böse kein vernünftiger Ort mehr übrig. Da es Böses im Reich des Guten (= Seienden) nicht geben kann, ist es als Nichts zu beschreiben. Es ist, wie Plotin dann sagt, „gewissermaßen Ungemessenheit gegen Maß, Unbegrenztheit gegen Grenze, Ungestaltetheit gegen gestaltende Kraft und ewige Bedürftigkeit gegen Selbstgenügsamkeit, ist immer unbestimmt und niemals Ruhe, jeglicher Einwirkung unterworfen, nie zu ersättigen, vollständige Armut." Es ist wie die Materie *Beraubung* (στερησις), aber nicht des Seins, sondern des Guten. Nun läßt sich im Rahmen dieser Dialektik nicht behaupten, die Materie sei an sich böse. Denn böse an ihr ist nur, was nicht an ihr ist. Plotin verweist aber auf sein anthropologisches Problem. Schlecht sind für ihn die Körper, sofern sie der Seele im Wege stehen (I,8,4) und zur Ursache ihrer Schwäche werden. Indem die Seele, Ort des Erkennens und der Heimkehr ins Göttliche, dies Materielle nämlich betrachtet, wird sie beschmutzt. Sie stürzt hinab in den „Schlamm der Finsternis". Sie bleibt dort tot liegen, „bis sie dereinst hinaufsteigt und von diesem Schlamm irgendwie ihren Blick abwendet" (I,8,13). Der Materie an sich mag das Prädikat der Bosheit also nicht anhaften. Wie Schmutz und Schlamm aber wirkt sie, sobald sie mit der Seele in Berührung kommt, denn als Beziehungsgröße bewirkt die Materie, diese unvermeidliche Komponente irdischen Menschendaseins, Unerfreuliches und etwas, das zumindest zur Bosheit führt. Der Rekurs auf das Wesen der Dinge löst also auch für Plotin nicht alle Probleme. Auch ihn hat, wie es scheint, ein existentielles Problem verfolgt.

Augustinus braucht, wie wir sahen, nur auf diesen Entwurf zurückzugreifen, um mehrere Probleme zu lösen. Er versteht Gott jetzt als Geist, als Ausgangs- und Zielpunkt der menschlichen Seele, und nichts gibt es, dessen Existenz außerhalb Gott gedacht werden muß. Damit ist die manichäische Frage nach dem schlechten Prinzip überwunden. Auch kann dem Materiellen jeder Schein von Schlechtigkeit genommen werden. Die ganze von Gott geschaffene Wirklichkeit ist nämlich, sofern sie ist, gut. Auf dem Hintergrund der neuplatonischen Metaphysik kann Augustinus schließlich eine Formel übernehmen, die er wohl schon vom Prediger Ambrosius, seinem großen neuplatonischen Lehrer, hat hören können: Die Bosheit ist nichts anderes als der „Mangel an Gutem". Das Böse hat, philosophisch formuliert, keine Substanz (Häring 1979, 34 f.; 50–53).

Ontologisch ist so das Böse depotenziert. Im Seienden hat es keinen Halt mehr, sondern ist nur noch durch Gutes im Dasein erhaltene Nichtigkeit. Denn je böser es wird, desto mehr wird es selber zum Nichts, „bis dahin, daß es überhaupt nicht ist" (III,7,12). Mit Hilfe des Neuplatonismus konnte sich Augustinus also endgültig vom Manichäismus distanzieren. Die dramatische Autobiographie dieser Distanzierung gibt über die Hintergründe dieser Entwicklung hinreichend Auskunft. Die Formel vom Bösen als der *privatio boni* nun entlastet den Schöpfer. Dies scheint auch der eigentliche Grund zu sein, warum sich diese Definition über das Mittelalter hinaus bis weit in die Neuzeit hinein gehalten hat.

Nun hatte die Sache mit dem Bösen schon bei Plotin einen Haken. Faktisch wurde es in eine gefährliche Nähe zur Materie gebracht. Beide befanden sich in der Dialektik von Sein und Nichts. Wie die Materie, so ragt auch das Böse in das Nichts hinein. Befindet sich die Materie also auch in der Nähe des Bösen? Wichtig für diese Frage ist, daß der Spiritualisierung Gottes die *Verinnerlichung* der Anthropologie entspricht. Die Wahrheit, der Weg zu Gott und damit auch die Entscheidung über das Böse, zeigt sich demnach nicht im Verhältnis zum Nächsten, sondern im Verhältnis der menschlichen Seele zu Gott. Augustinus erarbeitet sich einen spiritualistischen und individualisierten Begriff von Glück. Es ist die Seele, die als Tor zur Wahrheit zu Gott führt (Flasch, 87–91). So werden Materie und Leiblichkeit zwar nicht als böse, aber als vorläufig und vergänglich qualifiziert. Sie stehen in einer Art ontologischer Gottesferne. Es ist nicht ein dualistischer Manichäismus, den Augustinus uns überliefert hat, sondern die Auffassung von der tiefen Distanz zwischen Materie und Leib, die in der Stoa vorbereitet und im Platonismus endgültig zu lernen war. Begegnung mit Gott findet eben nicht in dieser Welt statt, sondern im Innersten des Geistes, dort, wo die sinnlichen Eindrücke, die „Inbilder von Erde, Wasser, Luft" schwinden, wo Träume und Phantasien verstummen, wo alle Sprachen und Zeichen versagen, wo nur noch ein Schauen ganz anderer Art übrigbleibt (Conf. IX,10,24 f.). Dieses weltflüchtige Verlangen muß mitbedacht werden, wenn man die Depotenzierung des Bösen bei Augustinus einordnen und begreifen will. So wird auch verständlich, warum das Problem des (moralisch) Bösen später dennoch einen so breiten Raum einnehmen wird. Die Welt, der Augustinus letztlich entfliehen möchte, bleibt ja sein Lebensraum.

Die Definition des Schlechten als Mangel an Gutem hat sich lange gehalten und spielt in der Theologie bis auf den heutigen Tag eine wichtige Rolle. Sie hat alle Ordnungstheorien stabilisiert und den ontologischen Einklang mit der biblischen Überzeugung ermöglicht, daß alles sehr gut sei (Gen 1,13). Nicht ohne Grund hat Augustinus die biblischen Schöpfungsberichte wiederholt im Horizont seines neuplatonischen Wirklichkeitsverständnisses kommentiert. Solange dies überzeugte, kannte die Philosophie deshalb auch kein Theodizeeproblem.

Wir sehen heute, daß philosophisch und theologisch auch andere Denkrichtungen möglich oder gar notwendig sind. Aber wir mußten auch entdecken, daß es für das Problem des Bösen keine Lösung gibt, die rundum schlüssig, gar zwingend ist. Lösungsvorschläge zu diesem Problem bedeuten immer und notwendigerweise Vorgriff, Antizipation und eine Hypothese, die höchstens lebenspraktisch bewahrheitet werden kann, so wie das für Augustinus gelang. Wirklich neue Interpretationen konnten erst entstehen, als die Geschichtlichkeit der Menschen philosophisch erkannt wurde. Das Böse „ist" eben nicht, sondern es geschieht. Sind vor diesem Hintergrund aber neue und überzeugende Lösungen aufgetaucht? Auch Hegel (1770–1831) bewältigt das Böse nur, indem er es – nun auf der Ebene der Geschichte – letztlich ignoriert. Wer allerdings bedenkt, daß sowohl Hegel als auch Augustinus von der absoluten Güte Gottes bzw. des absoluten Geistes ausgegangen sind und daß sie vorrangig dies als neue Botschaft ihrer Systeme vermitteln wollten, kommt zu der Vermutung: Die vom Individuum abstrahierte Bestimmung des Bösen könnte letztlich eine Tautologie sein, denn ihr haftet keine Wirklichkeitserfahrung mehr an. Auf Augustinus zugespitzt bedeutet das: Was das Böse eigentlich ist, wird *ohne empirischen Anhalt* festgestellt, bevor die Geschichte erst richtig beginnt. Folgerichtig wird das Paradies zur Grenzbestimmung, zu einem vorgeschichtlichen Wirklichkeitsbild, in dem das Böse tatsächlich noch nicht ist. Statt dessen müßte das tatsächliche Unheil oder Unglück von Anfang an konkret mitbedacht sein, denn wir erfahren uns immer schon in einer Situation, die nicht mehr in Ordnung ist (Ricœur 1971, I). Das ist wohl auch der Grund, weshalb Augustinus seine Theorie später weiterentwickeln mußte.

Das konkret wirkende Gute erscheint nur im Gegenzug gegen den Ordnungsverfall (Schulz 1972, 722). Das Äußerste, das wir noch tun können, ist deshalb bewahrende Verantwortung (Jonas). Die Rede vom ontologisch Guten könnte bestenfalls darauf verweisen, daß aus dem Zustand der Welt Gutes, sehr Gutes werden *kann*, genauer gesagt: sehr Gutes hätte werden können. Genau dies zu verstehen erfordert aber, wie schon gesagt, mehr als eine rational argumentierende Betrachtung der Welt.

3. Das Böse zwischen dem Sein und dem Nichts (Karl Barth)

Die Denkgeschichte des Abendlandes war bis ins 19. Jahrhundert hinein geprägt von der neuplatonisch-augustinischen Idee, das Böse sei als Mangel an Gutem zu begreifen, also als ein dialektisches Phänomen. Bei Anselm von Canterbury und Thomas von Aquin läßt sich das ebenso nachlesen wie bei Leibniz. In der Reformation kam es zu einer anderen Akzentsetzung, aber zu keiner eindeutigen Korrektur. Mit der Abwendung von der Wesensmetaphysik wurde auch dieses Bosheitsverständnis allmählich abgelöst.

Karl Barths Lehre vom Bösen nimmt in der theologischen Literatur unseres Jahrhunderts eine Sonderstellung ein. Denn wie kein anderer Theologe seiner Zeit läßt er sich auf die klassische Theorie vom Bösen ein. Er bespricht es im Rahmen der Schöpfungslehre (Die Kirchliche Dogmatik III/3) unter vier Aspekten: das Problem des Bösen, seine Verkennung, seine Erkenntnis und schließlich seine Wirklichkeit. Es ist für ihn also wirklich, obwohl er es zugleich und geradezu abwertend das „Nichtige" nennt (Frey; Krause; Krötke; Lüthi; Rodin).

(1) Mit dieser Doppelung von Wirklichkeit und Nichtigkeit beginnt für Barth schon das Problem. Denn gleich, ob die Glaubenden von Gottes Weltherrschaft, die Theologen von Gottes erwählendem Willen oder die Philosophen von einer alles umgreifenden Vorsehung sprechen, es gibt eben das Böse, das in keine dieser Kategorien hineinpassen will. Barth nennt diesen „Widerspruch und Widerstand, dieses störrische Element, diesen Fremdkörper … das *Nichtige*" (327). Es ist kaum auszumachen, was es nun eigentlich ist, und auch nicht, wem es zuzuordnen ist: Nicht Gott, denn er könne nach Barth den Abgrund des Bösen nicht in sich haben; aber auch nicht dem Menschen, denn Gott könne es auch nicht einfach aus der Hand geben. Barth kann aber auch nicht mehr der klassischen Lösung der Tradition folgen, denn das Böse bewirkt zuviel, als daß man es zum Mangel degradieren könnte.

So stimmt er keiner der beiden Lösungen zu und verstößt in voller Absicht gegen das Grundprinzip abendländischen Denkens, das sich immer zwischen Sein und Nichts entschieden hat. K. Barth postuliert neben Schöpfer und Geschöpf „dieses *dritte* Wirkende" (330). Und die Notwendigkeit, so zu sprechen, ist ihm Zeichen dafür, daß unser Denken – durch dieses Nichtige selbst – gebrochen ist. Er nimmt also den Kampf gegen die Alternative der Theodizeefrage auf: ob

Gott nämlich gut, mächtig oder keines von beiden ist. Die Tradition, so K. Barth, hat die Grenze ihres Denkvermögens nicht erkannt, weil sie die Gebrochenheit der Zustände nicht auch auf sich selbst bezog. Die Derealisierung des Bösen durch eine, wie wir sahen, tautologische Definition vollzieht er nicht nach. Ebensowenig will er es vorschnell an irdischen Zuständen objektivieren.

(2) In solcher Derealisierung oder Verdinglichung sieht Barth die eigentliche Verkennung des Nichtigen. Er erinnert an die Konflikte, die Gegensätze und die Ungereimtheiten der Schöpfung, an die Grenzen, Mißstände und an das Unrecht. Aber auch hier bricht er aus den gewohnten Denkbahnen aus. Er wird zum Realisten, der die Welt so anzunehmen sucht, wie sie ist. Er greift auf die Idee der Ordnung zurück und erklärt, „daß eben die gute Schöpfung, das gute Geschöpf, auch darin *gut* ist, daß alles, was ist, in diesem Unterschied und Gegensatz ist ...: *auch* auf ihrer Schattenseite, *auch* in ihrem negativen Aspekt“ (336). Barths Nähe zu den bekannten Verharmlosungsstrategien überrascht. Er will ja ausdrücklich ein Verfahren bekämpfen, an dessen Ende „schließlich Alles gar nicht so gefährlich ist“ und außer „ein bißchen Erschrecken, Tragik und Reue“ nichts übrigbleibt (341). Bleibt bei ihm mehr übrig als nur ein „relativer Ernst“ (342); ist es nicht Barth, der nun seinerseits die Schwere und Problematik des Bösen verkennt? Manches ist bei Barth nicht hinreichend deutlich, so etwa die Metapher von der Nachbarschaft zwischen dem Nichtigen und den Schattenseiten der Welt. Ihm kommt alles auf die Unterscheidung beider an; warum und wie liegen sie dennoch beieinander? Und wie können wir die Grenze zwischen beiden erkennen?

Allerdings treffen solche ordnungstheoretischen Fragen für K. Barth nicht das Problem, denn diese Kritik übersieht eine Fundamentalunterscheidung, die über all das hinausgeht, was bisher angemerkt wurde. Für Barth beginnt das wirklich theologische Problem erst dort, wo das Verhältnis Gottes zu Mensch und Natur zur Debatte steht. Man mag das (vermeintlich) Böse, das sich auf innerweltlicher Ebene abspielt, also ruhig zum „sogenannten Bösen“ relativieren. Denn erst nachdem alle Regionalisierung und Positivierung des Bösen durchgespielt und die Gebrochenheit der menschlichen Vernunft erkannt ist, beginnt das theologische Problem. Denn aus eigener Kraft können wir die Bosheit des Bösen nicht entdecken. Auch die Philosophie hat ihr Rederecht zu diesem Thema verloren, denn „Tarnung und Camouflage“ (341) betreibt notwendigerweise auch sie. Diese Position ist konsequent, sofern man von der christlichen Offenbarung her eine eigene und eigenständige Lösung erwartet. Deshalb ist die Frage zu klären, von welchem Standpunkt aus das Böse nun wirklich erkannt werden kann.

(3) Zu Recht muß Barth also den Weg seiner Erkenntnis offenlegen, wenn (besser: indem) er auf die Sache selbst zu sprechen kommt. Nun erfordert Jesus Christus als der entscheidende Text unbedingte Zustimmung für das, was der christliche Glaube als seine Wahrheit erkannt und die Theologie wohl auch kritisch durchdacht hat. Was also ist – unter dieser Voraussetzung des christlichen Glaubens – das Böse? Zum Bösen wird das, was sich *an Jesus Christus* als das Böse erweist. Entgegen allen Erkenntniswegen, die analytisch und rational die Grenzen und Zusammenhänge zu bestimmen suchen, sollen nun in einer Person ein Sinnzusammenhang und die Entlarvung tiefster Sinnlosigkeit verstehbar werden. Die Entdekkungsmatrix lautet: „Was Jesus Christus ans Kreuz gebracht und was er am Kreuz besiegt hat, *das* ist das wirklich Nichtige" (346). Und das heißt angesichts des Todes Jesu: Es sind derjenige Tod und dasjenige Übel, die alles auslöschen. „Es ist die *umfassende* Negation des Geschöpfes und seiner Natur" (353).

Der plötzliche Übergang zu einem ganz anderen, zu einem geschichts- und handlungsbezogenen Ansatz, zur Frage menschlicher und schuldhafter Verfehlung mag überraschen. Zudem ist der Eindruck verkehrt, als wäre die traditionelle Theologie in ontologischen Überlegungen versandet und als wäre erst Barth dieser grandiose Durchbruch gelungen. Das ist nicht der Fall, wie das folgende Kapitel zeigen wird. Aber Barth wählt von seinem streng theozentrischen Ausgangspunkt her keinen „natürlichen" oder phänomenologischen, sondern einen geschichtsbezogenen Ansatz. Das Böse wird gesehen als voll verantwortliche, zugleich unentschuldbare und unverständliche Tat der Menschen (347–352), zugleich aber auch als ein Geschehen, unter dem wir leiden, wodurch die Schöpfung nämlich „gestört, verletzt, zerstört" wird (353–355). Hier, im Blick auf Jesus Christus, erscheint das Böse nicht mehr als Frage der Ordnung, auch nicht als Problem des ontologischen Gutseins, sondern in den Kategorien der *Macht*. Barths Sprache macht das deutlich: „Diesem wirklich Nichtigen hat sich Jesus Christus, hat Gott selbst sich *gestellt*, indem sein Wort Fleisch wurde. Diesem wirklich Nichtigen gegenüber hat er sich als *Sieger* erwiesen. Und eben dieses wirklich Nichtige hat er damit offenbar gemacht, ins Licht gestellt: sein Wesen, seine *Gefahr*, seine *Ohnmacht* dem Geschöpf, seine völlige *Ohnmacht* ihm selbst, dem Schöpfer gegenüber" (355).

Die kursiv gesetzten Wörter verweisen auf eine Terminologie der Stärke, der Gefahr, des Siegens und des Verlierens. Vermutlich hat Barth, der sich hier in religiöser (wenn auch reflektierender) Sprache äußert, das Böse in seinem Kern getroffen und eine genuine Fragestellung der biblischen Tradition wiederaufgenommen. Das Böse in einem sehr ursprünglichen Sinn von Schädigung, von Zerstörung menschlichen Lebens, ist das nicht Gebändigte, das zerstören will und seinen Willen bedingungslos durchsetzt. So wird das Böse im Spannungsfeld von Leben und Tod angesiedelt und erhält eine quasi transzendentale Qualität. Am Ende versagt auch die Bestimmung als Mangel von Gutem, denn schließlich steht es der Ordnung Gottes als ganzer gegenüber. Das Böse steht gegen Gott selber und deshalb auch gegen den Menschen. Seine Überwindung kann nur verstanden werden, wenn seine grenzenlose Macht deutlich wird.

(4) Was ist vor diesem Hintergrund dieses „Nichtige" nun wirklich? Eigentlich, so könnte man meinen, ist alles gesagt, was zu sagen möglich ist. Barth läßt das vermuten, indem er das letzte Stück über das Nichtige (402–425) als Zusammenfassung charakterisiert. Es bleibt aber ein Überschuß, der schon im dritten Stück Barths zum Ausdruck kommt. Er spricht dort vom „wirklichen" Übel, vom „wirklichen" Tod, von der „wirklichen" Sünde, vom „überhaupt" Nichtigen (353). Wie aber will man die Wirklichkeit von Tod, Verderben und Nichtigem eigentlich differenzieren oder gar steigern, ohne dann doch noch eine andere Sorte von Tod und Nichtigem einzuführen und damit die Alltagserfahrungen zu entwerten? Aber wir haben beim Verweis auf Jesus Christus bislang zu kurz gegriffen. Die wirklichen Verhältnisse werden gemäß Barth mit dem bloßen Verweis auf das Geschick des Menschen Jesus nicht deutlich, solange man nur ein paradigmatisches Schicksal der Unmenschlichkeit im Auge hat. Sie werden neu deutlich, insofern er gemäß christlicher Offenbarung Gottes Sohn ist. So gesehen wird an ihm nicht nur der Gegensatz des Bösen zum Menschen, sondern „zu Gott dem Schöpfer selber" offenbar (346). Das ist mehr, als bislang ausgeführt. Um diese *strikt theologische*, für Barth einzig gültige und nur von der christlichen Offenbarung her einsehbare Dimension hat es zu gehen, wenn von der Wirklichkeit des Bösen die Rede ist. Auf sie ist das Problem zuzuspitzen: „Der ganze theologische Begriff des Nichtigen hängt daran, daß der Urgegensatz und die Urbegegnung, in der es sein Wesen hat, seine Gegenüberstellung zu Gott selbst ist" (416).

K. Barth, der Vertreter der Dialektischen Theologie, zeigt in seiner Analyse des Bösen, was theologische Dialektik für ihn letztlich bedeutet. Es ist ein konfliktreiches Spiel, aus dessen innerer Dynamik heraus zwischen Gut und Böse *keine Versöhnung* stattfinden kann; Heil und Versöhnung erwachsen nicht aus der Suche nach ihnen. Auch denkt er nicht wie Hegel im entferntesten daran, daß das Böse im Fortgang der geschichtlichen Stufen seine eigene Überwindung herbeiführt. Wie hätte er, der scharfsichtige und kompromißlose Kritiker seiner Zeit, daran glauben sollen in der Epoche der Weltkriege, des Faschismus und der christlicher Verstrickung in diese Ereignisse? Zwischen Gott und dem Bösen ist nach Barth keine Versöhnung möglich. Zum einen wird Gott sich mit dem Bösen in keiner Weise versöhnen, es relativieren oder in sich aufnehmen können; zum andern hat Er, der einzig Vermittelnde, diesen Gegensatz immer schon überholt: „Das Nichtige ist das, was Gott *nicht* will." Und um den Eindruck des Wortspiels zu vermeiden, fügt Barth hinzu, dieses Nichtwollen sei „kräftig", und es müsse so eine reale Entsprechung haben (406).

Hier stoßen Gedanke und Sprache Barths an ihre Grenze. Denn obwohl Gott mit dem Bösen das Unversöhnbare entgegengesetzt ist, obwohl Barth also zu höchst dualistischen Schlußfolgerungen kommen müßte, erfolgt nun doch im Blick auf Gottes souveräne Macht der ebenso unvermittelte Umschlag: Dem „Nichtwollen" Gottes entspricht in Wirklichkeit nichts anderes als das – Nichts. Genau dort also wird auch Barth von der traditionellen Ontologie des Nichts eingeholt, wo er das Verhältnis von Gott und Bösem *zugunsten Gottes* zu Ende denkt. Rächt es sich also doch, daß das Nichtige nach Barth eben „nicht [!] Gegenstand einer dem Geschöpf natürlichen Erkenntnis" ist (404)? Über solchen steilen theologischen Ansätzen könnte der Erkenntnis- und Erfahrungsgehalt für diejenigen Menschen verlorengehen, die leiden oder den Triumph der Mörder über sich ergehen lassen – und gerade so die sehr menschliche Wahrheit Jesu Christi entdecken. Lassen wir diese Frage hier offen.

Mit diesem (notwendig kurzen) Abschnitt ist nicht alles über K. Barth gesagt. Es sollte gezeigt werden, wie Barth die Frage des Bösen in ein Umfassenderes einordnet, dies allerdings auf einer exklusiven christlich-theologischen Ebene und somit unter erheblichen erkenntnistheoretischen Vorbehalten. Ebenso war festzuhalten, daß auch dieser Ansatz in einer Aporie endet, auch wenn Barth ihn grandios durchgespielt hat. Ein Ausweg zeichnet sich allerdings zum Ende hin ab, wenn Barth den Faktor Zeit wieder ins Spiel bringt. Dort geht es dann ganz undialektisch um die Hoffnung, daß das Nichtige *letztlich* keinen Bestand habe und am Ende besiegt sein werde. Weil dies am Ende gewiß sei, könne das Nichtige jetzt schon als überwunden gelten. Auch deshalb ist das Böse für Barth hier und jetzt schon Schein. Das Reich des Nichtigen *kann* als zerstört gelten, es *ist* zerstört (424 f.). Auch Barth weiß nur zu gut, daß das Böse noch wirkt, uns bedroht, daß es tötet. Am Ende allerdings stellt seine Antwort das Verhältnis von Schein und Wirklichkeit bewußt auf den Kopf und läßt Jesus Christus, den damals Unterlegenen, jetzt schon als den einzigen und siegreich Handelnden erscheinen; alle Wirklichkeit wird zum „als ob“. Das Böse „ist in dieser seiner schon ungefährlich gewordenen Gestalt als dieser Nachklang und Schatten ein Werkzeug seines Willens und Tuns. Er heißt es gut, daß wir noch immer existieren müssen, ‘als ob’ – hier mag nun wirklich ein ‘als ob’ am Platze sein – er mit dem Nichtigen nicht auch uns zugute schon fertig geworden wäre“ (425).

Viele werden diesen Satz bewundern, auch wenn sie ihn nicht mehr nachvollziehen können, weil die Zeit als Faktor wieder eliminiert ist. Die Hoffnung auf das Gute hebt Leben und Tod in der Gegenwart nicht auf, auch nicht in Gottes ureigene Ordnung. Der provozierende Vorgriff jedoch auf das, was wir von Gott letztlich und mit Gewißheit erhoffen, hat sicher seinen unverzichtbaren Wert. Schließlich sagen auch die Evangelien, Jesus *sei* auferstanden.

4. Das zentrale Problem

Wir sind in diesem Kapitel einen sachlich schwierigen und theologisch bisweilen undeutlichen Weg gegangen. Es ging mehr um die Relativierung des Bösen als um dessen Wirklichkeit, mehr um philosophische und humanwissenschaftliche Voraussetzungen als um streng theologische Qualifikationen. Aber der Weg war notwendig, weil ihn auch die Theologie gegangen ist oder sich mit ihm wenigstens auseinandergesetzt hat. Die spätantike Philosophie versteht das Übel überwiegend einhellig als ein nur scheinbar störendes Element der kosmischen Ordnung; für sie gilt lange das ungebrochene Vertrauen zur rational argumentierenden Vernunft. Diese ordnungstheoretische Behandlung des Bösen wird von der christlichen Theologie übernommen und in die Schöpfungslehre integriert. Für die Theologie des Westens kommt dabei Augustinus eine Schlüsselrolle zu. Daß Menschen aber trotz der umfassenden Ordnung frei sind und willentlich gegen sie verstoßen können, wird zum Problem, weil ein frei handelnder Gott und frei handelnde Menschen in keine Ordnung integrierbar sind.

Dennoch wird immer wieder versucht, Böses in das gute Weltsystem zu integrieren und damit zu überwinden. Das hat nicht nur zu Verharmlosungen geführt, sondern auch einen folgenreichen und durchaus *wirksamen Kampf* gegen die Übel der Welt sowie gegen die magische Verdinglichung des Bösen ermöglicht. Auch heute noch müssen alle Übel im Zusammenhang übergreifender Prozesse gesehen und daraufhin geprüft werden, ob sie im Ganzen der Welt unvermeidbar, wenn nicht gar als Durchgangsstufen zu höheren Gütern zu loben sind. Dies kann aber nicht die letzte Antwort sein angesichts der Verwissenschaftlichung und Technisierung unseres Zusammenlebens, der *Instrumentalisierung* und Rechtfertigung einer Vernunft, die letztlich den Ruin von Menschen und Menschheit in Kauf nimmt. Zu fragen ist deshalb, wem eine Ordnung zu dienen hat und welcher Preis dafür gebilligt werden darf. Die berechnende und ordnende Vernunft selber kann dies nicht mehr erschließen.

Ähnliches gilt für die philosophische Depotenzierung des Bösen, denn entgegen der ursprünglichen dramatischen Absicht führt diese Denkfigur zur absurden Konsequenz, daß das Böse an sich nichts ist. Wer sich aus dieser Paradoxie mit dem Hinweis rettet, das Böse sei eben absurd, trifft gewiß das Problem. Aber solche Erkenntnis besagt nichts darüber, wie diesen Folgerungen einer weltlosen Wesensphilosophie zu begegnen ist. Damit wird noch keine Theologie gegen diese Philosophie zur Hilfe gerufen, aber von beiden läßt sich ein Standpunkt erwarten, der die Bosheit des Bösen nicht eliminiert, sondern entlarvt. Angesichts der heutigen Weltsituation ist es ein schlechter Dienst am Menschen, wenn Gottes Güte mit der Depotenzierung des Bösen gerettet wird. Gefährlich ist allerdings auch, das Böse bestimmten Orten der Welt zuzuschreiben oder einer *Topik* nicht entgegenzuwirken. Materie und Leib, Triebe und Sexualität, Unbotmäßigkeit und Kritik sind solche Repräsentanten des Bösen gewesen. Magie und Besessenheitswahn haben eine Identifizierung gefördert, in der das Böse dann den Feind des Bösen selber eingeholt hat. Seit dem 19. Jahrhundert übernahmen Ideologien und Weltanschauungen, Wirtschafts- und Gesellschaftstheorien diese Funktion. Zwar soll und kann das Böse entlarvt werden, jedoch nicht als etwas in sich, sondern immer als ein *Prozeß*, an dessen Ende Tod und Zerstörung des Lebens stehen.

Doch oft führt zum Guten, was als Zerstörung gedacht war oder dorthin hätte führen können. Daß wir den Untergang der Menschheit vorbereiten, wäre erst bewiesen, wenn sie untergegangen ist. So ist die Methodik der instrumentellen Vernunft nie einfach gerechtfertigt und nie einfach widerlegt. Dies trifft auf die vielen Bereiche zu, in denen sich unsere Biographien und unsere Pläne in überschaubaren Bahnen entfalten. Auch Christen bleibt es auferlegt, das Hier und Jetzt in *Geduld*, im Abwägen von Ziel und Kosten zu bewältigen. Das zeigt sich in den mühsamen Versuchen, konkrete Ethiken zu entwickeln, die der modernen Technik, Medizin, Wirtschaft oder Politik standhalten. Allerdings sind die Grenzen enger geworden, denn unsere Gesellschaften sind weniger steuerbar und die globalen, nicht mehr überschaubaren Ziele überlagern das Planbare unseres Lebens immer mehr. K. Barth schlägt den Knoten unserer erkenntnistheoretischen und lebenspraktischen Unsicherheit durch, indem er nach dem Bösen dieser Welt strikt, exklusiv theologisch und ausschließlich von einem christlichen Standpunkt aus fragt. Damit gelingen ihm einige Klarstellungen, die für die bisherige Problementfaltung wichtig sind:

(1) Wir können das Böse nicht einfach an bestimmten Zusammenhängen und Prozessen festmachen, die uns in der Schöpfung vorgegeben sind. Diese Haltung muß Teil einer jeden wirklich kritischen Theorie von Natur, Mensch, Geschichte oder Gesellschaft sein. Verdinglichungen und Objektivierungen schaffen nur das bequeme Objekt des Sündenbocks.

(2) Das Böse der Welt wirkt in Gesamtzusammenhängen, denen wir selber ausgeliefert sind. Eine ordnungstheoretische Betrachtungsweise muß damit rechnen, daß wir als Betroffene die wahren Zusammenhänge verkennen. Zu einer angemessenen Reflexion gehören also die Offenlegung und Rechtfertigung des eigenen Standpunkts. Dies setzt die Bereitschaft voraus, daß wir uns in ständiger Selbstkorrektur auf diesen Standpunkt einlassen. Deshalb müssen Theoretiker und Kritiker des Bösen darüber nachdenken, ob und wie der von ihnen gewählte Ausgangspunkt diesem Gesamtzusammenhang entzogen oder verhaftet ist. Sie müssen sich einer Kritik entziehen, die zwischen theoretischer Verdammung und praktischer Verherrlichung oszilliert.

(3) Ein ordnungstheoretisch rationaler Umgang mit dem Bösen versucht, das Böse als Wirkung bestimmter Ursachen zu begreifen und seine Funktion zu erkennen. Wo dies gelingt, kann Übles verhindert, in seinen Wirkungen begrenzt oder aufgehoben werden. Wir sollten jedoch nicht übersehen, daß das Böse oft durch menschliches Verhalten bedingt ist. Das Böse erweist sich letztlich, wie wir noch sehen werden, als „Drama der Freiheit" (Safranski). Für Barth ist die Sünde als gegen Gott gerichtete Tat die wichtigste Gestalt des

Nichtigen. Die *Freiheitsfrage*, die in einer Ordnungstheorie als Randproblem erscheint, bildet – genau besehen – den Kern des Problems. Bedenkt man ferner, daß sich das Böse als eine unheimliche Macht erweist, die von der Wahrheit getrennt und gegen Menschen gerichtet ist, dann wird klar: Die Achse unserer Frage liegt in der philosophischen bzw. theologischen Anthropologie. Die Frage nach dem Bösen enthüllt sich spätestens in der Neuzeit als Frage nach dem Menschen.

(4) Für die Theologie hat das Böse der Welt seine entscheidende Qualität, sobald es als Nein zur Ordnung Gottes erkannt wird. Seine entscheidende Paradoxie liegt darin, daß es nicht aus der Schöpfung Gottes herausfallen kann und so im Zeichen eines unbedingten Selbstwiderspruchs steht. Von dieser umfassenden Perspektive aus liegt eine Differenzierung der Übel nach Qualität und Reichweite nahe. Für die Unterscheidung zwischen den „Schattenseiten" der Schöpfung und dem „wirklich" Nichtigen hat das eine wichtige Funktion. Wir fügen allerdings hinzu: Auch solche Unterscheidungen können nicht objektiviert werden. Deshalb ist eine Abgrenzung zwischen beiden weder in der Faktizität noch in der Modalität bestimmter Prozesse möglich. Denn deren Qualität bemißt sich nach den (je verschiedenen) Wirkungen an ihren Opfern. Diese Wirkungen wiederum hängen von kulturellen und gesellschaftlichen Umständen ab.

Diese Unterscheidung hat im Zusammenhang dieses Kapitels eine *hermeneutische* Funktion. Zwar ist immer ein nüchterner, objektivierender Blick vonnöten: Die relativen Dimensionen und Einordnungen des Bösen sind nicht zu vergessen, ebensowenig die Grundstrukturen und Dimensionen der gesamten Wirklichkeit. Die grundlegende Güte des von Gott Geschaffenen bleibt erhalten, auch wenn Menschen sie schwer schänden. Deshalb ist darauf zu achten, daß der objektivierende Blick stets von einem subjektiven und solidarischen Verstehen begleitet ist. Je nach Umständen kann auch ein (objektiv) kleines und begrenztes Übel Lebenskonzepte ruinieren, und solche qualitativen Erfahrungen des Negativen lassen sich nicht einfach integrieren. Ein solidarisches partizipierendes Verstehen kann sich auch nicht mit der Unterdrückung von nur „wenigen" abfinden. Wer also Leid und Katastrophen anderer als notwendige Schattenseiten der Schöpfung relativiert, mißbraucht die Unterscheidung in zynischer Weise. Schließlich kann weder eine objektivierend verrechnende noch eine hermeneutisch verstehende Beurteilung des Bösen befriedigen, wenn die eigene Lebenspraxis nicht darauf bezogen ist. Die Überwindung des Todes kann, christlich gesprochen, nur bezeugen, wer den Kampf gegen den Tod auch um den Preis des eigenen Opfers gewagt hat.

Fassen wir zusammen: Die Theologie kam in diesem Kapitel nur wenig zu Wort, doch die Thematik war theologisch von hoher Bedeutung. Schon im „weltlichen" – d. h. auch: im theoretisch denkenden – Umgang mit dem Bösen können Grundentscheidungen fallen, die das theologische Feld bestellen, es zur weiteren Bearbeitung tauglich machen oder gründlich verderben. Es wäre deshalb hochmütig, würde sich eine weltlose Theologie, sozusagen in Gottes eigenem Namen, eine unabhängige Antwort über die Fragen anmaßen. Der Anstrengung des Begriffs und der rationalen Analyse dessen, was der Fall ist, müssen sich auch glaubende Menschen zuwenden, wenn sie sachgemäß erkennen, urteilen und handeln wollen. Dieser methodische Schritt wurde in diesem Kapitel behandelt.

Einige Ergebnisse, die für den Fortgang wichtig sind, wurden erbracht. Es wurde deutlich, daß die Übel der Welt in größere Zusammenhänge zu stellen sind. Darüber kann heute ein breiter Konsens erzielt werden. Aber wiederholt stießen wir auf die Frage, wer im Sog der Relativierungen für den richtigen Standpunkt bürgt. Die (christliche) Theologie nimmt ihren Standpunkt ein, der im letzten Teil näher besprochen wird. Vorerst muß eine noch sehr abstrakte Formel genügen, der auch viele Philosophen zustimmen können: Trotz aller Übergänge, Zusammenhänge und Abhängigkeiten bleibt das *entscheidende Kriterium* für das Böse die *Bedrohung, Verletzung oder Vernichtung von Menschen in ihrer individuellen, mitmenschlichen und materiellen Integrität.*

Damit kehren wir zu der Definition des Bösen zurück, von der wir ausgegangen sind. Haben wir also keinen Fortschritt erzielt? Im Gegenteil, denn es muß als weiteres Ergebnis der Überlegungen festgehalten werden: Trotz aller Plädoyers für eine ordnungstheoretische Behandlung des Bösen gibt es keinen hinreichenden Grund, von jenem ersten, auf das Wohl und Wehe von Menschen bezogenen Ausgangspunkt abzugehen. Ordnungs- und Systemanalysen können für die Humanisierung der menschlichen Zukunft unverzichtbare Dienste leisten, das zentrale Problem bleibt gleich. Unnötig, darauf hinzuweisen, daß damit die theologischen Aspekte nicht zu bloß humanen (was aber soll das heißen?) eingeebnet sind. Das gilt auch dann, wenn die Auseinandersetzung mit dem Bösen zu Gottes „ureigenstem Problem" (K. Barth) erklärt wird. Dieser Aspekt wird noch deutlicher werden.

IV. Das Böse als Problem der Freiheit

K. Barth hat in seiner Theorie vom Nichtigen das Böse als Tat, nicht als ein Wesen verstanden. Damit steht er in der langen Tradition einer biblischen, einer christlichen und schließlich einer abendländischen Anthropologie, die in diesem Teil besprochen werden soll. „Man muß nicht den Teufel bemühen, um das Böse zu verstehen. Das Böse gehört zum Drama der menschlichen Freiheit. Es ist der Preis der Freiheit" (Safranski, 13). Zwar hat das Böse viele Gesichter, immer aber scheint es die Freiheit in ihrem Wesen anzutasten, sie auszuhöhlen und in ihr Gegenteil zu verkehren, so daß auch der Begriff der Freiheit keine Klärung der Probleme bringt. So erweist sich die Freiheit angesichts der Macht des Bösen oft als leerer, inneren Zwängen ausgelieferter Schein. Menschen werden von ihrer Geschichte immer schon bestimmt und von ihrer Gesellschaft geprägt. Diese verwirrende Freiheitserfahrung und die Verbindung von Hoffnung und Resignation sind es, die unser Denken seit der Spätantike getrieben haben. Der Ruf nach Freiheit und wahrer Erkenntnis bestimmte die gnostischen weltflüchtigen Strömungen. Im Mittelalter wurde das Problem eher von dem der Sünde überlagert. Erst in der Neuzeit sollte sich herausstellen, welchen Problemkomplex die Frage nach des Menschen Freiheit gebildet hatte. Zugleich wurde „Freiheit" zum großen Kernbegriff einer Epoche, die auf Autonomie und eigenverantwortete Erkenntnis setzte. Im 19. Jahrhundert wurden Begriff und Sache der Freiheit dann entschieden auf die konkrete Befreiung aus sozialer Unterdrückung hin erweitert (Schwarz).

Mit der Frage der Freiheit wird – wie gesagt – die Frage nach dem Bösen aufgeworfen. Und Schuld erweist sich als ein ebenso komplexer, auf die Freiheit bezogener Begriff, in der Philosophie weit weniger reflektiert als in der Theologie (Splett). Schuld ist der Ausdruck einer gestörten Beziehung. Sie meint den Zustand des Vorwurfs und der fälligen Genugtuung, die Verpflichtung also, einen Zustand wiederherzustellen, den jemand durch falsches und durch ihn verantwortetes Verhalten gestört hat. Nun kann man Schuld von sich weisen oder sich zu ihr bekennen. Sie läßt sich aber nicht objektiv verrechnen. Angemessen läßt sich von ihr, wie wir sehen werden, nur in engagierter, verbindlicher oder bekennender Sprache reden (Ricœur

1971 II, 9–32). Es hat allerdings auch seine Gründe, wenn der Begriff spätestens seit Nietzsche und Freud ideologiekritischen Verdacht weckte. Daß das 19. Jahrhundert innerkirchlich wie kulturell einem Schuldkomplex geradezu frönte, ist unbestritten (Delumeau). Doch wäre es zu einfach, die Sache der Schuld zu verabschieden; schließlich geht gerade jetzt ein Jahrhundert schlimmster Schuld zu Ende, die bei weitem noch nicht aufgearbeitet ist. So hat es seinen Sinn, den Zusammenhang von Freiheit, Bosheit und Schuld zu bedenken. Beginnen wir wieder mit Augustinus.

1. Augustinus' Freiheitsappell

Augustinus war für die westliche Theologie ein Glücksfall, denn durch seine reiche Erfahrung fand er sich nicht mit einfachen Lösungen ab[1]. Zwar blieben Plotinismus und Ordnungsphilosophie für ihn ein Leben lang wichtig, aber er glaubte nicht, daß das Problem des Bösen damit gelöst sei. So entwirft er, wie wir sehen werden, eine Gesamtlehre vom Bösen in mehreren Etappen und Schichten. Im Kern aber interpretiert er das Böse als eine Bedrohung der menschlichen Freiheit. Dabei zeigt diese Freiheit eine individuell innerliche, eine soziale und eine menschheitsgeschichtliche Dimension.

Im Jahr 387 beginnt Augustinus mit der Arbeit an einem Dialog, genannt „Über den freien Willen"(Augustinus 1962 und 1977). Die Kernaussage lautet: Das Böse muß nicht sein, da es frei gewollt ist, und das Böse darf nicht sein, da es Gottes Absichten mit Welt und Mensch widerspricht. Die hier entdeckte Freiheit durchbricht die Auffassung von der Welt als geschlossenes Ordnungssystem; das ist Augustinus' Leistung. Eine Tat wird vollzogen, weil sie gewollt ist. Mit ihr wird eine neue Wirklichkeit geschaffen und in unvorhersehbarer Weise beeinflußt. Wer frei sein will und diese Fähigkeit in Anspruch nimmt, bestimmt damit zudem sich selbst. Damit ist Gott nicht mehr der für alles Verantwortliche, denn Verantwortlichkeit wird jetzt zugleich zur Möglichkeit und zur Last der Menschen. „Jeder Schlechte ist der Urheber seiner eigenen Übeltat" (I,1,1). Augustinus führt damit ein Prinzip ein, das für die biblische Tradition verständlich und selbstverständlich, für die neuplatonische Metaphysik aber doch erstaunlich ist. Die Freiheit des Menschen, ein mit der Menschenwürde unzertrennliches, mit dem Ordnungsdenken aber nicht vereinbares Postulat, erlangt im Verstehen von Gott, Mensch und Welt eine zentrale Bedeutung. Da Gott für Augustinus zugleich gerecht bleibt, findet alles Übel so seine Erklärung: Es gibt nur „Sünde oder Sündenstrafe". Es bildet sich eine Art Weltformel zur Erklärung des Schlechten heraus, die auf der Unterscheidung von physischem und moralischem Übel, also von Schlechtem und Bösem beruht. Die Bosheit des Menschen wird dabei zum zentralen Problem.

Nun ist es nicht ein einschichtiger Manichäismus, der diese Fixierung auf Elend und Sünde auslöst. Am Beginn des Gedankens steht ein durchaus humaner Freiheitsappell. Es ist aber zugleich die Entdeckung des gefährdeten und alles gefährdenden Selbst im Menschen, das von nun an die gesamte abendländische Geschichte des philosophischen und des theologischen Denkens in seinen Bann schlägt. Freier Wille zeigt sich vorrangig als Willkür. Die Verquickung des philosophischen Freiheitsgedankens mit dem biblischen Paradigma vom Sündenfall hat, wie sich zeigen sollte, zu einer unseligen Gesamtkonstellation geführt. Gehen wir dieser Entwicklung bei Augustinus kurz nach. Augustinus' damaliges Freiheitsverständnis läßt sich im Blick auf die Sünde unter drei Gesichtspunkten zusammenfassen:

(1) Gott hat uns die Macht des freien Willens gegeben. Wir haben eine unumschränkte Verantwortung. Der freie Wille ist ein letztes, durch keine Macht mehr relativierbares Prinzip, das selbst der Vernunft und dem innersten Verlangen des Menschen widerstehen kann. Dieser freie Wille ist – als Möglichkeit zum Bösen – völlig bei sich, nach Augustinus' damaliger Konzeption unüberwindlich: „Wer in keines Macht steht, der kann auch durch keine Kraft überwältigt werden", und in eines anderen Macht gibt er sich nur aus freiem Willen. Für Augustinus ist der Mensch also noch begabt mit einer ungebrochenen Natur und mit einer Individualität, die sich gegenüber Gott selbst bestimmen kann. Augustinus läßt einen ungebrochenen Optimismus erkennen, der das Böse in den freien – also vom Täter rundum zu verantwortenden – Gegensatz zum Guten bringt (Häring 1979, 144–147).

So gesehen zieht der freie Wille eine uneingeschränkte Verantwortlichkeit nach sich; dieser Gesichtspunkt erhält für Augustinus ein besonderes Gewicht. Sonst, so sein Argument, wäre Gottes Strafe nicht gerecht. Ein apologetisches Element macht sich bemerkbar und verleiht dem Gedanken eine eigene Dynamik: Das Böse kann man nicht lernen; zum Bösen ist niemand vorherbestimmt, und das Böse muß nicht um der Ordnung des Ganzen willen sein. Die Last, die auf den Menschen damit zukommt, muß ihn erdrücken. Gut und böse, endgültiger Lohn und endgültige Strafe also, schrumpfen da vor Gott zu einer absoluten, beinahe formalistischen Alternative zusammen, die ohne konkrete Anschauung, ohne innerweltliche Vermittlungen bleibt. Der Grund dafür liegt in einem spiritualistischen und somit individualistisch pointierten Freiheitsbegriff. Mit ihrem Freiheitsvermögen wird die Seele nämlich nicht in der Mitte zwischen Gott und Mensch, sondern zwischen Gott und dem menschlichen Leib eingeordnet. Sie ragt gleichsam über den leiblichen Menschen hinaus und wird nicht etwa zur bloßen Koordinatorin menschlicher Strebungen, sondern zur Wegweiserin aus eigener Kraft: „Schaust du nach unten, ist es der Körper, schaust du nach oben, ist es Gott" (Häring 1979, 148 f.)[2].

Das gibt der Seele eine unbedingte Überlegenheit, die sich nicht nur auf neuplatonisches oder gnostisches, sondern auch auf stoisches Denken berufen kann. Das Wollen bestimmt so undialektisch und ohne Differenzierung meine Identität, „denn überhaupt nichts gehört mir, wenn der Wille, durch den ich will, nicht mir gehört" (III,1,3). Genau hier zeigt sich das Problem. Vor Gott steht meine Seele in individueller Vereinzelung. Es spricht nur scheinbar gegen diese ungeschichtliche Konzeption, wenn Augustinus den Kern der Sünde als Hochmut definiert. Denn dieser hochmütigen Selbstliebe steht nicht etwa die Nächstenliebe, sondern die Gottesliebe gegenüber: „Siehe, es ist die Wahrheit selbst: umfasse sie, wenn du kannst, und genieße sie und freue dich im Herrn" (II,13,35). Auch die Lust hat unzerstörbar auf Gott, den rein geistigen Ausgang allen Seins zu zielen. Gottesliebe oder Eigenliebe, das ist die innere Alternative, an der sich gut und böse entscheiden und nach der sich gemäß dem Werk über den „Gottesstaat" dann die gesamte Weltgeschichte bestimmt.

(2) Wir leben in der Welt; natürlich wird diese Selbstverständlichkeit von Augustinus und der gesamten theologischen Tradition anerkannt. Deshalb muß der inneren Alternative von Gottes- oder Eigenliebe eine äußere, sozusagen eine lebbare, empirisch aufweisbare Alternative entsprechen. Sie lautet: Gott oder die Welt. Gott und Welt geraten also in eine tiefgreifende, letztlich unversöhnliche Konkurrenz. Faktisch wohnt die Seele im Körper; sie ist also (noch) nicht bei sich selbst. Sie kann Gott nicht schauen, und die Erinnerung an ihren Ursprung hat sie verloren. Die Mühe des gegenwärtigen Lebens ist ihr Los. So bleibt der Seele nur noch eine, eine sozusagen unmögliche Möglichkeit, nämlich konsequent den Weg nach oben zu gehen. Faktisch sind schon Nichtstun und Verharren Sünde und Ab-

wendung von Gott. Diese Abwendung von Gott ist identisch mit der Zuwendung zu den Geschöpfen und umgekehrt. Augustinus geht so unmerklich von der inneren zur äußeren Alternative, somit von einem ontologischen zu einem psychologischen Modell über. Der Mensch strebt immer, kommt also nicht zur Ruhe. Liebt er Gott nicht, dann liebt er sich selbst (durch Macht), andere Dinge (in seiner Neugier) oder den Leib (durch Lust). Er ist „hochmütig, neugierig oder lasziv". Der Hochmut gegen Gott zeigt sich faktisch in der Begierde, die nichts anderes als eine fehlgeleitete Liebe ist: „Wir ermahnen euch also nicht, daß ihr nichts liebt, sondern wir ermahnen euch, die Welt nicht zu lieben; damit ihr ihn, der die Welt geschaffen hat, in Freiheit liebt" (In Psalmos 121; CCL 40, 1801)[3].

Damit ist eine entscheidende und folgenschwere Differenzierung in der augustinischen Ethik erreicht. Zwar unterscheidet er formal richtig zwischen dem Genuß der Dinge (lateinisch frui genannt) und deren Gebrauch (lateinisch uti genannt). Aber es bleibt heute die Frage, was diese Unterscheidung bedeutet und ob sie der menschlichen Selbst- und Fremderfahrung hinreichend Rechnung trägt. Natürlich kann der Genuß der Dinge eine gefährliche Dynamik entwickeln; das ist alltägliche persönliche, soziale und eine politische Erfahrung (Moltmann 1972, 306–308). Augustinus' stoische Anthropologie will verhindern, daß der Mitmensch um seiner selbst willen geliebt (das hieße für Augustinus ja: genossen) wird; er hält daran fest, daß der Verstand über die Emotionen herrschen muß (I,8,18). Warum aber darf ich mich Irdischem nicht unterordnen? An sich, so Augustinus, kann der Mensch ohne moralische Bosheit nach den irdischen Dingen verlangen. Faktisch aber hat sich die Lust schon längst verselbständigt. Sie wird zur „Begierde", also selber zum Objekt des Wollens. Der Mensch hat Freude an seiner Lust. Er liebt, er will sein Begehren und damit sich selbst. Faktisch wird diese „Konkupiszenz", wie es im Fachjargon heißt, also zu einer in sich schlechten Regung, weil sie nach aller menschlichen Erfahrung die Trennung von Gebrauch und Genuß durchbricht (Häring 1979, 162–170). Augustinus kapituliert vor den Erfahrungen der inneren Strebungen, mit denen er sich nicht versöhnen will. Sein neuplatonisches Weltverständnis wird von seinem stoisch-hierarchischen Menschenbild gestützt.

Da vor allem der Vollzug der Sexualität notwendig mit Lust verbunden ist, verschärft sich mit ihr das Problem. Zwar hat Augustinus, der Realist, noch keinen Ehemann getroffen, der mit seiner Frau „nur in der Hoffnung auf Empfängnis verkehrt hat". Dennoch entwirft er das Ideal des Ehegatten, der das Ewige liebt und das Vergängliche haßt, der diese sterbliche Verbindung mit einer Frau verabscheut und diese Frau für das ewige Reich zu formen versucht. Er „liebt in ihr, daß sie Mensch ist, und haßt, daß sie Gattin ist“[4]. Diese frauenfeindliche Haltung fügt sich zum heroischen Prinzip, daß die Liebe zum Nächsten neben der Gottesliebe keinen gleichrangigen Platz erhält. Die Bekenntnisse illustrieren diesen Zusammenhang von Augustinus' Biographie her eindrücklich (Flasch, 249–254). Neben dem Glauben hat die Liebe zum Nächsten nur eine propädeutische Funktion (Ratzinger, 39).

(3) Augustinus' Auseinandersetzung mit dem Problem der Begierde wirft Fragen auf, die heute noch aktuell sind. Hinter der Konzeption steht nämlich ein tieferes Problem: die Gefährdung der Freiheit. Für den Seelsorger, den Menschenkenner und Psychologen Augustinus steht die Seele ja nicht in abstrakter Freiheit zwischen Gott und Welt. Schließlich muß die Seele ihre Wege zum Leib finden und muß der Leib seine Signale an die Seele aussenden. Descartes war in dieser Hinsicht viel leibferner als Augustinus. Erst viel später wurde die Frage – etwa unter den Voraussetzungen der Subjektphilosophie, in der Phänomenologie und schließlich bei Ricœur – genauer durchdacht: Wie kann das Subjekt zu sich kommen, solange es nicht bei sich ist? Wie verläuft der Weg vom Ich zum Selbst, vom Selbstbewußtsein zum Bewußtsein von Welt? Im Modell Augustinus' ergibt sich innerhalb der Seele (anima) noch einmal eine Unterscheidung. Es gibt da den „Geist“ (animus), den „oberen“ Teil der Seele, zu der das Vermögen des Wollens (voluntas) gehört. Und es gibt jenes „mittlere“, vermittelnde Gut, das als Wahlfreiheit (liberum arbitrium) uns erst dazu befähigt, uns so oder anders für Gott oder die Welt zu entscheiden (II,19,51 f.).

Gleichzeitig sieht Augustinus: Die Rede von der Wahlfreiheit kann gegenüber dem Guten nicht mehr sein als die Chiffre für den noch unentschiedenen Ursprung menschlicher Freiheit. Es ist sozusagen die neutrale Freiheitshaltung, wie Adam und Eva sie ursprünglich kannten, vorgängig jeder Freiheitskonkretion. Diese Freiheit kann – einmal verfehlt – nicht mehr zu ihrem Ausgangspunkt zurückkehren. Ihre Grenze liegt nicht nur in den äußeren Bedingungen der Welt, sondern in einer inneren Gefährdung. So greift Augustinus bei seiner Selbstbeobachtung zu anderen Bildern, die in der biblischen Tradition ihre Vorgänger haben (Röm 7,14–25). Zwei Willen sieht Augustinus miteinander kämpfen; ihre Zwietracht zerreißt seine Seele (Conf. VIII,5,10). Der freie Wille ist immer schon vom Reiz der Dinge affiziert. Die Lust an den Dingen ist seine eigene Lust. Bevor er diese Lust erfährt, hat er eine Vorstellung von ihr; er tut das Böse also nicht, indem er es in freier Souveränität will, sondern indem er ihm nachgibt (Häring 1979, 170–177). Später wird diese Lust, zumal die sexuelle, dann auch zum ersten und wichtigsten Indikator der „Erbsünde“ (Wils, 268–271).

Diese Erfahrungen sind allerdings von epochaler Tragweite. Augustinus entdeckt nicht nur die Struktur des Selbstbewußtseins und die Möglichkeit, Heilsgeschichte aus biographischer Empirie zu schreiben. In später kaum mehr erreichter Differenziertheit entdeckt er auch die „Seele“ als den Innenraum körperlicher, sinnlicher, von Stimmungen durchzogener, ästhetischer Erfahrung. In normativer Absicht lenkt Augustinus den Blick gerade auf den Strudel verzerrender – affektiver, biographischer, biologischer – Voraussetzungen des Willens (Evans). Wollte der Wille in einem abstrakten Sinne gut bleiben, dann dürfte er für die Affektionen der Begierde überhaupt nicht empfänglich sein. Das ist aber unmöglich. Das Problem der Schwäche kommt in den Blick. Im Dritten Buch der hier besprochenen Schrift über die Freiheit (offensichtlich später als das Vorhergehende geschrieben) ändert sich dann auch der Ton. Der Mensch, bisher als Individuum und Täter betrachtet, erscheint jetzt in einer ganz anderen Perspektive, nämlich in der Solidarität der Menschheit und als Opfer.

Das aber wirft Fragen neuer Qualität auf, die sich nicht mehr auf die abstrakte Verantwortlichkeit, sondern auf die schon verfahrene Situation beziehen: „Was taten wir Unglücklichen, daß wir mit der Blindheit des Nichtwissens und mit der Qual des Unvermögens geboren werden?“ (III,19,53). Diese Fragesituation könnten wir heute nachvollziehen, aber Augustinus intendiert eine neue, strikt theologische Aporie. Der Mensch, so Augustinus, habe wegen der Taten Adams nichts Besseres verdient. Dennoch unterscheidet er sorgfältig zwischen Adams und unserer Sünde. Von unserer „Schuld“ ist dabei nicht die Rede. Und Unwissenheit und Schwäche führen nicht zu Pessimismus und Fatalismus, sondern zum Appell, unsere Verstrikkung zu überwinden.

Trotz ungenügender Ontologie kommt Augustinus so dennoch zu einer ausgewogenen Position. Sie ist nicht weniger als human im Namen der Freiheit des Menschen vor Gott. Wir stehen vor ihm als solche, die über sich zu entscheiden vermögen. Sie ist biblisch darin, daß wir für das eigene Handeln die Verantwortung übernehmen. Zugleich aber bleibt sichtbar, wie wenig diese Position mit einer Anthropologie zu harmonisieren ist, die den Geist über den Leib stellt und die Freiheit undialogisch als abstrakte Selbstmächtigkeit konzipiert. Dem Appell an die Freiheit tritt (wenn auch erst auf einer Nebenlinie) der Gedanke des „unbegreiflichen Verhängnisses" gegenüber (III,19,53). Die Frage wird jetzt sein, wie die Sünde Adams und die menschliche Schwäche aufeinander bezogen werden. Sind wir für unser Böses verantwortlich, und inwieweit ist unser Handeln durch Adams Fehlverhalten schon eingeschränkt?

2. Das Erbsündenproblem

Auch die griechische Tradition entdeckt die zu verantwortende Schuld, aber die moralische Interpretation des Bösen ist in der jüdischen Tradition ungleich intensiver erfolgt (Ricœur 1971, II, 117–137)[5]. Dies zeigt die deuteronomische Tradition mit ihrem stetigen Bezug auf die Liebe zu Gott, dem Israel „mit ganzem Herzen, mit ganzer Seele und mit allen seinen Kräften" dienen soll (Dtn 6,5). Ein Prozeß der Verinnerlichung setzt ein, der von den Propheten aufgenommen und bis zur Bergpredigt (Mt 5) fortwährend intensiviert wird. Die Berufung zum Heil ist schließlich nicht mehr an Abstammung und Beschneidung, sondern an Wort und Glaube gebunden. Damit wird der universale Charakter von Unheil und Bosheit nicht verkannt, sondern verschärft. Dennoch gilt die Verbreitung des Bösen weiterhin als durch den Einzelnen bedingt. Die Bosheit (Sünde und Tod) breitet sich aus, „weil alle sündigten" (Röm 5,12d; Käsemann 1973, 138–140). Damit ist eine Entwicklung eingeleitet, die bis in unsere Gegenwart hinein das Verständnis von Schuld, Verantwortung und Vergebung bestimmt. Im Verlauf der Neuzeit werden Schuld- und Unrechtsverhältnisse immer nachdrücklicher dem persönlichen Fehlverhalten zugeschrieben. Es gibt Bosheit, weil Menschen sie akzeptieren.

Dabei wird Adam zum Prototypen der Menschheit. Von Adams und Evas Tat geht alles Unheil aus. Daß die Sünde also seit jenem mißglückten Anfang alle als eine Macht überfällt, die Menschen aber dennoch „selber" sündigen, das ist weder für Paulus noch für die jüdisch denkenden Christen ein Widerspruch. Im Gegenteil, gerade die je persönliche Bereitschaft zur Sünde zeigt, wie tief diese Macht die Menschen verlockt und sie in Besitz genommen hat. Doch die inneren Begründungsverhältnisse haben sich jetzt geändert. Die jüdischen Traditionen argumentierten prophetisch, auf das Herz des

Einzelnen und die Zukunft des Volkes bezogen. Die philosophischen Traditionen des Hellenismus dagegen sind an der Entdeckung überzeitlicher Wesenszusammenhänge interessiert. So hat Augustinus seine Erfahrungen metaphysisch zu interpretieren (Schneider). Anders hätte man ihn philosophisch eben nicht ernst genommen. Wer aber die von Anfang an verzerrte Situation des Menschen aus religiöser Betroffenheit ernst nahm und sie zugleich im Rahmen einer Wesensphilosophie besprechen wollte, der konnte wohl zu keinen widerspruchsfreien Aussagen kommen.

Augustinus' Verdienst ist, daß er als erster abendländischer Denker versucht hat, die Grenze menschlicher Freiheit mit dem Postulat zurechenbarer Verantwortlichkeit zu vereinen: Ist eine Schuld denkbar oder möglich, die wir nicht begingen, die uns aber zugerechnet wird? Augustinus hat diese Frage in ihrer Schärfe und Problemhaltigkeit erkannt. Seine Lösung gehört aber zu den umstrittensten Lehren, die sich in der christlichen Tradition bis in die Gegenwart gehalten haben. Sie hat sich in der abendländischen Christenheit unter den Begriffen der Ur- oder der Erbsünde durchgesetzt.

Greifen wir noch einmal zurück: Augustinus' bisherige Antwort war nicht widerspruchsfrei. Die Dialektik von Wille und Begierde war ebensowenig geklärt wie die Frage nach dem mißglückten Beginn. Den entscheidenden neuen Schritt setzt Augustinus jetzt in der pessimistischen Atmosphäre und der Phase der monastischen Bestrebungen in Nordafrika, wo er als Bischof wirkt. Weniger denn je erscheint der Mensch jetzt als freies Wesen. Wie etwa Irenäus von Lyon und der „Ambrosiaster"[6] spricht Augustinus nun von der sündigen Natur [!] des Menschen. Kann die Natur des Menschen, von Gott doch als „gut", wenn nicht gar als „sehr gut" geschaffen, wirklich sündig sein? Eine gefährliche Metapher ist entstanden. Vom selben Ambrosiaster übernimmt Augustinus das Bild von der Masse. Offenkundig hätten, so heißt es dort, alle Menschen in Adam „gleichsam wie in einer Masse", eingeebnet also in ein Kollektiv, gesündigt (Häring 1979, 165)[7]. Die Deutung der Bilder ist aber noch nicht zweifelsfrei, und Augustinus wagt zunächst nicht, Stellung zu beziehen. Um so verhängnisvoller wird deshalb die unkorrekte Übersetzung von Röm 5,12, der Augustinus (des Griechischen nur unvollkommen mächtig) folgt.

Dort ist zunächst korrekt zu lesen: „Durch einen einzigen Menschen kam die Sünde in die Welt und durch die Sünde der Tod, und auf diese Weise gelangte der Tod zu den Menschen …" Aber jetzt liest Augustinus weiter: „… in dem [!] alle sündigten." Was soll diese

Aussage heißen? Diese Übersetzung entspricht durchaus einer Tendenz der damaligen Zeit. Denn alles tendiert dazu, das Verderben der Menschen in einen geschichtlich universalen Zusammenhang zu stellen. Fachleute sprechen bisweilen von einer „Erbverderbnislehre" (J. Gross I, 69–255). Adam hat die Zukunft der Menschheit verdorben. Aber eine weitere Fehlübersetzung beeinflußt die geradezu dramatische Entwicklung, deren Konsequenzen nur aus dem Platonismus Augustinus' erklärbar sind. Wenn Gott nämlich gemäß Röm 9,12 „Jakob liebt und Esau haßt"[8], dann heißt das für Augustinus nicht mehr: Gott zieht aus freien Stücken den einen Sohn dem anderen vor (Gen 27), sondern es heißt ganz unbiblisch: Die einen erwählt Gott zum himmlischen Heil, die andern schickt er in die ewige Verdammnis der Hölle, und dies aus eigenem freien Entschluß. Angesichts der Sünde Adams haben wir aber kein Recht, Ihn irgendwie zur Rechenschaft zu ziehen: „Was hast Du, das Du nicht empfangen hättest!" (1 Kor 4,7).

Der entscheidende Schritt erfolgt dann 397. Augustinus fürchtet inzwischen, Gottes Gnade werde mißachtet. Seine antimanichäische Haltung gerät in Bewegung. Ihm wird, wie er später sagt, eine „Offenbarung" zuteil. Die Freiheit wird im Gefolge seiner Pauluslektüre jetzt zum königlichen Privileg Gottes allein. Die Menschen haben durch die Schuld Adams alle Freiheit gegenüber Gott verloren. Denn wenn Gott gerecht ist, indem er Esau haßt, ihn also nach eigenem und unangreifbarem Entschluß verwirft, dann kann das nur heißen: Die Menschen haben die Verdammung verdient. „Wie Paulus sagt, sterben alle Menschen in Adam einen ewigen Tod ... Deshalb sind alle Menschen eine einzige Sündenmasse, die jetzt der endgültigen Strafe Gottes ausgeliefert ist."[9] Ein tiefgreifender Umbruch ist damit vollzogen. Das Geheimnis der Bosheit des Menschen ist ins Zentrum theologischer Reflexion gerückt und der Freiheit der Einzelnen entzogen. Gott „erbarmt sich derer nicht, denen er ... keine Barmherzigkeit zu gewähren beschließt". Die Verdammung muß nicht mehr ausgesprochen, sie kann allenfalls wahrgenommen werden. Augustinus wird zu Recht der Vater der Erbsünde genannt.

Jahre später (412) erst zeigt sich in den Auseinandersetzungen mit Pelagius, wie umfassend die Auswirkungen dieses Umbruchs auf das Verständnis von Gnade und Heil, von Sünde und menschlichem Tun, von Kirche und Sakramenten sind. Rein formal hat Augustinus sein Paradox in glänzender Weise gelöst. Gemäß seiner Theorie stehen wir alle in einer Schuld, die Adam zwar begangen hat, die uns aber zuzurechnen ist. Schuldig sind wir gemäß Augustinus' Terminologie *propagatione, non imitatione*, kraft Zeugung, nicht durch Nachahmung. Die Schuld wird universal, weil aus einem biologischen Zusammenhang erklärbar. Und doch ist es formal eine Erklärung aus der Freiheit des Menschen, die inzwischen verwirkt ist. Es bleibt allerdings die Frage, wie man sich diese Sünde „in Adam“ zu denken hat. Was das Wesen dieser „Erbsünde“ (peccatum originale = Ursünde) ist, haben weder Augustinus noch die spätere Tradition eindeutig zu umschreiben vermocht. Die aus ihr folgende Unheilssituation war wichtiger als eine ontologische Definition. Je deutlicher später aber die Gnade ontologisch als Entität eigener Art umschrieben wurde, um so besser wußte man in bezug auf eine Definition der Ursünde Rat. Von Anselm von Canterbury über Thomas von Aquin bis hin zur Spätscholastik, zum Konzil von Trient und dem Neuthomismus hat man den Mangel an „Urstandsgnade“ als das Wesen der Erbsünde identifiziert. Mehr und mehr wurde ihr „analoger“ Schuldcharakter hervorgehoben, obwohl die Verweigerung des Himmels als ihre Wirkung blieb.

Ebensowenig geklärt blieb die Frage nach der Übertragung der Schuld auf die Nachkommen. Trotz bleibender Unsicherheit hat Augustinus nie ganz den Gedanken aufgegeben, ein Stück sündiger Seele der Eltern werde mitvererbt (Traduzianismus). Relevant blieb für ihn immer das Problem, daß jede Zeugung mit Lust verbunden ist (Häring 1979, 224). Doch wurden solche leibfeindlichen Theorien später zumindest in der offiziellen Theologie überwunden (M. Müller). Natürlich ist die Kritik an Augustinus' Erbsündentheorie nicht neu. Verschiedenste Theologen haben Augustinus' Theorie oft komplizierten Uminterpretationen unterzogen (Weger, Pannenberg 1983, 258–285). Doch bleibt zu fragen: Warum konnte Augustinus' Theorie ganze Jahrhunderte so prägen und ein so hohes Maß an Überzeugungskraft entfalten? Eine Antwort sei in drei Punkten versucht:

(1) Trotz aller rationalen Widersprüche behielt die Formel von allen, die „in Adam sündigten“, einen metaphorischen Sinn. Man fühlte sich wie in einen Zusammenhang tiefster Unordnung verstrickt. Die Formel funktionierte durch die Jahrhunderte mehr als Denk- und Bekenntnisanweisung denn als historische Information.

(2) Das grundlegende religiöse Problem christlicher Lebenspraxis war die Erfahrung einer fundamentalen Unsicherheit und des Unvermögens, sich Gott (und dem Nächsten) wirklich zuzuwenden. Von daher erklärt sich auch das merkwürdige Phänomen, daß der Inhalt der „Erbsünde“ nie befriedigend geklärt, daß ihr „daß“ aber immer

bejaht wurde (U. Baumann, 59–81). Man erfuhr Schuld, ohne sie begründen zu können.

(3) Der Begriff der Schuld hat notwendigerweise eine religiöse Unschärfe und Ambivalenz. Er hat seine Wurzeln in vorethischen Erfahrungen der Befleckung, der Scham und des Versagens. Schuld besagt in ihrer tiefsten Struktur: In der Welt gibt es kein Unrecht, von dem ich nicht affiziert bin. Augustinus hat versucht, die Schuldmetapher in dieser breitesten Bedeutung und den Adamsmythos miteinander zu verbinden und zum Argument zu schmieden. Ricœur (1974) spricht von einer – unerlaubten – Rationalisierung des Mythos.

Genau mit dieser Rationalisierung hat Augustinus die Grenzen eines sachgemäßen Umgangs überschritten. Er hat die Theorie zu einem gefährlichen Instrument gemacht: Die Schuld Adams wird seinen Nachkommen aufgelastet, als hätten sie diese verursacht. Säuglinge werden schon deshalb mit Heilsausschluß bestraft. Die Erbsündentheorie wird zur Hilfshypothese der Prädestinationstheorie (Kraus): Gott kann nach eigenem Ratschluß erlösen oder verdammen. Diese Theorie kommt nach Überzeugung vieler einer völligen Entrechtung und Entwürdigung des Menschen vor Gott gleich.

Dennoch empfiehlt es sich, zusammen mit Augustinus einige Elemente zu betonen, die auch heute bei einem religiösen und humanen Umgang mit der Schulderfahrung zu bedenken sind. So liegt es nahe, nicht von „vererbter" Sünde zu reden, sondern von einem *geschichtlichen Zusammenhang* des Unrechts, der Verfehlung oder der Schuld. In der Geschichte, so der neuzeitliche Gedanke, geht es in bezug auf die menschliche Freiheit immer um ein Zusammenspiel von Aktivierung und Begrenzung. Wir sind immer Handelnde und Empfangende zugleich. „Geschichtlicher Zusammenhang" menschlicher Schuld meint nicht mehr als eine Perspektive, also einen Bezugsrahmen. In ihm entsteht das Bewußtsein, daß wir vor Gott und aus eigenem Verdienst prinzipiell nicht besser sind als solche, die persönlich, in ethisch objektivierbarer Weise schwere Schuld auf sich geladen haben. So öffnet sich der Blick auf ein nicht überschaubares Geflecht von Bezügen zum Bösen. Es ist immer gegenwärtig, aber nie objektivierbar oder rational zu bestimmen. In religiöser Sprache wird es oft als „Macht" des Bösen bestimmt oder mythisch als personifiziertes Böses verstanden, als „Teufel", „Satan" oder „Beelzebul" (Claret). Der Bezugsrahmen verweist auf kulturelle, gesellschaftliche oder soziale Strukturen, die – im Kern oder am Rande – durch Unrechtsverhältnisse gekennzeichnet sind.

Sie werden nach innen stabilisiert, nach außen exportiert oder vom Zentrum an die Ränder gesellschaftlicher, politischer oder wirtschaftlicher Systeme verlagert. Noch weitergehend können wir unsere Leben in solchem Bezugsrahmen als ein gemeinsames Leben begreifen und verwirklichen. Dabei kommt es darauf an, daß wir Schuldzuweisungen und Schuldprojektionen ständig auflösen oder gar nicht aufkommen lassen. In einer solchen Lebenspraxis ist Vergebung nicht Pflicht, sondern Selbstverständlichkeit (Mt 18,22).

Diese Aspekte machen deutlich, daß die Idee der „Erbsünde" von sozialen oder politischen Dimensionen her ausgelegt (Wiedenhofer) und in andere Vorstellungswelten überführt werden kann. Unabweisbar ist dabei die Erkenntnis, daß das religiöse Problem des Bösen sich nicht im ethischen Problem von Handlungsfreiheit und Schuld erschöpft. Es beginnt erst mit der Entdeckung, daß diese Freiheit selbst uns nie in unsere Hand gegeben, sondern immer von innen her bedroht ist. Unsere Situation kann umschrieben werden als das Unvermögen, frei und vorbehaltlos das Gute zu tun.

Blicken wir auf Augustinus' Leistung zurück, so besticht der Gesamtkomplex seiner Lösungen mehr als die einzelnen Komponenten. Dieser Gesamtkomplex (Negativität des Bösen, menschliche Schuld, Sünde aller in Adam) war über Jahrhunderte enorm stabil und hat bis in die Gegenwart das christliche Menschenbild des Westens bestimmt. Die Theorie blieb durch das Mittelalter hindurch unverändert und fand bei Thomas von Aquin einen wohldurchkomponierten Abschluß (Sertillanges, I, 195). Allerdings hat Anselm von Canterbury (1033–1109) eine folgenreiche, wenn auch kaum wahrgenommene Entschärfung der Erbsündentheorie erreicht. Er definierte die Erbschuld nun negativ, nämlich als Fehlen der Urstandsgnade. Damit war die Gefahr des Manichäismus in der Theorie endlich ausgeräumt. Dennoch wurde in den folgenden Jahrhunderten die Idee zunehmend virulent, dieser Mangelzustand sei bei entsprechender Sakraments- und Frömmigkeitspraxis, also durch eigene Leistung, doch wieder aufzuholen. Es kam der Zeitpunkt, an dem das Problem neu zu formulieren war. Die Theologie des Bösen stand im Rückgriff auf Paulus und Augustinus wieder neu zur Debatte.

3. Von Martin Luther bis Søren Kierkegaard

E. Jüngel sieht das Wesen der Neuzeit darin charakterisiert, daß der Mensch sich zum Maß aller Dinge macht (Jüngel, 16). Für die Problematik des Bösen hatte dieser Ansatz tiefgreifende Folgen.

H. E. Richter faßt den „Ausbruch aus dem Mittelalter" mit der Formel zusammen: „Gott geht verloren, der Mensch will selbst Gott sein." Sie besagt, daß der Ausbruch aus dieser Unterwerfung unter eine absolute Macht, aus der vollständigen Unmündigkeit also, ins Gegenteil umschlägt, in die „Identifizierung mit der göttlichen Allwissenheit und Allmacht". Die Flucht aus der narzißtischen Ohnmacht, so der Psychoanalytiker, zieht die Zuflucht zur narzißtischen Omnipotenz nach sich (Richter, 19–23). Dabei hatte – auch aus theologischer Perspektive – alles so verheißungsvoll begonnen. Gottes Wille bestimmte das menschliche Leben nicht mehr von außen; was gut und böse sei, sollte sich aus einer inneren Auseinandersetzung mit dem Weltgeschehen ergeben. Alles Handeln konnte in erfahrbarer Dialektik auf das Wohl des Menschen und auf die Gestaltung der Erde ausgerichtet werden. Als Handelnder und Schaffender steht der Mensch jetzt am Ursprung der Welt, aber so wird er auch zum Ursprung des Bösen. Wer denn sonst könnte für das Böse, für dessen Duldung und für dessen wuchernde Ausbreitung verantwortlich sein? Das Problem des Bösen wird jetzt unumkehrbar über das Verhältnis des Menschen zu sich selbst bestimmt. Konsequent wird zu fragen sein, was der Mensch letztlich aus sich selber macht und wer er in seiner Selbstbezogenheit vor Gott eigentlich ist. Dies hat eine Neuinterpretation von Unheil, Sünde und Heil zur Folge: Aus uns selbst sind wir Menschen vor Gott eigentlich nichts – oder eben doch alles? Diese Frage wird am Beginn der Neuzeit neu debattiert.

a) Zwischen Gott und Satan (Martin Luther)

Martin Luther (1483–1546) ist nicht zu verstehen ohne die Zeit, die ihm vorausgeht[10]. W. v. Ockham schon hatte die Freiheit des Menschen in Frage gestellt. An der Erfurter Universität, Hochburg der via moderna, war das Vertrauen in die Kraft menschlicher Erkenntnis geschwunden; Augustinus wurde auf der Suche nach einem Neubeginn entdeckt. Luther selbst war tief von mönchischer und mystischer Tradition geprägt. Bezeichnend für eine bedenkliche Änderung der Mentalität im 15. Jahrhundert war die wachsende Anfälligkeit der Christen für die Fiskalisierung des Heils (Benrath). Sakramente und die von Gott zugesprochene Vergebung erhielten einen Fetischcharakter, der sich von keiner christlichen Tradition her rechtfertigen ließ. Reliquienverehrung und Ablaßangebote wurden schließlich zum Stein des Anstoßes. All dies aber sind nur Symptome eines Gesamtphänomens. Erfahrung und Problem des Bösen hatten sich wie eine Schiffsladung im Sturm gefährlich verschoben. Luthers neu formulierte Rechtfertigungslehre und seine Provokation im Zusammenhang mit der menschlichen Freiheit haben hier ihren Grund.

Allerdings schlägt die Frage nach Ursprung, Wesen und Wirkung des Bösen auch bei Luther in den verschiedenen Schichten seines Bildes von Gott, Mensch und Wirklichkeit durch. Das Böse erfährt er noch massiv als kosmische, alles bedrohende Wirklichkeit. Den mittelalterlichen Teufelsglauben hat er vertieft und zugespitzt; ein kosmischer Kampf zwischen Christus und Satan finde statt (Oberman, 109). Ohne ein Gespür für diese Wirklichkeit der gottfeindlichen Mächte wäre die neue reformatorische Entdeckung nach Luther nicht möglich gewesen (110). Im Widerspiel von Glaube und Unglaube treten Gott und Teufel perspektivisch ineinander (H.-M. Barth). Es wäre deshalb zu einfach, wollte man nur auf die Wiederentdeckung der Rechtfertigungslehre und auf deren anthropologische Dimension hinweisen. Seine Frage lautet: Wie steht es mit meiner Freiheit vor Gott? In einem längeren Prozeß wachsender Kritik brechen für ihn kirchliche Vermittlungsansprüche zusammen. So ist für Luthers Ablaßthesen[11] im Herbst 1517 nicht mehr klar, was denn der „Schatz der Kirche" sei (Th 56). Luthers eigene Antwort lautet schließlich: „Der wahre Schatz der Kirche ist das allerheiligste Evangelium der Herrlichkeit und Gnade Gottes" (Th 62).

Damit kündigt sich eine Erfahrung an, die nach dem Urteil der Kenner im Frühjahr 1518 endgültig zum Durchbruch kommt (Brecht; Pesch) und die sich auf die Frage nach Gottes Gerechtigkeit bezieht. Gemäß Augustinus sind wir alle in Sünde geboren. So schafft ihm Gottes Gerechtigkeit Angst[12], da sie doch nur auf die Bosheit der Menschen reagiert. Luther will sich mit dieser reagierenden und höchst bedrohlichen Gerechtigkeit nicht abfinden, „als ob es wahrhaftig damit nicht genug sei, daß die elenden und infolge der Erbsünde auf ewig verlorenen Sünder mit lauter Unheil zu Boden geworfen sind". Um so genialer ist Luthers Lösung des Problems. Ganz offensichtlich hängt es am Begriff der Gerechtigkeit. Luther versteht sie nicht mehr als selbstverständliche Reaktion auf menschliches Verhalten, sondern als eine heilende Gabe Gottes. Kraft ihrer werden sogar die „Sünder" wieder zu Gerechten, sofern sie diese Gabe Gottes nur anzuerkennen und anzunehmen bereit sind. Dieser Durchbruch sollte zur epochalen Entdeckung einer ganzen Generation werden. Gegenüber der destruktiven Heilsgeschäftigkeit etwa eines Tetzel entdeckt Luther Gott jetzt als den eigentlich Handelnden. Gottes Handeln allein ist schöpferisch und der Bosheit gewachsen.

Bietet Luther damit eine wirklich neue Lösung? Die Frage ist – zumal für zeitgenössische Ohren – schwierig zu beantworten. Der ehemalige Mönch Luther will Augustinist sein. Deshalb greift er die augustinische Grundthese nicht an, derzufolge wir Menschen als Sünder geboren sind und unser Recht auf Heil verwirkt haben. Das Kernproblem ist der verderbte innere Zustand des Menschen; auch der von Gott Gerechtfertigte bleibt Sünder. Aber diese Aussage erhält eine neue Schärfe, weil sich jetzt das Individuum mit sich selbst identifiziert. Es versteht sich nicht mehr über einen Kosmos, der es umhüllt, oder über eine Institution, die diesen Kosmos hier auf Erden repräsentiert. Ich stehe jetzt unvermittelt, so wie damals Ijob, vor meinem mir begegnenden Gott.

In dieser theologischen Transformation sind wir beim zentralen Thema der Neuzeit angelangt. „Freiheit", ursprünglich als Entscheidungsvermögen verstanden, wird jetzt zum emphatischen Begriff und meint die Kraft der Selbstgestaltung und der Selbstbehauptung – mit allen Ambivalenzen: Gemäß Luther können wir Gerechte und Sünder zugleich sein. Freiheit erscheint, wie Luther später sagen wird, als ein „göttliches Attribut". Der Mensch nimmt jetzt die Welt in sich auf, er steht als Handelnder und Schaffender an ihrem Ursprung.

Damit ist aber auch die Erfahrung des Bösen (so es das gibt) in den Menschen zurückverlegt, und deshalb erhält Luthers Streit mit Erasmus über die Freiheit des Menschen (1525) in seiner Schrift *Vom versklavten Willen* (Luther 1982)[13] eine solche Bedeutung. Der Vergleich mit der Abhandlung des Erasmus *Über den freien Willen* (Erasmus; Augustijn 1962, 1980; Kerlen) macht unmittelbar deutlich, daß (und warum) die beiden einander nicht verstehen konnten. Erasmus nämlich übernimmt die klassische Ontologie des Willens, die sich u. a. im freien Wahlvermögen äußert und die Möglichkeit bietet, moralisch gut oder schlecht zu handeln. Für ihn ist Freiheit jene Kraft, durch die der Mensch sich demjenigen, was zum ewigen Heil führt, zuwenden kann. Genau damit zielt er an Luthers Anliegen vorbei. Denn so sehr Gott auch helfen mag und helfen muß, schließlich entscheidet sich nach Erasmus der Mensch selber für oder gegen Gott. Der ontologische Ablauf dieses Entscheidungsprozesses ist für Luther aber nicht mehr interessant, denn der Mensch selbst ist in diesen Prozeß schon immer aufgenommen. Deshalb interessiert ihn nur noch das dialogisch personale Gegenüber, das sich zwischen einem Menschen und Gott einstellt, und auf dessen Bejahung der Mensch unbedingt angewiesen ist. So riskiert Luther in einer gewagten Zuspitzung und Vereinfachung des Problems alles, auch den von Erasmus so verabscheuten Tumult (625). Die Debatte zwischen Luther und Erasmus zur Frage der Freiheit zählt zu den weittragendsten Auseinandersetzungen, die in der soeben aufbrechenden Neuzeit geführt wurden.

Hat in diesem Streit nun Erasmus oder Luther recht (Akerboom; Häring 1989; Wenz)? Luther darf sich heute der Sympathien vieler Theologen sicher sein. Die Bestimmung des Verhältnisses von Gott und Mensch, die als Prozeß von Freiheit und Unfreiheit verstanden wird, wurde in der Tat zum Kernproblem eines theologischen Umgangs mit dieser Neuen Zeit. Luther thematisiert Grenzerfahrungen: menschliches Versagen und vernichtende Schuld. Nach allgemeinem Urteil jedoch hat Luther alle Grenzen der damaligen und der späteren Denktraditionen dadurch überschritten, daß er die entdeckte Unfreiheit philosophisch aus Gottes Vorherwissen beweisen wollte (Pesch, 182).

Inkonsequent ist auch das Bild, mit dem Luther sein Verständnis von der menschlichen Unfreiheit verdeutlichen will; unser Wille sei nichts anderes als ein berittenes Tier: „Wenn Gott sich darauf gesetzt hat, will er und geht, wohin Gott will ... Wenn Satan sich darauf gesetzt hat, will und geht er, wohin Satan will. Und es steht nicht in seiner freien Entscheidung, zu einem von beiden Reitern zu laufen" (635). Dieses Bild hält nämlich Luthers dialogischen Ansatz der Gottesbeziehung nicht durch. Das Bild ist zudem gefährlich, weil es in die Struktur einer gleichgewichtigen Alternative zurückfällt, als hinge es von Satans Schwäche ab, ob Gott siegen kann. Luthers Argumentation läßt zudem erahnen, warum die „Freiheit eines Christenmenschen" (1521) zwar als Titel und Inhalt einer großartigen Programmschrift erscheint, später aber stark zurücktritt. Freiheit erweist sich nicht als eigenständiger humaner Wert. Der Freie ist nach Luther eben der ohne eigenes Verdienst Befreite, derjenige also, der aus sich selbst heraus unfrei ist und unfrei bleibt. Freiheit heißt für ihn deshalb Selbstaufgabe, Selbstübergabe an den Willen eines Gottes, der allein mich aus meiner Unfreiheit herausholen kann.

Dennoch läßt sich Luthers Botschaft nicht einfach vernachlässigen. Das Böse, das sich des Menschen bemächtigt, ist nach Luther ja so umfassend, daß nur Gott seiner Herr werden kann. Diese

These stellt Luther zu Recht gegen den prometheischen Geist seiner Zeit. Ähnlich wie Augustinus war er von einer tiefen Erfahrung des Bösen stigmatisiert. Doch hebt das die folgenreiche Fixierung auf die menschlichen Abgründe nicht auf. So schreibt Luther den Lobpreis von Gottes unergründlicher Güte fort, den Augustinus als Folge seiner Ursündentheorie schon formulierte: Je größer das Unheil, um so herrlicher die Gnade. Dasselbe gilt für Gottes Gerechtigkeit, denn die Gerechtsprechung der Erwählten schreibt das Mißtrauen gegenüber dem Wollen und Vermögen der Menschen nur noch grundsätzlicher fest. Der Gott Luthers erscheint „im Gegenteil" nicht nur in Zorn und Gericht, nicht nur in der (trügerischen) Wahrnehmung eines bedrohenden, geradezu teuflischen Gottes, sondern auch im Übel der Welt, unter der Maske von Mißerfolg und Elend, unter dem Schwert der weltlichen Macht, sogar in Gottes Abwesenheit.

Luthers Neuaufnahme der augustinischen Inspiration überholt diese Erfahrungen nicht. In Luthers Worten mag das tröstlich klingen: „Wenn man meint, es sei der Teufel und Tod, da ist Gott am nächsten" (Pesch, 249). Die Frage ist nur, ob dann Luthers Bild vom Menschen zwischen Satan und Gott nicht auf dieselbe Weise zu entschlüsseln ist: Satan erscheint nur deshalb, weil der Mensch Gottes Wirken nicht versteht. Anders gesagt: Obwohl der Mensch in Gottes Hand schon gehalten ist, meint er, dem Bösen in sich selber ausgeliefert zu sein; Satan ist dafür die Projektion. Das wäre ein Verstehensweg, der dem Bild vom gerittenen Tier seine inhumane Schärfe nehmen könnte.

Doch ist es, wenn ich recht sehe, Luther nicht gelungen, das Problem menschlicher Unfreiheit vor Gott so als ureigenes Problem des Menschen begreiflich zu machen, daß der Mensch es aus sich selber erfährt. So erst entspräche das Nein der prometheischen Selbstverherrlichung. Dann erst wäre es stark genug gewesen, die Nachdenklichen unter der Elite besonnener werden zu lassen. Es ist deshalb verständlich, wenn auch von ungeheurer Tragik, daß Luthers (und Calvins) Kritik am aufkommenden Freiheitspathos auf Jahrhunderte hin die Wege der philosophischen und der theologischen Reflexion unversöhnlich geschieden hat (Kraus; Kuschel in Gross/Kuschel, 85–90). Leider kam es in den nachfolgenden Generationen nie zum entscheidenden Disput. Die Erbsündenlehre, im Protestantismus wie im Katholizismus intensiv reflektiert und verteidigt, wurde so für viele Zeitgenossen zum unannehmbaren Element einer christlichen Anthropologie. Die Folgen sollten unabsehbar sein.

b) Sünde – Angst – Schuld (von Blaise Pascal bis Søren Kierkegaard)

Luthers Neuansatz hat zu einer Verdichtung des Sündenbegriffs geführt, hinter die bis heute keine Theologie und keine Anthropologie mehr zurückfallen kann. Er begreift Bosheit als eine zutiefst menschliche Verfaßtheit, die kein freier Wille einfach ändern kann. Überhaupt ist die Freiheit dem „Glauben" und der „Sünde" so nahe, daß beide im Raum der Freiheit angesiedelt sind. Dennoch lassen sie sich nicht als Ergebnis freier Entscheidung beschreiben. So besagt der „Glaube" ganz Freiheit und zugleich ganz Geschenk. „Sünde" hingegen bedeutet ganz Unfreiheit und zugleich ganz eigenverantwortliches Versagen. Gemäß dem Augsburger Bekenntnis kann sich der Mensch Gott nicht mehr zuwenden (Bekenntnisschriften, 53), und – das ist das Hoffnungslose – er identifiziert sich damit. Was aber sind die Folgen? Luthers Theologie der Sünde hat zur Introspektion, also einer Wendung nach innen verleitet. „Sünde" kennzeichnet immer nachdrücklicher die Haltung der Seele gegenüber Gott; erst darüber wird die Qualität des Handelns in der Welt bestimmt. Die Synthese aus Glaube und Empirie entgleitet der theologischen Reflexion immer mehr.

Hundert Jahre später hätte dem katholischen Dissidenten Blaise Pascal (1623–1662) eine solche Synthese gelingen können (Pascal)[14]. Wie man weiß, bezieht dieser Mathematiker und Naturwissenschaftler Front gegen Descartes. Dieser rationale Rechengeist habe von einer verstehenden und hinhörenden Vernunft nichts begriffen. Pascal interessiert sich für den ganzen Menschen, so auch für dessen Verstand; auch er hat begriffen, in welchen Zweideutigkeiten und unlösbaren Paradoxien wir Menschen uns bewegen. Kraft unserer Vernunft können wir Menschen uns über die Welt erheben. Zugleich irren wir ortlos zwischen dem All und dem Nichts. Scharfsichtig analysiert Pascal den freiwillig-unfreiwilligen Selbstbetrug der Menschen: „Wir rennen achtlos in den Abgrund, sobald wir erst etwas gefunden haben, das uns den Anblick des Abgrundes verstellt" (152/154). Er entdeckt die Grenzen der unschuldigen Naivität: „Unfähig" sind wir „zur völligen Unwissenheit wie zu zuverlässigem Wissen" (155/45); wie Kinder sind wir, die sich vor dem Gesicht fürchten, das sie sich selbst geschwärzt haben (153/32). Diese gespaltene Situation ist uns zwar auferlegt, dennoch hat sie für Pascal mit Schuld und eigener Verantwortung zu tun. Und obwohl er Zweifel an der Erbsündenlehre äußert, sieht er in ihr die einzige Erklärung dieser menschlichen Situation: „Ohne dieses Geheimnis, das unbegreiflichste von allen, sind wir uns selbst unbegreiflich" (155/146). War Pascal damit nicht inkonsequent? Blieb er nicht trotz aller Modernität Anhänger einer pessimistischen, geradezu leibfeindlichen Ideologie?

Ein eindeutiges Urteil über Pascal ist schwer zu fällen. Seine Gedankenfragmente, in einem Sack vorgefunden, wurden von ihm nie geordnet. So bleiben seine vielfältigen und oft widersprüchlichen Äußerungen der Ordnungskunst späterer Interpreten überlassen. Folgendes aber läßt sich sagen: Pascals Methode hätte der Sache, um die es hier geht, einen neuen denkerischen und denkwürdigen Raum eröffnen können. Zwar bezieht er sich auf die christliche Offenbarung, doch beruft er sich bei seiner Erkenntnis und Beschreibung der menschlichen Situation als einer der ersten gerade nicht auf die Autorität anderer, sondern auf psychologische Beobachtung und auf aktuelle Erfahrungen. Genau beobachtet Pascal den Menschen, dessen Verhalten, Stimmung und Reaktionen, dessen prekäre Situation, schwankend zwischen Geist und Leib, Unendlichkeit und Tod, zwischen Gott und dem Nichts. Er sieht das Risiko und die Wette, die der Mensch eingehen muß, er sieht dessen selbst verschuldetes, ihm aber doch auferlegtes Elend. Pascal steht der Erfahrung näher als Luther: Was dem Menschen, theologisch gesprochen, als „Sünde" anzurechnen ist, erscheint zuvor als Gewebe aus einer abgründigen Situation und eigener Schwäche.

Und doch geht auch Pascal diesen faszinierenden Weg der Selbstbeobachtung nicht zu Ende. Im Grunde wiederholt er die Erbsündenlehre mit ihren historischen Implikationen und übernimmt deren leib-, natur- und erkenntnisfeindliche Assoziationen. Er deutet sie als ein Jansenist (LThK[3] V, 865–870; RGG III, 739–744; Hildesheimer/Pieroni; Laporte), der die Erlösung nicht allen Menschen zugesteht. Zugleich wird er zum radikalen Skeptiker, der der Existenz des Menschen im Grunde mißtraut: „Die Religion, die der Natur, dem gesunden Menschenverstand, unserer Neigung zuwiderläuft, ist die einzige, die von je gewesen ist" (154/43). Wegen seiner scharfsichtigen anthropologischen Analysen hätte man ihn hören müssen, wegen seiner undialektischen Folgerungen büßte er aber an Überzeugungskraft ein. So geriet er zwischen alle Stühle. Er erschien den Philosophen als Theologe, den Protestanten als Katholik, den Katholiken als Häretiker und untragbarer Philosoph. Zu Recht setzt er in jenem bewegenden Dokument – dem Zeugnis einer nächtlichen mystischen Erfahrung, das er in seinen Rock eingenäht trug – den Gott Abrahams dem Gott der Philosophen entgegen. Für die aufkommende Selbstherrlichkeit der Epoche hatte er ein waches Gespür, und der glühende Glaube an den Gott Abrahams wog die Härte nicht auf, mit der er sich einseitig auf das Problem menschlichen Versagens fixieren ließ. So kommt es bei Pascal, wie bei Augustinus und Luther, zu einem gefährlichen Rückkopplungsprozeß. Man weiß nicht mehr, ob die Gnade um unserer Bosheit willen gepriesen oder ob der Mensch um der Gnade willen auf seine Bosheit fixiert wird (vgl. Häring 1979, 211–213).

Immer mehr aber wird jetzt der Prozeß der Verinnerlichung überwunden. Wir haben schon auf N. Machiavelli, F. Bacon und Th. Hobbes hingewiesen. Bei Pierre Bayle (1647–1706) nimmt die Auseinandersetzung eine ganz andere Form an (Jossua 1977; Labrousse; Rex); dabei geht er von einer gläubigen, nämlich der kalvinistischen Position aus: „Pest, Krieg, Hunger, Schmerz, Sorge und nach diesem Leben eine Hölle, in der beinahe alle Menschen ewig gequält sein werden" (Bayle 1982, 862). Für Bayle wird der Glaube zur paradoxen, geradezu irrationalen Größe. Er ist vom Bösen „besessen" (Jossua) und vom Unsinn dieser Wirklichkeit sowie der uns auferlegten Lebensschicksale überzeugt. Das Scheitern der Vernunft erhält seine Begründung jetzt aus dem Scheitern der Wirklichkeit. Bayle geht damit einen gefährlichen, wenn nicht gar selbstzerstörerischen Weg. Die Argumente gegen Gottes Weisheit und Güte führt er an, um die Vernunft zur Verzweiflung zu bringen, den Glauben also gegen diese Vernunft zu retten.

So erhält die Aufklärung mit ihrer Entdeckung der alles klärenden Vernunft schon am Anfang ihren Anti-Text, nämlich die Verzweiflung an ihrem vornehmsten methodischen Instrument. Die Spaltung von Glauben und Denken wird vorbereitet. Bayle nimmt den Zusammenbruch der selbstaggressiven Verinnerlichung (Pannenberg 1977) vorweg. Bei ihm ist zum ersten Mal ein schonungsloser Pessimismus zu spüren, der (wie etwa bei Schopenhauer) nicht mehr bereit ist, sich der rechtfertigenden Vernunft zu beugen. Und zum ersten Mal wird der Glaube gegen die Vernunft in Anspruch genommen als menschlich absurde Reaktion auf das, was hier als das Problem des Bösen umschrieben ist.

Immanuel Kant (1724–1804) spielt dabei eine entscheidende Rolle, da er die zentrale Bedeutung des Bösen für die Religion erkennt. Die Religionsphilosophie, so Kant[15], hat nachzudenken über das böse und gute Prinzip, über beider Kampf sowie über den Sieg des guten Prinzips im Reich Gottes auf Erden. Das Böse ist aller Erfahrung nach universal, insofern Eigenart der menschlichen „Natur", und dennoch allen einzeln als Schuld zuzurechnen, insofern zugleich Tat der menschlichen Freiheit. Kants Überlegungen werden aber nicht vom Leib-Geist-Dualismus geleitet. Er fragt nicht nach Begierden und der Fleischlichkeit der Gelüste, sondern nach der Haltung (dem „Herzen“) der Menschen. So nimmt er die theologische Fragestellung der Tradition auf. Kant versteht das Böse konsequent anthropologisch, als Tat der Freiheit, deshalb als eine Wahl zwischen Prinzipien. Wenn Freiheit aber Wahl zwischen Prinzipien bedeutet, entsteht ein grundsätzliches Problem: Nach welcher Vor-Entscheidung richten sich die Handlungen des Menschen? Wenn Menschen sich für Böses entscheiden, woher kommt dieses Böse als Möglichkeit? Im Unterschied zu Augustinus greift Kant nicht auf leibliche Triebe zurück. Es gibt nur eine Möglichkeitsbedingung zum Bösen überhaupt, einen natürlichen Hang. Ihn gilt es zu erkennen; Kant nennt es ein „radikales“, ein angeborenes Böses (680).

Kant hat damit das traditionell in der Erbsündenlehre gestellte Problem auf einen modernen Begriff gebracht: Es geht um personale Selbstverfehlung. Natürlich können wir theologisch weiterfragen, ob diese Radikalentscheidung nicht auf ein radikales Gegenüber verweist, auf ein Nein gegenüber Gottes Gebot. Auf Adams Sündenfall aber braucht er (bei aller Hochschätzung der Erzählung) nicht mehr zurückzugreifen, da er die Erfahrung jetzt nicht mehr auf die Summe von hier und jetzt sündigen Individuen reduziert. Es geht um eine rein geistige Entscheidung. Die Verschuldung „ist intelligibele Tat, bloß durch Vernunft ohne alle Zeitbedingung erkennbar“ (679), also die natürliche Situation des Menschen gegenüber sich selbst, ohne daß eine Ursache dafür mehr angegeben werden kann. Sie ist uns angeboren, obwohl sie unsere Tat ist.

Die Bedeutung dieser Abhandlung für die Theologie ist kaum zu überschätzen. Zum ersten Mal wurde der Bann gebrochen, für den ein historistisches Verständnis Adams gesorgt hatte. Adam ist jetzt endgültig als zeitloses Paradigma begriffen. Allerdings steht Kant mehr am Beginn als am Ende einer Fragestellung. Vom Problem der bleibend pervertierten Freiheit ist bald nichts mehr zu spüren. Weder Georg W. F. Hegel noch Friedrich Schleiermacher (Schleiermacher, 84–9/261–312; vgl. K. Barth, 365–383) oder der immer wieder zitierte J. Müller (J. Müller; K. Barth, 355–360) nahmen die Aporie so scharf auf. Erst 50 Jahre später, nämlich 1844, wird die Frage in der Weise einer anthropologisch-psychologischen Reflexion über den Ursprung menschlicher Freiheit wiederentdeckt und zu einer ungeahnten Herausforderung für Glaube und Theologie verschärft. Es geht um die Unableitbarkeit der in Schuld verstrickten, in sich selbst gefangenen Freiheit.

Søren Kierkegaard (1813–1855) löst in seinem Werk *Der Begriff der Angst* (Kierkegaard) die Chiffre Adams als historische Figur endgültig auf (Kierkegaard)[16]. Adam darf gerade nicht „phantastisch außerhalb" an den Beginn der Geschichte treten, denn die Erbsünde ist kein vergangenes Ereignis; sie ist hier und jetzt. Die Geschichte kann nicht vorüber sein „in dem Augenblick, da sie angefangen hat" (305). Der Sündenfall ist eine Tat, die sich in jedem von uns wiederholt und auch in Adam hineingekommen sein muß. Der Abgrund kann nicht mehr quantifiziert werden, aber wie ist er zu verstehen?

Kierkegaard legt eine Deutung vor, über deren systematisch-theologische Bedeutung er keinerlei Zweifel läßt. Er sieht die Möglichkeitsbedingung des Bösen (wieder) in der Dualität von Leib und Seele beim Menschen, die durch den Geist zusammengehalten sind. Solange der Mensch noch nichts weiß, der Geist also noch „schläft", der Mensch noch selbstverständlich bei sich ist, befindet er sich in der Unschuld des „träumenden Geistes" (IV 313 u. ö.). Diese Unschuld verharrt aber nicht in sich. Denn träumend schon wendet sich der Geist dem Andern zu und gerät dadurch in eine höchst bedrohliche Situation. Dieses Andere verbirgt nämlich sein Geheimnis: „Was ist es denn? Nichts. Aber welche Wirkung hat Nichts? Es gebiert Angst. Das ist die tiefe Heimlichkeit der Unschuld: sie ist zugleich Angst" (IV, 313) – mit aller Zweideutigkeit des zugleich Süßen in ihr: abstoßend und anziehend zugleich. Wo nämlich nichts ist, ist dem träumenden Geist alles möglich. Selbst die Freiheit ist vor der Tat noch nicht, sosehr diese Freiheit, sosehr der Mensch in ihr alles sein kann. Wer so in das Nichts und das Mögliche seiner Freiheit blickt (den Blick also nicht abwendet), dem wird vor diesem Abgrund schwindeln. „Solchermaßen ist die Angst der Schwindel der Freiheit, der aufsteigt, wenn der Geist die Synthesis setzen will, und die Freiheit nun niederschaut in ihre eigne Möglichkeit, und sodann die Endlichkeit packt, sich daran zu halten. In diesem Schwindel sinkt die Freiheit zusammen" (IV, 331).

Kierkegaard skizziert hier einen Prozeß, den der Mensch unvermeidlich durchläuft und der ihn in die Dialektik von Sinnlichkeit und Geist, von Zeit und Ewigkeit treibt. Dieser Prozeß zwingt uns in die fundamentale Doppeldeutigkeit unserer Existenz. Unsere Freiheit sinkt in sich zusammen, sobald wir sie in Anspruch nehmen wollen. Wir geraten in tiefste Ohnmacht und fallen, da wir aus uns herausgehen wollen, auf uns zurück. Angst, dieses Ohnmächtigste, ist zugleich das Selbstischste von allem. In diesem radikalen Selbstbezug ist die Schuld zwangsläufig, weil wir unseren Möglichkeiten nicht genügen. Sie steht aber in der unauflösbaren Zweideutigkeit, die schon im Erbsündentheorem vermittelt wird. Es ist die Zweideutigkeit von machtvoller Verführung und eigener Schuld. Die Botschaft nun, die Kierkegaard mit dieser Analyse an Philosophie und Theologie übermittelt, handelt vom „Sprung", der zwischen beiden Augenblicken liegt. Es gibt da etwas Unableitbares, das „keine Wissenschaft erklärt hat oder erklären kann" (331). Es wird in der Tat der Freiheit nicht nur eine Kausalkette durchbrochen oder neu begründet (Kant), sondern eine Gespaltenheit menschlicher Existenz verwirklicht, für die keine Erklärung mehr gefunden und die durch nichts überwunden werden kann. Eine Überbietung dieser Theorie ist nur noch durch den anthropologischen Nihilismus eines Nietzsche oder Sartre möglich. Die eine Angst jagt die andere aus sich heraus und führt zur Verzweiflung. Die „objektive" Angst in der Schöpfung ist nur erklärbar von dieser subjektiven Angst des Einzelnen um sich; in der Scham zwischen Mann und Frau tritt die Schuld in die Folge der Generationen ein. Es klingt paradox, entspricht aber neuzeitlicher Erfahrung: Gerade die Angst vor der Sünde ist es, die die Sünde hervorbringt. Die Angst davor, als schuldig zu gelten, läßt schuldig werden. Folge der Sünde ist wiederum – Angst.

Als psychologischer Beobachter hat Kierkegaard den Punkt benannt, an dem der innere Abgrund unausweichlich wird. Mit unerhörter Eindringlichkeit hat er die innere Möglichkeitsbedingung des Bösen geradezu empirisch beschrieben. Dennoch bleibt sie nicht ohne Ausweg, und Kierkegaard vollzieht an diesem Punkt eine erstaunliche, oft übersehene Wende. Diese Angst hat nämlich eine entlarvende Funktion. Wer bei der Angst bleibt und sie ernst nimmt, läßt sich durch nichts mehr betrügen. Wer bei der Angst bleibt, wird endlich lernen, sich zu mißtrauen und aufzugeben. Er wird vorbehaltlos glauben. Wer es in Wahrheit gelernt hat, sich zu ängstigen, der „wird wie im Tanze schreiten, wenn der Endlichkeit Ängste aufzuspielen beginnen, und der Endlichkeit Lehrlinge Verstand verlieren und Mut" (427).

Kierkegaard schreibt (Pascal und Bayle darin vergleichbar) in Betroffenheit. Er durchstößt so den vermeintlichen philosophischen Zwang zur Objektivität. Erst dadurch wird es ihm möglich, das „radikale Böse" als einen individuellen Prozeß zu begreifen, der jeden in seiner Existenz bestimmt. Er zwingt das Problem des uns gemeinsamen, dennoch je individuellen Bösen so konsequent durch das

Nadelöhr der Subjektivität, daß es sich darin verfangen muß. Das ist der Grund, weshalb Kierkegaard die protestantische Theologie des 20. Jahrhunderts so tiefgreifend beeinflußt hat. Die Dialektische Theologie ist durch ihn ebenso geprägt wie das Schuldverständnis P. Tillichs (Schepers). K. Barth allerdings hat den radikalen Subjektivismus Kierkegaards schon hinter sich gelassen. Dies kann und konnte aber nicht geschehen durch immanente Kritik, denn Kierkegaards Resultat bleibt unwiderlegbar – jedenfalls dann, wenn sich das Subjekt radikal in dieser Selbstbezogenheit versteht. Zwar hat Kierkegaard eine meisterhafte Kritik der menschlichen Subjektivität geliefert; aber er hat in erster Linie die Subjektivität des neuzeitlichen, bürgerlichen Subjekts kritisiert, dessen selbstische und selbstzerstörerische Ideologie offengelegt. Das geschah dennoch, wie wir später im Vergleich mit K. Marx sehen werden, noch nicht vollständig.

4. Schuld und Verfehlung

Wir kommen nach der historischen Herleitung zum Problem der Schuld, wie es sich der gegenwärtigen Theologie stellt[17]. Die Schuld hat, wie wir sahen, als anthropologisches Korrelat der Sünde schon im Prophetismus Israels eine zentrale Rolle gespielt. Von der neutestamentlichen Botschaft über die großen theologischen Reformen bis hin zur Gegenwart prägte sie den Glauben. Allerdings hat die Säkularisierung des Denkens zu einer grundlegenden Umorientierung geführt. Zur Disposition steht der Zustand der Verschlossenheit, nun nicht mehr verstanden als Entfremdung von Gott (= Sünde), sondern als Entfremdung vom eigenen Selbst. Ich bin „ausgeschlossen von dem, was ich doch zugleich als Inhalt meiner eigenen Bestimmung, als Bedingung meines wahren Selbstseins weiß“ (Pannenberg 1983, 278). Diese Perspektive hat unbestritten inspirierend gewirkt. Man denke nur daran, wie fruchtbar nun Adam als Symbol des schuldverfallenen Menschen ausgelegt werden kann und welche erstaunliche Wirkung diese Interpretation heute noch auf viele Menschen ausübt (Drewermann I–III). Die Tragweite dieser Entwicklung wird meist übersehen. Denn offen ist die Frage, ob und inwieweit sich der Umgang mit der Schuld überhaupt vom religiösen Lebenszusammenhang trennen läßt. Es konnte nicht mehr bei einseitig theonomen Formeln bleiben. Schuldverweisungen und Schuldbestimmungen wurden nun in andere Theorien eingebracht, die auf innerweltliche Geschehens- und Erfahrungszusammenhänge bezogen sind. Gemeinsam ist all diesen Versuchen seit dem 19. Jahrhundert: Wie schon bei Schleiermacher besprechen sie die Schuld in subjektiv reflexiver Brechung, also als Schuldbewußtsein (Schleiermacher). Wichtig für uns sind einige zentrale Interpretationsrichtungen, die sich in der Diskussion des Bösen mit bekannten Namen verbinden.

Sigmund Freud (1856–1939) führt die Schuldgefühle auf die Angst vor dem „Über-Ich" zurück, das die äußeren Normen nach innen vermittelt und so bestimmte Triebbefriedigungen verhindert. Seine Psychologisierung der Schuldfrage hat sich heute weithin durchgesetzt. Man kann Freud lesen als Protest gegen die Leib- und Triebfeindlichkeit der herrschenden Moral, gegen die krankmachende Wirkung unterdrückender Verhaltenscodizes, gegen die Unaufrichtigkeit einer Gesellschaft, die Triebe nicht bearbeitet, sondern verdrängt. Ob er in einer permissiven Gesellschaft ebenso überzeugend agierte, sei dahingestellt. In jedem Fall läßt Freud uns nach der Möglichkeit eines Normsystems fragen, das von erwachsenen Menschen integriert werden kann, ohne daß es krank macht.

Aber schließlich stellt Freud selbst mit der Rede vom „Todestrieb" seine lebensfreundlichen Theorien und Heilungswege in Frage. Der Mensch wird zu einem „Irrläufer der Evolution" (Safranski, 249); Schuld gerät bei Freud zum krankmachenden Problem, dessen Überwindung nie endgültig gelingen kann.

Im Gegensatz zu Freuds triebtheoretischem Ansatz versucht Carl Gustav Jung (1875–1961), Schuldgefühle von der zerrissenen Ganzheit des Menschen aus zu erklären. Er stellt aber nicht mehr die Frage, unter welchen Bedingungen die menschliche Integrität von außen verletzt wird. Sein Zug zur Innerlichkeit zeigt sich in seiner Theorie von Licht und Schatten, der zufolge Menschen ihre Schuldgefühle überwinden, indem sie lernen, ihren Schatten anzunehmen. Sie spalten ihr ungelebtes Leben nicht ab, sondern entdecken es und setzen sich mit ihm positiv auseinander (Boss; Brockmann; Evers; Goldbrunner; Kassel). Zu fragen ist, ob Jung nicht den Welt- und Handlungsbezug einer Existenz vernachlässigt, die durch ihre Taten möglicherweise unwiderruflich entfremdet und verschuldet ist.

Freud und Jung unternehmen das Äußerste, um Schuld im heilenden Umgang mit sich selbst aufzuheben und das tödliche Schuldgefühl verschwinden zu lassen. Beider Kenntnis kann dafür sorgen, daß wir die Schuld am richtigen Ort, nicht in ihren falschen Objektivationen suchen. Deshalb ist eine psychoanalytisch und tiefenpsychologisch orientierte Kritik gängiger Schuldfixierung auch unverzichtbar. Sie kann Verhärtungen auflösen, bevor sie zu destruktiven Explosionen – der Intoleranz, des Fanatismus und des Ausschlusses – führen. Vor Gott ist keine Schuld so groß, daß sie die Möglichkeiten des Auswegs ausschließt.

An welchem Ort ist Schuld zu suchen? Die daseinsanalytische Auffassung eines Martin Heidegger (Heidegger, 280–289) hält Kierkegaards Anliegen in Erinnerung, daß vor allen Schuldgefühlen ein Schuldverhältnis gegeben ist, daß Schuldbewußtsein also zu Recht besteht und damit nicht auf ein psychologisches Phänomen reduziert werden kann. Die christliche Theologie hat in ihrer Tendenz zur Schuldüberhäufung (Delumeau) über diese Möglichkeitsbedingung von moralischer Schuld zu wenig nachgedacht: „Das Schuldigsein resultiert nicht erst aus einer Verschuldung, sondern umgekehrt: diese wird erst möglich ‘auf Grund’ eines ursprünglichen Schuldigseins“ (284). Die Erfahrung von Schuld beginnt also nicht mit verkehrtem Handeln, sondern mit einer ursprünglichen Bezogenheit, einem Verpflichtetsein, das später einzulösen ist. Wieder stoßen wir – wie bei Augustinus, bei Luther und bei Søren Kierkegaard – an die Schnittstelle von Verfügtsein und Freiheit. Zwar kommt die Tatsache der Freiheit und Schuld allein durch Handeln in uns hinein. Sie ist also wesentlich partikular und individuell. Deren Tiefe besteht aber darin, daß sie uns in unserem Dasein als „böse“, schuldhaft oder gar als unfrei qualifiziert. Einerseits entscheiden wir selber, ob und wie frei wir sind, ob und welche Schuld wir uns auferlegen. Andererseits erscheint dieses Handeln immer schon wie das Zugeständnis gegenüber einer andrängenden Macht, die uns schließlich unterdrückt. Schuld hängt immer und unausweichlich mit der Welt zusammen, die uns vorgegeben ist.

Diese Aporie ist auch bei Heidegger nicht aufgelöst. Zwar wird der Mensch als geschichtlich und damit als frei charakterisiert, aber seine Geschichte wird existential aufgehoben. Das Drama der Freiheit und die Unmittelbarkeit seines Geschehens gehen auch hier jeder Analyse voraus. Schuld wird letztlich als menschliche Struktur begriffen, und damit wiederholt sich die kontinuierliche Fehlinterpretation der Erbsündentheorie, die trotz aller Kritik nie auszurotten war: Man erkannte – Widersprüche hin, Widersprüche her – auf eine vorgegebene Schuld.

Wenn ich recht sehe, hat sich Paul Ricœur (geb. 1913) in seiner Monographie über die „Fehlbarkeit des Menschen“ (Ricœur 1971, I) dieser Frage am ehesten gestellt. Er will zeigen, daß und wie die Freiheit gerade im Rahmen eines moralischen Ansatzes in Selbstwiderspruch gerät. Sosehr wir nämlich das Böse als Ergebnis der Freiheit begreifen, so wenig können wir die faktische Situation unserer Freiheit ignorieren: Wir kennen sie nur in Einschränkungen und in der Erinnerung, nämlich als ein verlorenes und unerfülltes Verlangen. Freiheit und Verantwortung sind deshalb vorausgreifende Visionen, mit denen wir uns einer verschlossenen Zukunft widersetzen und die uns unsere Selbstachtung vor Gott und der Welt retten soll. Faktisch und phänomenologisch aufrichtig kann es aber nur um „das Thema des unfreien Willens“ gehen (Ricœur 1971, I, 11). Es geht um eine gefangene Freiheit. Dieser Selbstwiderspruch bestimmt die Wurzeln menschlicher Existenz.

Der Mensch schafft auch bei Ricœur das Böse nur, indem er ihm nachgibt. Diese Disproportion durchdringt nach Ricœur den menschlichen Willen, der die Unendlichkeit des Glücks sucht. Das kann er aber nicht anders als aus der Perspektive des Charakters tun, den Ricœur den „Urpunkt Null meines totalen Motivationsfeldes“ nennt (Ricœur 1971, I, 88). Allerdings erläutert er diese Disproportion auf der Ebene des Erkennens mit Kants Begriff der reinen Einbildungskraft, d. h. der Orientierung des Erkennens auf die Sache an sich und zeigt dabei, daß Objektivität nie voll gelingt. Auf der Ebene des Wollens dagegen greift er auf Kants Begriff der Achtung zurück, d. h. auf die Anerkennung der Subjektivität des andern, die nie Mittel zu irgendeinem Zweck werden kann. Aber erst diese Analyse der Achtung macht hinreichend deutlich, warum die Liebe nicht wie das Gesetz erzwingbar ist. Sie kommt also nicht unbestritten zum Zuge, sonst bedürfte sie nicht der Achtung, die den obligatorischen Charakter eines Gesetzes hat.

Wie aber aus dem Problem des radikal Bösen (s. o. S. 113f.) deutlich wird, ist selbst der Grund dieses moralischen Gefühls der Achtung unterminiert; auch sie bedarf des nachträglichen Schutzes, denn offensichtlich kommt hinsichtlich eines ursprünglichen Scheiterns von Mensch und Geschichte jede Analyse zu spät. Es gibt keinen Weg, die Fehlbarkeit aus einem Zustand herzuleiten, in dem es noch kein Fehlen gab. Sie kann nicht in das reine und unverdorbene Dasein an sich zurückgetrieben werden, und Ricœur kommt zum Resultat: „Wir haben keinen anderen Zugang zum Uranfänglichen als über das Verderbte“ (105). Er zeigt dies im Bereich des Affektiven mit hoher Eindringlichkeit. Die Spannung zwischen Lust, der „Augenblicksvollendung des wahren Lebens“ (Ricœur 1971, I, 127), und Glückseligkeit, die das unvergängliche Endziel der Lust ist, bringt die Gefühle „zweiten Grades“ hervor: die Freude an der Freude, vielleicht auch Lust an der Unlust. So aber kommen die unmittelbaren Gefühle nie voll zu sich selber. Diese Spannung zeigt auch, daß wir den Weg vom „unreinen" zum „reinen" Affekt nie voll gehen können. Die nicht verfehlte Situation und die „reine" Freiheit sind immer die nie realisierte, in christlich religiöser Perspektive gesagt: die für die Zukunft erhoffte Wirklichkeit.

Ricœurs Analysen zur Fehlbarkeit des Menschen führen also zu einem traurigen Ergebnis: Da wir uns immer schon bis in den Kern unserer Gestimmtheit hinein verfehlt haben, sind uns der vertrauende Rückweg zum Paradies und der mutige Vorgriff auf das Reich Gottes definitiv versperrt. Wir haben weder uns selbst in der Hand noch die moralische Qualität unseres Handelns, weder den Gang der Geschichte noch die Freiheit unseres Gemeinwesens. Und sowenig wir die dunkle Gefangenschaft unserer Freiheit begreifen, so wenig durchschauen wir (lebenspraktisch oder intellektuell) den „Sprung" vom Urzustand zur Verfehlung, sosehr wir uns ihm auch mythisch über die Fallgeschichte, mit Hilfe von Kierkegaards Psychologie oder über andere Modelle nähern. Die naive Meinung, wir könnten Einhalt gebieten durch mehr Reflexion, Moralität, Selbstheilung oder instrumentalisierte Glaubenspflicht, kann die Tragödie menschlicher Freiheit nur noch verschlimmern. Vor diesem Hintergrund mag die theologische Frage erlaubt sein, ob nicht auch über den Gott der Rettung noch in anderer Weise gesprochen werden muß.

Während die katholische Theologie in gewohnter Verzögerung die anthropologische Wende vollzog, verkündete im Jahr 1971 Michel Foucault (1926–1984) in Erinnerung an Friedrich Nietzsche den Tod des Menschen. Mit der Dialektik einer freien, aber dem Tode geweihten Tat war jeder selbstgewissen Subjektphilosophie endgültig der Fehdehandschuh hingeworfen. Zwischen Philosophie und Theologie könnte über das Böse jetzt neu zu reden sein: „Heutzutage, und wiederum ist es Nietzsche, der von fern den Wendepunkt anzeigt, ist es nicht sosehr das Fehlen oder der Tod Gottes, der bestätigt wird, sondern das Ende des Menschen ... Da er Gott getötet hat, ist er selbst für seine eigene Endlichkeit verantwortlich. Da er aber im Tod Gottes spricht, denkt und existiert, ist seine Tötung selber dem Tode geweiht" (Foucault, 460).

Diese schwierigen Sätze sind hier in der Kürze nicht angemessen auszulegen. Sie verweisen auf die Situation des modernen Menschen; dazu gehört die Wirklichkeit des 20. Jahrhunderts mit ihren unvorstellbaren Greueltaten, die Menschen verübt haben. Schuld läßt sich weniger denn je auf Schuldgefühle reduzieren. Sie gründet in wirklichen und als solche wahrgenommenen Verfehlungen an Mitmenschen und Welt. Um so schlimmer ist es, daß die elementare Schulderfahrung immer wieder zu sekundären Schuldgefühlen verkommt, daß das Drama der menschlichen Freiheit immer wieder zum ästhetischen Genuß mißbraucht wird, daß wir die globalen Fragen einer versöhnten und befriedeten Zukunft aufgespaltet haben in Fragen der Rechte und Fragen der Pflichten, des Glaubens und des Erkennens, der Theorie und der Praxis.

Wenn am Ende dieses Abschnitts im Namen der Theologie nun behauptet wird, daß das Problem der Schuld wieder in seinen ursprünglichen religiösen Zusammenhang zurückzubringen ist, dann sei damit Gott nicht als Lückenbüßer ins Gespräch gebracht, so als ginge mit ihm alles besser. Wir sollten aber erkennen, daß über Böses und Schuld nur angemessen in einem umfassenden religiösen Zusammenhang gesprochen werden kann, denn die Überwindung von Bosheit und Schuld ist, wie wir sahen, dem theoretischen wie dem praktischen Vermögen der Menschen entzogen. An der Erfahrung der Entzogenheit ist von Augustinus über Luther bis hin zu Ricœur bislang jeder Versuch einer endgültigen Erhellung gescheitert. Das bedeutet weder Kritik am bisher Gesagten noch Relativierung von Anthropologie und Empirie; denn ihre Arbeit ist unverzichtbar. Es ist aber ein Raum zu finden, der uns vor vorschneller Instrumentalisierung, vor vorschneller Absolutsetzung, überstürztem Moralismus und hoffnungsloser Resignation schützt. In diesem Sinne folgen zum Schluß dieses Kapitels einige Anmerkungen.

5. Auswege

Luthers Behauptung vom versklavten Willen ist in der Folgezeit auf Widerstand gestoßen und wurde außerhalb der lutherischen Theologie kaum übernommen (Pannenberg 1983, 236–303; Ricœur 1971, II; Sievernich, 33–288). Gab der ehemalige Künder der „Freiheit eines Christenmenschen“ (1521) seine Position nicht der Inkonsequenz preis, indem er unser Verhältnis zu Gott ausschließlich von seiner negativen Seite her beschrieb? Doch können wir dieser Kritik auch widersprechen. Denn wie nach Karl Marx jede Ideologie eine notwendig falsche Interpretation verfälschter Verhältnisse ist, so kann auch die abstrakte (und wie wir sahen: immer schon verfehlte) Idee von Freiheit unsere menschliche Situation nie und nimmer angemessen beschreiben. Deshalb ist auf den polemischen Zusammenhang zu achten, in dem Luther gesprochen hat. Denn unbestritten ist, daß er einem naiven Selbstvertrauen widersprach, das da sagte: „Mit etwas gutem Willen werden wir unser Heil schon schaffen." So gesehen ist Luthers Einspruch gegen Erasmus dem modernen Einspruch Foucaults vergleichbar, dessen Aussage vom „Ende des Menschen" als objektive Behauptung ja ebenfalls überzogen und unhaltbar ist. Aber er widerspricht einer Anthropologie, die immer differenzierter vom Menschen redet und dabei gar nicht merkt, daß ihr in ihren Differenzierungen das eigentliche Problem, nämlich der Mensch als ganzer, entgleitet. Dabei könnte doch die Formel Ricœurs von der „gefangenen Freiheit" zur zentralen Charakterisierung einer Entwicklung werden, die wir nicht mehr steuern und deshalb nur noch paradox benennen können. Zum Abschluß des Kapitels seien daraus fünf Folgerungen gezogen:

(1) Vielen Zeitgenossen gilt es als selbstverständlich, daß der Mensch im Kern ein freies Wesen ist. Äußere Unfreiheit nehmen wir unmittelbar als Unrecht, innere Freiheitsbeschränkung als Krankheit wahr. Damit sind eine ambivalente Grunderfahrung und eine hochkomplexe Daseinsbehauptung zu einer naiven Plausibilität degeneriert. Daß der Mensch frei sei, stößt in naturwissenschaftlichen Theoriezusammenhängen ja auf hartnäckige Widerstände und war in den Religionen, zumal im Christentum, nie unbestritten. Im religiösen und wohl auch philosophischen Sprachgebrauch ist Freiheit immer Option, vielleicht immer schon eine fundamental gläubige Option, nie bloßes Faktum. Seit Marx ist zudem die Behauptung, wir seien frei, ideologiekritisch hoch verdächtig. So gesehen, sprechen viele Theologen von der menschlichen Freiheit erstaunlich naiv. Es ist an der Zeit, den religiösen Freiheitsbegriff einer Revision zu unterziehen.

Nun weist Ricœur darauf hin, daß Freiheit keine selbstverständliche oder beweisbare Voraussetzung einer Anthropologie sein kann. Sie gehört – hermeneutisch gesprochen – ins Reich der Vor-verständnisse, die weitere Erkenntnisprozesse ermöglichen und steuern. Denn wer von der Freiheit des Menschen ausgeht, hat sich schon für ein bestimmtes Menschen- und Weltverständnis entschieden, das nicht etwa umgekehrt aus der Analyse entwachsen ist. Und wer das Böse im Zusammenhang mit einer moralischen Weltanschauung sieht, der bekennt sich schon zur möglichen Schuld, bevor er mit der eingehenden Analyse des Bösen beginnt. Er setzt Freiheit als Erkenntnisperspektive voraus, bevor er von ihrer ständigen Bedrohung sprechen kann: „Diese Entscheidung, das Böse durch die Freiheit zu begreifen, ist selbst eine Bewegung der Freiheit, die das Böse auf sich nimmt" (Ricœur 1971, I, 12).

Diese Entscheidung ist weder unvernünftig noch ignoriert sie die Empirie; im Gegenteil sprechen für sie empirische psychologische Untersuchungen (Fromm, 71–78; 174–179). Aber sie interpretiert den Menschen so, daß das stets Unerfüllte vorweggenommen und die Zukunft des Menschen als in seine eigene Verantwortung gestellt gilt. Dabei vollzieht sich aus der Sicht verschiedener psychologischer Theorien eine bezeichnende Kehre: Wir Menschen sind nicht von Geburt an frei, aber unser Wachstums- und Reifeprozeß kann, wenn er glückt, als Weg zur Freiheit begriffen und entsprechend beurteilt werden. Erstaunlich ist nicht, daß die einen als Reaktion auf erfahrenes Böses böse werden, sondern daß andere, obwohl vergleichbaren Unrechtssituationen ausgesetzt, einen lebensbejahenden Charakter entwickeln (Fromm). So gesehen ist Freiheit eine Möglichkeit, die nicht erzwungen werden kann. Die Kategorie „frei übernommene Verantwortung und Solidarität in der Schuld“ ist vorwärtsorientiert und hebt die rückwärtsgewandte „auferlegte Schuld und Verantwortung“ auf. Das Erbsündentheorem muß als Appell verstanden werden, in Freiheit die Schuldgeschichte der Menschheit mit zu übernehmen und an ihr zu arbeiten.

(2) Schuld kann von den Betroffenen nur indirekt besprochen werden, weil sie unmittelbar unsere Identität und damit das Verhältnis zu unserem Selbst qualifiziert. Sie läßt sich nur in Bekenntnis und Symbol besprechen. Ähnliches gilt für die Freiheit, die sich verstehen läßt als Hoffnung auf die Übereinstimmung mit der eigenen Person. Deshalb entziehen sich Freiheit und Schuld jeder Definition. Die eigentliche Information ist immer und unlösbar mit der Sprachhandlung und deren illokutionären Elementen verbunden. Wie Ricœur (1971, II, 9–32) verdeutlicht, äußern sich die Betroffenen im Bekenntnis und über die Umwege des Symbols. Das Reden über Freiheit wird genau dann zur Bewegung der Freiheit, wenn es die Adressaten dieses Sprechens (oder Schreibens) in das Freiheitsversprechen verstrickt und mit dem Scheitern der Freiheit die Möglichkeit neuer Freiheit verbindet. Um die Symbole (von Befleckung, Weg und Gericht) bilden sich die Mythen, unter denen der Mythos von Adams Fall für die biblische Tradition eine zentrale Rolle spielt. Zur Diskussion steht dabei nicht eine einmalige vergangene Geschichte, sondern die dramatische Aufarbeitung und existentielle Aneignung einer uns alle umfassenden Realität. Gerade die Individualisierung Adams sowie der Versuch, ihn als eine vergangene Gestalt zu objektivieren, hat eine angemessene Interpretation des Erbsündenproblems über Jahrhunderte hin verhindert (Scharbert).

(3) Die Individualisierung Adams sowie die Isolation des menschlichen Subjekts seit Beginn der Neuzeit haben zu einer unheilvollen Verengung des Problems geführt. Die Erbsündentheorie wurde zur Begründung einer unausweichlichen persönlichen Schuld mißbraucht; die soziale Dimension unserer Schuldgeschichte war wiederzuentdecken. P. Schoonenberg hat diesen Ansatz nachdrücklich dargelegt und damit einen Durchbruch erzielt. Statt vom Reich der Sünde spricht er in Anlehnung an die Schrift von der „Sünde der Welt“ (Joh 1,29). Und statt die Bilder der Schrift einfach zu wiederholen, führt er den Begriff der „Situation“ ein zur Bezeichnung einer Sache, die später gern „Kontext“ genannt wird. Personen sind „situiert“, also durch den entsprechenden Kontext „im Spielraum der eigenen Freiheit“ bestimmt (890 f.). Existential bin ich aber situiert, sofern eine Situation oder ein Kontext meinem Existieren vorausgeht, mich bestimmt und umfangen hält (894). Hier tritt jene Situation des Unfreiwillig-Freiwilligen, der vorherbestimmten Freiheit ein, um welche die Reflexion immer wieder kreist. Freiheit ist ein komplementärer, kein absoluter Begriff.

Schoonenberg hat damit die Frage zu beantworten versucht, wie eine Schuld universal vorgegeben sein und dennoch in je eigener Freiheit realisiert werden könne. Die Neuentdeckung des Begriffs „Sünde der Welt“ kann als wichtige Interpretation des „Adammythos“ unserer Gegenwart gelten. Von hier führt ein Weg zu späteren Entwürfen (Condrau/Böckle, 123; Görres/Rahner), die in der lateinamerikanischen Befreiungstheologie unter dem Begriff der „strukturellen Sünde“ analysiert wurden (G. Gutiérrez; Sievernich, 232–288) und die aktuelle soziale und politische Situation ihrer Länder in den Blick nehmen. Es spricht für sich selbst, daß in dieser Perspektive die persönliche Dimension hinter die aktuell gesellschaftliche zurücktritt. Seit den siebziger Jahren hat sich zudem die feministische Theologie unüberhörbar in die Diskussion eingeschaltet. Sofern sie sich unter dem Stichwort des Sexismus als Kulturkritik versteht, hat auch sie sich auf einen zentralen Aspekt gesellschaftlich kultureller Fehlentwicklung konzentriert (Scherzberg).

(4) Am Beispiel emanzipatorischer, kultur- und ideologiekritischer Versuche wird die Globalität überkommener Diskussionen um Sünde und Schuld deutlich. Die allgemeinen Aussagen über Sünde, Freiheitsverlust und Schuld, Erbsünde und Unheilssituationen haben ihre Kraft verloren. Hingegen könnten und müßten sie den Rahmen für konkrete Diskussionen liefern. In einer Epoche sich auflö-

sender Sinngebungen kommt es darauf an, das Böse konkret zu benennen. Geschehen kann dies etwa am Problem einer aus den Fugen geratenen Gesellschaft oder an den Problemfeldern einer patriarchal orientierten Kultur.

(5) Die Frage nach Erbsünde und Schuld wurde in der Neuzeit zur Frage nach der bösen Selbstentscheidung des Individuums umgeformt und allmählich aus religiösen Zusammenhängen gelöst. Das Ineinander von Schicksal und Freiheit wurde in seiner Unauflösbarkeit erkannt; die als Fehlverhalten gegenüber Gott begriffene Schuld hat sich als Fehlverhältnis des Menschen gegenüber sich selbst und gegenüber den andern entpuppt. Diese Entwicklung kann theologisch nur begrüßt werden. Nun führten ein wachsendes hermeneutisches Bewußtsein sowie die Entdeckung einer angemessenen Sprache u. a. zur wichtigen Erkenntnis: Die ursprünglichen Funktionen menschlicher Kommunikation sowie der religiöse Zusammenhang von Freiheit und Schuld verschwinden nicht straflos aus den Augen. Schuld kann nur angemessen erkennen, wer (freiwillig) Verantwortung übernimmt. Denn die Entdeckung und Anerkennung von Schuld ist kein Akt distanzierten Erkennens, sondern partizipierenden Verstehens. Erst in ihm werden das Böse als Böses, die Sünde als Sünde erkannt, Freiheit als Verantwortung dafür vollzogen. Von Schuld kann aber nur gegenüber einem unbedingten Bezugspunkt, von Freiheit nur aus einer unbedingten Hoffnungsperspektive gesprochen werden. Allerdings kommt solche Unbedingtheit nur unter drei Voraussetzungen zur Geltung:

a) Die Schuld, von der in diesem Kapitel die Rede war, ist universal und unteilbar. Kriterium von Sünde und Schuld ist unbedingt das universale Unheil von Mitmensch und Welt.

b) Weil diese Schuld als universale und unteilbare Größe begriffen wird, kann sie von Einzelnen angenommen oder abgelehnt werden. Niemand läßt sich auf die Schuldverhältnisse von Mitmenschen fixieren. Es gehört aber zu den Grundentscheidungen der christlichen Botschaft, was in der Interpretation des Todes Jesu zum Ausdruck kommt: Auch das Eintreten für die Verfehlung anderer macht Sinn, und aus dem Blick auf die universale Weltsituation wird „das Urteil der Schuld und Mitschuld an diesem Zustand den Individuen zumutbar und annehmbar“ (Pannenberg 1983, 133). Wer sich zur Nachfolge Jesu entschließt, entscheidet sich überdies zur freiwillig solidarischen Teilnahme an dieser Schuld. Er taucht – wie schon im Ersten Testament erkannt (Jes 53,4f.) – aus freien Stücken in die Unheilssituation der Welt ein:

Aber er hat unsere Krankheit getragen und unsere Schmerzen auf sich geladen. Wir meinten, er sei von Gott geschlagen, von ihm getroffen und gebeugt. Doch er wurde durchbohrt wegen unserer Verbrechen, wegen unserer Sünden zermalmt. Zu unserem Heil lag die Strafe auf ihm, durch seine Wunder sind wir geheilt.

Um allem Masochismus vorzubeugen, spreche ich hier von der Übernahme der Verantwortung für diejenigen, die vom Bösen betroffen sind, also von der Verantwortung für die Opfer. Dieser Helfer wird alles dafür tun, daß sich die Situation ändert.

c) Es gibt allerdings noch eine dritte Voraussetzung, die für die Unbedingtheit einer Lösung erfüllt sein muß. Es ist ja nicht falsch, Mitmenschen oder die Menschheit in die Pflicht zur Solidarität zu nehmen. Nur im Eintreten füreinander – und damit auch in der gegenseitigen Vergebung – läßt sich die Macht des Bösen überwinden. Wie lange aber halten wir solche Stellvertretung durch, wenn selbst Jesus nach einem nur kurzen Leben schon verstummte? Das endlose Unrecht, der Tod und die Ungewißheit der Menschheitszukunft überfordern uns (Peukert). Der unbedingte Bezugspunkt des Schuldbekenntnisses und der Freiheitshoffnung kann deshalb nur in Gott liegen. Freiheits- und Schuldbewußtsein konvergieren nur in der Zukunft und auf das Ende der Menschheit hin, für das nach christlicher Tradition Gottes Erscheinen erhofft wird. Erst in diesem Vorgriff ist die Universalität der Schuld auszuhalten. Allerdings wird so auch verständlich, warum Christen Jesus Christus immer noch als den wiederkommenden Messias erwarten.

V. Rechtfertigung Gottes – Rechtfertigung des Menschen?

> Vor mir ist kein Gott gebildet, und nach mir wird es keinen geben. Ich bin Jahwe, ich, und außer mir gibt es keinen Retter. Ich habe es selbst angekündigt und euch gerettet. Kein fremder Gott ist bei euch gewesen. Ihr seid meine Zeugen (Jes 43,10–12).

Viele Leser mögen der Meinung sein, hier erst beginne die theologische Auseinandersetzung mit dem Bösen. Von der Schrift (Kapitel 2) läßt sich ja historisch und literarisch reden. Zur Integration des Bösen in die Systeme der Welt (Kapitel 3) bedarf es keines Gottes. Dasselbe gilt für die Frage von Freiheit und Schuld, die anthropologisch anzugehen ist (Kapitel 4). Jetzt endlich ist es Zeit, die strikt theologische Frage zu stellen, ob und wie angesichts des Bösen ein Glaube an Gott überhaupt sinnvoll ist. Gibt es wirklich einen Retter? Gibt es gar viele Messiasse, und wo sind sie in den Schrecken des 20. Jahrhunderts geblieben? Die Neuzeit mußte ja mit einer doppelten Erfahrung fertig werden: Einerseits können wir Menschen auch ohne Gott menschlich sein (Jüngel, 18f.). Andererseits haben Ungezählte ohne sichtbaren Erfolg nach Gott gerufen (Grimm; Kuschel 1997; Langenhorst 1995; Neuhaus; Zahrnt). Hat sich Gott also nicht schon längst widerlegt oder als hilflos, damit als heil-los erwiesen? Und zeigt die Erfahrung des Bösen letztlich nicht, daß Gottes Thron schon immer leer gewesen ist (Gesang, 180; Künzli)?

Nun können Übel und Schuld, wie wir sahen, von uns Menschen nicht bewältigt werden. Jedenfalls hat sich bislang dazu noch kein Weg gezeigt. Im Gegenteil, alle konsequenten Versuche, das Böse zu überwinden, sind erfolglos geblieben. So ist gezielter zu fragen: Wie stellt sich Gott zur Schändung des Lebens, zur Zerstörung des Mitmenschen und unserer gemeinsamen Zukunft? Wie können wir von Ihm als Gott überhaupt noch reden, solange die Vernichtung des Menschen zum zentralen Thema unserer Geschichte gehört? Sind Gott, seine Macht, seine Güte, seine Existenz überhaupt noch zu verteidigen? Wir werden sehen, daß der klassische theoretische Diskurs zur Verteidigung Gottes, „Theodizee“ genannt, gründlich gescheitert ist. Genau dieses Scheitern schafft der christlichen Theologie eine doppelte Freiheit. Im Theodizeeprozeß kann sie erstens das

Ensemble von Anklägern, Verteidigern und Handelnden neu ordnen und zweitens die Erinnerung an Jesu Leben und Tod als Paradigma von weltgeschichtlichem Rang, nämlich als Realisierung der Theodizee, neu ins Spiel bringen.

Strenggenommen läßt der Begriff „Theodizee“ vier verschiedene Bedeutungen zu:

(1) Verteidigung Gottes: Im strengen und wohl auch ursprünglichen Sinne meint Theodizee den Versuch, Gottes Existenz und Güte mit Vernunftargumenten gegen die Einwände zu rechtfertigen, die ihm aus der Existenz des Bösen (vor allem des Leidens) in der (von ihm geschaffenen) Welt erwachsen. Es geht also um ein rational philosophisches Unterfangen.

(2) Gotteslehre: In einer stets gleitenden Ausweitung des Begriffs bezeichnet „Theodizee“ dann alles, was auf den philosophischen Erweis von Gottes Güte und Allmacht zielt oder damit in Verbindung steht. In der Schulphilosophie und Schultheologie des 19. und des frühen 20. Jahrhunderts ist das schließlich ohne Einschränkung die *theologia naturalis* genannte philosophische Gotteslehre (Kern, 1965).

(3) Kontingenzerfahrung: In den vergangenen Jahrzehnten hat sich die Religionssoziologie den Begriff der Theodizee angeeignet zur Bezeichnung aller Erfahrung von Leid, Ohnmacht und einer „Überkomplexität“ des Lebens, die nicht in direktem Zugriff der alltäglichen Lebenswelt bewältigt werden kann (Luhmann, Lübbe).

(4) In einem lebenspraktisch erweiterten und sehr grundlegenden Sinn meint Theodizee, daß Rechenschaft abgelegt wird für den Glauben an Gott, der in einer faktisch bösen und vom Tod durchsetzten Welt nur als Vorschuß aufgefaßt werden kann: „Seid bereit, jedem Rede und Antwort zu stehen, der nach der Hoffnung fragt, die euch erfüllt“ (vgl. 1 Petr 3,15).

1. Das Theodizeeproblem

Die heute noch klassische Problemstellung des Theodizeeproblems[1] (im strikten Wortsinn) wurde schon in der Antike von Epikur (341–270 v. Chr.) formuliert und bis in die Gegenwart hinein immer wieder übernommen. In Anlehnung an Epikur hat Laktanz (250–317 n. Chr.) die bekannten Alternativen formuliert:

(1) Entweder will Gott die Übel beseitigen und kann es nicht,

(2) oder er kann es und will es nicht,

(3) oder er will es nicht und kann es nicht,

(4) oder er will es und kann es.

Gott ist also machtlos, böse, beides zusammen, oder das Übel dürfte nicht existieren (Lactantius, 13, 20 f.; Epicurea, fr. 374). Offensichtlich will Epikur weder einen schwachen noch einen mißgünstigen Gott, deshalb wird auf eine Erklärung des Bösen verzichtet. Über viele Jahrhunderte tritt die Frage in den Hintergrund. Als unbestritten gilt für Theologie und Philosophie bis ins 17. Jahrhundert, daß Gott der Herr der Geschichte sei und letztlich alle Macht auch über das Böse besitze. Nach Calvin verdammt Gott nicht nur, er bestimmt schon im voraus, wen er auf Grund seiner Bosheit verdammen wird (Kuschel 1992, 85–90; Kraus).

Aber spätestens im Zeitalter der Aufklärung war die Frage nach einer menschenfreundlichen Welt ins Zentrum des Interesses getreten. Die Jenseitshoffnung wurde allmählich mit moralisch unterbauten Diesseitserwartungen konfrontiert; das Leiden paßte nicht mehr in eine von Gott vernünftig gelenkte und von den Menschen rational zu ordnende Geschichte. Diese neue Lage hat seit dem 17. Jahrhundert neue Fragen und vor allem die Antwort von Gottfried W. Leibniz (1646–1716) provoziert. 1697 kreiert er im Anschluß an Röm 3,5 das Wort „Theodizee"; es ist eine Wortschöpfung, die heute weder Philosophen noch Philologen wirklich überzeugt. Röm 3,5 lautet: „Wenn aber unsere Ungerechtigkeit die *Gerechtigkeit Gottes* bestätigt, was sagen wir dann?" „Theodizee" meint diese Gerechtigkeit. 1710 erschienen seine „Essays zur Theodizee", in denen er seine philosophische Gesamtkonzeption am Problem des Übels in der Welt erprobt. Es kommt zu keinem geschlossenen Entwurf, sondern zur (beinahe summarischen) Behandlung verschiedener Einzelprobleme[2]. Der Erfolg seines Traktats war allerdings ungeheuer. Was ursprünglich als Konversation und Korrespondenz mit Königin Sophie Charlotte von Preußen begann, bestimmte schließlich den Gesprächsstoff der europäischen Salons und erwies sich schlechthin als das Thema seiner Epoche.

a) Die Geschichte des Gedankens

Die bestmögliche Welt

Die philosophische Emanzipation aus einem spezifisch theologischen Kontext tat der Problembehandlung gut. Das Böse wurde wieder elementar wahrgenommen als Unglück, Scheitern, Schmerz und

Leiden, also nicht mehr einschichtig als Sünde oder Sündenstrafe. Leibniz geht aus von seiner Monadenlehre, gemäß der das freie Subjekt unbeeinflußbar in sich steht, also „keine Fenster" hat und „sich durch sich selbst" entscheidet. Der Schöpfer ist notwendig, um alle Monaden von ihrem Ursprung an aufeinander abzustimmen („prästabilierte Harmonie"). Der universal denkende Philosoph geht aus von Gottes Existenz und Güte, beginnt deren Beweis in den Bahnen der Tradition, handelt dann vom sachgemäßen Handeln der menschlichen Seele und endet schließlich mit dem Blick auf eine zweckgerichtete Natur (Jalabert, 59–122). In diesem metaphysischen Grundansatz ist die Theodizeefrage eigentlich schon beantwortet. Nötig ist nur noch die Vermittlung zwischen der apriorischen Überzeugung, daß alles gut sei, und der Tatsache, daß es dennoch Übel gibt. Zwei Eckthesen müssen dies bei Leibniz leisten:

Erstens erweitert Leibniz die damals klassischen Unterscheidungen von physischem und moralischem Übel, indem er die Endlichkeit der geschaffenen Welt als „metaphysisches Übel" deutet. Ein metaphysisches Übel bedeutet Grenze, Begrenzung und so die Bedingung der Möglichkeit von Versagen; das Geschöpf kann nie alles Wünschbare erreichen, es kann sich täuschen und deshalb auch Fehler machen. Es ist ein Übel, das – gemäß dem negativen Sinn des Wortes – nicht sein dürfte und so der weiteren Entschuldigung der Menschen dient. Fehlentscheidungen führt Leibniz auf Leidenschaften und unklare Vorstellungen zurück (Billicsich II, 171 f.). Unverträglichkeiten sind oft einer „natürlichen Trägheit" der Geschöpfe zu verdanken, wofür Gott nicht verantwortlich gemacht werden kann: „Der Strom [Gott] ist die Ursache der Bewegung des Schiffes, aber nicht seiner Verzögerung." Das physische Übel hingegen ist verschuldet oder es bringt größeres Glück (241–245).

Zweitens stellt Leibniz die bemerkenswerte These auf, daß Gott die bestmögliche Welt geschaffen hat (8): „Es gibt keinen besseren Plan, denn sonst hätte Gott ihn vorgezogen" (224). Natürlich liegt die Kritik an dieser These auf der Hand, denn bessere Welten sind denkbar. Allerdings lebt die These nicht aus einem naiven Lebensoptimismus, und meistens macht man sich die Auseinandersetzung zu leicht. Gemeint ist nämlich die beste aller der Welten, die eben – im Rahmen des metaphysisch und des moralisch Schlechten – möglich sind. Sie ist in vielem zwar unangenehm, aber doch annehmbar und kann von den Menschen vollendet werden (Bloch 1959, 1007–1011). So bleibt nur bedauerlich, daß dieser Realismus dann doch metaphysisch verklärt wird, und darin ist Leibniz rigoroser als alle theologische Tradition. Ist nämlich die Welt so, wie sie ist, dann muß sie schließlich so sein. Das Problem des Bösen, das ist, aber nicht sein soll, ist somit verdrängt.

Nach dieser metaphysischen Gewalttat, die alle Tragik und Verzweiflung verbannt, entsteht eine heitere Gesamtschau, in der die Übel ihre Schrecken verloren haben. Leibniz' Weltoptimismus spiegelt im Grunde seinen Vernunftoptimismus. Gott ist zwar vorbehaltlos gut, aber nicht mehr (was die theologische Tradition sagt) des Bösen und des Üblen erbitterter Feind. Das ist bezeichnend für die geistesgeschichtliche Epoche der Aufklärung insgesamt. Zwar wird in ihr das Böse immer wieder besprochen, aber es wird zu einem autonomen Problem, denn die Fragestellung hat sich verselbständigt. Das führte zum Versuch, auch dieses Problem in einer großen Synthese zu bewältigen.

In ungebrochenem Pathos übernahm Leibniz die zeitgenössische Utopie des freien Individuums. Das zeigt sich nicht nur in der Idee von der in sich freien Monade, sondern auch im Schlußbild seines Werkes. Wie in einem großen, ungeheuer komplizierten Schauspiel wirken alle Kräfte zusammen und führen zu einem großen, schönen Geschehen. Einerseits erinnert das Bild an die große Metapher Plotins, gemäß der alle Wesen ihre Rolle nach göttlich festgelegtem Plan spielen (Häring 1979, 118), andererseits wird dieses große Zusammenspiel freier und autarker Individuen zur göttlich legitimierten Utopie, sozusagen zum Urbild eines Staatswesens, das vom aufgeklärten Herrscher gelenkt wird und in dem alle den ihnen zugeordneten Freiheitsraum ausfüllen.

Genau die Rettung der göttlichen Legitimation sollte sich später als Pyrrhussieg erweisen. Für den Philosophen Christian Wolff (1679–1754) mochten die Geschwister Theologie und Philosophie noch eine neue harmonische Weltsicht präsentieren, in der alles seinen Sinn hat (Wolff; dazu Geyer 1992, 80–91; Günther, 55–69; Kremer, 94–96.). Gott aber geriet dabei immer mehr zum allgemeinen, zwar freundlichen, aber immer sprachloser werdenden Weltprinzip. Nach Ernst Bloch war es das Problem dieser Zeit, daß sie mit dem Glauben an Gott allmählich – und dies leider kampflos – auch den Glauben an den Satan verlor; den Satan wohlgemerkt nicht als „Sparren", sondern als Erschrecken vor dem Bösen: „Mit anderen Worten: wir haben keine Kategorien für das Böse" (1968, 318–327; 1971, zit. 126). Das ist nach Bloch – trotz Hegel, Schelling und Schopenhauer – unser Problem bis heute. Das Fehlen dieser Kategorie trug im 18. Jahrhundert zur beginnenden Destruktion bei.

Arbeiten ohne nachzudenken

François-Marie Arouet, gen. Voltaire (1694–1778), beherrschende Figur seiner Zeit und Inbegriff der französischen Aufklärung (Billicsich, II, 193–205; Mason; Naves; Pomeau), repräsentierte einen anderen Denkstil. Er war nicht der tiefgründige Philosoph, sondern der Ästhet und scharfsinnige Essayist. Während seines ersten Englandaufenthalts (1726–29) entdeckte er einen neuen, liberalen Geist und setzte sich schon in einem Frühwerk, den „philosophischen Briefen", mit Pascals „Pensées" auseinander. Ihm wirft er vor, er beleidige das Menschengeschlecht. Das Christentum, so Voltaire, lehrt nur die Einfachheit, die Menschlichkeit, die Liebe (charité). Und auf Pascals augustinische These, um seiner selbst willen müsse man Gott, nicht die Geschöpfe lieben, antwortet Voltaire: Nein, „man muß die Geschöpfe lieben, und zwar sehr zart; man muß sein Vaterland lieben, seine Frau, seinen Vater, seine Kinder; man muß sie so sehr lieben wie Gott uns sie lieben läßt, uns zum Trotz" (25. Brief; Zit. 151). Für Voltaire geht es, durchaus modern, allein um dieses einfache, aber entschlossene und unbedingte Ja zum Menschen.

Die Stoßrichtung Voltaires ist antimetaphysisch. Getragen weiß er sich vom Glauben an die Vernunft. Der Mensch ist nach ihm so, wie er ist, in der Regel gut, bisweilen schlecht. Um des Menschen willen muß die Moral Mensch und Gesellschaft nützen. In diesem Denkgefüge hat Voltaire auch Interesse daran, daß es einen Gott gibt; denn ohne Gott verfällt alle moralische Ordnung (ebd. 147). Gäbe es ihn nicht, so müßte man ihn erfinden. Hier liegt allerdings eine Bruchstelle in Voltaires Konzept, denn in einem späteren Zusatz führte er sein so menschlich und so sympathisch formuliertes Liebesgebot doch wieder auf die Notwendigkeit einer funktionierenden Gesellschaft zurück (ebd., 151).

Vor diesem Hintergrund wird gern gegen Voltaire argumentiert. Man kennt das Erdbeben von Lissabon, das im Jahre 1755 nicht weniger als 30000 Tote forderte und dadurch ganz Europa erschütterte. Damit, so die Kritik, sei Voltaires galanter Optimismus zerbrochen und das 1756 erschienene Gedicht zur Theodizeefrage bringe diesen Umbruch zum Ausdruck[3]. Bei dieser Personalisierung des Problems ist aber Vorsicht geboten. Zwar lehnt Voltaire mit Entschiedenheit jeden Pessimismus ab, aber er wehrt sich ebenso gegen jeden Optimismus, weil dieser die Augen vor der Wirklichkeit verschließe. So wird ihm dieses Erdbeben zum Anlaß, endlich die Optimisten englischer Herkunft bloßzustellen[4], die damals allesamt schon verstorben waren. Zur Debatte stand freilich auch Leibniz'

Theodizee, die 46 Jahre zuvor erschienen war und auf dem Kontinent noch immer den Ton bestimmte. Voltaire selbst kennt aber noch keinen Protest, sondern bleibt bei der Unterwerfung gegenüber der Vorsehung. Die zentralen Verse des langen Gedichtes lauten:

> Unglück eines jeden Wesens, ein allgemeines Glück?
> Welch ein Glück, o Sterblicher, schwach und elend?
> Ihr schreit: Alles ist gut, mit einer jämmerlichen Stimme;
> das Universum straft euch Lügen, und euer eigenes Herz
> hat den Irrtum eures Geistes hundertmal widerlegt ...
> Eines Tages wird alles gut sein: das ist unsere Hoffnung.
> Heute ist alles gut: das ist die Illusion.
> Die Weisen täuschten sich, und Gott allein hat recht.
> Demütig in meinen Seufzern und unterworfen in meinem Leid
> Erhebe ich mich gegen die Vorsehung nicht.

Voltaire verfolgte das Thema weiterhin, leider verlor er bald seine Betroffenheit. Wirklich neu in der neuzeitlichen Geschichte der Thematik ist nämlich der Spott, den er dann 1759 in seinem Roman „Candide oder der Optimismus" über allen Optimismus ausgießt. Candide, der metaphysische Optimist, bleibt unbelehrbar; er gibt sich der Lächerlichkeit preis, wird in seiner Naivität zur Spottfigur seiner Umwelt. Nun wäre es Sache der Voltairekenner, diesen Spott genauer zu interpretieren. Denn in ihm zeigt sich neben allgemeiner Enttäuschung, wie es scheint, eben doch eine Resignation, der kein öffentlich überzeugender Glaube mehr zu Hilfe kommt: „Arbeiten wir ohne nachzudenken: dies ist das Motto des Candide und offensichtlich noch das einzige Mittel, um das Leben erträglich zu machen" (Voltaire 1968, 133). Voltaires Inkonsequenz ist bezeichnend und zugleich bedauerlich. Zwar spricht er noch von einer Vorsehung, Gott aber traut er nicht mehr viel zu. Das klassische Dilemma von Gottes Allmacht und Güte wird nur noch festgestellt, kommt aber nicht mehr zum Austrag. Manche religionssoziologischen Theorien der Gegenwart finden bei Voltaire eine auffallende Bestätigung. Es bedarf eben noch eines Systems, das den Leidensdruck in einer Gesellschaft auffängt, ihm gar einen sanften Sinn verleiht. Gott wird zu einem stabilisierenden Faktor der Gesellschaft degradiert.

So bleibt die Frage, warum in diesem knappen Aufriß überhaupt noch an Voltaire erinnert wird. Es mag richtig sein, daß Voltaire philosophisch-theologisch oder geschichtlich keine nennenswerten Spuren hinterließ. Doch in seiner Inkonsequenz wie in seiner pragmatischen Distanz im Umgang mit dem Bösen kann Voltaire als

Prototyp vieler Zeitgenossen gelten. Da gibt es eine Mischung aus Verdrängung, Resignation und gelegentlichem Aufschrei. Bei einer Großkatastrophe stockt allen der Atem. Im übrigen aber gilt ironische und zugleich beredte Distanz gegenüber den Optimisten und Utopisten einer besseren Welt. Kein Westeuropäer wird heute mehr behaupten, alles sei schlecht; noch weniger werden sagen, alles sei gut. Und es bleibt die diffuse und politisch mißbrauchte Idee von einer Vorsehung, die unserer Gesellschaft immer noch einen höheren Wert verleihen soll (Moltmann 1972, 300f.). Die Religionskritik hat ihre Wirkung noch nicht vollendet.

Rückkehr zu Ijob

Voltaire hat über die Vorkämpfer der aufklärerischen Theodizee gespottet. Nicht gespottet hätte er über Schelling, der gegen allen theologischen Konsens neu die Frage nach dem Abgrund in Gott stellte. Ebensowenig gespottet hätte er über Immanuel Kant (1724–1804), der im Umgang mit der Frage noch immer als maßgeblich gilt. Er verwahrte sich nicht nur gegen einen philosophischen Optimismus, sondern auch gegen die Verdrängung der Frage. Er erschloß für das Theodizeeproblem einige Aspekte, die bis heute weder in der Philosophie noch in der Theologie rezipiert sind.

1791, also gut achtzig Jahre nach den Essays von Leibniz, erscheint ein kurzer Aufsatz: „Über das Mißlingen aller philosophischen Versuche in der Theodizee“[5]. Die Abhandlung ist schon deshalb lesenswert, weil sie das neuzeitliche Unternehmen der Theodizee in klassischer Weise zusammenfaßt und dessen Kernproblem formuliert. Kant systematisiert und beurteilt in unbestechlicher Weise die bisherigen Argumente, mit denen Gott vom Vorwurf des Bösen freigesprochen wurde. Er kommt zum vernichtenden Schluß, „daß alle bisherige Theodizee das nicht leiste was sie verspricht“. Der Mensch überschätzt sich bei dieser Unternehmung. Die Theodizee kommt nach Kant dem Versuch gleich, Gott vor dem Richterstuhl der menschlichen Vernunft zu verteidigen, die sich so zur Herrin Gottes macht. Das ist die entscheidende Leistung Kants: Als erster Denker in der Neuzeit formuliert er gegenüber einer respektablen Tradition der Gottesverteidigung jetzt eine Gegenkritik, die man eher von Theologen hätte erwarten können.

Natürlich kommt diese Kritik aus Kants Feder nicht überraschend. In seinen erkenntniskritischen Werken hatte er der rationalen Metaphysik eine grundsätzliche Absage erteilt; wir haben zu den „Dingen an sich“ keinen Zugang. Die großen Ideen von Freiheit,

Gott und Unsterblichkeit können wir allenfalls als Möglichkeitsbedingung unserer Moralität postulieren. Kants Ablehnung einer metaphysisch argumentierenden Theodizee ist also nicht die Folge einer frommen Ehrfurcht vor der Größe Gottes, sondern hat zwei andere Wurzeln. Die eine liegt in seiner Ablehnung einer Metaphysik vom Stile Wolffs, die heute allgemein als oberflächlich betrachtet wird. Die andere Wurzel liegt in der radikalen Erkenntniskritik. Dabei formuliert Kant die Argumente gegen Gott konsequent aus der Fähigkeit des Menschen, sich frei gegenüber seiner eigenen Situation zu verhalten.

So kann er diesen Argumenten ihre ursprüngliche existentielle Schärfe zurückgeben. Für das moralisch Böse duldet Kant, wie wir sahen, keinerlei Relativierung. Ähnliches gilt aber auch für das Handeln Gottes. Unsere Endlichkeit kann uns Menschen nicht angelastet werden. Ebensowenig ist einzusehen, warum dem glücklichen künftigen Leben hier und jetzt eine Prüfungszeit vorausgehen muß. Und schließlich hat nach Kant die reine Vernunft keinerlei Anhaltspunkte dafür, daß die Ordnung des künftigen Lebens besseren Bedingungen entspricht. Es gibt nur eine Hoffnung. Sie aber „ist bloß ein Machtspruch der moralisch-gläubigen Vernunft“. Sie mahnt zur Geduld, ohne die Zweifel wirklich auszuräumen (A 208 f.).

Wenn also schon akzeptiert werden muß, daß mit diesem Leben Übel verbunden sind und wenn Leibniz' Frage nach dem Ursprung des Bösen prinzipiell nicht mehr beantwortbar ist, dann bleibt nur noch die Frage: Warum ist alles so, wie es ist, „woher nämlich der Urheber unseres Daseins uns überhaupt ins Leben gerufen, wenn es nach unserem richtigen Überschlage für uns nicht wünschenswert ist“ (A 204). Erst wenn wir dieses Nichtwissen akzeptieren, werden Funktion und Aufgabe der Religion klar. Sie hat sich diesem ungelösten und unlösbaren Problem zu stellen und mit diesem „redlich erstandenen Nichtwissen“ (Sparn, 49) auf unprätentiöse Weise umzugehen: „Daß die Welt im Argen liege, ist eine Klage, die so alt ist wie die Geschichte, selbst wie die noch ältere Dichtkunst, ja gleich alt mit der ältesten unter allen Dichtungen, der Priesterreligion“ (VII, 665). Damit behält das Theodizeeproblem für Kant seine zentrale Stellung. Die Welt liegt im argen, und dieses Problem kann nicht mehr über den Umweg einer Welterklärung gelöst werden. Kant faßt dies zusammen in der simplen Frage, ob jemand „das Spiel des Lebens noch einmal durchzuspielen Lust hätte“ (A 203). Angesichts dieser existentiellen Frage erweist sich alle weitere Spekulation als Vernünftelei und – Gottes Existenz vorausgesetzt – als eine

Anmaßung. So ist es für Kant nur zu verständlich, daß alle bisherige Theodizee nicht leistet, was sie verspricht.

Hat Kant damit dem Unternehmen „Theodizee" den endgültigen Abschied gegeben? Dies gerade nicht. Er führt vielmehr eine wichtige Unterscheidung ein. Er qualifiziert die bisherige Theodizee: „Die philosophischen Versuche dieser Art Auslegung sind doktrinal und machen die eigentliche Theodizee aus, die man daher die doktrinale nennen kann." Ihr stellt er eine *„authentische"* Theodizee gegenüber und erinnert dabei an Ijob. Dieser weist zwar alle vermittelnden Spekulationen zurück, tut aber das Entscheidende, worauf es nach Kant ankommt: Er spricht, wie er denkt und wie ihm zumute ist. Dadurch wird es auch möglich, Gottes Antwort unmittelbar zu hören. Nicht mehr unsere Vernunft (wie in der doktrinalen Theodizee), sondern Gott ist jetzt wieder Herr der Verhandlung. Gottes Ratschluß hat für Ijob das letzte Wort. Er läßt ihn das Schöne der Schöpfung erblicken, aber auch Schreckliches; jedes für sich ist gut, aber für den Menschen eventuell zerstörerisch, im Letzten für uns ein Geheimnis. In der Beurteilung dieser Wirklichkeit kann Ijob zwar unweise sein und irren. Aber im Blick auf das Unvermögen unserer Vernunft ist er aufrichtig. Auch sie muß sich in ihrer Praxis auf das verlassen können, was sich im Glauben als überzeugend manifestiert.

Diese Wende mag überraschend und für den Theologen sympathisch klingen. Aus philosophischer Perspektive bleiben Fragen; sie lassen sich nur im Rahmen einer ausführlichen Kantinterpretation beantworten. Die Theodizee ist aus der Oberhoheit der „reinen" Vernunft befreit und der glaubenden Auseinandersetzung zurückgegeben, in der nicht vernunftlos, aber eben auf der Basis der „praktischen" Vernunft zu streiten ist. Auch für Kant sind Vernunft und Glaube keineswegs getrennt. Er will ja gerade „nicht seine Moralität auf den Glauben, sondern den Glauben auf die Moralität" gründen (A 217). Aber es ist genau darauf zu achten, was in dieser Antithetik im Blick auf die theoretische Vernunft spielt. „Moralität" steht näher bei der Glaubensentscheidung, bei Lebensentwurf und Lebenspraxis, „Glaube" dagegen eher bei der abgeleiteten Vernunft eines Glaubenssystems, das sich auf aussagbare Sätze konzentriert. So bleibt doch die Frage: Wird jetzt nicht gegen den Rationalismus der Aufklärungszeit eine Option eingetauscht, die das Wahrheitsproblem zugunsten einer ungebrochenen Wahrhaftigkeit und Moralität hintanstellt? Ich glaube nicht, denn man kann Kants Unterscheidung zwischen einer doktrinalen und einer authentischen Theodizee auch als Kritik lesen an allen Versuchen, kraft eigener Vernunft über das Ganze der Wirklichkeit und über Gott zu befinden. Von daher läßt Kant sich lesen als kritische Anleitung zur Suche nach jenen Elementen der traditionellen Theodizee, die sich unvermutet aus Glaubensüberzeugungen speisen.

Für eine gegenwärtig weiterführende Diskussion wäre es deshalb hilfreich, den Begriff des Authentischen zu präzisieren. Authentisch ist die Theodizee dann, wenn in ihr die Sache, das Problem und Gott selbst zu Worte kommen. Indem Kant diese authentische Interpretation in der Gestalt Ijobs „allegorisch ausgedrückt" sieht, gibt er dem Begriff gleichzeitig eine subjektive Note. Authentisch bedeutet dann glaubwürdig, ehrlich und unverstellt, „wie es einem ums Herz ist". Schließlich ist daran zu erinnern, daß der Wahrheitsbegriff seit Kant noch andere Differenzierungen erfuhr, die Kants Position nachträglich erhellen könnten. Drei seien hier genannt.

Die erste ist der hermeneutische Wahrheitsaspekt. Es ist ganz unbestritten, daß die Frage der Theodizee heute nicht mehr als ein schlicht rationales und verrechnendes Unternehmen begriffen werden kann, das sich in Beweis und Gegenbeweis erschöpft. Theodizee ist zu verstehen als ein institutionalisierter Streit um Weltverständnis und Weltinterpretation, nicht als ein Unternehmen, das sich an einem endgültigen Resultat orientiert.

Die zweite Differenzierung betrifft einen Aspekt, der von Habermas überzeugend zusammengefaßt und systematisiert wurde. Aussagen und Argumentationen enthalten mehrere Dimensionen. Dazu gehört die der kognitiven „Wahrheit", der moralisch-praktischen „Richtigkeit" und der expressiven „Wahrhaftigkeit" (Habermas 1981, I, 45). Vereinfacht geht es um das Zusammenspiel einer objektiven, einer sozialen und einer subjektiven Welt. Nun spielt gerade im religiösen und damit auch im theologischen Diskurs die Dimension der Wahrhaftigkeit eine besondere Rolle. Die Frage nach der Wahrhaftigkeit wird ja gerade dann spannend, wenn das Wahrhaftige mit dem (praktischen Diskurs des) Richtigen und dem (theoretisch-kognitiven Diskurs des) Wahren in Konflikt gerät. Möglicherweise läßt sich Religion unter den Bedingungen der Moderne definieren als der Versuch, diesen Konflikt produktiv zu verarbeiten. Dann wäre Theodizee unter den Bedingungen der Moderne die Arbeit an einem öffentlichen und vielfältigen privaten Problem: der persönlichen Aneignung eines unabweisbaren Sinns, gegen den sich unsere Selbstkundgabe sträubt.

Die dritte Differenzierung betrifft einen linguistischen Aspekt, der in verschiedensten Varianten zum Grundbestand philosophischen und theologischen Nachdenkens gehört. Es geht um die Erkenntnis, daß wir in und mit unseren Aussagen auch handeln, die Wirklichkeit damit also unmittelbar beeinflussen können. Reden (und Schreiben) ist Handeln, Interaktion, Illokution. Dieser Aspekt kann für ein Neuverständnis des Theodizeeproblems von höchster Bedeutung sein. Hier kehrt nämlich in linguistischer Wendung wieder, was Kant schon als „Machtspruch" und als „machthabende Vernunft" umschrieb. So gesehen ist die Theodizee unter den Bedingungen der Moderne geradezu eine therapeutische Kunst, die aus den Kontingenzerfahrungen der Gegenwart eine kommunikative Kraft entfaltet, die das Ungenügen und den Protest besprechbar macht und so der Sache des Glaubens ihren lebenspraktischen Lauf eröffnet. Genau dies hat sich oben als mögliche Deutung des Ijobbuchs schon gezeigt.

b) Seine heutige Gestalt

Erneut: die Frage nach den Menschen …

Auf die Philosophiegeschichte seit Kant kann nicht eigentlich eingegangen werden. Verwiesen sei auf Georg W. F. Hegel (1770–1831), der den Entwicklungsgang der Weltgeschichte als die „wahrhafte Theodicee, die Rechtfertigung Gottes in der Geschichte" versteht (Geyer 1983, 119–122; Küng 1970; Ringleben). Zwar gibt es das Böse an allen Orten, aber in der Entgegensetzung von These und Antithese läßt es sich immer als Moment der nächsten Stufe begreifen. Dieser heilsame Durchgang gilt ebenso für die Sünde Adams wie für den unermeßlichen Tiefpunkt der Geschichte überhaupt, Gottes Tod am Spekulativen Karfreitag (Küng 1970, 207–222). Das bleibend Böse ist jedoch dasjenige, das für immer in seiner Partikularität bleibt. Doch bildet es keine Bedrohung, sondern verschwindet eben in der Geschichte. Die Menschen sterben zu früh, als daß sie sich mit dem künftigen Triumph der Geschichte versöhnen könnten. So wird die Rechtfertigung der Geschichte zum Wettlauf mit der Zeit und bietet eine Überwindung des Bösen, die lebenspraktisch nicht überzeugt.

Diese Perspektive ändert sich, sobald Hegels allzu perfektes System seinen Antitext herausbildet. Gemeint ist Karl Marx (1818–1883), der Hegel vom Kopf auf die Füße zu stellen und zusammen mit Feuerbachs Religionskritik die Religion entlarven zu können glaubt. Das Theodizeeproblem hat sich jetzt in anderer Weise erübrigt, da es keinen Gott mehr zu verteidigen gibt. Statt des absoluten Geistes wird jetzt die Gesellschaft zum umfassenden Bezugsrahmen der Theorie. Das Schlagwort „Idealismus“ wird alsbald durch den Aufruf zum „Materialismus“ ersetzt, und die Theologie wird ihn lange Zeit als „Atheismus“ lesen. Aber der Ablösungsprozeß verläuft komplizierter. Zunächst wird das Böse aus der Opferperspektive neu definiert. „Ich mache Sie darauf aufmerksam“, schreibt Marx an Ruge, daß „alle denkenden und alle leidenden Menschen zu einer Verständigung gelangt sind ... Die Existenz der leidenden Menschheit, die denkt, und der denkenden Menschheit, die unterdrückt wird, muß ... für die Philisterei ungenießbar werden.“[6] Wissen stellt jetzt nicht mehr dar, sondern verfolgt ein praktisches Interesse. Das Theodizeeproblem ist zwar nicht aufgelöst, aber dieses praktische Interesse lautet: Abschaffung des Leids, des Unrechts, der gesellschaftlichen Widersprüche.

Deshalb braucht das Werk von Marx nicht als Widerlegung eines Glaubens an Gott gelesen zu werden. Wenn Marx das Böse im Leiden der Ausgebeuteten konkretisiert, dann hat er durchaus biblisch gedacht. Er versuchte, den Protest gegen das Elend der Welt wirksam voranzutreiben. In seinem Gefolge, unter direktem oder indirektem Einfluß seines Denkens, wurden die Basisideologeme der westlichen Kultur schrittweise entlarvt. Das geschah in erster Linie durch die Kritische Theorie der Frankfurter Schule (Adorno; Horkheimer; Knapp). Die Analyse dieses Umbruchs wurde auch in der europäischen Theologie – etwa in der Form der Politischen Theologie von J. B. Metz – vorangetrieben (Oelmüller 1992; Metz 1995). Die lateinamerikanische Befreiungstheologie der ersten Generation hatte sich der marxistischen Gesellschaftsanalyse ausdrücklich verschrieben (Collet, Gutiérrez). Wachsende Differenzierungen haben die Faszination und den bisweilen ideologischen Sog des marxistischen Ansatzes gedämpft. Aber ein Erfolg ist geblieben: Das Böse erscheint nicht mehr ordnungstheoretisch als eine abstrakte Folge von Prozessen (wie zuletzt in der Aufklärung), sondern als der Grund, weshalb Menschen leiden, unterdrückt werden oder sterben. Die Fragen dieses Leidens, des Unrechts und des menschlichen Elends bestimmen immer deutlicher die Diskussion. Die Theodizee wandelt sich also zur Anthropodizee, zur Verteidigung des Menschen oder wenigstens zum unermüdlichen Plädoyer für die Menschlichkeit. Das Ensemble von Anklägern, Angeklagten und Verteidigern hat sich umorganisiert.

Aus theologischer Perspektive allerdings birgt eine Anthropodizee auch Probleme. Zwar muß deren Religionskritik nicht zum Atheismus führen, weil sich menschliche Bosheit kaum mit gesellschaftlichen Verhältnissen rechtfertigen läßt. Umgekehrt haben alle theologischen Theorien eines gottgewollten Leidens an Überzeugungskraft verloren. Auch läßt sich das Leiden der Opfer nicht mehr einfach zum Risiko der Freiheit, zum Preis der Liebe oder zur Vorbereitung auf eine künftige Welt degradieren. Konsequenter wäre da schon ein Menschenbild, das die alte religionskritische Denkfigur anthropologisch wendet und in nagender Skepsis fragt, ob es den bösen Tätermenschen überhaupt noch geben dürfe (Cioran), ob wir nicht vor ihm fliehen müßten (Horstmann), ob sein Ende nicht schon gekommen ist (Foucault; Geyer 1992, 298 f.). Stendhals einzige Entschuldigung für Gott, daß es ihn nämlich nicht gebe, müßte dann auf den Menschen, wenn auch unter Schwierigkeiten, angewendet werden. Ruhe haben wir vor ihm erst dann, wenn seine Zeit vorbei ist.

Absurd sind diese Gedanken nicht. Vielleicht gibt es den wirklichen Menschen noch nicht. Nicht nur die Schrift kennt die Rede vom Neuen Menschen und der Neuen Schöpfung (2 Kor 5,17), die wir erst erwarten. Angesichts des Todes, dieser radikalen Anti-Utopie, scheint uns um der Hoffnung willen selbst Bloch der Wirklichkeit zu entheben. Noch kein vorhandenes Individuum sei an den „Herd unserer Existenz“ getreten: „Ist aber unser Kern ... noch nirgends sich objektiv geworden: dann kann er als noch nicht real entstanden auch nicht real vergehen“ (Bloch 1968, 288). So stößt die Verteidigung des Menschen, wie auch immer, an unüberwindliche Grenzen, wenn sie Gott nicht zu Hilfe ruft. Man mag sich um den Sinn solchen Räsonierens streiten und die Frage mit Schopenhauer zu unterlaufen suchen, der meinte, wir seien überhaupt nicht da, um glücklich zu sein (Geyer 1983, 128). Unbestritten bleibt: Genau an diesem Abgrund, an dem der Mensch sich entdeckt, wird er auf die Fragen zurückgeworfen, die man religionskritisch zu erledigen suchte. Leid, Bosheit, Tod sind Anstöße zu Religion, Theologie und Metaphysik. Sollen aber Menschenverachtung und Jenseitsflucht nicht zu den Extremen eines beliebig schwingenden Pendels werden, dann bleibt der Anthropodizee nur der dritte und schwierigste Weg: Trotz des Eifers für den Menschen darf die Schuld von Menschen an Mitmensch und Gesellschaft nicht verdrängt werden. Auch eine menschenfreundliche Theologie muß die alte Frage unserer Schuld vor Gott aufnehmen und die Möglichkeit eines Neubeginns entdecken. Die Frage der – von einer Anthropodizee untermauerten – Theodizee bleibt theologisch aber so lange unlösbar, wie sie sich nicht mit der bisherigen Praxis beschäftigt und nicht auf deren Veränderung zielt. Insofern bleiben die Mitmenschen, die Handelnde oder Leidende, oft auch beides sind, der Mittelpunkt auch dieses Fragekomplexes.

... und die Frage nach Gott

Lange Zeit schien es so, als sei das Unternehmen der Theodizee für die protestantische wie die katholische Theologie beendet[7]. Das hatte, wie wir sahen, seine sachlichen Gründe. In ihrer klassischen doktrinalen Form mußte sie scheitern. Zwar ließen sich die Diskursebenen beliebig verschieben; existential- und transzendentaltheologische, handlungs- und entscheidungstheoretische, personalistische und geschichtstheologische Aspekte wurden entwickelt. Doch zu keiner dieser Formen und keiner noch so scharfsinnigen Präzisierung ließen sich entsprechende Gegenargumente verhindern. Dabei zeigte sich bald, daß sich auch die Schauplätze des Streits änderten. Bald stand zur Diskussion, was Freiheit, was die Schöpfung oder wer Gott sei, was Atheismus, Glaube und Protest, Geschichte, Gesellschaft. Eine Diskussion ist hingegen nur sinnvoll, wenn über viele Voraussetzungen und Einzelfragen ein allgemeiner Konsens besteht, wie es zu Beginn des 18. Jahrhunderts noch der Fall war. Hat nicht Kant mit seiner These recht, Gott lasse sich „vor dem Richterstuhl der menschlichen Vernunft" nicht verteidigen?

Ganz sicher kann Kant nicht einfach „von links" vereinnahmt werden. Zwar gibt er in Sachen Religion einer Vernunft den Abschied, die wertfrei und distanziert argumentieren will. Das ist die Vernunft, mit der er sich am Ende des 18. Jahrhunderts auseinanderzusetzen hatte. Das ist aber nicht die vernehmende oder hermeneutische Vernunft, die offenlegt und hilft, Zusammenhänge zu verstehen. So machen neuere „Widerlegungen" der Theodizee mit atheistischer Zielsetzung nicht gerade den Eindruck von denkerischer Kreativität (Gesang). Hier wird, wie es scheint, noch auf der Denkebene und mit den Denkbeschränkungen des 18. Jahrhunderts argumentiert. Es wird ein Gottesbegriff vorausgesetzt, den die Elite der Theologen schon lange verlassen hat, und es werden Geltungsansprüche kritisiert, die seit geraumer Zeit schon von der Theologie nicht mehr formuliert wurden. Gesang beschließt seinen Traktat mit den Worten: „Die Anklage gegen Gott erweist sich im wahrsten Sinne des Wortes als gegenstandslos. Es spricht alles dafür, daß die Anklagebank während unserer gesamten Gerichtsverhandlung leer gewesen ist" (180). Diesen fiktiven, etwas kleinkarierten Angeklagten gibt es wirklich nicht, nicht einmal in den Köpfen gläubiger Theologen.

Aber Kant darf auch nicht „von rechts“ vereinnahmt werden. Zwar gibt es keine Vernunft, die gegen einen unangemessenen Einsatz und gegen Mißbrauch gefeit ist; es kann auch hermeneutischer Unsinn geschehen. So läßt sich die Fortsetzung der Theodizeeproblematik als Verteidigung Gottes zwar niemandem verbieten; aber es erstaunt, daß sie von vielen noch immer als Streit um die Existenz Gottes und nicht als Ringen um das Verständnis des Bösen geführt wird. In der Absicht, vor allem Gottes Existenz und Güte zu rechtfertigen, wird das Leiden dann etwa zum „Preis der Liebe“ erklärt (Greshake 1978). Das klingt menschenfreundlich, führt aber zur Instrumentalisierung des Leidens (Geyer 1992, 220–236), die nur „der Systematisierungswut eines Dogmatikers“ entspringen kann (Janßen, 183; Wagner, 91).

Wo aber liegt für eine zeitgenössische Theodizee zwischen links und rechts die legitime Mitte? Die Metapher ist gefährlich, doch sei eine Antwort versucht. Nach D. Tracy verantwortet die Theologie heute ihre Sache vor drei Foren: der Wissenschaft, den Kirchen und der Gesellschaft. Gemäß diesem Modell nimmt sie die Aufgabe der Theodizee heute in drei Stufen wahr. Ich nenne sie: kritische Diskussion (Wissenschaft), glaubende Aneignung (Kirchen) und empathische Expression (Gesellschaft).

(1) Die kritische Diskussion ist eine der bleibenden Aufgaben des Unternehmens. Die Skala der formulierten Argumente ist immer wieder zu besprechen und hat jenen Bereich einer Kultur des Schmerzes und des Leidens abzudecken, dessen auch die christliche Tradition bedarf. Die Weltinterpretation ist ja vor Überdramatik zu schützen und das wirkliche Unheil dort zu entdecken, wo es sich wirklich zeigt. Die Sache Gottes ist also in diesen gebändigten rationalen Diskurs unserer Gegenwart einzubringen. Vor allem ist zu zeigen, wie sich die Kommunikation über das Böse weiterentwickeln, vielleicht auch verstehen und verarbeiten läßt (Kreiner). So wie in jeder wissenschaftlichen Diskussion stehen alle Aussagen unter dem Vorbehalt einer widerlegbaren Hypothese, der Verifikation bzw. der Falsifikation. Im Augenblick spielen prozeßphilosophische und prozeßtheologische Argumente eine besondere Rolle (Suchocki). Dabei wird von ihnen nicht erwartet, daß sie die anstehenden Fragen objektiv besser beantworten oder das Geheimnis des Bösen und von Gottes Güte gar lösen können, aber es werden die Kategorien einer modernen Metaphysik angeboten, durch die sich Naturwissenschaftler angesprochen fühlen, in der es also um Prozeß statt um Wesen, um Zeit statt um Überzeitlichkeit, um organische Pluralität statt um

monokausale Strukturen, um Freiheit statt um strikte Kausalität geht. Wenn hier gar die Denkmöglichkeit eines mitleidenden statt eines allmächtigen Gottes angeboten wird, dann ist dies mindestens eine Auseinandersetzung wert (Oomen).

(2) Auf dieser Stufe der glaubenden Aneignung geht es um eine hermeneutische Aufgabe. Der christliche Umgang mit dem Bösen wird von spezifischen Ausgangspunkten gesteuert (Neuhaus), etwa der Tradition der Schrift, der Erinnerung an Jesus von Nazaret sowie dem interreligiösen Gespräch. Diese leitenden Aspekte der glaubenden Aneignung lassen sich in drei Punkten zusammenfassen. Die erste Voraussetzung lautet: Glaube an den Gott der Juden und Christen. Wer in Not ist, schreit um Hilfe und erwartet Rettung. In diesem Augenblick denken die Betroffenen nicht über die Frage nach, ob ihr Gott gut oder böse ist oder ob er seine Entscheidungen zufällig trifft. Diese Situation änderte sich für Israel dann, als der Glaube an einen gütigen und mächtigen Gott entstand. Erst in diesem Augenblick taucht das Folgeproblem der Theodizee auf. Zur Debatte stehen also nicht die Beweisbarkeit dieses Glaubens, sondern die Entdeckung seiner inneren Vernünftigkeit, seines Sinns. Daß es dabei nicht bei einer beschreibenden oder erklärenden Vernunft bleiben kann, ist selbstverständlich. Vielmehr werden durch diese Frage erst Möglichkeiten des Weltverständnisses und der Weltgestaltung mobilisiert. Das spezifisch jüdisch-christliche Theodizeeproblem wird deshalb erst im Rahmen einer Praxis der Weltgestaltung richtig aufgegriffen und verstanden.

Die Berichte von Leiden und Tod Jesu etwa gehören zu den Grunderfahrungen der ersten Jüngerschaft, also zu den grundlegenden Ausgangspunkten des christlichen Glaubens. Der Tod des von Gott geliebten Sohnes ist nicht Theodizeefall Nummer eins, sondern Auslöser des christlichen Glaubens. Dieser Glaube ist also nicht Objekt der Anfechtung, sondern die Folge von Jesu Tod. Die Theologie muß wissen, in welch gefährliche Situation sie dadurch den christlichen Glauben führt, denn als sinnvolle Antwort bleibt nur noch eine Umkehr des Lebens mit dem Ziel: radikale Abkehr von Gewalt, vorbehaltloser Einsatz für eine bessere Welt. Zur Debatte steht deshalb nicht die Liebe zum, sondern das Aushalten am Kreuz. Wenn aber Macht und Wirkung des Bösen keine Bedrohung, sondern eine Aktivierung des christlichen Glaubens darstellt, dann wird damit die allgemeingültige Rationalität zwar nicht außer Kraft gesetzt (1 Kor 1,18–31), aber aus einer spezifischen Perspektive der Interpretation mobilisiert. Der christliche Glaube kennt eine Hermeneutik der Krise, die auf diese tödliche Bedrohung aufmerksam macht. Gottes Heil, Liebe und Erlösung ist dann nur noch sub contrario (Luther), d. h. „unter dem Gegenteil“ von Unheil, Gewalt und Verdammung zu erfahren. Dieser Weg kann zu einer Haltung des extremen Widerstands gegen das Leid führen (Sölle), ist aber von Fehlhaltungen gefährdet: von Ressentiments und Masochismus, von einem sublimen Sündenbockdenken sowie von einer destruktiven Sakralisierung und Heroisierung der Gewalt (Schwager). Trotz dieser Gefahren und Fehlformen bleibt der genannte, zutiefst spirituelle Aspekt des christlichen Glaubens für seine Zukunft und Kreativität lebensnotwendig. Vermutlich stoßen wir an die Grenzscheide von philosophischer und theologischer Argumentation. Deshalb ist diese Erfahrung auch nicht als Denkersatz zu verkaufen (Geyer 1992, 239–246). Im Unterschied zur kritischen Diskussion und emphatischen Expression ist hier zu sprechen von einer Aneignung des Glaubens durch die Solidarität mit den gedemütigten Menschen und einer gedemütigten Welt. Diese Spiritualität des Leidens kann von eminenter öffentlicher und politischer Bedeutung sein.

(3) Die klassische Theodizee war auf der Ebene der philosophischen Reflexion angesiedelt; auf dieser Basis hatte sie öffentliche Funktion. Ihre Denkergebnisse waren bestimmt für den öffentlichen Diskurs derer, die sich um die Existenz Gottes angesichts der Weltübel Gedanken machten. Heute setzt die eigentliche theologische Diskussion – zumal in bezug auf die Problematik des Bösen – die kritisch-rationale Diskussion und glaubende Aneignung im Forum der Wissenschaft und des Glaubens voraus. Im Forum der Öffentlichkeit steht deutlicher als früher die Macht des Bösen zur Diskussion; es geht um dessen emphatische Expression, die Handeln und Denken weitertreibt.

Einige Phänomene lassen sich aus dieser neuen Situation erklären. Da ist erstens die integrierende Kraft des Theodizeeproblems in emanzipatorischen Theologien. Für die Lateinamerikanische Befreiungstheologie, Schwarze Theologien und feministisch-theologische Ansätze ist die Theodizeeproblematik nicht ein Teil, sondern die treibende Kraft. Da ist zweitens die wachsende Bedeutung von nichttheologischen und profanen, vor allem literarischen Texten (Kuschel 1997). Nicht nur die schon lange rezipierten Texte eines Nietzsche oder Dostojewski, eines Sartre oder Camus werden verhandelt (Neuhaus), sondern eine unübersehbare Fülle literarischer Texte, in denen die Frage nach Sinngebung und Gott, das Ijobproblem (s. o. S. 29–36) oder die Erfahrung der Schoa verhandelt wird (Langenhorst 1995). Diese Entwicklung kann geradezu als Glücksfall betrachtet werden, denn hier werden Sinnfragen nicht von Theologen unterstellt und vorformuliert, sondern sie entstehen selbständig aus der profanen Kultur der Gesellschaft. Da ist drittens eine Haltung der intellektuellen Solidarität. Angesichts der Fragen, der Enttäuschungen und des Schreiens (Metz), angesichts dieses unmittelbaren Ausdrucks reagiert die Theologie nicht mit überlegener, bestätigender oder korrigierender Analyse, sondern mit Empathie. Es gilt, dem Elend eine hörbare Stimme zu leihen.

Was aber hat die Theologie in dieser Situation inhaltlich zu sagen? Welche Position nimmt sie angesichts der Alternative von Macht und Ohnmacht ein? Wie kann sie deutlich machen, daß es sich lohnt, auf den Gott Israels und auf den Gott Jesu Christi zu vertrauen? Im öffentlichen Diskurs prallen entgegengesetzte Ansichten aufeinander.

Das läßt sich zeigen an der Frage: Widerstand oder Ergebung?

Eine Position vertritt eindeutig das Recht des Protestes. Gemäß biblischer Tradition hat Gott Verantwortung für den Gang der Weltgeschichte, sonst wäre Gott nicht mehr Gott (W. Gross 1992). Andere hingegen bestehen auf der Unergründbarkeit von Gottes Willen, dem wir uns beugen müssen, sofern wir nur alles für die Abschaffung des Leidens tun (Küng 1967).

Das läßt sich zeigen an der Frage: Gegenwart oder Geduld?

Das Christentum ist im Rahmen apokalyptischer Ängste und Erwartungen geboren (Sommer; Häring 1989). Andererseits kann christliche Lebenspraxis auf ungezählte Erfolge, Hilfen und Erfahrungen verweisen, in denen sich Gottes Güte hier und jetzt zeigt. Ohne solche Erfahrungen wäre das Christentum wohl nicht lebbar und als Religion schon längst ausgestorben. Viele versuchen, diese Erfahrungen aufzugreifen, zu besprechen und für den Alltag des Kampfes zu stärken (Sölle). Dem gegenüber steht eine stark apokalyptische Lösung, die den Blick auf den Gekreuzigten aushält, in seinem letzten Schreien den Schrei der leidenden Menschheit hört und auf das Ende dieser Weltzeit wartet (Metz 1968; Hick; Griffin).

Es läßt sich schließlich zeigen an der Frage: Wie handelt Gott?

Es besteht allgemeine Übereinstimmung darüber, daß Gott nicht ohne uns Menschen handelt. Doch bleibt angesichts des unversöhnten Leidens die Frage, ob Gott am Ende nicht doch selber handeln muß. Auch hier stellt sich die Alternative: Entweder steht am Ende (wie schon bei der Auferweckung Jesu) ein Handeln, das Gott allein zukommt (Kessler, 283–311), oder Gottes Macht und Wahrheit lassen sich nur als Handeln von Menschen durchsetzen. Infolge eines erneuerten politischen und gesellschaftskritischen Bewußtseins hat in den vergangenen Jahren das Unternehmen der Theodizee eine unerwartete Erneuerung erlebt. Dabei hat sie noch weniger als früher fertige Lösungen anzubieten. Es hat sich aber gezeigt, daß die Theodizee nicht mehr gesondert behandelt und einigen Spezialisten überlassen werden kann.

2. Geschichte der Entfremdung

Die Formalisierung und Isolierung eines Traktats über das Böse hätte, wie wir sahen, nur begrenzten Wert; denn das Problem erstreckt sich über alle Fragefelder[8]. Die üblichen Antworten deuten allenthalben Lösungen an, erweisen sich aber auf Dauer eher als hinderlich. Es gibt, wie wir hinreichend sahen, kein Böses an sich, deshalb auch keine bleibende Sprache, die es fassen, gar hinreichend abgrenzen oder überwinden könnte. Aber jede Generation wird neu darüber sprechen. Wer es etwa als Mangel an Gutem versteht, weiß dessen enorme Macht nicht zu klären. Wer vorrangig auf menschliche Schuld setzt, kämpft mit dem Paradox des Freiheitsverlusts. Wer es in größere Zusammenhänge einordnet, wird mit dem Rest unwiederbringlicher Zerstörung konfrontiert. Wer das Böse schließlich im Glauben für überwunden hält und sich dafür auf die Auferstehungsbotschaft beruft, muß gleichzeitig erklären, warum diese Überwindung noch nirgendwo zu spüren ist. Schließlich hat das Böse für jede Kultur und Generation, jedes Alter und Individuum sein eigenes Gesicht und entzieht sich streng jeder Pauschalisierung.

Für die Theologie ergibt sich daraus eine ambivalente Ortsbestimmung: Eine Theologie des Bösen ist, strenggenommen, Unsinn, ein Widerspruch in sich. Denn Gott ist unbedingt gut, die Liebe (1 Joh 4,16); die Dämonen aber sind nichts (Ps 96, 5). In Gott hat kein Fremdkörper Platz, und schließlich wird er „alles in allem“ sein (1 Kor 15,28). Paulus zufolge ist das Böse überwunden, der Tod in den Sieg verschlungen (1 Kor 15, 54). Der Glaubende hat das Leben in Fülle (Joh 10,10). Wer das Heil einmal erfahren hat, so möchte man sagen, wird sich vom Bösen nicht mehr fangen lassen. Muß er sich aber mit ihm beschäftigen, dann tue er es, wie K. Barth im Blick auf die Dämonen sagt, mit der gebotenen Distanz: „Gerade ein kurzer, scharfer Blick darauf ist … das einzig Richtige“ (KD III/3, 609).

Zugleich ist eine Theologie des Bösen, strenggenommen, unverzichtbar: Ohne das Böse und die mit ihm verbundenen Verhüllungen, Kontrasterfahrungen und Irrtümer wäre eine Theologie überhaupt nicht nötig. Und so viele Gründe auch für die Nichtigkeit des Nichtigen anzuführen sind, noch schwerer wiegt der Verdacht, daß hinter jeder der großen Aussagen ein Vorbehalt lauert, und sei es nur der eine, unter dem das ganze Neue Testament geschrieben ist: Die Zeit ist noch nicht ans Ende gekommen, und der Messias hat sich noch nicht gezeigt. So wird das Böse zwar gefürchtet, aber auch in großem Maßstab verkannt. Wenn dagegen Theologie und Glaube heute den Menschen dienen sollen, dann müssen sie ihre Bosheitstheorien aus der apologetischen Umklammerung befreien. Es gilt, das Unheil der Geschichte zu erkennen und anzuerkennen, die Menschen nicht als Täter, sondern auch als Opfer des Bösen zu akzeptieren und vor diesem Hintergrund Jesu Geschichte des Lebens, des Leidens und des Sterbens exemplarisch zu begreifen.

a) Das Unheil der Geschichte

Die Ideologie des Fortschritts braucht hier weder verteidigt noch widerlegt zu werden (Meyer; Horkheimer/Adorno). Ihre Kritik ist uns längst selbstverständlich, auch wenn viele gesellschaftliche und politische Konsequenzen noch zu erkämpfen sind. Die Alternative ist aber nicht in Nietzsches Idee von der ewigen Wiederkehr zu finden; ein Finale ohne Ende wäre fürchterlich (Metz 1993; Fukuyama). Jesus und die frühen Christen dachten, der Schall der Posaune stehe kurz bevor (1 Kor 15,52), und die Apokalypse zeigt, daß die Grauen auch qualitativ an ihr Ende kämen: „Wie lange zögerst du noch ..., Gericht zu halten und unser Blut an den Bewohnern der Erde zu rächen?“ (Apk 6,10). Dieser Zeitfaktor drängt sich unserer Generation erneut und intensiver denn je auf, da die Apokalyptik inzwischen in tausend Gestalten technisch realisierbar ist (Anders). Die Atombombe ist zum Gegensymbol der Zukunft avanciert (Sloterdijk, I, 252–261). Offen bleibt nur, woher der christliche Glaube jetzt noch den Mut zur Hoffnung nimmt.

Neue Konzepte

Gemäß biblischer Tradition ist und bleibt die Geschichte der originäre Raum, in dem sich das verheißene Heil der Menschheit realisiert. Die bisher besprochenen Wege der Relativierung, Moralisierung und Verinnerlichung des Problems können nur unter diesem

Vorbehalt gelten. So bedeutet es eine ungeheure Erleichterung, daß die Frage nach dem Bösen seit Beginn des 19. Jahrhunderts wieder in den Anschauungsraum der Geschichte zurückgekehrt ist (Geyer 1992, 193–210). Die Frage ist, wann und wie das Böse innerhalb von Volk und Gemeinschaft sowie in der Menschheit überwunden wird. Dieser Logik ist inzwischen unsere politische Welterfahrung gefolgt; die neue Gemeinsamkeit in Heil und Unheil ist offenkundig. Die individuellen Dimensionen des persönlichen Übels oder Versagens, selbst von Krankheit und individuellem Tod, werden immer weniger mittelbar darauf bezogen. Vermutlich übersieht niemand mehr, was insgesamt geschieht. Andererseits verfügen wir über Instrumentarien zur Weltvernichtung, die früher nicht vorstellbar waren. Auf dieser instrumentellen Ebene offenbart und definiert sich Böses in unserer Gegenwart als lebensfeindlich, als Frage nach Ziel und Ende der Geschichte.

Diese Neuorientierung ist in der Theologie schon seit langem im Gange (Küng 1990; 1997). K. Barth wurde schon genannt. Er bringt die Widersprüchlichkeit auf den Begriff, die sich vom Ende her erst auflöst (Rodin). Hinzuweisen ist auf die Neuentdeckung der Eschatologie. Seit Jahrhundertbeginn läßt sie das theologische Denken nicht mehr in Ruhe. W. Pannenberg macht dann deutlich, daß Theologie heute nur verständlich und argumentativ stark sein kann, wenn sie die Geschichte auf ihr Ende hin bedenkt (Pannenberg 1962, 95–106). Einen endgültigen, sozusagen öffentlichen Durchbruch bewirkte der Einfluß von E. Bloch, vermittelt durch die „Theologie der Hoffnung" von J. Moltmann (Moltmann 1965). Gewiß kann von einer sensationellen Rückkehr utopischen Denkens in die Theologie gesprochen werden, die auch gegen neuere und gewiß ernste Kritik zu schützen ist (Jonas 1984; Schieder). Wegen seiner institutionskritischen Aspekte wurde dieses Denken durch Jahrhunderte hin auf ketzerische und sektarische Kreise abgedrängt. Im Gegenzug zu einem kirchlich bzw. konfessionell integrierten Christentum wurden genuin jüdische Impulse sowie Grundströmungen christlicher Denk- und Lebensgeschichte wiederentdeckt.

Der schon vorbereitete Weg zu einer kritischen Marxrezeption war damit möglich geworden. Die politische Dimension von Glaube und Theologie wurde nun als zentral und unaufgebbar behauptet (J. B. Metz 1977; Küng 1974, 545–562), damit der Begriff des Bösen „von unten" her mit gesellschaftlich relevanten Inhalten neu bestimmt. Es ging um Ungerechtigkeit und Unterdrückung, um die Teufelskreise von Armut, Sexismus und politischer Gewalt (Moltmann 1972, 306–308), um den Zynismus gegenüber Leiden und Tod, die Ausbeutung und Verschmutzung der Umwelt, die Marginalisierung von Randgruppen, die unkontrollierte Macht in Politik und Wirtschaft, die Verblendungszusammenhänge in Wissenschaft, Kunst, Religionen, Ideologie und Intoleranz, die ständig bohrenden Widersprüche einer auf Fortschritt bedachten Gesellschaft bis hin zu den aktuellen Fragen nach Globalisierungsprozessen in Politik und Ökonomie (Küng 1997).

Wer über die Geschichte als solche spricht, kann ja nie zu endgültigen Aussagen kommen. Zwar können wir das Böse eindeutig als lebensfeindlich (und damit als Widerspruch gegen Gott) umschreiben. Nicht eindeutig muß aber jetzt schon sein, ob eine Handlung oder Entwicklung für die Zukunft als gut oder böse einzuordnen ist. Der Geist bleibt aber ebenso an die Natur rückgekoppelt wie an den Bewußtseinsstand und die spezifischen Herausforderungen einer bestimmten Generation. Selbst die immer unbefriedigende und oft grausame Abwägung zwischen größerem und geringerem Übel, von Gewalt und unvermeidlicher Gegengewalt läßt sich in angegebenen Grenzen nicht vermeiden. So sind die neuen Ansätze immer auch Anleitungen dazu, das konkret Böse in neuen Situationen neu zu entdecken.

Kritik und Selbstkritik

Im Horizont der Menschheitsgeschichte werden so die wandernden Horizonte unserer moralischen Urteilskraft ebenso verständlich wie die neuen Symbole des Bösen, die entstanden sind und zur gegenseitigen Verständigung theologisch integriert werden müssen. Denn mit der Verwirklichung von Krieg und Atombombe, Umweltzerstörung und Ausbeutung der Erde, Auschwitz und Archipel Gulag, extremer wirtschaftlicher Abhängigkeit, Manipulation und elektronischer Kontrolle der Bevölkerung, Verelendung von Völkern und politischer Gewalt steht für uns die Zerstörung von Geschichte und Zukunft schlechthin an. Wenn die Theologie diese Wirklichkeiten als den Gegenhorizont des Heils bearbeitet und deren Herausforderung standhält, ist sie wieder bei ihrem Thema.

Natürlich sind mit dem Zauberwort „Geschichte“ die klassischen ordnungstheoretischen Probleme des Bösen nicht ausgeräumt. Denn wir können auch die Geschichte nicht voraussetzungslos betrachten. Ohne metaphysische Rahmentheorie wird das Böse in der Geschichte zum schlechthin unlösbaren Problem, das der Geschichte ihren Sinn raubt. So wie dann gefragt werden muß, ob Jesu Tod überhaupt einen Sinn gehabt hat (Schillebeeckx 1975, 267f.; Häring 1983), so wird auch das Geschehen der Alltage zu einem absurden Komplex ortloser Ereignisse.

Können wir aber dann über die Geschichte überhaupt noch sinnvoll reden? Wird dann nicht auch die geschichtsphilosophische Konzeption von Marx demaskiert, der – ebenso wie Hegel und viele christlich-theologische Entwürfe – mit seiner Erwartung einer klassenlosen Gesellschaft von unbeweisbaren Voraussetzungen ausgeht, deren beste Teile er zudem mit dem Evangelium teilt: das Verlangen nach Gemeinschaft und Freiheit, beides als etwas verstanden, das noch zu erringen ist (Thaidigsmann 1978, 221–225)? Genau besehen geht es jedoch nicht um das Problem, daß wir die Geschichte nicht voraussetzungslos bearbeiten können, sondern um die Einsicht, die hier gegen Hegel formuliert sei: Wir können Geist und Realität eben nicht zur Identität bringen; der Mensch darf mit dieser Wirklichkeit nicht versöhnt werden, sondern muß sein Recht gegen die Wirklichkeit erhalten (Thaidigsmann 1978, 221; Knapp). Befreiung, nicht Erklärung ist das Ziel christlicher Glaubenspraxis. Auch Verkündigung und Theologie stellen nie die versöhnungsfähige und endgültige Wirklichkeit dar. Und da sich die christliche Theologie ihrer eigenen Geschichte sowie der Geschichte des Christentums nicht entziehen kann, gehört deren selbstkritische Rekonstruktion unabdingbar zu unserem Thema. Die gängigen, immer wieder formulierten Fragen der Christentumskritik (Deschner) haben Recht auf Gehör.

Wo also hat man Bosheitserfahrungen mißbraucht, um Menschen in Heilsangst zu jagen und in sozialer Abhängigkeit zu halten? Wie viele Kriege, wieviel Verfolgung und Tod wurden im Interesse der „reinen" Wahrheit produziert? Warum wurden reformatorische Aufbrüche durch Jahrhunderte in die Ketzerei abgedrängt; wie konnte es zum Hexenwahn und zu Religionskriegen kommen? Warum setzen gerade die hoch organisierten kirchlichen Institutionen das Spiel der Ruhigstellungen, der erzwungenen Unterwerfungen, der geschlechtlichen Diskriminierung, des Mißtrauens gegenüber kritischen Impulsen ungeniert fort? Bleibt nicht alles – eher in sakraler Religiosität als in jesuanischer Erinnerung – unversöhnt geschieden: Heil und Unheil, Kirche und Welt, Täter und Opfer, Heilige und Sünder, auch Christen und Ungläubige, Wissende und Barbaren, in bezug auf das Heilige sogar Mann und Frau? Wurde nicht Gottes Vorherbestimmung in dieses schlimme Geschäft mit einbezogen, nicht Jesu Tod zu einem Heilsgeschehen hochstilisiert, das neue Untaten legitimierte? Lassen die Religionen nicht eine Blutspur hinter sich? Der Verlust an Glaubwürdigkeit, der von solcher Glaubenspraxis ausgeht, ist kaum zu überschätzen.

Die Lösung geschichtsphilosophischer Probleme des Bösen liegt also nicht im Verzicht auf jedwede Theorie. Die Lösung beginnt mit dem Zugeständnis, daß sich keine Geschichte – auch nicht die des Christentums – von der unversöhnten Geschichte des Unheils ausnehmen kann. Eine Theologie des Bösen überzeugt deshalb nur dann, wenn sie für die Geschichte (auch für ihre eigene) Verantwortung übernimmt. Denn wenn das Böse von seinem geschichtlichen Ende her zu ermessen ist, dann hat es schon vor uns als Geschichte begonnen. Auschwitz und alles andere, das nie ungeschehen sein wird: die übrigen Konzentrationslager mit ihrer Ermordung von Millionen und mit der Demütigung Ungezählter anderer, sie liegen chronologisch hinter uns; spätere Generationen haben daran nicht mitgewirkt. Dennoch sind diese Geschichte und ihr Unrecht nicht abgegolten (Peukert, 317–332). Was aber ist mit dieser Erinnerung an das Böse und an die Leiden der Geschichte gewonnen? Gewonnen ist der Zugang zu der einzig angemessenen Haltung. Das Unheil der Geschichte ist zwar Tatsache, aber nicht Voraussetzung, erst recht nicht Auslöser unserer Errettung. Was bleibt, ist einzig und allein eine Haltung der positiven Bezugnahme auf das, was geschehen ist.

An der Grenze des Grauens: das ungelebte Leben

Die Erinnerung an die Geschichte des Bösen braucht Symbole. Sie dürfen aber nicht dazu führen, daß die Opfer selbst vergessen werden oder die Ursachen des Grauens verblassen. Darum bedarf die Geschichte auch bleibender und immer neuer Konkretisierungen, die auf die Extreme des Bösen hinweisen. Dies geschah schon in den Geschichtstheorien und Geschichtstheologien, die während kritischer Epochen entstanden. Auf sie kann hier nur summarisch hingewiesen werden. Zu nennen wäre (noch einmal) die apokalyptische Literatur, Ausfluß einer langen Periode des Niedergangs, für die das Leiden und die Demütigung offensichtlich eine unerträgliche Grenze erreichten. Den bekannten Angstphantasien und Schreckensbildern etwa der Geheimen Offenbarung liegen drei Faktoren zugrunde: die Leiden vieler in den politischen Wirren jener Zeit, die Hoffnung auf eine ausgleichende Gerechtigkeit sowie der Gedanke vom Ende der Welt, in der alle von Gott geschaffene Ordnung wieder in sich zusammensinkt, um der Neuen Welt Platz zu machen. In der Welt und aus ihr heraus, so die Grundüberzeugung, kann es weder Fortschritt noch Erlösung geben. Diese allein komme dem Handeln Gottes zu. Der Gedanke an die Auferweckung der Toten ist ein ausgesprochen apokalyptischer Gedanke. Die Stilform der Plagen und Schreckensvisionen ist getragen von dem Willen, alles herauszuschreien, was die Menschen hier und jetzt niederdrückt (Berger 1988, 413; Marquardt).

Apokalyptische Strömungen sind in der Geschichte wiederholt aufgebrochen, während der Zeit der Völkerwanderung und des Falls von Rom (5. Jahrhundert), nach dem Fall von Byzanz (1453), zuvor schon im Westen des 13. und 14. Jahrhunderts (Körtner; Sommer). Augustinus hatte die Frage nach der geschichtlichen Macht des Bösen auf seine Weise beantwortet. Sein „Gottesstaat" entwickelt eine einfache und bestechende These: Es gibt zwei Bürgerschaften, eine irdische und die himmlische Stadt (civitas). Die eine richtet sich, kurz gesagt, nach dem Teufel, die andere nach Gott. Augustinus hat keine diesseitige, sondern eine jenseitige Lösung anzubieten. Es geht ihm darum, daß im Jenseits alles Elend überwunden ist: „und es wird Friede sein – voller und ewiger Friede" (Brown, 273).

Geschichtstheologische Entwürfe von Rang wurden bis hin zu Joachim von Fiore (1135–1202) nicht mehr entwickelt. Er sah das Reich des Geistes erscheinen, das die Zeit der Kirche ablösen sollte (West). Auch dieser Entwurf war von jenseitsbezogener Zukunftshoffnung getragen und überließ die weltlichen Zustände sich selbst. Anders dachte der linke Flügel der Reformation (Bloch 1969), aber ihn traf die ganze Wucht der Fürsten, von Luthers Aufruf legitimiert. Vielleicht beginnt hier die eigentliche Tragik der kommenden Jahrhunderte in Europa. Nun gab es keine Versuche mehr, das Elend der Geschichte hier und jetzt zu lösen oder zu verbessern. Vor diesem weltverachtenden Hintergrund war Hegels große philosophische Geschichtskonzeption ein Fortschritt, insofern sie ihre Epoche mit der Hoffnung erfüllte, jetzt könne sich alles nur noch zum Guten entwickeln. Auch Marx dachte, die Geschichte gehe, zum Guten oder zum Bösen, einen notwendigen und eindeutig gerichteten Gang.

Weitere pessimistische Diagnosen sind hinzugekommen, wie die M. Foucaults. Er zeigt, wie sehr die moderne Sucht, zu ordnen und Menschen in einem wohlgeordneten Staatswesen zu kontrollieren, alle Freiheit genommen und in „Dispositive der Macht" gezwungen hat (Foucault 1978). Der englische Soziologie Z. Bauman hat im Sinne postmoderner Kritik ausführlich dargelegt, daß es gerade die Sucht nach Ordnung ist, die Unordnung und Chaos aus sich entläßt (Bauman). E. Fromm hat mit Nachdruck auf die nekrophile Dimension der modernen industrialisierten Gesellschaften verwiesen

(Fromm). Das Böse ist nicht ausrottbar, es wächst eher noch durch seine Bekämpfung. Zur Hoffnung, es lasse sich durch Integrationssysteme in höhere Ordnungen aufheben, kommt jetzt die realistische Erkenntnis, daß es sich durch Verweigerung potenziert. So zeigen sich in den Gesellschaften immer neue teuflische Zirkel, die sich nicht durchbrechen lassen (Häring 1998a).

So nimmt jeder Widerstand gegen das Böse die unbewältigten Teile dieses Bösen in sich auf. Der Eifer gegen das Böse gerät zur Gewalt, die Enttäuschung nach einem hochherzigen Einsatz schlägt um in Verbitterung, dagegen erfahrenes unmoralisches Verhalten führt zu unbarmherzigem Moralismus. Dabei zeigt sich (1) ein Zynismus der Beobachtung. Neutralität, Ausgewogenheit und Wertfreiheit avancieren zu Garanten der Wahrheit. Es fehlt die Haltung, die von der Befreiungstheologie im Blick auf die Situation ihrer Länder „Option für die Armen" genannt wird. Wo sie aber fehlt, da gelingt der wirkliche und desillusionierende Kontakt mit dem Bösen nicht. Es zeigt sich ferner (2) die Versuchung der Vernichtung. Man ist bereit, zu handeln, zu leiden und bis hin zum Martyrium sein Bestes zu geben. Das Böse zeigt sich plötzlich als überwindbar, indem man es vernichtet. In Wirklichkeit trifft diese Vernichtung aber die vermeintlichen Täter. Es gibt (3) die Gefahr des Erfolgs. Wo sich Erfolge problemlos einstellen, verschwindet die Balance zwischen Engagement und Korrekturbereitschaft, zwischen Überzeugung und Bescheidenheit. Die Überwindung des Bösen wird dann unkritisch mit bestimmten persönlichen Vorstellungen, mit fixierten Aussagen einer Religion oder mit den Normen einer Kultur identifiziert. Diese Gefahr ist um so größer, je erfolgreicher der Kampf ist. Aus dem Fundamentalismus persönlicher Überzeugungen wird dann der „Institutionalismus" (Drewermann) hochorganisierter Religionen. Aber ebenso gefährlich ist (4) die Enttäuschung im Einsatz für das Gute. Er ist die unbewältigte Erfolglosigkeit im heiligsten Engagement, die den Keim der Enttäuschung, des Ärgers, der Bitterkeit in uns schürt. Man kann die Spuren solch aggressiv machender Enttäuschung schon im Neuen Testament entdecken: „Ihr habt den Teufel zum Vater!" (Joh 8,44), oder: „Alle, die nach dem Gesetz leben, stehen unter dem Fluch" (Gal 3,10). Gerade die Religionen kennen deshalb eine eigene, höchst gefährliche Faszination der Gewalt. Auch hier tut das Gesetz vom ungelebten Leben seine Wirkung. Schließlich gibt es (5) die Versuchung der schieren Grausamkeit. Natürlich gibt es auch hier Übergänge. Zu denken ist an den Großinquisitor, bereit, Jesus zum Besten der Menschen wegzuschicken. Robespierre wird zum – zunächst geachteten – Symbol dessen, der um einer politischen Ordnung willen buchstäblich über Leichen geht. Im 20. Jahrhundert werden bei den selbsternannten Ingenieuren der Gesellschaft dann das „Mysterium" des Bösen, der Blutrausch, die Faszination des Sadismus Wirklichkeit, die nicht politisch verbrämt wird. Die organisierte Massenvernichtung um ihrer selbst willen feiert Triumphe. Zwischen der heißen Gewalt der Leidenschaft und der kalten Gewalt rationaler Planung (Safranski) ist kaum mehr ein Unterschied (Struck).

Solche Überlegungen ließen sich beliebig fortsetzen, auch ließe sich in ungezählten Details zeigen, wie sich das Böse, das Menschenverachtende und Grausame in unserer Kultur seinen Stellenwert erobert oder bewahrt hat. Zu nennen ist Marquis de Sade (1740–1814), der gewiß kein sympathischer Zeitgenosse war. Safranski nennt ihn „Kants finsteren Doppelgänger", weil er dem Konstrukteur des unerbittlichen Pflichtsystems ein Programm der reinen Lust der Natur gegenüberstellt (Geyer 1992, 153). Das heißt für de Sade, die Momente der Lust zu suchen und mit allen Möglichkeiten zu steigern, ohne moralische Bedenken zu genießen und in immer neuen Variationen zu wiederholen. Hier ist nichts zu beschönigen, aber in de Sade hatte die zeitgenössische Gesellschaft die verdiente entlarvende Schilderung, weil diese Abgründe in ihr steckten. Im Grunde hat er nur beschrieben, was eine Epoche an Grausamkeit, Frauen- und Menschenverachtung, Zynismus und gelangweilter Phantasie barg. Sie fand bald ihr Ende, ihr Zynismus wiederholt sich aber immer noch. Gleichzeitig entdeckte er, daß er bei allen Versuchen, die Grenzen der Natur zu überschreiten, scheitert. So wurde er selbst zum Unterworfenen. Destruktive Despotie hat uns nicht mehr zu bieten als ihre eigene Faszination; ihr Ziel aber erreicht sie nie. De Sade hat damit eine geheime Linie der modernen Geschichte thematisiert; sie kann zum reinen Grauen stilisiert werden.

Vor diesem Hintergrund gewinnen andere Aspekte, so zufällig sie auch sind, grundsätzliche Bedeutung. Ich nenne hier den Mythos des Krieges, der seine Faszination nicht verloren hat. Schon Freud hat darauf hingewiesen, daß bereits der Ruf, es sei Krieg, alle Moralen zerbrechen läßt. B. Ehrenreich zeigt, wie tief dieser Mythos in die Menschheitsgeschichte reicht, heute noch an den Kampf mit dem Raubtier erinnert und religiöse Gefühle entstehen läßt. „Demnach wäre der Krieg ... ein sich selbst reproduzierendes Verhaltensmuster mit einer einem Lebewesen nicht unähnlichen Dynamik" (Ehrenreich, 283). Der Krieg ernährt auch heute noch sich selbst. Dem verbunden ist die bleibende Faszination der Gewalt. Gewalt und Kultur sind und bleiben aufs tiefste miteinander verflochten. Soldaten wissen sich immer durch ihre hehren Ideale bestätigt, Henker glauben an ihre Aufgabe. Das Blutbad fasziniert, und der Folterer, der einmal die Grenze des Unmenschlichen überschritten hat, wird von seinem Blutrausch und seiner Grausamkeit abhängig wie von einer Droge. Auch hier unterliegt die Kultur dem aussichtslosen Zirkel: „Indem sie die Gewalt einzudämmen versucht, verstärkt sie die Neigung dazu." Wir sind also keinen Schritt weiter und werden keiner barmherzigeren Geschichte entgegengehen (Sofsky).

Schließlich ist eine ganz neue, bis heute kaum erschlossene Dimension zu nennen, in der das Böse seine eigene Dynamik entfaltet. Das sind die Medien, die uns täglich in ihrem Griff halten. Gemeint sind nicht etwa die wirklich großen Filme, die sich mit der Gewalt auseinandersetzen, ebensowenig deren tägliche Verherrlichung und Instrumentalisierung, sondern die platte Wirklichkeitsverklärung, die uns im idyllischen Filmchen und in der Werbung täglich begegnet. Diese Darstellung einer heilen Welt wirkt destruktiv. Zuschauer können ihre Probleme und ihr Böses nicht mehr auf Ideale und Idole projizieren. Es bleibt ihnen nur übrig, sich mit der heilen Welt unkritisch und damit mechanisch zu identifizieren oder sie abzulehnen. „Nicht die Gewaltdarstellung, sondern der narzißtische Terror der Werbung leistet also entsittlichender Verrohung Vorschub" (Riepe, 323). Wieder erscheint der teuflische Zirkel, der den Widerstand gegen das Böse der Kultur und Geschichte geradezu hoffnungslos macht.

So bleibt über das Böse in unserer Geschichte eben nicht viel Hoffnungsvolles zu sagen. Geschichte kann immer neu bestimmt werden als der Widerstand gegen das Böse, weil „der Teufel ins System ausgewandert" ist (so im Untertitel von „Das Böse"). Solcher Widerstand ist nie ganz erfolglos. Aber Geschichte bedeutet auch immer eine Kontinuität des ungelebten und verdrängten Lebens, so daß das Böse für seine eigene Dynamik sorgt. Wie sollen wir reagieren? E. Fromm warnt vor endgültigen Antworten, seien sie von positiven, seien sie von negativen Erfahrungen bestimmt (395–398). Optimismus und Pessimismus beschreibt er als entfremdete Haltungen derer, die ihre eigene Passivität legitimieren. Anders steht es mit den Haltungen, die er vor seinem atheistischen Hintergrund Glaube und Verzweiflung nennt. Glaube ist für ihn „eine Mischung von Wissen und Teilnahme" (396). Wenn dieser sich auf die gründliche, kritische Kenntnis aller überlebensrelevanten Faktoren stützt, dann ist er rational. Die rational Glaubenden aber sind gemäß Fromm die wahren Radikalen: „Glauben heißt wagen, das Undenkbare denken und dennoch innerhalb der Grenzen des realistisch Möglichen handeln; Glauben ist die paradoxe Hoffnung, den Messias jeden Tag zu erwarten und doch nicht den Mut zu verlieren, wenn er zur festgesetzten Stunde nicht kommt" (398). Diese Beschreibung muß auch einer christlichen Theologie kostbar sein.

b) Täter und Opfer

Gegen zerstörte Ordnungen

Moralisches Bewußtsein (und damit Verantwortung vor Gott) entsteht nicht aus der Anerkennung des Guten an sich, sondern im Streitfall zwischen zwei Entscheidungen oder im Versuch, einen begonnenen Weg zu korrigieren. Niemand beginnt am Nullpunkt; immer schon geht ein Stück narrativer Identität, liegen Kindheitserfahrungen, eine Familie mit ihren Sozialisationen und vielleicht Entscheidungen voraus, die den zukünftigen Weg nachdrücklich bestimmen. Natürlich hätte man immer vieles anders machen können oder müssen. Aber niemand kann in träumender Unschuld verharren. Die Unrechtsverhältnisse von Täter und Opfer, von Über- und Unterordnung sind nicht unsere Erfindung, sondern drängen sich schon im vorhinein alle Verhältnisbestimmungen auf. Immer rennen wir schon gegen zerstörte Ordnungen und gegen verletzte Solidaritäten an (Schulz 1972; Ricœur 1971, I; Schoonenberg). Das erste situationsbezogene Definitionselement der Liebe ist deshalb nicht Selbstlosigkeit und Offenheit gegenüber dem anderen, sondern aktiver Widerstand gegen Haß und Egoismus; die erste Definition des Friedens ist das Ende des Kriegs. Der Beginn der Gewaltfreiheit bedeutet deshalb Widerstand. Diese Umkehrung der Gewichtung zwischen abstrakt idealer Verhältnisbestimmung und konkreter Verhältnisgestaltung ist ein bleibendes Problem. Der Umgang mit den vorgegebenen Machtverhältnissen, die wir nicht ändern, nur zufällig beeinflussen können, die Auseinandersetzung mit dieser vorgegebenen Hoffnungslosigkeit ist Sache der Religion. Der Moral selbst ist Religion deshalb als einer ihrer Handlungsräume vorausgesetzt.

Darüber wurde im 3. Kapitel ausführlich gehandelt. Die Theologie war, wie wir sahen, vornehmlich im Raum menschlicher Freiheit und der sie beengenden Unheilssituation zu Hause. Aber sie hatte ihre Anthropologie lange auf Fragen von Sünde und Schuld konzentriert:

„Da Du genau und gerecht bist, peinigst Du die Deinen nicht ohne Grund“, schreibt Calvin, gestützt von einer langen Tradition (zit. nach Sölle, 17; Kraus, 157–209). Das nahm den Menschen Würde und Freiheit. Die Neigung zu Selbstverurteilung und Selbstaggression waren enorm (Pannenberg 1977). Aber weder soziologisch noch psychologisch kann die Priorität von Schuld und Verhängnis auf verschiedene Konten verteilt werden (Kierkegaard; Drewermann). Das Ich entsteht aus dem Selbst, nicht umgekehrt. Die Entwicklung des Selbstbewußtseins „wird erst sekundär durch Hinzutreten des Ich erweitert“ (Pannenberg 1983, 215). Damit aber ist zugestanden, daß auch das Ich zutiefst, also von seinen Anfängen an, durch die Sozialbeziehung geprägt ist (216) und sich der Kampf um die Identität eines Menschen zuerst vollzieht. Der exzentrische Charakter der menschlichen Person läßt diese nie ganz auf sich zurückfallen und zur Ruhe kommen. Wer sich nicht mehr von anderen her erfährt, fällt in sich zusammen.

Im Blick auf die religiöse Erfahrung heißt das: Aus uns selbst heraus finden wir keine Freiheit zu Gott, weil und insofern es uns verwehrt ist, bei uns selber frei zu sein. Die gegenseitige Blockade von Identität und Zuwendung muß aufgebrochen werden, sonst bleibe ich hoffnungslos auf mich fixiert. Bevor wir deshalb die Liebe als diejenige Macht entdecken, die alle Sperren aufhebt, ist nach jener Macht zu fragen, die das Ineinander von Öffnung und Selbstbesitz verhindert. Paulus spricht von „der Sünde“, die über die Welt gekommen ist und uns alle tödlich bestimmt (Röm 5,12–14). Diese Redeweise wurde in der Reformation neu entdeckt. Hegel und der junge Marx stellen den Begriff der Entfremdung zur Verfügung, der im schwäbischen Pietismus (F. Ch. Oetinger; J. A. Bengel), zuvor in der spätmittelalterlichen Mystik (Eckhart) und in gnostischen Sektenbewegungen des Mittelalters, gemäß E. Topitsch schon in den gnostischen Bewegungen der Spätantike beheimatet war. E. Fromm hat 1960 in einem lesenswerten Aufsatz auf die Entfremdungsprozesse beim modernen Menschen hingewiesen (Schrey 1975, 60–91). Vor allem P. Tillich hat den Begriff als kritische Übersetzungshilfe der Erbsündenlehre aufgegriffen (Eichinger; Kleffmann). Er kann immer noch als ein wichtiger Brückenbegriff gelten, zumal er sich im allgemeinen Sprachschatz einen Platz erworben hat.

Entfremdung und deren Überwindung

Der Begriff der Entfremdung macht es möglich, den Zusammenhang zwischen der „Sünde der Welt“ (Schoonenberg) und der je persönlichen Situation und Situiertheit zu besprechen. Die religiös erfahrene Entfremdung der Menschen von Gott hängt ja zusammen mit der genannten Entfremdung zwischen Ich und Selbst, diese wiederum mit den Zügen objektiver Entfremdung, die sich in sämtlichen Lebensbezügen eines Menschen zeigen. Die Bedingungen aber bleiben gegenseitig. Die gesellschaftlichen Strukturen sind ebenso ambivalent wie der individuelle Lebensvollzug. Die strukturelle Sünde geht der persönlichen oder gemeinsamen, hier und jetzt aufweisbaren Schuld dann eindeutig voraus.

So kann die Situation der Entfremdung als anthropologisches Phänomen begriffen werden (Schatz; Schrey 1975, 115–179). Das Zusammenspiel von subjektiver und objektiver Entfremdung schlägt sich im Charakter einer Person oder einer Gruppe nieder (Fromm). Alle Strukturen, Erwartungen und Tendenzen unserer gesellschaftlichen oder sozialen Umwelt können so zu sublimen oder massiven, verborgenen oder offenen Trägern des Bösen werden. Zu denken ist nicht nur an Unrechts- und Abhängigkeitsverhältnisse in bezug auf den Besitz oder an den Zwang, die eigene oder anderer Arbeitskraft unter ungerechten Bedingungen als Ware zu verkaufen, Menschen also „auszubeuten“. Zu denken ist nicht nur an den Warenfetischismus einer industrialisierten Gesellschaft (Hinkelammert), sondern auch an die zunehmende Bürokratisierung und Differenzierung unseres Zusammenlebens in verschiedenste anonyme Systeme und Subsysteme (Foucault; Habermas, I), nicht nur an die brutalen Verhaltensregeln im Kriegsfall und an den alltäglichen Umgang mit Frauen, älteren Menschen oder Kindern, sondern auch an die Gedankenlosigkeit im Umgang mit der Umwelt und an die Verschwendung von Energie. Hinzu kommen die objektiven Entfremdungen, die von kulturellen Institutionen in die Wege geleitet und belohnt werden: die Vergötzungstendenzen in Staat, Wirtschaft und Vergnügungsindustrie; die Verblendungen durch Großideologien sowie durch die Ideologien des kleinen Mannes, durch die tausend Verhaltensweisen, in denen man Einzelne und Gruppen dazu anhält, sich gegen andere abzuschließen, um auf deren Kosten den eigenen Vorteil zu sichern. Gefährlich sind schließlich die Entfremdungen durch Religionen und deren Institutionen mit ihrer Selbstgerechtigkeit, ihrem Moralismus, ihren oft autoritären Tendenzen. Gerade diese Gefahren sind ernst zu nehmen, denn sie siedeln sich an den Wurzeln derjenigen Institutionen an, von denen wir die Entlarvung aller Entfremdung und den Beginn der Abhilfe doch erhoffen müßten.

Wir sprachen von einem anthropologischen Phänomen und haben deshalb darauf hinzuweisen, daß das Räderwerk von uns Menschen in Gang gehalten wird. Wir produzieren die Widersprüche, unter denen wir leiden. Weder eine reine Anschuldigung noch eine globale Entschuldigung wird deshalb den Zusammenhängen gerecht, aber neben dieser moralischen Perspektive ist noch eine zweite, ergänzende Perspektive möglich. Der genannte Prozeß vollzieht sich ja in einer inneren, oft unmerklichen Beschränkung und Verkehrung der Freiheit. Er nimmt sie gefangen, verändert allmählich das Leben. Menschen handeln oder entwickeln sich in diesem Prozeß also nicht von selbst. Es gilt vielmehr zu erkennen, daß die Freiheit der Menschen schließlich immer von einem anderen bedroht wird, gleich, ob das nun Mitmenschen oder Strukturen, Ideologien oder Verletzungen, Erinnerungen oder Erwartungen sind. Gemäß der Sprache der Schrift liegen Menschen mit diesen „Mächten" im Streit. Zu fragen ist gemäß dieser Sprachregelung also, mit welchen Mächten wir uns da eingelassen haben und wie wir uns zu ihnen verhalten. Erst aus dieser Perspektive können wieder die Spielräume sichtbar werden und werden sich Menschen ihrer Gegenkräfte bewußt. Das ist ja, streng theologisch gesehen, das Böse an ihnen. Es sind die „Throne und Herrschaften, Mächte und Gewalten" (Kol 1,16), die uns den Atem der Freiheit nehmen, von denen die frühen Christen etwa behaupten, befreit zu sein und derentwegen schon Paulus auf die Barrikaden ging (Gal 5). Diese Mächte sind, genaugenommen, die Dämonen, die Unterdrücker der Menschen, deshalb die unmittelbaren Feinde Gottes. Die biblische Botschaft in dieser Sache kann in der These zusammengefaßt werden, daß sich Gott selbst zum Feind dieser Mächte erklärt.

Aus diesem religiösen Modell des Streits zwischen den Mächten und dieser Mächte gegen uns ergibt sich noch eine andere Perspektive. Wenn diese Mächte nämlich den Menschen bedrohen, dann steht nicht mehr zur Debatte, ob das Schicksal der Entfremdung der eigenen Verantwortung vorausgehe, sondern es zeigt sich als Wunder, daß trotz dieser Mächte noch so etwas wie eine eigene Freiheit und Selbstverantwortung möglich ist. Theologisch legitim und gefordert ist es deshalb, dieses Ineinander von Spiel und Gegenspiel anzunehmen und sich darauf einzulassen. Menschen sind sicher nie einfach Täter, oft auch nicht einfach Opfer, sondern beides in einem: Täter und Opfer, das eine als das andere, Schuldige und vom Schicksal Geschlagene in einem. Wenn sie aber beides sind, wie sind sie dann zu behandeln?

Gegen Fixierung auf Schuld (das Angebot Jesu)

Zur Debatte steht hier noch einmal die moralische Weltanschauung. Sie übersieht den genannten Streit, den Menschen mit den unterdrückenden „Mächten" zu führen haben. Ein solcher Streit geht den moralisch freien Entscheidungen ja voraus und vollzieht sich auf einer Ebene des Zu-sich-selbst-Kommens und des Sich-treu-Bleibens, des Vertrauens und des Mutes. So übersieht die moralische, auf gute und böse Taten fixierte Weltanschauung die Hälfte des Geschehens, halbiert also die Wirklichkeit der Menschen. Paulus hat diese Gefahr in seiner Gesetzeskritik angeprangert. Offensichtlich zieht er die Konsequenz aus einer weiterführenden Option, die Jesus getroffen hatte, der ja genau auf die gespaltene menschliche Situation reagierte. Obwohl er sich nach Ausweis der Bergpredigt selbst als ein Moralist von höchstem Rang zeigt, erwartet er am Ende das unverdiente Heil und nicht die bestrafende Gerechtigkeit. Es ist, als interessierten ihn die Gerechten als solche nicht, sondern die Sünder, damit er ihnen helfen kann. Er übt Vergebung (Thyen), verkündet – anders als Johannes der Täufer (Mt 2, 7–11) – vor dem Gericht das Heil (Mt 5, 3–12). Und zur Rechtfertigung dieses Verhaltens herausgefordert, macht er in Gleichnissen den für uns entscheidenden Punkt deutlich: Gott empfängt die Weggelaufenen, sucht die Verlorenen (Küng 1974, 261–267) und freut sich über das Gefundene (Lk 15, 1–32).

Damit nimmt Jesus seinem Handeln den Anschein desjenigen, der sich moralisch überlegen gibt und dem die anderen dankbar sein müssen. Auch hat er es nicht nötig, auf die Schuld anderer zu verweisen, diese also dramatisch zu beschreiben, damit die Gnade der Vergebung um so heller strahlt. Er ist bereit, die Schuldigen und die Ausgestoßenen als Opfer des Bösen zu identifizieren. So kann er allen seine Gemeinschaft anbieten, weil sie von Gott immer schon angenommen und als Nachkommen Adams gerade nicht der Strafe ausgeliefert sind (Schillebeeckx 1976, 164–179).

In einer moralischen Weltanschauung werden Menschen, als Gruppen wie als Individuen, auf Schuld und Schulden fixiert. Auch zur Schau gestelltes Vergebungsgebaren kann noch als eine solche Fixierung verstanden werden. Doch zeigt die intensive Rede Jesu von der Vergebung der Sünden einen anderen Zusammenhang. Er gibt den Menschen die Möglichkeit, sich ihm und wohl auch den andern gegenüber zwar nicht in neuer Unschuld, aber doch in neuer Ursprünglichkeit zu verhalten. „Vergebung der Sünden" meint bei ihm, der Geheimnisse in den Sand schreibt (Joh 8,6), nicht innerste

Abhängigkeit, sondern Überwindung der Isolierung, in die jemand durch Schuldzuweisung gezwungen wurde. Dies geschieht dadurch, daß Jesus auf die Betroffenen zugeht und hinter der Schuldmaske wieder den Menschen selbst findet. Wir nennen dieses Zugehen auf andere Liebe. Diese Liebe ist bereit und offenbar auch fähig zu geben, was an der gebrochenen Identität der andern fehlt. So können sie unerwartet „Neue Schöpfung“ (2 Kor 5,17) sein, weil ein Mitmensch die Folgen des heillosen Ursprungs noch einmal rückgängig machen konnte: Die Schuld hat sich in nichts aufgelöst.

Wie die Auseinandersetzungen Jesu mit seinen Kontrahenten zeigen, war deren Bewußtseinsstand seinem Verhalten nicht angemessen. Von der Sorge vor heidnischer Überfremdung geprägt, bestanden sie um der jüdischen Identität willen etwa auf strenger Einhaltung gerade jener Regeln, in denen Gut und Böse festgeschrieben sind. Vermutlich stand Jesus mit seiner befreienden Auffassung nicht allein. Aber ganz offensichtlich beeindruckte er so, daß seine Parteinahme für die Sünder zur paradigmatischen Erfahrung wurde. Hier konnte man sehen, was sich änderte: Jesus vergibt Sünden (Mk 2, 5–10; Joh 20, 23), er ißt mit Zöllnern und Sündern (Mk 2,16), läßt sich mit sogenannten Randgruppen ein. Diese Erfahrung spiegelt sich in der christlichen Rede von Gott wider.

Jesus verläßt damit nicht die Möglichkeiten der jüdischen Tradition, handelt also jüdisch. Er gibt dieser aber einen deutlichen Akzent. So wirkt er in der Polarität zwischen dem Verlangen nach rigoroser Gerechtigkeit einerseits und der Hoffnung auf einen menschlichen Gott andererseits als Katalysator; für einen befreienden Umgang mit der Schuld ist jetzt eine eindeutige Möglichkeit vorgezeichnet. Dies kann allein die Haltung vorbehaltloser Liebe sein. Jesus fragt deshalb seine Kontrahenten: „Bist du böse, weil ich gut bin?“ (Mt 20,15 b). Und über eine Frau sagt er, ihr sei viel vergeben, „weil sie viel geliebt hat“ (Lk 7,47).

Hier kann nicht näher auf die machtvolle innere Freiheit eingegangen werden, kraft deren – gemäß der christlichen Gedächtnisgeschichte – Jesus auf Menschen zugehen und einen Neubeginn in angstfreier Gemeinschaft ermöglichen konnte. Sie ergibt sich wohl aus Jesu unbedingter Bereitschaft zur Zukunft. Wenn Jesus den Beginn von Gottes Reich nämlich nicht mehr an Buße und Rechenschaft bindet, sondern einfach neue Gemeinschaft begründet, dann gelingt ihm damit eine Ursprünglichkeit, welche die überkommenen Maßstäbe eines guten und gottgefälligen Lebens durchbricht. So jedenfalls stellt sich vielen Exegeten heute die Erfahrung der ersten

Jüngerschaft dar, wie sie sich in den neutestamentlichen Texten spiegelt. Es ist verständlich, daß die frühe Gemeinde in dieser schöpferischen Kraft Jesu unmittelbar eine göttliche Vollmacht erkannte, die ihn zur Vergebung der Sünden befähigte (Mt 9,1–8).

Allerdings entsteht daraus eine neue beängstigende Frage: Ist in dieser neuen Freiheit, die selbst über Verfehlungen hinwegsieht, Verantwortung überhaupt noch eine sinnvolle Kategorie? Werden Sünde und Verfehlung für nicht-existent erklärt, das Böse also durch Jesu Eingreifen einfach ignoriert? Diese Folgerung ist keineswegs zwingend. Schon psychologisch gilt eine andere Vermutung: Erst die Vergebung von Schuld macht zu deren Anerkennung wirklich fähig. Nur diejenigen Männer und Frauen werden zu ihrer originären Verantwortung finden, denen die Isolation der Selbstvorwürfe genommen ist. Das Bekenntnis zur Verfehlung bleibt also erhalten. Es bewegt sich nun aber auf der Brücke von der Schwäche zur Freiheit: „Ich glaube, hilf meinem Unglauben!" (Mk 9,24). Das ist – für die christliche Alternative entscheidend – nun Folge, nicht mehr Voraussetzung des Neubeginns. So wird auch verständlich, warum die jesuanische Parteilichkeit für den Sünder eine eminent politische Tat ist. Wer sich selber annehmen kann, kann auch ohne Angst alle Verantwortung für die Welt wahrnehmen. Während der unversöhnte Blick auf die eigenen Schatten Leben vertreibt und die Bosheit nur potenziert (Neumann), gewährt die Versöhnung mit der eigenen Situation den Mut, es mit der Macht des Bösen wirklich aufzunehmen, die als Unfreiheit beginnt.

Befreite Menschen verbrauchen ihre Energie also nicht mehr an dem, woran sie schuldig geworden sind. Ihre Energie wächst vielmehr an dem, was zu tun sie den Mitmenschen schuldig sind. Die Zukunft wird zur Dimension des Lebens. „Das Schuldbewußtsein artikuliert dann die Tatsache, daß der Mensch noch nicht identisch ist mit der Idee seiner Bestimmung." Es geht um die Verantwortung „für den diesem Ziel noch fernen Zustand" (Pannenberg 1983, 149). In dieser frei gesetzten und beginnenden Gemeinschaft mit den Opfern ist auch ein menschenwürdiges „Schuldigsein" möglich und zu Hause.

Damit kehrt die Frage nach unserem Versagen noch einmal zurück, jetzt allerdings unter den Vorzeichen der gegenwärtigen Weltsituation. Warum gibt es immer noch die Grauen der Geschichte? Jesu Befreiung zum Neubeginn hat sich offensichtlich nicht durchgesetzt. Was blieb, ist illusionäres Erinnern. Auch der christliche Glaube fiel wieder in einen tödlichen Moralismus zurück, und die

Unterscheidung von Gerechten und Sündern hat die Frage nach den Opfern erneut verdrängt. Dabei wurde vergessen, daß „Gott" – gut jesuanisch – nicht auf dem Podium des Gerichts, sondern im Reich der Freiheit verifiziert werden will (Sobrino 1978, 55).

3. Gefährliche Erinnerung

Welchen Gang die Geschichte geht, ist auch für Christen offen. Die Zukunft hängt vom Handeln der Menschen ab; dafür gibt es keine christlichen Rezepte. Den Opfern, auf deren Kosten sich unsere Kulturen und Gesellschaften in dieser Welt eingerichtet haben, sind wir wenigstens das Engagement der Hoffenden schuldig. Glücklich, wer weiß, warum er leidet, möchte man in vielen Situationen sagen, denn im sinn- und namenlosen Leiden spitzt sich das Problem auf eine Weise zu, die keiner Reflexion mehr zugänglich ist. Die täglichen Bilder und Berichte über Katastrophen und Grauen vertragen meist keinen Kommentar. Es ist für eine christliche Theologie deshalb unabdingbar, daß das Böse als menschliches Leid verstanden und dort, an seiner schwärzesten Stelle, festgehalten wird. Zwar ist das wiederholt Gesagte hier noch einmal in Anschlag zu bringen: Schmerz, Trennung, Enttäuschung können als Wege der Reifung, des Wachstums und tieferer Erkenntnis wirken; vielleicht sind sie sogar notwendig. Gleichzeitig ist aber der Protest dagegen zu respektieren, daß das überhaupt der Fall ist, erst recht der Protest gegen diejenigen Fälle, in denen Leid ohne allen einsehbaren Grund Menschenleben zerstört. Dennoch, die Zahnschmerzen sind es nicht, die einen Christen wütend machen können, auch nicht unbedingt der Tod eines alten Menschen, dem die Medizin noch einige beschwerliche Jahre hätte geben können, wohl aber das tagtägliche Unrecht, der Hunger, der Zynismus der Macht, der Raub am Lebensminimum, der Tod der Schwachen.

Eintreten für die anderen

Die Weisen der Verdrängung in unserer Gesellschaft sind zahlreich und wurden immer wieder angeprangert. Zu ihnen gehören die Vergötterung der Technik (Fromm, 310–325), die vielen Leidensverbote und der Unschuldswahn (Hoffnung, 88–95), das Verschwinden von Alten, Kranken und Sterbenden aus der Öffentlichkeit. Zu ihnen gehören die Idee harter Männlichkeit und eine Heroisierung der Opfer der Kriege, die das Leiden hinter nationalem Ruhm und fragwürdigen Idealen versteckt. Der Holocaust wäre ohne diese Verdrängungstradition ebensowenig möglich gewesen wie die beiden Weltkriege und die Rüstungswettläufe, deren letzten wir vermutlich noch nicht erlebten. Wie war und ist das aber – noch einmal gefragt – möglich im Kulturraum der christlichen Religion, prophetischer Religionen? Eine an Jesus von Nazaret orientierte Antwort kann nur darauf hinweisen, daß auch die Erinnerung an sein Leiden und an seinen Tod nicht mehr ernst genommen, sondern ebenfalls verdrängt, mit Heilstheorien überdeckt und zur Verfolgung der „Gottesmörder" mißbraucht wurde. Damit erreichen wir einen sensiblen und schwer zu besprechenden Punkt. Denn der Tod Jesu war von Anfang an zugleich Katalysator und Problem aller christlichen Fragen nach dem Heil und hat deshalb verschiedenste Auslegungen erfahren. Bisweilen führte er zu Aggressionen, bisweilen zu einer passiven Leidensmystik, die von Kritikern als Masochismus interpretiert wurde. „Das Leiden ist dazu da, daß unser Stolz gebrochen, unsere Ohnmacht erwiesen, unsere Abhängigkeit ausgenutzt wird" (Sölle, 29).

Jesu Leiden stellt sich als Wert an sich und als von Gott gewollt dar. Viele Kritiker legen die Erlösungstheorie des Anselm von Canterbury (1033–1109) als geradezu sadistisches Heilsprinzip aus (Anselm, Kap. 6 und 7): Gott läßt sogar seinen Sohn sterben, um für eine unendliche Beleidigung unendliche Genugtuung zu erhalten. Hier mag nun offenbleiben, ob Anselm nicht eine andere Auslegung verdient hätte, in deren Mittelpunkt die Freiheit des Menschen steht oder die sich einer sakralisierten Verinnerlichung versagt (Greshake 1973): Die Menschen werden so erlöst, daß sie danach wieder öffentlich und frei ihr Haupt erheben können. Die gängige Interpretation jedenfalls hat den Tod als Mittel zu höheren Zwecken gesehen: Jesus mußte sterben, um das Erlösungswerk zu vollenden. Von einer solchen Fehlform der Deutung sind die neutestamentlichen Interpretationen weit entfernt. Deutlich aber sind einige Linien, an deren Wiederentdeckung einer christlichen Theologie des Bösen heute liegt: Der Tod Jesu hat stellvertretenden Charakter. Das kann ursprünglich nicht heißen, daß Jesus wie bei der gängigen Anselminterpretation für uns in die Bresche springen muß, sondern daß Jesus für die Sünder und Verlorenen, tatsächlich und gewiß auch aus freien Stükken eingetreten ist. Gemäß einer frühen liturgischen Formel ist Jesus „für unsere Sünden" gestorben (1 Kor 15, 3). Jesu Tod zeigt, wohin der Einsatz für die Verlorenen und Armen im Namen Gottes führen kann; das war Jesu Sache. Diese Erkenntnis macht sehr nüchtern, denn sie läßt sich nicht für ein sakral-mythisches Erlösungsverständnis, für keine Schuld- und Sündenideologie mißbrauchen.

Die Situation entlarven

Der Tod Jesu nämlich entlarvt die politische Situation seiner Zeit. Nach allem, was wir historisch wissen, destabilisierte Jesus durch sein Auftreten die damalige Situation, weil er auf seiten der Nichtetablierten und deren Interessen stand. Nach einer berühmten Formel ist diese Erinnerung an Jesus „gefährlich“ (J. B. Metz), weil sie ansteckend ist und zur Nachfolge ermuntert. Zum Kreuz stellt sich gemäß dieser Interpretation heute derjenige, der wie Jesus das Leben, die Freiheit und die Liebe der Menschen liebt, wer also glaubt, Gottes Reich könne hier und jetzt als Prozeß der Versöhnung beginnen.

Vor diesem Hintergrund ist das Leiden nie Selbstzweck. Es kann aber einen christlich positiven Sinn erhalten, wenn es für die Mitmenschen und zu deren Vorteil ertragen wird (Schillebeeckx 1977, 212–281). Wer sich deshalb zu Jesus als dem Sohn Gottes bekennt, für den ist klar, welche politische Untat am Kreuz geschah, wie und wo sich diese Untaten heute wiederholen, wofür Jesus also gestorben ist. Zunächst wird das Kreuz deshalb nicht zum Zeichen des Heils, sondern zum Zeichen menschlicher Destruktivität (Vierzig, 47). Das Böse erhält im Tod Jesu eine unverkennbare Konkretisierung. Den Kreuzestod Jesu kann niemand mehr als ein Mißverständnis, als eine staatspolitische Notwendigkeit oder als einen bedauerlichen Unfall interpretieren.

So wird auch verständlich, warum in den frühesten Stellungnahmen zu Jesu Tod von dessen Heilsbedeutung noch nichts zu spüren ist. „Den Anfänger des Lebens aber habt ihr getötet“, sagt Petrus (Apg 3, 15); das klingt nach einem Vorwurf, wie er später nicht mehr geäußert wird. Die Jünger von Emmaus meinten: „Wir aber hofften, er sei es, der Israel erlösen sollte“ (Lk 24, 21); zunächst hat dieser Tod also die wichtigsten Hoffnungen zerstört. Jesu Tod erscheint also als die große Katastrophe, die den Beginn des Reiches Gottes verhindert. Wer den Tod Jesu überhaupt begreifen will, muß durch diesen Schrecken und durch diese Enttäuschung hindurch. Anders gesagt: Wer sich auf Jesus als den Ort göttlicher Wahrheit einläßt, kann sich die Erinnerung an Scheitern, Leiden und Tod nicht ersparen, d. h. an all das, wozu Menschen fähig sind. Die Erinnerung an Jesus zwingt das Bild vom Menschen und seinen Möglichkeiten an einen eindeutig kritischen Punkt.

Allerdings wurde der narrative Zugang zu Jesu Tod und Auferstehung bald relativiert und von Formeln begleitet, die den Schrecken des Todes unmittelbar zu einem universalen, für alle Zeiten und Räume gültigen Sieg über das Unheil verwandelten. Die Christologie, die sich bald entwickelte, unterliegt denselben Versuchungen wie der Umgang mit der Geschichte. Mit Hilfe von R. Girards Theorien über den Zusammenhang von Sakralität und Gewalt (Girard; Schwager; s. u. S. 168–171) ließe sich verdeutlichen, wie der gedemütigte Jesus jetzt zum erhöhten Heros wird und wie man die Gewalt am Gewaltlosen zugunsten dieses sühnenden Opfers legitimiert. Die Tatsache, daß das Kreuz ungezählte Male zum Zeichen des Sieges umfunktioniert, zum Ansporn in Schlachten mißbraucht und zum Signal eines Herrschafts- oder Legitimationsanspruchs aufgerichtet wurde, zeigt nur den tiefen und unversöhnlichen inneren Widerspruch, der zwischen der damaligen Katastrophe und den späteren Deutungen besteht. Das Christentum kennt kein Zeichen, mit dem die Intentionen Jesu mehr verraten wurden, als das Kreuz. Um der unverfälschten Sache Jesu willen ist der Vergeßlichkeit und Gedankenleere gängiger Kreuzespraktiken deshalb ein Ende zu setzen.

Der kritische Maßstab

Inzwischen wurde deutlich, daß die Symbolwelt vom erhöhten und siegreichen Herrn unbedingt einer Ergänzung, wenn nicht gar einer Korrektur bedarf: Der leidende, die Mitmenschen liebende Bruder ist ihm zur Seite zu stellen. Die siegreiche Hoffnungsfigur des christlichen Glaubens braucht als kritischen Maßstab und als hermeneutische Basis die Erfahrungsfigur glaubender Erinnerung. Erst mit dem Erschrecken vor der Not eines leidenden und von Gott verlassenen Menschen, also erst mit dem unabgegoltenen Skandal des Kreuzes und mit dem unartikulierten Schrei beginnt die verantwortete Neuinterpretation des christlichen Heils. Zwar hat Jesus nicht schlimmer gelitten als andere, aber er „mußte“ leiden (Lk 24, 26), weil er die Leidenden vorbehaltlos ernst nahm. Er litt zwar unschuldig, als Dissident im jüdischen Glauben und als Störer der römischen Ordnung, nicht aber zu einem höheren Zweck, schon gar nicht für die Erlösung der Welt.

Nun lebt eine Geschichte nicht fort, indem man sie analysiert, sondern indem man sich in sie verstricken läßt. Konkret heißt das: Christen eignen sich die Gründe des Leidens an. Sie halten das Schweigen Gottes angesichts des Todes mit aus; sie machen die Wut, den Schrecken und den Abscheu vor menschlicher Gewalt zum Teil ihres Gedächtnisses (Concilium 1973): Wer parteilich bei den Verlorenen steht, muß dafür büßen. Das gilt, obwohl Gott uns das Reich der Freiheit in Aussicht stellte. Exemplarisch für die christliche Erinnerung ist also nicht der vollkommene und erfolgreiche, der auch im Tod siegreiche, sondern dieser gequälte und getötete Mensch. Beim Gequälten, nicht im Triumph, ist das Evangelium vom messianischen Heil zu Hause.

Nun hat – von diesem Problemhorizont her und auf solche Folgerungen hin – eine Theologie des Kreuzes nach wie vor eine unverzichtbare Bedeutung. Gemessen an der objektiven Vernunft erscheint sie aber als einseitig und kann sie den Eindruck der Willkür nicht ausräumen. Problematisch scheint zu sein, daß die gesamte Wirklichkeitserfahrung auf das Problem des Bösen eingeengt wird. Will man wirklich behaupten, die Frage des Bösen sei das eine und entscheidende Thema, das Menschen in ihrer Religion bearbeiten und zu bewältigen suchen? Noch problematischer ist die Tatsache, daß die christliche Glaubenstradition für viele ausgerechnet an dieser Stelle unglaubwürdig wurde. Dieser Glaubwürdigkeitsverlust hat mit der Individualisierung des Bösen und der Privatisierung des Leidens zu tun, die sich aus der Kreuzesfrömmigkeit entwickelte. Das Böse war immer mein höchst persönliches Problem. Das Leiden dagegen wurde zu Unrecht in den Bereich des Privaten abgedrängt. Bevor wir also die Erinnerung an das Leiden Jesu als Orientierung und Hilfe anbieten, ist eine entsprechende Klarstellung nötig. Leiden und Tod betreffen zwar immer die persönliche Identität. Ihre Macht und Überwindbarkeit aber hängt von gesellschaftlichen Zusammenhängen ab. Ihre Heroisierung oder Verdrängung führt zu gesellschaftlich destruktiven Tendenzen, ihre Verharmlosung zu oberflächlicher Banalität, ihre intensive Verarbeitung jedoch zu einer Kultur der kritischen und schließlich lebensfreundlichen Wachsamkeit. Es geht beim Leid und beim Bösen also um Größen von politisch und gesellschaftlich allerhöchstem Rang.

Praxis der Leidensannahme

Allerdings ist der jesuanische Umgang mit der Gewalt auch von eminent religionskritischer Bedeutung. Dies haben die Untersuchungen von R. Girard über Gewalt und Sakralität (Schwager) herausgestellt. Girard macht zunächst deutlich, was die Funktion der Religionen sein kann. Zumal Opferriten sollen die Faszination der Gewalt bannen, den Tod also abwehren und ein Zusammenleben ermöglichen, das von destruktiven Tendenzen entlastet ist. So wird die Gewalt etwa auf den Sündenbock oder auf einen sakralen Heros umgeleitet, dessen Tod also als Sühne für das Unrecht begriffen, gegebenenfalls rituell dargestellt und wiederholt. In diesem Mechanismus versteckt sich aber eine Inkonsequenz oder eine Lüge, insofern gesellschaftliche Gewalt überwunden wird, indem sie im religiösen Raum akzeptiert wird. Das bedeutet Gewaltlosigkeit durch Gewaltkonzentration; Versöhnung, indem man neues, zum Himmel schreiendes Blut vergießt. Ein destruktives Element bleibt so erhalten. Auch Jesu Tod wird schließlich als Opfer legitimiert, über die Jahrhunderte hin gar als „unblutiges Opfer“ wiederholt.

Deshalb ist die Weiterführung des Gedankens bei Girard von höchster Bedeutung. Nach ihm nämlich wird dieser sakrale, insgeheim destruktive Mechanismus in der jüdischen Tradition allmählich durchschaut. Heilung kann nicht aus dem Opfer, sondern nur noch aus der Stärke dessen kommen, der die Gewalt in Schwäche erträgt, ohne sie weiterzugeben oder umzulenken. Man denke an die „Lieder vom Gottesknecht“, in denen der Gedanke der Rache, vom sakralen Heroen oder an eine endgültig machtvolle Überwindung des Bösen verschwunden sind (Haag 1995). Eine Fortsetzung stellen dann die Erinnerung an Jesu gewaltlose Lebenspraxis und deren Interpretation etwa im Johannesevangelium dar. Dort wird angesichts des Todes Jesu alles menschliche Verhalten unter die Frage von Leben oder Tod, Haß oder Liebe, Gewalt oder deren gewaltlose Entlarvung gestellt. Die religiöse Opferpraxis ist deshalb endgültig überholt; der christliche Glaube läßt sich ausschließlich verifizieren als kompromißlose Abkehr von Gewalt. Mit Jesu grausamem Geschick ist deshalb die Erinnerung an alle Opfer verbunden. Nicht das Töten als abstrakter Prozeß ist schrecklich, sondern die Tatsache, daß dabei Menschen ihr Leben verlieren.

Eine neue, auf breiter gesellschaftlicher Basis gewachsene Sensibilität für diesen Zusammenhang ist auch der Grund dafür, daß seit den sechziger Jahren neben gesellschaftskritischen Theorien verschiedene subjektbezogene, emanzipatorische Theologien entstanden sind. Sie verstehen sich – in bewußter Erinnerung an den Gekreuzigten – als Aufklärung über und als Kampf gegen Unrecht und Tod, als entschiedenen Einsatz für bestimmte (benachteiligte oder unterdrückte) Gesellschaftsgruppen. Mit diesem Programm ist etwa die „politische Theologie“ angetreten. Sobald bestimmte Gruppen aber ihre Befreiung selber unter unterschiedlichen Bedingungen in die Hand nehmen, spaltet sich eine solche Theologie notwendig in verschiedene Theologien auf. So gibt es daneben eine lateinamerikanische Befreiungstheologie, eine Schwarze Theologie nordamerikanischer und südafrikanischer Prägung und verschiedene feministische Theologien (Concilium 1996). Sie alle besprechen und entlarven auf ihre Weise die Mechanismen des Todes und des Leidens, um diese kompromißlos zu durchbrechen. In diesem Sinn ist die Praxis der Leidensannahme im Dienst an anderen der große weiterführende Beitrag des christlichen Glaubens zum Problem des Bösen. Diese Auseinandersetzung mit dem Leiden wurde schon in den Evangelien als Nachfolge thematisiert. Sinn der Nachfolge ist zwar der Beginn von Gottes Reich, aber gezwungenermaßen nimmt Nachfolge ganz wesentlich am Leiden, an der Wut und am Protest, schließlich am Tod anderer teil. Sie läßt es darauf ankommen, daß sie in ihrer Solidarität mit den Benachteiligten den Haß auf sich lenkt und notfalls mit dem Tod bezahlt. Aus diesem Grund wurde das Martyrium zum großen Thema der frühen Kirche.

Vor einem Mißverständnis ist jedoch zu warnen: Christen haben weder ein Leidens- noch ein Solidaritätsprivileg. Sie wissen nur, daß sie Leidende und Marginalisierte nicht allein lassen können. Deshalb ergeht es ihnen nur, wie es allen Menschen guten Willens ergeht, die sich dem Leiden und Tod im Interesse des Lebens aller stellen. Christen haben im Blick auf das Böse auch kein Handlungs- oder Erkenntnisprivileg. Auch sie folgen nur dem Gebot der Liebe und Solidarität, das allen Menschen einsichtig ist, wenn auch im Vertrauen auf Gottes rettende Macht. Das schließt die Erwartung nicht aus, daß sie als Gruppe mit einer gewaltfreien und friedfertigen Gemeinschaft beginnen, in der soziale, biologische und kulturelle Schranken aufgehoben sind (G. Lohfink, 89–170).

Dem Bösen nicht widerstehen?

Die Exegese weist beständig darauf hin, daß der Umgang mit dem Bösen bei Jesus noch in anderer Weise eine entscheidende Zuspitzung erhielt (Haag 1978, 78). Bei Kohelet etwa ist die eindeutige und nachvollziehbare Position zu finden: „Was krumm ist, kann nicht gerade werden, und was fehlt, kann nicht gezählt werden“ (1,15). Dahinter scheint kein Problem zu liegen. Und wo es um die Ordnung des israelitischen Staatswesens ging, war das Böse aus der Mitte des Volks auszurotten (Dtn 13,6); zu verbannen war es auch aus der Gemeinde der Christen (Mt 18,15–17; 1 Kor 5,5). Das Neue Testament kennt aber noch eine gegenläufige Linie. Jesus scheint von der Bekämpfung des Bösen abzuraten: „Ich aber sage euch, ihr sollt dem Bösen nicht entgegentreten“ (Mt 5,39). Er will Friedensstifter, deshalb keine Gewalt (Mt 5,5). Auch das Unkraut soll bis zur Ernte wachsen (Mt 13,24–30). Darin zeigt sich ein Charakteristikum der Botschaft Jesu, das bei Paulus und in anderen Schriften seinen Nachhall findet. Es ist die Ermutigung zur Feindesliebe, zugleich die Ermächtigung des unbedingt Friedfertigen, der wehrlos zum Leiden bereit ist. Die Logik dieser Haltung lautet: Jede Reaktion mit Gewalt wäre ein Sieg des Bösen. Paulus faßt es so zusammen: „Laß dich nicht besiegen vom Bösen, sondern besiege das Böse durch das Gute“ (Röm 12,21).

Hier scheint nun doch ein spezifisch christlicher Impuls für das interreligiöse Gespräch zu liegen, der mit dieser „gefährlichen Erinnerung“ zu tun hat. Es ist das Geheimnis derer, die gelernt haben, das Böse als Leiden anzunehmen. Erst in dieser „Wahrheit der Annahme“ (Sölle, 111–148) können wir uns dem Zugzwang entziehen, den das Böse ausübt, wenn wir darauf reagieren. Die Gegenkraft wird um so stärker sein, als wir im Gegenzug gegen das Böse nichts unbedingter als das Gute tun. Erst dann ist dem Bösen die Initiative genommen. Mit dem Tun des Guten beginnt – biblisch gesprochen – Gottes Reich. Die als Theorie gescheiterte Theodizee könnte nun als praktische Anthropodizee gelingen, sofern Menschen sich in sie verstricken lassen. Das wäre keine Anthropodizee mehr im strikten philosophischen Sinn, wohl aber eine Rückkehr in den Kontext einer Praxis, die sich auf ihre Sinnhaftigkeit befragen läßt. Zwei Fragen sind dann allerdings noch offen: Warum ist von diesem Gelingen seit Jesu Tod so wenig zu spüren; und müssen wir überhaupt noch auf Gott hoffen, wenn die Handlungsanweisung doch so deutlich und menschlich plausibel ist? Beide Fragen werden wir im letzten Teilkapitel abschließend aufeinander beziehen.

VI. Gott zwischen Ohnmacht und Macht

1. Das Dilemma der Liebe

In der Spätphase der Moderne hat die Rede von Gott, gar von Jesus Christus, ihre allgemeine Geltung verloren (P. L. Berger 1980; Ebertz), deshalb muß der Versuch einer Theodizee auch dann *aporetisch* bleiben, wenn er von einer überzeugenden Praxis begleitet ist – es sei denn, er beschränkt sich auf deren Kommentar und wird dadurch glaubwürdig[1]. Theodizee wird dann allenfalls zur Weisheit, zu einer Theodizee im weitesten Sinn oder zu einer Gotteszeugenschaft (Arens), die allen Nachdruck auf eine Bezeugung des Glaubens legt, die vom Bekenntnis bis zum Martyrium reichen kann. Aber selbst das Martyrium eines Janusz Korczak oder eines Oscar Romero riefen zwar höchsten menschlichen Respekt hervor, doch haben sie Gottes Sache nur bei denen bekräftigt, die ohnehin an ihn glaubten: „Der Gott, der mit uns ist, ist der Gott, der uns verläßt" (Bonhoeffer, 191). Ebenso aussichtslos bleiben die schon genannten Ersatztheorien, so etwa eine Entschuldigung des Menschen zu Lasten Gottes, die in Atheismus endet, oder der Umweg über die Veränderung der Gesellschaft, also der Umweg einer Soziodizee. In diesen Programmen nämlich kehren alle Problemfelder in verschärftem Maße zurück. Es ist wiederum die Frage nach dem bestimmenden oder zulassenden Subjekt: *Wer lenkt Geschichte und Gesellschaft?* Es ist wiederum das Verlangen nach der Aufhebung der tödlichen und unvereinbaren Widersprüche: Wer versöhnt zwischen antagonistischen, den sieghaften und den unterlegenen Klassen? Und was ist der Ersatz für die archaisch ersehnte Liquidation der Feinde, die nie zum Frieden führen kann? Hier münden – nun empirisch und realistisch formuliert – alle unlösbaren Fragen in die eine Frage, warum nämlich die Gesellschaft (nun in und aus sich betrachtet) so ist, wie sie ist. So werden wir in einer Zeit der autonomen Humanität von denselben Fragen eingeholt, welche die Theodizee in einer Zeit nicht lösen konnte, da der Glaube noch öffentliche Geltung besaß. Nur ist der Problemdruck, jetzt seines tröstenden und relativierenden religiösen Zusammenhangs beraubt, noch höher (Häring 1987).

Das ist jedoch eine große Chance. Denn in einer Situation ohne

Illusionen ist, vom Standpunkt der Theologie aus, ein neuer und ehrlicher Zugang zur Gottesfrage möglich. Desillusionierung macht erwachsen. Gott kann nicht mehr als Garant für eine moralische Ordnung dienen (Duqoc); in seiner Güte wird er nicht mehr zum Lükkenbüßer für erlittenes Unrecht (Künzli). Es muß eben gelingen, Gottes Güte angesichts des Leidens und aller Bosheit zu bezeugen, vielleicht erfahrbar zu machen; sonst wird sie zum leeren Wort. Diesem Problem muß sich eine christliche Theologie jetzt sehenden Auges stellen. Das Theodizeeproblem ist ja ein spezifisch christliches Problem, jedenfalls ein Problem der prophetischen Religionen. Einerseits gilt Gott als der unbedingt Gute, der „selbst seinen Sohn hingegeben hat" (Joh 3,16). Andererseits denken wir uns die Menschen als von Gott geschaffen, mit unverwechselbarer Würde ausgestattet und keinem anderen Ziel mehr unterzuordnen. Die strengen Maßstäbe, die die Religionskritik an Gott und Religion angelegt hat, sind die Maßstäbe der christlichen Glaubensgeschichte selbst (Ebeling I, 393–406). So ist es wichtig, den Kern der Herausforderung zu verstehen. Er ergibt sich aus der Entdeckung, daß auch Gott das Böse nicht erklären, sondern daß wir Gott höchstens als befreiende Macht gegen das Böse erfahren können. Es geht genauer um die Frage, welcher Art nun – vom biblischen und spezifisch christlichen, nicht vom philosophischen Standpunkt aus gesehen – diese befreiende, so ohnmächtig scheinende Macht ist. Die Antwort geht, strenggenommen, der Theodizeefrage voraus. Aber der Anspruch ist kaum geringer. Was nämlich soll das heißen, einen Gott zu erfahren, der nach aller Tradition in unzugänglichem Lichte wohnt und der sich uns höchstens indirekt zeigt? Warum versteht sich, anders gefragt, das Christentum trotz dieser erkannten Schwierigkeiten ohne Einschränkungen als Religion des Heils?

Rekapitulieren wir die Frage unter dem Gesichtspunkt der Veränderung: Der Umgang mit dem Bösen läßt hoffen, wenn es sich zum Guten hin ändert. Ist das möglich und wie stellen wir das fest? Die Antwort muß in aller Behutsamkeit gesucht werden, denn in einem säkularisierten Kontext erfahren wir das Böse nicht mehr als Widersacher Gottes, sondern als anonyme, kaum greifbare Macht.

In einer zivilisierten und hoch technisierten Kultur erscheint die Natur noch am wenigsten vom Bösen beeinflußt, eher selbst als Opfer eines menschlichen destruktiven Handelns. Äußerst nachhaltig steht die Geschichte unter dem Einfluß destruktiver Mächte. Die Gesellschaft hingegen ist zur teuflischsten und aggressivsten Trägerin des Bösen avanciert. Das ist nicht verwunderlich, denn „Gesellschaft“ benennt eben das Gesamtsystem aller menschlichen Beziehungen, Institutionen und Funktionen. Bei der gängigen Denunziation des Bösen nimmt der Begriff der „Gesellschaft“ eine außerordentlich *diffuse* Stellung ein. Es gilt also, in der Argumentation mit dem (gesellschaftlichen) Bösen unter säkularisierten Voraussetzungen Vorsicht walten zu lassen. Schließlich geht es – zumal im erneuten Blick auf das Gottesproblem – um höchst komplexe Konstellationen. Dabei reden wir immer verkürzt und sind deshalb von einem gefährlichen Begriffsfetischismus bedroht. Zur Debatte steht nie ein objektiver Tatbestand, sondern immer das Konglomerat von Zustand und Deutung. Keine Kommunikation über das Böse darf deshalb von der subjektiven Situation der Betroffenen absehen. Gleichzeitig besteht die Pflicht, die eindeutig benennbaren Verhältnisse auch zu benennen. Wenn ganze Großstädte in Aggression versinken, wenn eine Gesellschaft ihr soziales Gewissen verliert, wenn die Armen der Welt immer ärmer werden, dann sind Anklagen gegen dieses Konstrukt „Gesellschaft“ erlaubt und geboten. Dann ist es auch möglich und notwendig, unter dem Gesichtspunkt von Veränderungen die Frage nach den unergründlichen, aber sehr wirklichen, treibenden Mächten zu stellen.

Allerdings haben wir uns dann auch von einer anonymen und kontextfreien Behandlung des Bösen zu verabschieden. Zu Recht spalten sich die emanzipatorischen Theologien in konkurrierende Unternehmen auf. Ihre wahre Bedeutung liegt gerade in dieser Konkurrenz, denn sie zeigt die verschiedenen Möglichkeiten der Beurteilungen, die hermeneutische Vielschichtigkeit der theologischen Reaktion. Dabei sind die Ambivalenz und Mißverständlichkeit religiöser Sprachmöglichkeiten heutzutage besonders deutlich. Religiöse Formeln können beim „falschen“ Adressaten geradezu verdecken, was mit ihnen gesagt werden soll, während äußerste Zurückhaltung und Nüchternheit Prozesse und Verstehenswege in Gang setzen können, deren Inhalte religiös und theologisch von höchster Bedeutung sind.

Dies alles weist darauf hin: Im christlich orientierten Gespräch über Gott in einer säkularisierten Epoche werden in erster Linie *Erfahrungen* vermittelt und *Bürgschaften* angeboten. Das Gespräch selber muß zum religiös sachhaltigen und dadurch öffentlich relevanten Prozeß werden, indem er sich auf bestimmte Subjekte, Situationen und bindende Einverständnisse bezieht. Eine solche Auseinandersetzung schließt diejenige mit dem Schicksal der leidenden Personen oder Gruppen ein; sie arbeitet die religiösen Vorgaben der

Leidenden an ihren Erfahrungen mit der Wirklichkeit ab. Die religiösen Vorstellungen von Gott, von dessen Güte und Vorsehung werden dann nicht mehr begrifflich mit der Existenz des Bösen konfrontiert, sondern dem Wahrheitstest der von Gott geschaffenen Wirklichkeit unterzogen. In diesem Prozeß muß sich erweisen, ob die Bezeugung Gottes wahr und im Blick auf die Veränderungen in der Welt beständig ist. Aber täuschen wir uns in unserer theologischen Weltferne nicht: Für die Leidenden selber ist dies unvermittelt die Frage nach Gottes Wahrheit selbst, also „authentische" Theodizee.

Damit kommen wir einer wichtigen Unterscheidung auf die Spur. Der Gott etwa, den Jesus gemäß neutestamentlichen Berichten in neuer Ursprünglichkeit erfuhr (Mt 11,25–27) und der sich den ersten Zeugen offensichtlich ganz neu offenbarte, wurde damals in den Bildern und Formeln seiner Zeit, bald im Amalgam hellenistischer, dann mittelalterlicher, schließlich bürgerlich-neuzeitlicher Ideen und Problemkonstellationen verkündet. Deshalb wird der Gedanke „Gott" am Ende der Entwicklung ebenso zerbrechlich wie die wirkliche Erfahrung Gottes unter den Bedingungen der Neuzeit. Gott wird so unvermeidlich zum überlieferten, gelernten Gott aus zweiter Hand. Dagegen steht das Anliegen einer „negativen Theologie" (Hochstaffl; Borgman), in der die Erfahrung Gottes einen neuen Grad der *Ursprünglichkeit* erreicht. Eine solche Erfahrung bleibt unaussprechlich; sie kann in eindeutigen Situationen mitgeteilt und symbolisch vermittelt, jedoch nicht in einen allgemein zugänglichen, gar argumentativ zwingenden Diskurs eingebracht werden. Leiden, Abschied und die Erwartung des Todes können etwa Orte solcher Erfahrung sein. Dort, wo alle Kategorien am Ende sind, treffen sich wohl noch einmal Theismus und Atheismus sowie eine Rede vom Sein, die auf religiös eingefärbte Begriffe überhaupt verzichten will (Küng/Kuschel 1993, 21; Korte, 188–316). Adorno spricht dann von der „innersten Zelle des Gedankens". Dort haben „die kleinsten innerweltlichen Züge … Relevanz fürs Absolute". Und im Hinblick auf sein – durchaus atheistisches – Denken kann er sagen, es sei „solidarisch mit Metaphysik im Augenblick ihres Sturzes" (Adorno 1975, 400). Mit dieser Erfahrung muß es die Theologie aufnehmen, wenn sie dem Absturz der (metaphysisch denkenden) Theodizee Rechnung tragen und sie verstehen will. Christlich gesehen wird sich diese Erfahrung dann als Ort der Gotteserfahrung erweisen, wenn sie zum Ausgangspunkt einer befreiten Hoffnung, zum Ausgangspunkt der Liebe werden kann.

Nun sollte mit dem Begriff der Liebe behutsam umgegangen werden. Er wird hier in einem grundsätzlichen Sinn verwendet. Er steht hier also nicht – wie das oft geschieht – als Synonym für sinnliche und emotionale Werte, auch nicht gleichbedeutend mit ethisch bestimmten Gehalten. Gemeint ist hier – dem Begriff Wahrheit vergleichbar – eine ideal gedachte Konfiguration oder Grundsituation des Menschen. Sie bestimmt sich negativ aus den polar entgegengesetzten Begriffen der Selbstbezogenheit und des Hasses, meint also eine Situation der Offenheit und der Anerkennung des andern als andern und der Empathie, dies alles ohne Vorbehalt und mit einer bedingungslosen Priorität gedacht. Liebe meint also (1) positiv das vorbehaltlose Ja zu anderen Menschen (Lebewesen und Dingen) um ihrer selbst willen. Sie meint deshalb (2) negativ das vorbehaltlose Nein zu allem, das dieses Ja behindert, also: konsequente Ablehnung von Desinteresse, Respektlosigkeit und von Gewalt in jedweder Form. Entscheidend für die religiöse Sprachwelt ist aber (3) ein emphatischer Sprachgebrauch. Er geht davon aus (theologisch gesprochen: er hofft), daß der Liebe immer ein eigenständiger Kern innewohnt, der sich nicht auf das Nein zu den polaren Gegensätzen reduzieren läßt (Biser; Nocke). Liebe ist dann qualitativ mehr als Nicht-Haß und Gewaltlosigkeit. In diesem Gebrauch steckt also immer ein Stück *Antizipation*, die sich empirisch nie vollständig verifizieren läßt, sondern oft als falsifizierbar dargestellt und als Projektion diskriminiert wird.

Es fällt nun auf (und das ist für stark säkularisierte Gesellschaften erstaunlich), daß diese emphatische Bedeutung des Begriffs oft auch im alltäglichen Gebrauch mitschwingt. Menschen erwarten voneinander Liebe; sie erwarten damit Zuneigung, Verläßlichkeit und Treue, Solidarität. Dieser Bedeutungsgehalt nimmt eher zu. Es ist Aufgabe der Theologie, mit dieser unglaublichen Chance behutsam, kritisch, aber auch positiv umzugehen. Dieses emphatische Sprechen findet sich auch auf der Grenze von philosophischem und *religiösem* Sprechen. Überall dort, wo *Liebe* geschehe, soll Bloch einmal gesagt haben, „sei der Weg zu Ende, sei keine Dialektik mehr, seien wir dem Negativen entronnen“ (Martin, 127; Pröpper). Religiös gesehen zeigt eine solche Aussage keinen großen Unterschied zur emphatischen Aussage des ersten Johannesbriefs: „Gott ist die Liebe“ (1 Joh 4,16). Diese aber kann als Antwort gelten auf eine durchaus moderne, von Feuerbachs Religionskritik inspirierte Rückfrage, ob denn die Liebe auch Gott sei: „wer in der Liebe bleibt, der bleibt in Gott“ (1 Joh 4,16). Es gehört zu den kostbaren Grundentscheidungen der christlichen Tradition, daß sie den emphatischen Begriff der selbstlosen Liebe *(agape, caritas)* zur Benennung Gottes ohne Einschränkung übernommen hat.

Kehren wir zum Thema dieses Paragraphen zurück. Wenn wir dem Bösen vom Standpunkt des christlichen Glaubens aus beikommen wollen, dann müssen wir es auf die eine Behauptung ankommen lassen: In der durch und durch zwiespältigen Wirklichkeit von Mensch und Welt ist eine Gotteserfahrung spürbar. Immer dort, wo diese Ambivalenz durchbrochen wird, können wir ohne Vorbehalt von Gott sprechen. Das heißt aber gemäß christlicher Voraussetzung: Wir können von Gott in der Erfahrung der Liebe sprechen. Wo sie wirksam ist, wirkt Gott. Der direkten Konfrontation mit dieser Wahrheit hat sich die christliche Tradition sehr lange entzogen.

Damit sind nicht alle Fragen beantwortet. Auch so nämlich läßt sich das Problem des Bösen nicht spannungslos lösen, denn auch mit dieser eindeutigen Erfahrung der Liebe ist die Macht des Bösen nicht einfach gebrochen. Die Verhältnisse zwischen dieser „göttlichen" Macht, Liebe genannt, und der Macht des Bösen sind asymmetrisch; die theologische Diskussion hat dies noch nicht hinreichend herausgearbeitet. Steht der „Macht" des Bösen von seiten Gottes nicht eine Art liebender Ohnmacht gegenüber? Die Frage wird noch zu besprechen sein. Nach menschlichem (und vorläufigem) Ermessen ist aber unbestritten: Macht, also gestaltender, gar zwingender Einfluß auf die Wirklichkeit, und Liebe, also das offene und vorbehaltlose Anerkennen anderer, sind nicht gleichzeitig, wenigstens nicht ohne weiteres zu haben. Im alltäglichen Verhalten kann das zu großen Problemen führen, denn wer aus Liebe handelt, möchte den Erfolg, möchte gestalten, das Böse also besiegen. Genau dazu bedarf es aber der Macht. Die Losung Jesu, wir sollten dem Bösen nicht widerstehen, kann unseren religiösen und moralischen Intentionen zutiefst widersprechen.

Welche Folgerungen ziehen wir aus dieser widersprüchlichen Erfahrung? Das läßt sich nicht in einer Formel zusammenfassen. Bisweilen lassen sich vernünftige Kompromisse finden, aber oft ist die Abschaffung von Unrecht nur mit anderem Unrecht erreichbar. Es hängt in solchen Fällen von unseren eigenen Entscheidungen ab, ob wir uns dann mit den Leidenden auf die Seite der Macht oder zur Vermeidung anderen Leids auf die Seite einer machtlosen Liebe schlagen. Falls wir uns aber für eine gewaltfreie Reaktion entscheiden, dann steht möglicherweise das Zeugnis all derer gegen uns, die in Auschwitz und in den zahllosen Folterkammern der Geschichte an Gott verzweifelten. Es gibt dann keinen erfahrbaren allmächtigen

Gott; wir haben einen falschen bezeugt oder ihn durch unser Verhalten desavouiert. Falls wir uns aber für die Macht einsetzen, dann setzen wir die Kette von Gewalt und Gegengewalt, von Rache und Vergeltung nur fort. Dann würden all diejenigen gegen uns sprechen, die zu Opfern einer solchen Gegengewalt, d. h. von Revolutionen, von politischem oder gesellschaftlichem Widerstand geworden sind. Am Ende könnten wir nie eindeutig sagen, welcher Weg richtig war. Eindeutig bleiben nur die Fragen, die der gewählte Weg aufruft. Im ersten Fall (nennen wir ihn den Weg der gewaltlosen Liebe) nämlich würden vielleicht nur noch diejenigen für uns sprechen, die im Grauen ihres Elends lernten, an Gott zu glauben, obwohl Gott sie nicht gerettet hat. Im zweiten Fall (nennen wir ihn den Weg der entschiedenen Gegengewalt) würden alle diejenigen für uns zeugen, denen wirklich geholfen wurde. Vor den Ketten neuer Gewalt und vor deren Opfern aber müßten wir hilflos schweigen und Gott sozusagen in neue Ohnmacht stürzen. Die Theologie verdrängt diese bittere Wahrheit gern: Auch in dieser praktischen Wendung der Theodizee bleibt nur Schweigen (Küng 1967), es sei denn, wir hoffen auf die Zukunft (Hick). Aber welche Zukunft ist damit gemeint?

2. Nachfolge Jesu als Beginn von Gottes Reich

a) Nachfolge als Lebensstil

Im Bewußtsein der Zukunftsungewißheit schlagen auch andere Religionen keine abstrakten Definitionen oder rational argumentierende Lösungen, sondern Lebensregeln und – besser noch – Lebensstile vor. Es geht darum, Wege und Räume der Zukunft offenzuhalten und Möglichkeiten ständiger Selbstkorrektur zu bieten. Allgemeine Gebote können eine große und prägende Rolle spielen (etwa die Goldene Regel, das Gebot der Gottes- und der Nächstenliebe, der Feindesliebe, der Dekalog als umfassende Weisung), aber sie füllen noch nicht den breiten und vielschichtigen Erfahrungsraum aus, den etwa der Lebensstil von Buddha, Kung Futse, Mohammed oder Jesus anbieten oder der sich in anderen, weniger personalisierten Religionen entwickelt hat. Aus diesem Grund bleibt auch die christliche Tradition nicht bei allgemeinen Hinweisen stehen, die sich etwa aus Jesu Verkündigung vom Gottesreich ergeben. Der entscheidende Ausgangs- und Wendepunkt des christlichen Lebensstils wird in der Tradition „Bekehrung" (*metanoia*, d. h. Umkehr oder Umdenken) genannt und hat eine solche Änderung der Lebenspraxis zur Folge. Darum läßt sich Gott nicht einfach in bestimmten Augenblicken, die oft vieldeutig sind, verifizieren. Geduld, Beharrlichkeit, Phantasie, eine Vertrauenshaltung und ein kritisches Weltbewußtsein spielen eine wichtige Rolle. Der Glaube von Christen erweist sich gemäß einer verbreiteten Überzeugung nicht als ein Augenblicks- oder gar Sonntagsereignis, sondern als ein höchst nüchterner *Lebensprozeß,* der in eine umfassende Geschichte von Mitmenschen und Mitchristen, von Wirkungen und Erwartungen, von Taten und Erinnerungen eingegliedert ist.

Vor diesem Hintergrund wird deutlich, was *Nachfolge* Jesu als christlicher Lebensstil bedeutet. Jesus von Nazaret gilt als das Urparadigma dieser Lebenspraxis; er ist „Urheber und Vollender des Glaubens" (Hebr 12, 2). Aus seinem Leben (Reden, Handeln und Geschick) lassen sich für den Umgang mit dem Bösen zwar bestimmte Prinzipien ablesen, dabei kann aber das spezifisch Christliche im Umgang mit dem Bösen nicht zwingend und hinreichend beschrieben werden. Offensichtlich können wir seine Art einer gewaltfreien Lebenspraxis nur aus dem Gesamt der Berichte erschließen. Doch entscheidend für die Evangelien ist, daß sie, wie bekannt, keine Biographie Jesu sind, sondern der Entwurf eines Beziehungsmodells zwischen Jesus und den Männern und Frauen, die sich ihm anschlossen. Er sagte: „Folgt mir!", und sie „folgten ihm nach" (Mk 1,17 f. u. ö.). Daraus entwickelt sich dann ein dramatischer Bericht, der im Hinblick auf die Praxis der ihm folgenden Frauen und Männer ebenso interessant ist wie für Jesu Praxis selbst. Deshalb sind die Evangelien zugleich ein Bericht, in den sich Christen später nicht nur als Zuhörerinnen und Zuhörer, sondern als zeitlich spätere Mittäterinnen und Mittäter verwickeln lassen. Den allgemeinen Zusammenhängen von primärer Erfahrung, Textbildung und dem folgenden Prozeß stets neuer Textrezeption und Textrealisation ist hier nicht nachzugehen. Jede Generation von Glaubenden schreibt das Neue Testament sozusagen neu (Häring 1998b). Gleichzeitig entstehen so für jede Generation und für jeden Kontext neue Erprobungen von Gewaltsituationen und Gewaltlosigkeit, neue Erprobungen im Dilemma von Macht und Liebe, wie es kurz aufgezeigt wurde. Im Umgang mit der Handlungs-, Leidens- und Todeserfahrung Jesu entsteht je neu christliche Identität.

Es muß deshalb nicht wiederholt werden, was etwa über den Umgang Jesu mit dem Leiden, mit Schuld, mit Tätern und Opfern schon gesagt wurde. Vielmehr ist darauf hinzuweisen: Nachfolge meint genau jene lebenspraktische Umsetzung, in der Menschen die Lebenspraxis Jesu gemäß den Bedingungen ihrer Gegenwart aufnehmen. Ein Versuch zum christlichen Umgang mit dem Bösen kann deshalb nicht zu abschließenden Ergebnissen kommen und die Praxis, die der Erinnerung folgt, geht der theoretischen Bearbeitung voraus. Zwar lassen sich allgemeine Regeln formulieren, wie sie etwa H. Küng (1974, 567–573) aufgestellt hat: Das Leid sei nicht zu suchen, wohl aber zu ertragen, zu bekämpfen und zu verarbeiten; sogar eine innere Freiheit im Leiden sei aufgrund des Glaubens an Gott möglich (2 Kor 4,8f.). Zu solchen Regeln gehört auch die Formel von D. Sölle über die „Wahrheit der Annahme" des Leidens, in der sich ein ungekanntes Licht finden läßt und in der Ijob stärker wird als der Gott, der ihm die Leiden schickt (Sölle, 111–148). Zu nennen ist schließlich für die Länder, in denen das Unrecht zum Himmel schreit, die große und äußerst fruchtbare Losung von der „Option für die Armen", die besagt, daß Christen sich zur Frage entscheiden müssen, auf wessen Seite sie nicht nur beim Austeilen einiger Almosen, sondern in ihrer Lebenspraxis stehen.

Solche Anweisungen müssen jedoch dem Leben und Sterben Jesu immer verbunden bleiben, der – im Vertrauen auf Gott und in prinzipieller Absage an das Reich des Bösen – alles zugunsten der Leidenden und der Verlorenen aufs Spiel setzte. Nur unter dieser Voraussetzung läuft sich nach aller Erfahrung das Projekt der Nachfolge nicht tot. Man mag die Lebenspraxis Jesu also als einen humanen Appell, als Willensäußerung Gottes oder als Angebot verstehen. Der Glaube an Jesus besteht in jedem Fall darin, daß sein Umgang mit dem Bösen noch heute als Realisierung von Gottes Willen gelten kann. In der Berufung auf Jesus könnten wir dann auf die Gegenwart Gottes, d. h. auf eine gelungene Bezeugung seiner Liebe hoffen.

Natürlich kann dieses Projekt nur in einer Hermeneutik der Praxis entschlüsselt werden. Sonst bietet es nur Hoffnung und eine Art praktischer Überzeugung. Christen tun deshalb gut daran, die inneren Zusammenhänge nicht zu vergessen, die etwa im Gleichnis vom barmherzigen Samariter (Lk 10,25–37) verdeutlicht sind und die – wie alle Gleichnisse – die Aufgabe der Mimesis, d. h. der Nachahmung, vorwegnehmen. Das angemessene Handeln kann ja nie aus irgendwelchen Regeln abgeleitet werden. Deshalb ist dem Prinzip der umfassenden Lebenspraxis das Prinzip des *geglückten Augenblicks* oder der erfüllten Erfahrung hinzuzufügen. Was Gott wirklich will, zeigt erst die jeweilige Situation. Im Geiste Jesu werden diejenigen, die mich brauchen, zu Interpreten Gottes (Mt 25,40). In den

Geschichten des Helfens und der Gemeinschaft mit ihrem Erfolg und Scheitern beginnt Gottes Reich. Wir wissen nicht, *wer* Gott ist, das bleibt Sein Geheimnis, aber wir wissen, wo wir Ihn finden. Die Entscheidung zu solcher Nachfolge geht der Theodizeefrage weit voraus. In seiner Nachfolge ist nämlich zu lernen, daß Situationen der Ohnmacht und der Unterdrückung den Beginn seines Reiches markieren (Sobrino 1982). Es gibt ein „mystisches", verborgenes Ereignis, das den „Kleinen" geoffenbart ist (vgl. Mt 11,25–27). Christen haben Gott nicht in Situationen weltlicher Macht, sondern in Situationen der menschlichen Solidarität zu erwarten.

b) Konfrontation mit dem Tod

Aus diesen Gründen spielt deshalb der Tod Jesu im Projekt der Nachfolge eine zentrale Rolle. Das hängt nur vordergründig damit zusammen, daß das Lebensprojekt Jesu in diesem tödlichen Konflikt eindeutig wird. Erhellender ist da schon die Tatsache, daß Jesu Geschick – verglichen etwa mit dem anderer Religionsstifter – unverwechselbar wird: Er starb als Verlassener (Küng 1992, 77–81). Damit bringt die Erinnerung an Jesus eine Erfahrung in das Gespräch der Religionen ein, die so nirgendwo sonst zu finden ist. Deshalb bricht im Tod, in dem die Spannung von Wahrheit und Ohnmacht unversöhnlich wird, die Frage nach Gott in ungewohnt kritischer Weise auf. Steht Er auf der Seite der Wahrheit oder der Macht? Und damit verbunden: Hat, wer in der Erinnerung und Nachfolge Jesu steht, in Gottes Namen wirklich recht, wenn er zugleich desavouiert wird? Schließlich, als Frage nach der An- oder *Abwesenheit Gottes* formuliert: Wenn der Verlassenheitsruf Jesu (Mk 15,34) ernst genommen wird, gilt er bis zum Ende der Zeiten, auch wenn die Osterereignisse eine andere Sprache sprechen? Zu diesem Gott gehört es offensichtlich, daß er entweder die Schwachen im Stich läßt oder – falls er auf Jesu Seite ist – hier und jetzt nicht machtvoll auftritt. Wer „authentisch" an den Gott Jesu glaubt, kann diese Frage nicht mehr abschütteln, zumal auch die Prozeßberichte zu den Gründen seiner Verurteilung keine befriedigende Auskunft geben (Schillebeeckx 1975, 277–282).

Deshalb entwickelte die theologische Tradition mehrere Argumentationsebenen, auf denen sie die Gründe für Jesu Tod suchte. Auf die *hochtheologische* Ebene der klassischen Erlösungstheorien gehen wir hier nicht erneut ein. Auf ihr wird der Standpunkt eines göttlichen Heilsplanes vertreten, der ein übernatürliches Erlösungswerk in Gang setzt. Die *gesellschaftspolitische* Ebene ist schon genannt, derzufolge dem Bösen als einer umfassenden Macht der Kampf angesagt wird. Von Bedeutung ist auf *formalrechtlicher* Ebene die Frage nach der Legitimität der jüdischen Autoritäten. Wie nämlich soll man sich auf die Seite eines Dissidenten stellen, nachdem die befugten Amtsträger eine eindeutige Entscheidung fällten? Aus der Rückschau führt die Tatsache der offiziellen Verurteilung in das Geschehen eine außerordentlich autoritätskritische Perspektive ein. Der Mißerfolg dieses Gerechten verbietet es ein für allemal, dem Urteil der befugten Entscheidungsträger und religiösen Führer, so anerkannt sie auch sein mögen, blind zu vertrauen. In der Erinnerung an das Kreuz ist neben der Kritik an der unterdrückenden Macht also auch *Ideologie-* und *Religionskritik* verankert. Da sich Jesu faktische Kritik auch gegen die religiöse Hierarchie seiner Glaubensgemeinschaft richtet, sind gerade die Christen innerhalb ihrer eigenen religiösen Institutionen zu einer autoritätskritischen Haltung aufgerufen. Kirchenkritik gehört bis heute zum legitimen christlichen Verständnis von Kirche und bedeutet für sie die einzige Chance, nicht immer wieder in die Falle eines Bösen zu laufen, das sich auch noch christlich legitimiert. Zur Debatte stehen die fromme Selbstlegitimationen der Macht und die Verlockung, Erfolg mit Wahrheit zu identifizieren.

Diesen kritischen und für eine Theologie des Bösen entscheidenden Punkt thematisiert die *Theologie des Kreuzes* von M. Luther (Loewenich; Thaidigsmann) bis J. Moltmann (1972) und E. Jüngel. Die „Theologie des Kreuzes“, eigentlich schon von Luther aus der rheinischen Mystik übernommen, war immer wieder Opfer innerer und äußerer Mißverständnisse. Allerdings ist Gott nicht schon deshalb in der Ohnmacht zu finden, weil Ohnmacht und Untergang Gottes Sache sind. Gott ist dort zu finden, weil und insofern Macht, Besitz und unsere Genußfähigkeit *faktisch* unter den Bereich des Bösen geraten sind. Nach Ausweis der Moderne können sie eine enorme Dynamik entwickeln, die sich vom Wohl der Menschen abspaltet und damit der Liebe widerspricht. Wer Macht, Besitz und die gängigen Überzeugungen einer selbstbezogenen Gesellschaft also zu den Ausgangspunkten seiner Lebenspraxis nimmt, für den verkehren sich angesichts der Erfahrung Jesu die Verhältnisse. Weisheit wird zur Torheit und umgekehrt (1 Kor 1,18–23). Dieses Denken behauptet, daß alles Menschliche der unmenschlichen, egoistischen und trügerischen Macht verfallen ist. Sie findet diese Entdeckung aber auch so befreiend, daß sie mit ihr das Reich Gottes beginnen läßt. Das Kreuz bedeutet deshalb, Ijobs Nein gegen Jahwe vergleichbar, *schärfste Kritik* am Zustand der Welt, und dies im Namen eines Gottes, der ihr widerspricht. Das Gute aber beginnt dort, wo die Tat des Guten, wo Liebe möglich wird. Gemäß der Lebenspraxis Jesu ist dies der Einsatz füreinander, und Stellvertretung wird zu einem der Schlüsselbegriffe, die Jesu Verhalten charakterisieren. Wenn dies aber klar ist, dann kann ein christliches Gottesverständnis durch die Frage der Theodizee eigentlich nicht mehr erschüttert werden, denn sie gehört dazu. Statt Gott durch Domestizierung der Probleme akzeptabel, aber auch langweilig zu machen, gilt die Entdeckung, daß seine Gnade zwar vorbehaltlos, aber nicht billig ist (Bonhoeffer), denn sie bezieht die Konfrontation mit der Bosheit mit ein.

Nun gehört für die christliche Tradition die Auseinandersetzung mit Jesu Scheitern zum Kern der Offenbarung. Sie stellt diesen gottverlassenen Jesus als den Messias dar, der von Gott zum unzerstörbaren Leben auferweckt sei. Nun ist eine Neuinterpretation der *Auferstehungsbotschaft* in vollem Gang. Zwar traut sie Gott ein Handeln *gegen* alles menschliche Handeln zu (Kessler), und zugleich wird die Osterfeier als dramatischer Vorgriff, als eine utopische, noch nicht eingelöste Provokation entdeckt, die nicht ohne die apokalyptischen Schrecken und die Schmerzensrufe der Leidenden zu denken ist. Zwar beginnt das Reich Gottes unwiderruflich in jeder gelungenen Tat oder Beziehung der Liebe, aber mit Jesu Tod hat es sein Ziel noch lange nicht erreicht. Im Gegenteil, jetzt erst wurde dessen Bedrohung und Ohnmacht deutlich. Trotz der Auferstehungsbotschaft geschieht deshalb Nachfolge Jesu – ihn wiederholend – im Risiko des Scheiterns.

Auf viele übt der christliche Glaube deshalb größte Faszination aus, weil er nicht in der Niederlage enden will. Die Symbolik ist dramatisch: Auf den Tod folgt das Leben. Im Augenblick, da der Teufel den Tod besiegt, wird er vom Tod verschlungen. Jesus wird zum Sieger des Bösen, weil er den Kampf gegen das Böse verloren hat. Das sind paradoxe und zugleich auflösende Aussagen. Sie bestehen den Test in der Wirklichkeit aber viel schwerer, als es diese weitgespannte Symbolwelt nahelegt – solange wir deren provozierende und kontrafaktische Kraft nicht begreifen. Meist wird neben den beschreibenden und wertenden Elementen eines Symbols deren gleichzeitig widerständige Kraft ja übersehen (Helle). Symbole signalisieren nicht idyllische Versöhnung, sondern Tiefenstrukturen, unausgelotete Möglichkeiten und utopische Hoffnungen, die in uns leben und den widerspenstigen Kern einer unausgesprochenen inneren Erfahrung ausmachen. Im Tod ist dies das Leben, im Leiden die Versöhnung, im Vergehen eine endgültige Ewigkeit und umgekehrt. Es kommt nur darauf an, daß solche kontrafaktische Symbolik nicht in vertröstender Illusion endet, sondern als real gewordene und immer bedrohte Möglichkeit bleibt. Das sehen die Christen als ihre Chance. Wenn Gott nämlich bei Jesu Tod auf dessen Seite war, dann ist Gott (unabhängig von Glaube, Moral und Umständen) an der Seite eines jeden Menschen, der zum Opfer des Hasses wird.

Dennoch entsteht für das menschliche Auffassungsvermögen ein Problem. Wir können Gott und Jesus im Augenblick seiner letzten Demütigung kaum mehr zusammendenken. Die Rede von Gott wird defaitistisch, von Resignation und von Untergang bedroht. Soll Gott denn zusammen mit Jesus in einen letzten Schrei versinken? Wird da nicht zynisch über Gott gedacht, und endet diese These nicht in *Blasphemie*? In der Tat, Jesus starb den Tod des Verfluchten (Gal 3,13). Ähnliches geschieht dort, wo Gott und die zu Tode Gequälten zusammenkommen; bedeuten Auschwitz und zwei Weltkriege für Gott nicht Schande und Hohn? Nun brechen Symbol und Erzählung genau aus dieser Qual auf. Sie gehen den Weg ihrer waghalsigen sprachlichen Konfiguration. Jesus wird auferweckt; er verspricht am Kreuz noch den Weg ins Paradies (Lk 23,43) oder der Soldat bekennt: „Wahrhaftig, dieser Mensch war (!) Gottes Sohn“ (Mk 15,39). Die Geschichte ist nun ausgeweitet, bis zum Äußersten gespannt. Der Lebensalltag schreibt sie dennoch anders, aber jetzt bleiben eine Spannung und der Aufruf, sie auszuhalten. Im Lebensalltag – am Kreuz, aber auch in der Schoa, im Archipel Gulag oder bei den Straßenkindern von São Paulo – wird das Leben in den Tod verschlungen; Gottes Gegenwart versinkt in diesem Abgrund mit. So kommt alles darauf an, daß diese erniedrigende Erfahrung selber nicht im Nichts versinkt. Es geht um einen doppelten Boden, der vielleicht nur noch im Text und als Sprachhandlung existiert. Er muß einen Raum offenhalten, ohne den dieser Kampf nicht zu bestehen ist.

3. Innergöttliches Geheimnis?

Dies kann folgende, weithin bekannte Geschichte verdeutlichen. Daß sie alle Anworten gibt, sei nicht behauptet. Daß sie aber eine Hermeneutik realistischen Wartens und Aushaltens eröffnet, gibt ihr unendlichen Wert:

> Die SS erhängte zwei jüdische Männer und einen Jungen vor der versammelten Lagermannschaft. Die Männer starben rasch, der Todeskampf des Jungen dauerte eine halbe Stunde. „Wo ist Gott? Wo ist er?“ fragte einer hinter mir. Als nach langer Zeit der Junge sich immer noch am Strick quälte, hörte ich den Mann wieder rufen: „Wo ist Gott jetzt?“ Und ich hörte eine Stimme in mir antworten: „Wo ist Er? Hier ist Er ... Er hängt dort am Galgen ...“ (E. Wiesel, zit. nach Sölle, 178).

Die Frage nach Gott angesichts eines sterbenden Jungen und die zutiefst menschliche Antwort: „Er hängt dort am Galgen“ versuchen in der literarischen Fiktion, Gott ganz in die Nähe der Menschen zu bringen. Gerade deshalb kommen sie zur Aussage des Unsagbaren, die ihre eigenen Widersprüche nicht mehr fassen kann. Daß eine Welt möglich ist, in der Menschen ihre Mitmenschen auf diese Weise quälen und in den Tod schicken, ist an sich schon unerträglich. Daß eine Religion es einem Gott der unbedingten Liebe zumutet, in diesem Elend selbst mitzusterben, zieht die letzten Antworten mit in diesen Abgrund hinein, aus dem doch Rettung erwartet wird. Der christlichen Botschaft ist von Anfang an ein höchst widersprüchliches Gottesbild inhärent. *Und das Wort ist Fleisch geworden* (Joh 1,14) lautet eine der großen Formeln, die das spätere Denken über die Bedeutung Jesu von Nazaret bestimmen. Von dieser Aussage ist es, wie bekannt, noch ein langer Weg zu den großen späten christologischen und trinitarischen Formeln, die sich mehr in eine Denkwelt der Metaphysik einarbeiteten und dabei die Problematik von Niedrigkeit, Ohnmacht und Tod immer mehr verdrängten. „Erlösung“ vom Bösen wurde immer weltflüchtiger und weltfremder gedacht.

Im Blick auf das Böse wäre es deshalb gut gewesen, man hätte den Vorstoß K. Rahners wirklich ernst genommen, der die „immanente“ Trinitätslehre wieder in die „ökonomische“ integrieren wollte. Immerhin entdeckte Rahner, wie einige andere evangelische Theologen: Ein Gott in drei Personen, an sich und in sich betrachtet, besitzt wenig Erkenntniswert für die elementare Frage der biblischen Botschaft, ob und wie Gott uns rettet, was der Tod Jesu für die Macht des Bösen bedeutet. Natürlich ist es faszinierend, zu sagen: Gottes ewiger Sohn ist schließlich der Gekreuzigte, die Erfahrung des Leidens dringt also ins Herz Gottes vor, so daß es zu einem endlosen Austrag, Abgrund, vielleicht Mitleiden in Gott kommt. Niemand kann gegen Gott sein als Gott selbst (Moltmann 1972). Solche Sprache verleitet aber auch zur Zügellosigkeit. Von Balthasar sieht das Leiden, das „Sich-Enteignen“, die „Selbstentleerung“ als „Urvollzug“, als „gegenseitiges Verbluten“ Gottes im innertrinitarischen

Geschehen verewigt. Solche redundante Sprache kann zu einer bedenklichen Remythisierung führen, wogegen viele Generationen nüchterne Vernunft angewandt haben. Der Sache nach gleicht sie einer Weltflucht, die das Böse verdrängt. In einer weiteren Steigerung trinitarischer Denkkonstrukte versucht man dann, in der trinitarischen Struktur (also in der gegenseitigen Zuwendung der göttlichen Personen) die Grundstruktur eines Gottes zu entdecken, der aus gegenseitiger Zuwendung definiert ist. Es wird dann gesprochen von Gottes „Selbsteinsatz" in der Geschichte, und die Liebe wird vom trinitarischen Anschauungsmodell her definiert: „Das 'Äußerste' und 'Innerste' und 'Höchste' der 'selbsteinsetzenden' Liebe ist ihre Macht, im Sich-Verschenken immer 'sie selbst' sein und bleiben zu können. So verstanden, ist die Liebes-Struktur sogleich in ihrer wirklich innergöttlich verankerten Analogizität beschrieben. Die Macht der 'selbst-einsetzenden' Liebe Gottes, 'sie-selbst' zu bleiben, bringt nichts anderes zum Ausdruck als ihre uneinholbare, je-größere, aber *darin* ganz konkret-sich-bindende *Unähnlichkeit*, die sich ganz in radikaler *Treue* bindet, indem sie in *ihre* Unähnlichkeit holt" (Faber, 426 f.).

Ein solcher Satz mit seinen Über-Abstraktionen und Formalisierungen zweiten Grades, mit seinen verfremdenden Signalen aus Apostrophen, Neologismen und Bindestrichen sowie schließlich mit seinem befremdlichen Versuch, Liebe doch wieder im Selbstsein zu verankern und nicht umgekehrt – ein solcher Satz macht nur deutlich, wie aussichtslos der Versuch ist, hellenistisch vertäute Denkpakete einem gegenwärtigen Verstehen wieder verfügbar zu machen. Für Menschen, die in dieser religiösen Symbolwelt leben, ist Gottes Selbsteinsatz in einer immanenten Liebes- und Leidensstruktur gewiß ein tiefer und tröstlicher Gedanke. Bleibt nur die Frage, ob sich diese Vorstellungswelt in das Gespräch mit anderen Vorstellungswelten einläßt. Kann sie wirklich beanspruchen, die spezifisch christliche Lebenserfahrung zur Sprache zu bringen? Von aktueller und bleibender Bedeutung ist die christliche Botschaft doch nur, weil Jesus sich im Namen Gottes mit dem Bösen als dem Todfeind der Menschen einließ und damit Gott selbst in dieses schlimme Spiel hineingezogen hat.

Viele Theologen sind deshalb heute der Meinung, nur eine konsequente Rekonstruktion dieses Gottesbildes aus der *biblischen Erinnerung* führe weiter. Nach intensiven Auseinandersetzungen mit der Tradition von den Kirchenvätern bis zu Hegel und nach erneuter Lektüre der Schrift bot etwa Küng deshalb ein einleuchtendes hermeneutisches Prinzip an, das die klassische Gotteslehre nicht leugnet, aber zur zeitbezogenen Erschließung vorbereitet: In Jesus Christus ist für die Glaubenden der menschenfreundliche Gott selber nahe (Küng 1974, 440); in Wort, Tat und Geschick *ist* er Gottes Wort, Tat, Wille und Offenbarung, Maßstab des Menschlichen schlechthin. Gott hat sich in der Geschichte Jesu Christi geoffenbart (Kuschel 1990). Die entscheidende Korrektur liegt wahrscheinlich im Übergang von einer Wesens- zu einer *Handlungsmetaphysik*, so wie Menschen unserer Kultur ihre Identität heute nicht mehr aus einer überzeitlichen Wesensbestimmung schöpfen, sondern aus ihrer Lebensgeschichte, also aus der Erzählung ihrer Lebenspraxis und ihres Handelns. So sagt E. Wiesels Geschichte vom sterbenden Jungen mehr vom Drama der Bosheit als die intelligenteste Trinitätslehre.

Beginnen wir noch einmal mit der furchterregenden Behauptung, Gott sei, leide, sterbe in dem erhängten Jungen. Eine solche Aussage kann unser Gottesbild nicht unberührt lassen. Der Zusammenprall von göttlicher Hoheit und menschlichem Elend zerschlägt alle Harmonien und religiöse Stabilität. Allerdings galt Gott über Jahrhunderte als *leidensunfähig*, weil er unfähig zur Veränderung sei. Darum waren alle Theorien so ausgerichtet, daß das Elend schließlich von Gott ferngehalten wurde. Entscheidend war deshalb der Durchbruch, den J. Moltmann mit seinem Buch vom „Gekreuzigten Gott" erreichte (Moltmann 1972). Jesus, so Moltmann, starb am Kreuz als einer, den Gott verlassen hatte. Zugleich erkennt Gott ihn in der Auferstehung als seinen Sohn an, macht seine Sache also zur eigenen Sache, nimmt das Kreuz sozusagen in seine Mitte auf. Gott leidet also mit, neigt sich zur Menschheit herab, stellt sich – in einer nicht unumstrittenen Interpretation – der Erfahrung von Ohnmacht und Schwäche (Welker).

Weitere Modelle einer geschichtlich denkenden Trinitätslehre können hier nicht vorgeführt werden. Hingewiesen sei auf E. Jüngel, W. Pannenberg und D. Sölle. Genannt sei P. Schoonenberg mit seinem Versuch, Jesus Christus von einer erneuerten Geistlehre her zu verstehen (Schoonenberg), aber auch Küng, der die Trinitätslehre von der Lebenspraxis Jesu (also „von unten") her neu interpretiert. Die Änderungen im theologischen Denken verlaufen nicht konfliktlos. In jedem Fall kommt es darauf an, daß die Frage des Bösen in diesen Symbolisierungen nicht weiterhin stillgestellt, sondern herausgearbeitet wird (Neuhaus; Wagner).

Wir sprachen über die Bedeutung Jesu angesichts des Bösen sowie von der christlichen Überzeugung, daß Gott sich in dessen Tod entdecken ließ. Das alles, mag man sagen, ist schöne Rede. Es ist die Fiktion von Texten, die mit den Erwartungen der Menschen in exzellenter Weise spielen und sich die tiefsten Sehnsüchte der Menschheit zu Hilfe nehmen. Dasselbe gilt für die großen Bilder eines Dreifaltigen Gottes, der die Frage der Erlösung und der Überwindung des Bösen im Vorgriff auf die Wirklichkeit erledigt. Auch hieraus resultierten Interpretationen und Widerstandskraft. Welchen Anhalt haben sie in der Wirklichkeit? G. Janßen und viele andere weisen im Zusammenhang des Theodizeeproblems darauf hin, daß Theorie und Praxis dialektisch aufeinander zu beziehen sind (Janßen 1982; Oelmüller 1990). Wer gut handelt, handelt gemäß einer eigenen Vernunft, die aus praktischen Erfahrungen und dem alltäglichen kleinen Kampf gegen das Böse erwächst. Wir dürfen diese dem Handeln eigene Vernunft nicht übersehen, wenn Jesu praktischer Beginn des Reichs Gottes herausgestellt wird. Harter Aktionismus ist nicht damit gemeint. Die Praxis der Solidarität beginnt beispielsweise dann, wenn wir bei anderen (nicht handelnd und nichts sagend) verweilen, deren Nähe und Probleme mit aushalten. Das schweigende Ertragen einer gemeinsam übernommenen Situation kann sehr weit führen; in ihr allein können sich die Kräfte des Guten versammeln, so, daß das Böse weder wegdiskutiert noch durch Tätigkeit verdrängt wird. Darin liegt auch das Geheimnis eines manchen Leidens, das seine Opfer gestärkt zurückläßt.

Und doch bleiben diese Situationen selten. Theorie und Praxis können im beschriebenen Sinn nie voll zusammenkommen, dennoch dürfen sie nicht auseinanderfallen. Im Gewahrwerden dieser Aporie konstituiert sich die religiöse Dimension des Problems. Sie enthält das Dilemma, daß eine leidensfreie Zukunft zwar erstrebenswert, aber nicht machbar ist (Hoffnung, 89). Es gibt Grenzen, an denen unser Handeln endet, obwohl unser unendliches Verlangen keineswegs befriedigt ist: Katastrophen, Ängste oder Tod. Deshalb bedarf das Handeln nicht nur einer guten Theorie, sondern die Frage richtet sich von den Grenzen her auch an das Unaussprechliche, das unsere Sprache „Gott" nennt. Er muß die Macht haben, trotz der Grenzen uns Menschen zu retten. Es bleibt nur die Frage, was für einer Macht es dazu bedarf. Für Jüngel entsteht die neuzeitliche Theodizeefrage in dem Augenblick, da die „mit der eigenen Subjektivität belastete übergewichtige Welt an den Rand des Nichts" gerät, „in das hinein sie seiner Verantwortung eben aufgrund dieser seiner Verantwortung zu entgleiten droht" (68). Zu erklären sind die Konstellationen von Macht und endloser Befriedigung der Bedürfnisse, der kollektive

Egoismus weniger Länder. Von der Machtpraxis der realen und gefürchteten Weltkonflikte her (Huntington) wird dann auch schnell klar, warum das Theodizeeproblem unlösbar wurde: Nicht Gott, sondern seine Verteidiger waren unglaubwürdig. Wo der Mensch sein Ebenbild hinsichtlich Potenz von Weltkontrolle und möglicher Weltvernichtung schafft, hat er – biblisch und christlich gesprochen – als Gottes Ebenbild verdientermaßen verspielt. Denn obwohl wir Liebe und Macht, wie oben ausgeführt, nicht angemessen vergleichen können, erscheinen sie in der Geschichte als Macht und Gegenmacht, wenn nicht gar in viele Mächte aufgespaltet.

Die klassische Tradition folgte mit gutem Recht dem monotheistischen Modell. Gemäß ihrem Erkenntnisziel ist Gott der Eine, in dessen Händen alles liegt. Da diese Theologie aber den offenen Gang der Geschichte, die anderslautenden Erinnerungen der Bibel und die bleibende, nie aufzulösende Pluralität unserer Wirklichkeitserfahrung immer weiter zurückließ, versuchte sie, *Gott über diesen Gegensätzen* zu halten. Gemäß dem Axiom der göttlichen Apathie war er unfähig, Einflüsse von der Welt aufzunehmen (Meessen). So wurde er nicht mehr *in* diesen Gegensätzen, auch nicht mehr als eine bestimmte rettende Qualität *aus* ihnen denkbar; alle Dramatik verschwand aus dieser Erfüllung ohne Ende.

Deutlichstes Symptom dafür ist die höchst merkwürdige Tatsache, daß der Begriff der Macht in eine uniforme Bedeutung zurückfiel. Fragen nach einer Analogie zwischen göttlicher und menschlicher Macht, nach Erfahrbarkeit und Eigenart göttlicher Macht spielten keine Rolle (Weber). Über die gängige soziologische Machtdefinition (Macht als Chance, das Verhalten eines anderen zu beeinflussen) kam man im Grunde nicht hinaus (Röttgers). Dabei nahm die Theologie in den vergangenen Jahrzehnten eine dramatische Wende, die zu neuem Nachdenken aufforderte. Auch die Systematiker entdeckten Gott wieder als einen Gott, der seinem Volk und den Verlorenen die Treue hält. Zwar wurde die Kritik an einem „theistischen", also über allem thronenden Gott (Hedinger; Sölle) den klassischen, sehr differenzierten Entwürfen nicht gerecht. In wachsender Direktheit aber nahm man Bild und Wirkung jenes *herrschaftlich gedachten* Gottes aufs Korn, der ausgestattet ist mit allen ins Eminente gesteigerten Eigenschaften menschlich-männlicher oder geistiger Größe (Moltmann 1972). In Anspruch nehmen konnte man einen solchen Gott zugunsten der Herrschenden in Kirche und Welt, gegen die Sünder und Ungehorsamen, viel weniger aber gegen die Gewaltigen und zugunsten der Leidenden. Dieses erhabene und vom Weltgeschehen nicht berührte, mit allem Glanz der Gerechtigkeit ausgestattete Gottesbild bildete ja die Leitlinie der klassischen Theodizee. Gegen diese falsche Versöhnung mußte protestiert werden, und es wurde seit dem 19. Jahrhundert auch mit Recht protestiert (Hedinger; Neuhaus).

Wer aber das Böse als widergöttliche Macht ernst nehmen und nicht ordnungstheoretisch, ontologisch oder moralisch stillegen will, für den ergeben sich gefährliche Fragen. Da er biblisch keinen Dualismus dulden kann, muß er das Böse auf Gott selber beziehen, wie das in verschiedenster Weise schon bei Jakob Böhme, Franz v. Baader und Schelling geschah[2]. Bewirkt Gott also Böses? Darauf konnte man wohl kaum positiv antworten, so blieb ein unheimlicher Rest. Wird Gott nicht vom Bösen berührt, wenn er sich denn mit ihm auseinandersetzt? Auf der Spur dieser Frage schien kein sinnvolles Weiterkommen möglich. In Erinnerung an Jesu Geschick ließ die christliche Theologie aber die Frage zu, ob Gott leiden kann (Krause; Koslowski; Wolfinger). Dies führt auf einen erstaunlichen Weg, denn dem platonischen Satz von Gottes Apathie steht der christologische Satz gegenüber, daß (sofern Jesus Christus wahrhaft Gott zu nennen ist) nicht nur ein Mensch, sondern ein Gott gelitten hat, oder daß Gott das Leiden Jesu nicht unberührt lassen konnte. Das Ideal wäre nicht mehr ein Christentum, das sich „in Geduld, Ertragen, Unerschütterlichkeit und Distanz vom Leiden" übt (Sölle, 58). Es würde selber apathisch und Leiden höchstens als Zeichen der eigenen Bosheit ertragen. Alles wirkliche und erlösende Leiden wäre dann im Kreuz Christi konzentriert und isoliert. In einem Prozeß der *Desolidarisierung* bliebe ausgerechnet Jesus von aller Solidarität ausgeschlossen.

H. Küng hat es 1970 unternommen, unter Anleitung Hegels die „Menschwerdung Gottes" im Blick auf ein geschichtliches Gottesbild neu und kritisch zu durchdenken. E. Jüngel hat später den Vorschlag gemacht, von der „Menschlichkeit" Gottes zu sprechen, diese als Geschichte zu erzählen (Jüngel, 409–430) und damit „die gefährliche Geschichte Jesu Christi als kritisches Potential in den Thesaurus der historischen Vernunft" eingehen zu lassen (425). Weil aber Jesu Geschichte noch unabgegolten ist, in Bosheit und Tod verstrickt, in Macht und Gegenmacht zerrissen, geht Gott *mit* uns den Weg der *Niederlagen*. Gott steht den Tod Jesu durch, weil er mit dem Leiden der gesamten Menschheit mitgeht, nicht umgekehrt. Mit der Auferstehung beginnt kein neues Leben, das unser gegenwärtiges Leben ablöst, sondern es stellt sich eine Erfahrung ein, die unser gegenwärtiges Leben in einen anderen Zusammenhang bringt. Es scheint eine Wahrheit auf, die den Zustand des Elends mit dem Lichtstrahl des Sieges erhellt.

Allerdings taugt die Rede von der Menschlichkeit Gottes nicht viel, wenn der Protest und der Widerstand gegen das Böse zuvor verdrängt oder vergessen werden. Dann führt diese Rede nur noch zu einer Vergöttlichung und *Perpetuierung des Leidens* (Sorge)[3]. Eine solche Verherrlichung des Leidens, in dem Gott mitleidet, wäre noch schlimmer als die zuvor behauptete Apathie. Ähnliches gilt für eine unkritische, weil leidvergessene Rede vom *Tode Gottes*[4]. Sie meint ja keine Feststellung, sondern einen Aufschrei. Zum einen wird der Tod Jesu – und wird der Tod des von SS-Schergen gehenkten Jungen – Anlaß zur Frage, ob man da Gott nicht selber tötet. Das christliche Verständnis von einem menschlichen Gott wird auf die Spitze getrieben, um die Bosheit des Bösen zu entlarven: „O große Not! Gott selbst liegt tot. Am Kreuz ist er gestorben ..." (Luther; s. Jüngel, 84 f.). Gott ist nach allen gängigen Maßstäben von Geschichte und Gesellschaften für tot zu erklären, denn er läßt uns – Liebe hin oder her – im Stich. So gesehen könnten sich Luther und Nietzsche treffen. Denn auch der bekennende Atheismus bedeutet Protest gegen einen Gott, der auf seiner Machthoheit bestand und dadurch Böses produzierte. Man denke an Dostojewski und Strindberg, später an Sartre und Camus (Neuhaus). Blochs Kampf gegen den unmenschlichen Obergott und seine Texte zum Auszug Jesu aus Jahwe (Bloch) gehören ebenso dazu wie die verzweifelte Position derer, die zugleich um Gottes Abwesenheit trauern. Ijob gehört letztlich dazu, der sich der abgründigen und schrecklichen Erfahrung Gottes schließlich verweigert. Hinzu gehört Künzlis Agnostizismus (Künzli), auch die jüdische Position der Kabbala, die Jonas in seinem berühmten Tübinger Vortrag aufgegriffen und verschärft hat (Jonas): Gott hat sich mit Absicht zurückgezogen und schwach gemacht, um der menschlichen Freiheit nicht mehr im Wege zu stehen (Schieder). Jetzt *hat* er uns nichts mehr zu geben. Aus sich heraus kann er dem Elend keinen Einhalt gebieten. Halt und Orientierung des Menschen sind verloren. „Wir stürzen nach allen Seiten, und es wird kalt" (Nietzsche; Küng 1978, 412–416).

Für diese unabweisbare und auch christlich zwingende Position ist Gottes Verhältnis zu den Menschen zum unlösbaren Problem geworden. Wir können höchstens Freiheit suchen, indem wir uns aus eigener Kraft von unterdrückenden Strukturen befreien. Wer gibt uns aber die Kraft zu dieser Befreiung, wenn ein zur Untätigkeit verleitender Gott seine Befreiung erst im Jenseits, also als Leben *nach* dem Tode anbot? Nun mag man mit Recht diese kühne Behauptung differenzieren wollen. Aber als Katalysator des Nachdenkens ist sie hilfreich. Dabei stellt sich im Gespräch zwischen Glaubenden (die zweifeln), Zweifelnden (die vielleicht authentischer glauben) und solchen, die sich von der Sprache des Glaubens verabschiedet haben (um vielleicht eine neue Sprache der Wahrheit zu lernen), ein erstaunliches neues Einverständnis ein. Viele Anzeichen sprechen dafür: Mit wachsender Hilflosigkeit und im allmählich ausweglosen Ringen um Worte wird ein neues Gespräch möglich jenseits von real existierender Religion und Religionskritik, deshalb auch jenseits von real existierendem Atheismus und christlichem Glauben. Wir müssen nur ernst nehmen, was beide Seiten an sachlicher Verifikation durch die Erfahrungen mit dieser Welt in das Gespräch einbringen können. In das Gottesbild der Christen muß das Handeln von Menschen so mit einbezogen werden, daß uns nichts anderes zu tun bleibt, als selbst und kraft eigenen Wollens, also unabhängig von Gott, mit dem Guten eben zu beginnen.

4. Gottes endgültige Macht

a) Mißverständnis „Allmacht"

Für die Erneuerung von Glaube und Theologie hat die Religionskritik des 19. Jahrhunderts also ihren Dienst erfüllt. Von Feuerbach haben wir die anthropologische Wende, von Marx die Ideologiekritik, von Freud die Mühen und Segnungen des freiheitlichen Gangs und von Nietzsche den Abschied von der westlichen Dekadenz gelernt. Die Kritische Theorie wurde von späteren Theologien in erstaunlicher Direktheit beerbt, und die „Kleine Blochmusik" in den theologischen Hörsälen der siebziger Jahre ist hinreichend bekannt; bis heute klingt sie nach. Nach Auffassung vieler hat diese Annäherung gefährlich weit geführt. Haben Religionskritik und die von ihr belehrte Theologie überhaupt noch einen Strauß miteinander auszufechten? Es geht im Streit mit der Religionskritik ja immer noch um die ernste Frage, ob Gott das letzte Wort haben muß. Die Antwort auf diese Frage ist, wie es scheint, am Ende dieses Gedankenweges nicht einfacher geworden. Denn Gottes entscheidende Eigenschaft ist nun – ohne allen Machterweis – allein die Liebe. Nach dem frühen Tod seines Sohnes hat vor einigen Jahren der amerikanische Rabbiner H. Kushner in einem ergreifenden Buch von Gottes Ohnmacht gesprochen (Kushner). Gottes und unsere einzig konsequente Macht gegen das Böse liege in menschlichen Händen, der Praxis der Liebe. Damit ist gerade kein erbaulicher Ausweg, sondern der einzig mögliche Grund zum Widerstand genannt[5]. Kushner hat recht, aber in pragmatischer Verengung auf das Subjekt und dessen Gefühle vergaß er hinzuzufügen, daß diese Liebe ihre eigene Vernunft hat, daß sie aus sich heraus – gegen die Logik einer von Macht und Tod bestimmten Welt – eine eigene und unbezwingbare Gegenlogik des Lebens aufbaut. Dem solidarischen Handeln, das aus Liebe geschieht, eignet offensichtlich eine eigene Kraft. Solches liebendes Handeln ist *wahr,* absolut unwiderlegbar und deshalb unter Lebenden nicht auszurotten. Obwohl es oft ohnmächtiges Leiden provoziert und deshalb sich selbst aufzuheben scheint, schafft es sich – fern aller „Mystik" und oft fern jeder Religiosität – seine eigene, sehr unprätentiöse, nüchterne und selbstverständliche Kraft und Plausibilität. Zur Debatte steht hier nicht mehr die Lösung des unlösbaren Theodizeeproblems, sondern die Überwindung des Bösen. Theodizee führt hier nicht zum „Abbruch", sondern möglicherweise zum „Anstoß des Glaubens" (Neuhaus).

Diese Überzeugung ist weit verbreitet und trifft m. E. den Kern religiöser Welterfahrung überhaupt. Die Macht der Liebe – im besprochenen emphatischen Sinn – liegt darin, daß sie Prozesse der Hoffnung in Gang setzen kann, die alles Gegenwärtige überschreiten und dennoch hier und jetzt beginnen. Sie unterläuft mit ihrer Hoffnung die aus Angst geborenen Mächte des Todes. Sie hat in ihrer Selbstlosigkeit den längeren Atem. – Wirklich? Trotz allem bleiben ein unaufgeklärter Rest und der Eindruck des leeren Versprechens, einer selbsterregten Ideologie. Denn wer in seiner Machtlosigkeit keinen Einfluß mehr hat, kann eben nichts zum Besseren ändern. Wenn umgekehrt aber Christen, Juden und Muslime aus der Kraft dieser Liebe dennoch leben, Zukunft gestalten und sich immer wieder an das Werk der Veränderung machen, dann kann diese Liebe doch, trotz aller Ohnmacht, nicht einfach machtlos sein.

Vielleicht liegt das Besondere dieser Kraft nicht in der Tatsache, daß Liebe ohnmächtig ist oder sein muß. Vielmehr ist endlich zu fragen, um *was für eine Macht* es bei der Liebe denn geht. Bei genauerem Zusehen kommt da nämlich Erstaunliches zutage. Erinnern wir uns an die Theodizeefrage. Sie geht aus vom Dogma eines machtvollen Gottes. Es ist ein Gott, der im Grunde alles kann und der durch nahezu 2000 Jahre hindurch angeredet wurde als „allmächtiger, ewiger Gott". Gott gilt zwar als machtvoll, aber anders als in der späteren Theologie geht es höchst selten um Gottes Macht an sich. Zur Diskussion stehen immer ein Handeln und Erfahrungen in bestimmten Situationen. Was aus der einen Perspektive vielleicht als grandios erscheint, zeigt sich aus anderer Perspektive als ärgerlich. Das Säuseln des Windes strahlt nicht gerade Macht aus, dennoch kann es Elias ungemein stärken (1 Kön 19,12f.). Die Anreden „Maria" und „Rabbuni" im Garten (Joh 20,16) gehören zu den stillsten Signalen der neutestamentlichen Erzählungen, dennoch haben sie Welten bewegt. Das stumme, offene Grab, das die Frauen erschauern ließ (Mk 16,1–8), gilt als Metapher des Sieges. Ähnliches ließe sich sagen von der Witwe, die nur einen Pfennig fand. Selbst der Bericht, daß Jahwe die Sonne über Gibeon stillstehen ließ (Jos 10,13), ist vom Bekenntnis zum „allmächtigen ewigen Gott" meilenweit entfernt, denn derselbe Gott konnte zu späterer Stunde Israel nicht mehr retten. Von „Mystik" wird in diesem Zusammenhang zu schnell geredet. Vielmehr handelt es sich um eine Erfahrung, die oft und wie selbstverständlich anzutreffen ist. Die Rede von der Macht kann deshalb auch bei rationalem Nachdenken verwirrend vielfältig sein. Um welche Macht handelt es sich bei Gott (zum folgenden: van den Brink; Oomen, 398–410; Ritter)?

Erinnern wir uns an einen biblischen Befund: In der Schrift ist von Gottes „Allmacht" so gut wie nie die Rede (zu den philosophischen Zusammenhängen Geyer 1992, 17–45). Die über sechzig Stellen der jüdischen Bibel, in denen gemäß gängigen Übersetzungen vom „Allmächtigen Gott" gesprochen wird, meinen zum größten Teil den *El Schaddai*, also einen unübersetzbaren Titel, der vermutlich mit Macht und Hoheit zu tun hat. Angesprochen sind Gottes segnendes, mit heiligem Schauer besetztes Vermögen, sein Hofstaat; er ist der Herr „Sebaot", also der Heerscharen. Der Titel ist in der Vätertradition zu Hause und wird später eher kritisch behandelt. Dort heißt es etwa: Ich bin Abraham, Isaak und Jakob als El Schaddai erschienen, aber unter meinem Namen Jahwe habe ich mich ihnen nicht (!) zu erkennen gegeben (Ex 6,3). Er tritt gehäuft, über 30mal, im Ijobbuch auf, hier gerade in kritischem Zusammenhang. In immer neuen Variationen unterstreichen Ijobs Freunde mit ihm Gottes Überlegenheit und Unergründlichkeit: „Ja, wohl dem Mann, den Gott zurechtweist. Die Zucht des El Schaddai verschmähe nicht!" (5,17). Bei Ijobs Hader mit Gott spielt dieser Titel eine zentrale Rolle, so als gehe es hier um Leben und Tod, bis sich Jahwe dann an einer entscheidenden Wende selbst auf diesen Titel beruft:

„Mit El Schaddai will der Tadler rechten? Der Gott anklagt, antworte drauf!" (40,2).

„Allmacht" also? Dazu gibt es keinen hinreichenden Anlaß. Zu dieser Interpretation hat nämlich erst ein griechischer Begriff in der Übersetzung geführt, der etwa in einem Gebet des Tempelweihfests im 2. Makkabäerbuch (1,24) auftaucht, dessen Gottesbild dann eindeutig monotheistisch und von höchstem Hofzeremoniell gekennzeichnet ist. Sehr hoheitlich heißt es da:

> Herr, o Herr, Du Gott und Schöpfer aller Dinge,
> furchtbarer, starker, gerechter und barmherziger Gott!
> Du allein bist König und du bist gütig.
> Du allein gibst alle Gaben.
> Nur du bist gerecht, allmächtig (pantokrator) und ewig.

Der Titel taucht dann später noch neunmal in der Geheimen Offenbarung, also nur noch in einem apokalyptischen Zusammenhang auf [6]. Diese Zurückhaltung fällt auf: Gottes Machterweis ist erst Sache der Endzeit; jetzt wird unsere Geduld gefordert. Wie aber ist das griechische *pantokrator* zu übersetzen? Auch darüber herrscht keine eindeutige Meinung. Möglich sind: „der Mächtigste", „Allesbeherrscher", vielleicht auch „Herrscher der Herrscher" oder auch: derjenige, der „für alles sorgt". Wie bekannt, spielt dieser Titel in der kaiserlich byzantinischen Nomenklatur, in Kunst und Liturgie eine zentrale Rolle. Christus, der Allherrscher oder Allesbeschützer, wird zu Urbild und Legitimation kaiserlicher Macht.

Auch die lateinische Übersetzung *omnipotens* ist zunächst nicht eindeutig. Im lateinischen Credo ließe sich noch an die Bedeutung „Alles-macher", d. h. Schöpfer aller Dinge denken; zu vergessen ist jedoch nicht, daß der *Schöpfungsgedanke* immer noch einen Rest von unbewältigtem Chaos kennt, also keine absolute Allmacht meint, sondern stete Chaosbändigung. Auch diese Bedeutung ist also noch weit entfernt von der späteren aristotelischen Bedeutung eines Gottes, der schlicht und einfach alles kann und dafür verantwortlich ist. Erst mit diesem Bedeutungswandel ist ein *Sündenfall zur Machtideologie* hin vollzogen, der von keinem Schriftbefund gedeckt ist. Allmacht meint jetzt ja die absolute, die grenzenlos mächtige, keines Leidens, keines Werdens und keiner Änderung fähige Superpotenz (Jonas 1984; vgl Pannenberg 1988, 444–456), die im Grunde keine Gegner mehr hat und so zum Widerspruch in sich wird.

Die Folgerungen sind klar: Biblisch gesehen läßt sich Gottes je größere Macht weder ersatzlos streichen noch durch Gottes Ohnmachtsbehauptung ersetzen. Es geht um Jahwes Hoheit oder um Gott, der für alles sorgt, der den Kampf mit den Gegenmächten aufnimmt oder – in ständigem Widerstand gegen das Chaos – die Schöpfung erhält, der seine Macht vorerst verbirgt. Aber es geht nie um Macht als solche, geschweige denn um eine absolute Macht. Eine Religion – zumal dann, wenn sie messianisch die Welt verändern will – kann und darf sich deshalb nie in Debatten um Macht erschöpfen. Anders gesagt: Wenn die schiere Macht zur Debatte stünde, wären Bitten, Rufen und Klagen im gleichzeitigen Vertrauen überholt.

b) Der Liebe das letzte Wort

Um das zu verdeutlichen, wird noch einmal auf die apokalyptischen Bilder zurückgegriffen (zur Neubewertung: Häring 1993, 1996; Marquardt). Diese Vorstellungswelten verarbeiten reale Erfahrungen des Schreckens und der Verzweiflung und stellen nur eine Frage: Wem gehören Geschichte und Welt? Wer hat in diesem katastrophalen und bösen Weltgeschehen das letzte Wort? Können wir davon ausgehen, daß wenigstens am Ende der Zeiten die Mörder nicht über ihre Opfer triumphieren? So kann diese übermächtige Bilderwelt auch gedeutet werden als das Aufbäumen aller Sinne für eine Gerechtigkeit gegenüber der unerträglichen Abwesenheit Gottes bei allem, was Menschen angetan wird. Welcher Art ist aber Gottes Macht in Zeiten, da wir nichts als Ohnmacht sehen? Aus der biblischen Botschaft ergeben sich wenigstens zwei Konkretisierungen:

(1) Einhellig appellieren die Propheten an den *freien Willen* der Menschen; Gottes Macht kann also am Herzen der Menschen zerbrechen. Zugleich wird gezeigt, daß Gottes Macht von innen wirken, also auch das Herz der Menschen gewinnen und befreien kann. Der Geist Gottes wird auf die Menschen ausgegossen (Joel 3,1; Apg 2,17–21). Gottes Handeln setzt also jenseits menschlicher Freiheit an, ohne diese aufzuheben.

(2) Einhellig verlegen die Propheten Gottes Macht in die *Zukunft*. Ausgerechnet Bruch und Katastrophe werden so zum Signal der Erneuerung. Gottes Handeln setzt also jenseits der irdischen Todestendenzen an, ohne diese durch äußerlichen Eingriff zu beenden. Erst vor diesem Hintergrund wächst die Überzeugung, daß die Gewaltgeschichte der Menschen zwar in die Sackgasse, daß die darin verborgene Leidgeschichte aber zur Umkehrung der Verhältnisse führt. Gottes Macht bedeutet also keinen offenen Siegeszug (Mt 13), son-

dern bleibt den „Weisen und Klugen“ (Mt 11,25) verborgen. So bleiben der von Gott gemachten Schöpfung gegenseitige Vernichtung, Schmerz und Tod nicht erspart (Röm 8,19–22).

Aus den Darlegungen wird klar, daß und warum die gängigen Diskussionen über Gottes Macht und Ohnmacht das Dilemma nicht lösen. Ein formalisiertes, nur von der soziologischen Oberfläche her definiertes Verständnis führt nicht weiter. Dagegen unterscheiden viele Religionen kritisch zwischen verschiedenen Formen und Methoden der Macht. Macht erscheint im polytheistischen Sprachspiel deshalb in der Mehrzahl. Auch die Bibel kennt „Mächte“ und „Gewalten“, so bei den Propheten, in den Psalmen (47,10), im Römerbrief (8,38) und mit großem Nachdruck im Epheserbrief. „Macht“ erscheint in diesen Texten nicht als neutrales Konstrukt, sondern als die Qualifikation von Situationen und Beziehungen, die von bestimmten Inhalten abhängig ist, etwa von Liebe oder Haß, physischer Stärke oder einer moralischen Verpflichtung, von einem entschiedenen Willen oder von Besitz. Im christlichen Zusammenhang hilft also die Frage, ob Gott nun *an sich* mächtig oder ohnmächtig sei, nicht weiter. Wie die Analogie der Liebe zeigt, eignet dem religiösen Sprechen von Gott immer das Bewußtsein, daß Gott selbst unaussprechlich, die Rede von ihm also nicht objektivierbar ist. Er findet sich nicht mit der Immanenz ab, glaubt aber, in der immanenten Erfahrung der Liebe über sie hinauszukommen (Geyer 1992, 294). Zu fragen ist aber ganz im Sinne von Geyers Mikrologie (287–294): Welche Mächte tragen am Ende den Sieg über andere davon? Welchen Mächten trauen wir die Zukunft, das letzte Wort und den letzten Sieg zu? An dieser Frage, nicht an einem Allmachtsproblem an sich, entscheidet sich unser Vermögen, die wahre Wahrheit hinter allen Wahrheiten, die wirkliche Kraft gegenüber allen Kräften, die unbedingt offene Zukunftslinie in allen Zukunftslinien zu entdekken, den Sieg über das Böse zu thematisieren.

Wir kehren jetzt zur Frage der Liebe zurück. Es gibt, wie schon gezeigt, einen Schlüsselsatz des christlichen Glaubens. Er lautet: „Gott ist die Liebe“ (1 Joh 4,8). Es gibt zugleich ein Wort aus dem Hohenlied, das bei der Interpretation der Auferweckung Jesu immer wieder herangezogen wird: „Stark wie der Tod ist die Liebe“ (8,6). Diese beiden Schlüsselsätze können einen Hinweis auf das Gemeinte bieten. Es geht um die Entdeckung: Diese Liebe hat oder *ist selbst* eine *Macht von eigener Qualität und Art*. Ich spreche hier von einer Erfahrung, die aus der unmittelbaren Begegnung, aus dem Innenraum der Sache selbst kommt; ich nenne sie „Innenerfahrung“. Erst wenn der unmittelbare Augenblick dieser Erfahrung vergeht, beginne ich, mich zu ihr bewußt, sozusagen von außen zu verhalten und sie dem alltäglichen Spiel der Wertungen auszusetzen. Dann stellt sich die Frage, was ich dieser Machterfahrung nun wirklich zutraue. Jetzt erst fällt die Entscheidung: Die Innenerfahrung wird also von einer Außenerfahrung falsifiziert und allmählich entkräftet oder umschlossen und geschützt. Im christlichen Glauben ist die zweite Möglichkeit eingetreten.

Natürlich sind solche Erfahrungen meist eingebunden in die Beziehung zu anderen Menschen. Ich spreche dann nicht von der Liebe an sich, sondern von einer bestimmten Liebe. Gleichzeitig aber entwickelt sich im Geflecht solcher Erfahrungen auch eine allgemeine Komponente des Mißtrauens oder eines Zutrauens, das – unter dem Einfluß von Erikson – bisweilen unter dem Begriff des *Urvertrauens* besprochen wird (Küng 1978, 624–633). Ähnlich wie eine länger andauernde Liebe ist dieses Urvertrauen nun durch die Fähigkeit zur Paradoxie ausgezeichnet. Es weiß, daß Enttäuschungen und gegenteilige Erfahrungen möglich sind, daß Vertrauen mißbraucht und Liebe verhöhnt werden kann. Aber ein solches Vertrauen ist fähig, auch das Paradox seiner gelegentlichen Widerlegung, seiner Erfolglosigkeit und Erschütterung in Kauf zu nehmen, solange es nur auf dem Weg ist und einer weiteren Zukunft, noch unerschlossenen Tiefendimensionen entgegensieht. Diese Fähigkeit, das Paradoxe auszuhalten, zeichnet in der biblischen Tradition den Glauben an die Macht Gottes aus.

Wir bewegen uns noch im Vorfeld religiöser Erfahrung und des biblischen Glaubens. Noch ist ja, wie wir sahen, die Frage zu beantworten, warum sich Religion und Religionskritik – im Einverständnis über die Liebe und über dieses Vertrauen – noch um die Gottesfrage streiten müssen. Ist die Liebe nicht Gott, wie Gott die Liebe ist? Gibt es inzwischen nicht genügend Gründe, um gemäß Feuerbach Subjekt und Prädikat einfach zu vertauschen? Wie bekannt, kann die Erfahrung der Liebe auch eine religiöse Dimension bekommen: Die Liebe, die ich heute erfahren durfte, überdauert *schlechthin alles*, auch wenn sie – hier beginnt die religiöse Dimension – vor dem Tod durch alle Ereignisse widerlegt wird und zum Untergang führt.

Innerhalb der biblischen Tradition trifft das zu auf die Kraft, in der alle Liebe noch einmal aufgehoben und begründet ist. Gemeint ist dann nicht mehr die Liebe, sofern sie mir als Eigenschaft einer Person oder eines Geschehens entgegenkommt, sondern umgekehrt eine Person oder ein Geschehen, das in dieser „Liebe“ aufgenommen ist wie in einer *autonomen Kraft*, die sich selbst übersteigt. Jüngel umschreibt sie als „Einheit von Leben und Tod zugunsten des Lebens“ (Jüngel, 464). Deshalb wird sie göttlich genannt. Natürlich hat auch sie die paradoxe Erfahrung der Erfolglosigkeit in Kauf zu nehmen. Gleichzeitig aber hängt das Vertrauen auf diese Liebe, wie etwa der Umgang mit Jesu Scheitern zeigt, immer weniger von Erfolg oder Erfolglosigkeit ab. Warum aber schafft sich diese religiöse Erfahrung der Liebe ihr eigenes Recht, und warum relativiert eine solche Liebe – bis hin zur Bereitschaft des Martyriums – die Opfer? Warum entsteht bei den ersten Christen eine ekstatische, aber wie selbstverständliche Überzeugung, diese wahrhaft göttliche Liebe halte durch, auch wenn und nachdem alles andere vergangen ist (1 Kor 13,8)? Warum kann sie, bis hin an die Grenze der Selbstzerstörung und des Zynismus, auf dem Eigenwert der Liebe bestehen, ohne die alles zum „dröhnenden Erz“ (1 Kor 13,1) wird?

Die Antwort kann nur in der Erfahrung der Liebe selbst gesucht werden. Es scheint, daß sich in ihr das, was wir Liebe nennen, aus sich selbst heraus bestätigt. Sie bestätigt sich angesichts der Gefahr des Bösen als eine *endgültige, unverwüstliche und nicht zu widerlegende Macht.* Diese Liebe wird darüber zur ersten und maßgeblichen (1 Kor 13, 1–13) Metapher für Gottes Kraft, Selbstbestätigung und Wahrheit; die Liebe ist dann stärker als der Tod. Im Lichte dieser Erfahrung konnte offensichtlich der Auferstandene als die selbstverständliche und letzte Macht erscheinen, weil den ersten Christinnen und Christen eine Entscheidung gelang: *Wir gestehen diesem jesuanischen Leben die entscheidende Macht, das letzte Wort zu, weil dieses Leben für die Liebe Gottes stand.* In dieser authentischen Situation der Konfrontation mit dem Tod verkommt die Hoffnung auf die Auferweckung der Toten nicht zum Trostpflaster für eine enttäuschte Gegenwart. In dieser Situation wird vielmehr sichtbar, daß diese Liebe es hier und jetzt konkret mit den Gegenerfahrungen des Bösen aufnehmen kann. Das „Reich Gottes“ hat jetzt zwar nicht chronologisch begonnen, weil es die Tat der Liebe schon immer gab. Es beginnt jetzt aber als ein neuer Erfahrungszusammenhang, der in und mit dem Namen Jesus zu identifizieren ist (Schieder, 189–195).

Dennoch bleibt die Auferstehungshoffnung Mißverständnissen ausgesetzt, als ob es um eine jenseitige Fortsetzung dieses Lebens zum Lohn unseres Glaubens ginge (Pohier); denn eine Macht, die sich formalisiert, sich nicht mehr ihren Paradoxen und dem Unheil aussetzt, ein solches abstrahiertes Machtverständnis wird immer neu an der Alternative von Macht und Ohnmacht scheitern. Es kommt deshalb darauf an, *welcher* Macht wir im Glauben an Gott vertrauen. Nur so kann deutlich werden, daß und warum – in religiöser Sprache gesagt – Gottes Macht alle anderen Mächte übersteigt. Gott ist eben so machtvoll und so machtlos, wie Liebe, Gerechtigkeit oder Versöhnung im Namen Gottes machtvoll oder machtlos und verletzlich sind. Wer diese besondere Eigenart und Unaussprechlichkeit von Gottes Macht in Rechnung stellt, wird alle Einschichtigkeit vermeiden müssen. Die niederländischen Theologen H. Berkhof und E. Schillebeeckx versuchten, diese Paradoxie in den Begriff der „machtlosen Übermacht" zu fassen, denn es ist eine Macht, die sich keiner Gewalt bedient. Es geht also nicht darum, „die Rede von Gott mit dialektischen Kunstgriffen durch die Rede von *Gottes Ohnmacht* zu verwässern" (Kuschel, in: W. Gross, 217). Viel wichtiger ist die Frage, von welcher Macht wir reden. Damit ist der Protest gegen den Gang der Welt nicht ausgeschlossen.

Dennoch entsteht hier ein *letztes Problem*: Die innere Authentizität solcher Liebeserfahrung mag bewundernswert, von hoher mystischer Qualität und tiefem Gottvertrauen sein. Aber möglicherweise führt sie zu noch schlimmerer Weltblindheit und einer höchst gefährlichen Weltflucht, wenn sie vorschnell in ihrer eigenen Erfüllung versinkt. Klage und Protest müssen deshalb bleiben. Evangelikal-apokalyptische Kreise warten auf den großen Endkampf, der von Harmagedon (Apk 16,16) ausgeht. Die 144000 (Apk 7,4) werden in ihren weiß gewaschenen Gewändern dann zuschauen, wie diese Welt zum Teufel geht: „Aber die Treulosen und Befleckten, die Mörder und Unzüchtigen, die Zauberer, Götzendiener und alle Lügner – ihr Los wird der See von brennendem Schwefel sein. Das ist der Zweite Tod" (Apk 21,8).

Angesichts der Leidenschaft für eine gerechte Welt ist eine solche Reaktion zwar verständlich, aber es ist auch die letzte und schlimmste Ideologie, die der Christenheit passieren konnte und die immer noch ihre Spuren hinterläßt. Das Problem ist allerdings schon den Evangelien bekannt. Innen- und Außenerfahrung liegen im Streit. Schon dort ist mehrfach vom *Verborgenen* die Rede (Mt 11,25), das wie ein Schatz im Acker erst zu finden ist (Mt 13,44). Andererseits wird deutlich gemacht, daß die verborgene Wahrheit endlich geoffenbart werden muß (Mt 5,14). Wir verschaffen der Macht Gottes aber nur dann Geltung, wenn wir sie *öffentlich zur Geltung* bringen. Dieser Außenaspekt von Gottes Macht darf nicht unterschlagen werden. Deshalb kommt alles darauf an, daß dieses Ineinander von Erfüllung und Empörung lebendig bleibt. Wer im Rausch der Gott-Erfülltheit die Liebe zum Nächsten nicht vergißt, kann keineswegs zufrieden sein. Es braucht einen langen Atem. Erst im Blick auf eine Zukunft, die den Tod mit einbezieht, wird eine christliche Interpretation des Bösen plausibel: Sie nimmt es als schreckliche, aber in Gott besiegbare Macht wahr. Deshalb korrespondiert dem Vertrauen auf Gott der Ruf nach Befreiung: „*Marana tha* – Herr, komm!" (1 Kor 16,22), dem die Antwort nicht versagt bleibt: „Ja, ich komme bald!" (Apk 22,20).

Anmerkungen

I. Einführung: Grundlegende Fragen

[1] Allgemeine Literatur: Die Lexikonartikel von Häring 1988; Masson; Mensching; Marquard; Oelmüller; Schmidt-Biggemann; ferner Ahern; Barreau; Bro; Colpe; Geyer 1983, 1992; Heering; Hermanni. Billiscich ist zur historischen Übersicht über die Problemgeschichte noch immer unverzichtbar.

[2] Id quod nocet: De moribus Manichaeorum II, 3, 5 (PL 32, 1346).

[3] Allgemeine Literatur: Die Lexikonartikel von Bernhart; Hemmerle; Pannenberg 1988; ferner Das Böse 1995; Colpe; Geyer 1992; Hebblethwaite; Holzhey/Leyvraz; Pieper; Oeing-Hanhoff/Kasper.

[4] Allgemeine Literatur: Görres; Haag 1978; Mostert; Ricœur 1971, II; Schwarz; Neuhaus.

II. Not und Errettung – das Thema der Schrift

[1] Allgemeine Hinführungen: Baumbach; Dexinger, 24–115; Haag 1978, 19–125; Knierim; v. Rad; Scharbert 1968; Schnackenburg. Die einschlägigen Artikel aus Fachlexika sind nicht genannt.

[2] Die Literatur zu Sündenfall und Sünde in den biblischen Schriften ist uferlos. Zu Sünde: Fiedler 1996; Frankemölle; Goldstain; N. Lohfink 1955; Westermann 1976, 13–39; zu Sündenfall: Knierim; van Wolde.

[3] Literatur zu Ijob: Berges; Fohrer; Hesse 1978; Jung; Keel; Kuschel; Locher; Müller 1970; 1978; Theobald.

[4] Langenhorst (1996) nennt als Autoren von Ijobromanen J. Roth, A. Polgar, G. Britting, E. Schaper, H. G. Wells, G. B. Shaw, A. Döblin, G. Hauptmann, G. Kunert und M. Spark. Seit 1914 sind demnach mehr als 60 Hiobdramen erschienen (u. a. Wojtyla, R. J. Sorge, O. Kokoschka, E. Wiechert, A. MacLeish).

[5] Zu nennen sind neben vielen anderen Y. Goll, M. Kaléko, N. Sachs, E. Wiesel, K. Wolfskehl; vgl. auch Grimm.

[6] Baumbach; Becker; Hengel; Hünermann; Limbeck 1974; 1975; Ruppert; Schillebeeckx 1977, 212–281.

[7] Leroy; Frankemölle; Klauck; Fiedler 1996.

[8] Die Literatur zu Person und Werk Jesu ist uferlos, aber es besteht weitgehend Konsens in zentralen Punkten: Blank 1972; Küng 1974, 167–400; Schillebeeckx 1975; Schweizer; Theissen. Auch die erneute nordamerikani-

sche Suche nach dem „historischen" Jesus (the „Third Quest") hat bislang nichts wesentlich Neues erbracht.

III. Das gute Weltsystem – die Negation des Schlechten

[1] Plotins Schriften sind zugänglich in der zitierten Ausgabe (Plotin). Zitiert wird gemäß der (von Hader unabhängigen) klassischen Zählung: Enneade, Schrift, Paragraph. Die genannte Doppelschrift (II 2 und III 3) erscheint dort als Schrift 47 und 48. Andere Schriften werden zur Interpretation beigezogen. Zur Auseinandersetzung mit Plotin s. Hadot; Krämer; Puech; Schlette; Schubert.

[2] Zu Augustinus allgemein s. Brown; Flasch; zu Augustins Plotinismus s. Boyer; Mühlenberg. Zur Schrift „De ordine" s. Rief; Zuiderna. Die Schrift ist zugänglich in CCL 29,87–137; ins Deutsche übertragen von C. J. Perl: A. Augustinus, Die Ordnung, Paderborn 1952. Zitiert wird gemäß der allgemeinen Zählung: Buch, Kapitel, Paragraph.

[3] Buck, König, Münkler, Stolleis.

[4] Altner; Clark; Denker 1975, 19–30; Heberer 1964; Hull.

[5] Wichtig sind aus der zitierten Studienausgabe vor allem Bd. III (1975: Psychologie des Unbewußten) und Bd. IX (1974: Fragen der Gesellschaft, Ursprünge der Religion); Lit. zu Freud: Denker 1975, 41–88; Jones (v. a. III, 355–368); Scharfenberg; Schur; Wyss (passim).

[6] Neben den einführenden Veröffentlichungen von Denker s. zur Aggressionsproblematik vor allem A. Mitscherlich, A. u. M. Mitscherlich; ferner Michaelis; Rattner 1972; Hacker. Auf verschiedene weitere Ansätze (Dollard; Plack; Reich) wird nicht eingegangen.

[7] Denker 1974; Hacker; Mitscherlich; Rattner 1970/72. Bezug genommen wird im folgenden auf Adlers Vortrag in Salzburg (1908): Der Aggressionstrieb im Leben und in der Neurose, in: Adler/Furtmüller, 53–62. Wichtig sind ferner: Die Theorie der Organminderwertigkeit und ihre Bedeutung für Philosophie und Psychologie (1907), a. a. O. 42–52; sowie Adler 1912. Weitere Literatur: Denker 1975, 30–36; Rattner 1962; Schultz-Henke; Sperber.

[8] Billicsich, I, 221–286; Flasch; Häring 1979, 23–53; Jolivet; Krämer; Mühlenberg.

[9] Zu Mani und Manichäismus: Böhlig; Merkelbach; Nagel; Roll; Widengren. Zum Manichäismus Augustins: Geerlings.

IV. Das Böse als Problem der Freiheit

[1] Zu Augustins Freiheitsverständnis: Dinkler; Evans; Flasch, 104–111; Häring 1979, 137–180; Huftier 1966; O'Connell; Seybold; Sievernich.

[2] Zitate in Joh XX, 11 (CCL 36, 209); Conf. X, 20, 29 (CSEL 33,248).

[3] In Ps 121,1 (CCL 40,1801). Evans zeigt überzeugend, daß und wie die

innere Verkehrtheit des Herzens nicht nur das Begehren und das Machtverlangen, sondern auch die Erkenntnis falsch zu steuern und zu verwirren vermag. Eine Aufarbeitung dieser Aspekte wäre im Blick auf die moderne Problematik von Ideologie und Ideologiekritik erhellend. Zur Macht der Lüge vgl. Pannenberg 1983, 111–116.

[4] De serm. Dom. I, 15,41 (CL 35,45). Zur Gesamtproblematik und Wirkungsgeschichte s. M. Müller.

[5] U. Baumann; Dexinger; Dubarle; Gross; Haake; Kleffmann; Sage; Vandervelde; Vanneste.

[6] Der Titel dieses anonymen Pauluskommentars aus dem 4. Jh. lautet: *Ambrosiastri qui dicitur commentarius in epistulas Paulinas, In epistulam ad Romanos* (CSEL 81/1); zu Röm 5,12: 162–167.

[7] In 9,20f. hat das Bild von Tonerde und Töpfer eine andere Sinnspitze: Gott bleibt der souverän erwählende Herr. Das gilt auch für Jes. 45,9. Bei der anderen Bezugsstelle des Paulus, Jer. 18,1–12, wird vollends deutlich, daß das Schicksal dem Menschen selber in die Hände gelegt ist (vgl. Häring 1979, 192f., 311f. Anm. 12–13).

[8] Diese Stelle wird zum Problem in der Frage 68 von Augustins *Liber de diversis quaestionibus LXXXIII* (CCL 44A, 9–248), 177, sowie in seiner *Expositio quarumdam propositionum ex Epistola ad Romanos 62* (CSEL 84, 39); Kraus, 301–306.

[9] *Ad Simplicianum* I, 2, 16 (CCL 44, 42); Häring 1979, 192–205.

[10] Althaus; Barth, H.-M.; Brecht, 173–230; Ebeling 1975; Echternach; Genthe; Lohse; McSorley; Pesch, 176–202.

[11] WA I, 233–238 (mit Erläuterungen 525–628); deutsch zugänglich in K. Aland (Hrsg.), Luther Deutsch II, Stuttgart 1962, 32–82; ferner in K. Bornkamm/G. Ebeling (Hrsg.), Martin Luther. Ausgewählte Schriften I, Frankfurt a. M. 1982, 28–37 (ohne die Erläuterungen).

[12] Deutlich im berühmten Selbstzeugnis aus dem Vorwort zum ersten Band der Wittenberger Ausgabe der Lateinischen Schriften Luthers (1545; WA 54, 179–187); Luther Deutsch II, 11–27; Bornkamm/Ebeling, I, 13–25; vgl. Pesch, 80–102.

[13] Lit.: McSorley; Kohls. Zur Frage nach dem verborgenen Gott insbesondere Bandt; Schauenburg; B. Schulz.

[14] Lit.: Bürklin; Gouhier 1974; Küng 1978, 188–192; Sellier; Sertillanges, I, 210–213; Wasmuth.

[15] I. Kant. Das erste Kapitel von „Religion innerhalb der Grenzen der bloßen Vernunft" (a. a. O. 665–705) handelt „Von der Einwohnung des bösen Prinzips neben dem guten: oder Über das radikale Böse in der menschlichen Natur". Lit.: Gerhardt/Kaulbach; Jaspers 1951; Lötzsch. Zum Theodizeeproblem bei Kant s. u. S. 135–139.

[16] Lit.: Dietz; Disse; Fischer; Hansen; Schrey; Theunissen.

[17] Battke; Condrau/Böckle; Delumeau; Drewermann; Ricœur 1971, I.

V. Rechtfertigung Gottes – Rechtfertigung des Menschen?

[1] Die wichtigste, philosophische und theologische Reflexion umfassende neuere Veröffentlichung: Geyer 1992; ferner: Hick; Hünermann; Janßen (1992); Küng (1967); Künzli; Nnamani; Oelmüller (1992); Sparn (Lit. u. Materialien); Streminger; Swinburne; Urban/Walton (Textsammlung, engl.).

[2] Zitiert wird nach Leibniz 1985. Lit. zu Leibniz: Adams; Billicsich, II, 111–170; Enge; Günther; Hildebrandt; Hübener; Sparn, 19–41; Wiehart/Howaldt.

[3] Poëme sur le désastre de Lisbonne 1755 ou examen de cet axiome: TOUT EST BIEN (Vorwort und Gedicht), in: Voltaire XII, 183–204.

[4] Gemeint sind die Philosophen Earl Anthony Shaftesbury (1671–1713) und Viscount Henry Bolingbroke (1678–1751) sowie der Dichter Alexander Pope (1688–1744); s. Kremer, 95 f. Bekannt war damals vor allem Popes Philosophisches Lehrgedicht vom Menschen („Versuch vom Menschen“, 1740). Auf die drei Genannten kommt Voltaire in seinem Dictionnaire philosophique (II, Art. Puissance) zu sprechen.

[5] Geyer 1983, 108–113; Geyer 1992, 99–108, passim; Heintel/Nagl; Sparn, 42–62.

[6] Brief v. Mai 1943, Werke (MEW) I, Berlin 1956, 338–343; Zit. 343. Zum marxistischen Ansatz s. Geyer (1983), 140–149; Lutz/Bachmann.

[7] Gesang; Janßen; Kreiner; Künzli; Metz; Neuhaus; Streminger; Wagner.

[8] Concilium 1970; Dantine, 127–253; Geyer 1992, 193–210; Habermas 1985, bes. 248–343; Küng 1974, 409–426, 562–572; Post; Schatz; Schillebeeckx 1977, 651–704; Sölle; Thaidigsmann 1978; Vierzig, 45–64.

VI. Gott zwischen Ohnmacht und Macht

[1] Zur Theodizeefrage in ihrer christlich theologischen Perspektive: Concilium 1983; Faber; Jüngel; Kitamori; Küng 1970, 207–222, 622–631; Moltmann 1972; Momose; Neuhaus; Wagner; Kreiner; Thaidigsmann 1983. Als kritisch philosophische Begleitlektüre wichtig: Geyer 1992.

[2] Zu J. Böhme: Delhaye; Lemper; zu F. v. Baader: Hartl; Hemmerle 1963; Wehr; zu F. W. J. Schelling: Geyer 1983, 122–127; W. Marx; Korsch.

[3] Van der Ven; Jüngel, 470–505. Zum Schmerz Gottes: Galot; Kitamori; Küng 1970, 622–631; Moltmann 1972, 255–267; Riedlinger; Varillon; Wiederkehr.

[4] Zur Problematik neben den Werken von Jüngel und Moltmann 1972 auch Küng 1978, 157–170 mit den ausführlichen Literaturangaben 782 f.

[5] Geyers Kritik an meinem Umgang mit Kushners „frommen Traktat“ ist verständlich, aber nicht richtig (Geyer 1992, 342). Zu meiner eigenen früh geäußerten Kritik an Kushner: Häring 1988b.

[6] Von einem formelhaften Zitat in 2 Kor 6,8 abgesehen („... spricht der Herr, der *pantokrator*“) erscheint der Titel innerhalb des Neuen Testamentes

nur noch in der von alttestamentlicher Sprache durchtränkten Geheimen Offenbarung (und zwar neunmal). Die Stellen sind: 1,8; 4,8; 11,17; 15,3; 16,7.14; 19,6.15; 21,22. Immer sind es formelhafte Wendungen. Neuerdings werden sie nicht mehr konsequent mit „allmächtiger“ übersetzt. Die Einheitsübersetzung spricht vom „Herrscher über die ganze Schöpfung“.

Abkürzungen

Cath	Catholica
CCL	Corpus Christianorum, series latina
CSEL	Corpus scriptorum ecclesiasticorum latinorum
DThC	Dictionnaire de Théologie catholique, Paris
HK	Herderkorrespondenz
HNT	Handbuch zum Neuen Testament
HphGb	Handbuch philosophischer Grundbegriffe, München
HthGb	Handbuch theologischer Grundbegriffe, München
KuD	Kerygma und Dogma
$LThK^2/LThK^3$	Lexikon für Theologie und Kirche, 2. bzw. 3. Auflage
MEW	K. Marx, F. Engels, Werke. Hrsg. v. Institut für Marxismus-Leninismus
NHthGb	Neues Handbuch theologischer Grundbegriffe, München
NZSystTh	Neue Zeitschrift für Systematische Theologie
PL	Patrologiae cursus completus, series latina (Migne)
REA	Revue des Etudes Augustiniennes
RGG	Religion in Geschichte und Gegenwart, 3. Auflage
RSR	Recherches de science religieuse
RThAM	Recherches de théologie ancienne et medievale
ThGl	Theologie und Glaube
ThPh	Theologie und Philosophie
ThQ	Theologische Quartalsschrift
TRE	Theologische Realenzyclopädie
WA	D. Martin Luthers Werke. Kritische Gesamtausgabe, Weimar
ZEE	Zeitschrift für evangelische Ethik
ZkTh	Zeitschrift für katholische Theologie

Literaturverzeichnis

Adams, R. M., Leibniz, New York 1994.

Adler, A., Über den nervösen Charakter. Grundzüge einer vergleichenden Individualpsychologie und Pyschotherapie, 1912, 41927, NA mit einer Einführung von W. Metzger, Frankfurt a. M. 1972.

– /*C. Furtmüller*, Heilen und Bilden. Ein Buch der Erziehungskunst für Ärzte und Pädagogen, 1913, 31928, NA Frankfurt a. M. 1973.

Adorno, Th. W. (1975), Negative Dialektik, Frankfurt a. M. 1975.

– (1982), Der Positivismusstreit in der deutschen Soziologie, Darmstadt/Neuwied 101982.

Ahern, M. B., The problem of evil, London 1971.

Akerboom, T., Vrije wil en/of genade. Een theologie-historisch onderzoek naar het dispuut tussen Erasmus en Luther over de (on)vrijheid van het menselijke willen, Nijmegen 1995.

Albert, H., Traktat über die kritische Vernunft, Tübingen 31975.

Althaus, P., Die Theologie Martin Luthers, Gütersloh 21963.

Altner, G. (Hg.), Der Darwinismus, Darmstadt 1981.

Ammicht-Quinn, R., Von Lissabon nach Auschwitz. Zum Paradigmenwechsel der Theodizeefrage, Freiburg (Schw.) 1992.

Anders, G., Die Antiquiertheit des Menschen, II: Über die Zerstörung des Lebens im Zeitalter der dritten industriellen Revolution, München 1980, ND 1992.

Anselm von Canterbury, Cur Deus homo. Warum Gott Mensch geworden. Lateinisch und Deutsch, Darmstadt 31970.

Arens, Edmund, Christopraxis. Grundzüge theologischer Handlungstheorie, Freiburg 1992.

Assmann, J., Moses der Ägypter. Entzifferung einer Gedächtnisspur, München 1998.

Augustijn, C. (1962), Erasmus en de reformatie, Amsterdam 1962.

Augustinus, Aurelius (1952), Die Ordnung, übers. v. C. J. Perl, Paderborn 1952.

– (1962), Theologische Frühschriften, übers. von W. Thimme, Zürich–Stuttgart 1962.

– (1966), Confessiones/Bekenntnisse, eingel., übers. und erl. v. J. Bernhart, München 31966.

– (1977), Der freie Wille, übers. von C. J. Perl, Paderborn 41977;

– (1980), Die Stellung der Humanisten zur Glaubensspaltung, in: E. Iserloh (Hg.), Confessio Augustana und Confutatio. Der Augsburger Reichstag 1530 und die Einheit der Kirche, Münster 1980.

Bacon, F. (1960), Neu-Atlantis, in: Der utopische Staat, hg. v. K. J. Heinisch, Reinbek 1960.

– (1961), The works of Francis Bacon, hg. v. Spedding, Ellis und Heath, London 1857–1874, Nachdr. Stuttgart-Bad Cannstatt 1961–1963.

Bandt, H., Luthers Lehre vom verborgenen Gott. Eine Untersuchung zu dem offenbarungsgeschichtlichen Ansatz seiner Theologie, Berlin 1958.

Barreau, J. C., Où est le mal?, Paris 1969.

Barth, H.-M., Der Teufel und Jesus Christus in der Theologie Martin Luthers, Göttingen 1967.

Barth, K., Gott und das Nichtige, in: Die Kirchliche Dogmatik III/3, Zürich [3]1979, 327–425.

Bataille, G., Littérature et le mal, Paris 1957.

Battke, M., Das Böse bei Sigmund Freud und C. G. Jung, Düsseldorf 1978.

Bauman, Z., Modernity and Ambivalence, Cambridge 1991.

Baumann, U., Erbsünde? Ihr traditionelles Verständnis in der Krise heutiger Theologie, Freiburg i. Br. 1970.

Baumbach, G., Das Verständnis des Bösen in den synoptischen Evangelien, Berlin 1963.

Bayle, P. (1964), Œuvres diverses, 4 Bde., Den Haag 1727–1731, NA in 5 Bd., hrsg. v. E. Labrousse, Hildesheim 1964–1968.

– (1982), Choix d'articles tirés du Dictionnaire Historique en Critique II, M–Z, Hildesheim/New York III 1986 (Art. Pauliciens, 857–869, remarque F).

Beck, I., Das Problem des Bösen und seine Bewältigung. Eine Auseinandersetzung mit der Tiefenpsychologie vom Standpunkt der Theologie und Religionspädagogik, München 1976.

Becker, J., Das Heil Gottes. Heils- und Sündenbegriffe in den Qumrantexten und im Neuen Testament, Göttingen 1964.

Beek, A. van de, Waarom? Over lijden, schuld en God, Nijkerk 1984.

(Bekenntnisschriften), Die Bekenntnisschriften der evangelisch-lutherischen Kirche, Göttingen [2]1952.

Benrath, G. A., Ablaß, in: TRE 1, 347–364.

Berger, K. (1972), Die Gesetzgebung Jesu. Ihr historischer Hintergrund im Judentum und im Alten Testament I, Neukirchen 1972.

– (1988), Hermeneutik des Neuen Testaments, Gütersloh 1988.

– (1996), Wie kann Gott Leid und Katastrophen zulassen?, Stuttgart 1996.

Berger, P. L. (1973), Zur Dialektik von Religion und Gesellschaft. Elemente einer soziologischen Theorie, Frankfurt a. M. 1973.

– (1980), The Heretical Imperative. Contemporary possibilities of religious affirmation, New York 1980.

Berges, U., Hiob in Lateinamerika. Der leidende Mensch und der aussätzige Gott, in: W. A. M. Beuken (Hg.), The Book of Job, Leuven 1994, 297–317.

Berkhof, H., Christelijk Geloof. Een inleiding tot de geloofsleer, Nijkerk 1985.

Bernhart, J., Das Böse, in: HthGb I, 184–197.

Bexell, G., Die humanistische Ethik Erich Fromms, in: NZ Syst. Th. 17 (1975), 269–289.

Billicsich, Fr., Das Problem des Übels in der Philosophie des Abendlandes, 3 Bde., Wien ^{2}1955, 1952, 1959.

Biser, E., u. a., Prinzip Liebe, Freiburg i. Br. 1975.

Bitter, W. (Hg.), Angst und Schuld in theologischer und psychotherapeutischer Sicht, Stuttgart ^{5}1971.

Blank, J. (1972), Jesus von Nazareth. Geschichte und Relevanz, Freiburg i. Br. 1972.

– (1982), Aspekte des Bösen, in: Orientierung 46 (1982), 44–47 und 56–59.

Bloch, E. (1959), Das Prinzip Hoffnung (GA 5), Frankfurt a. M. 1959.

– (1969), Thomas Münzer als Theologe der Revolution, Frankfurt a. M. 1969.

– (1968), Atheismus im Christentum. Zur Religion des Exodus und des Reichs (GA 14), Frankfurt a. M. 1968.

– (1971), Aufklärung und Teufelsglaube, in: O. Schatz (Hg.), Hat die Religion Zukunft?, Graz 1971, 120–134.

Blumenberg, H., Säkularisierung und Selbstbehauptung. (Überarbeitete NA von: Die Legitimität der Neuzeit), Frankfurt a. M. 1974.

Böhlig, A., Manichäismus, in: TRE 22, 25–45.

Bonhoeffer, D., Widerstand und Ergebung. Briefe und Aufzeichnungen aus der Haft, hg. v. E. Bethge, München ^{14}1990.

Borgman, E., Negative Theologie als postmodernes Sprechen von Gott, in; Concilium 31 (1995), Heft 2, 154–160.

Das Böse. Jenseits von Absichten und Tätern, oder: Ist der Teufel ins System ausgewandert?, Göttingen 1995.

Boss, M., Lebensangst, Schuldgefühle und psychotherapeutische Befreiung, Bern/Stuttgart 1962.

Boyer, Ch., Christianisme et Néo-Platonisme dans la formation de Saint Augustin, Rom ^{3}1953.

Brandenburger, E., Das Böse: eine biblisch-theologische Studie, Zürich 1986.

Brandt, H.-M., Der Hiob in uns. Vertrauen im Zweifeln, Göttingen 1986.

Brantschen, J. B., Gott und das Böse. Aktuelle theologische Erwägungen zu einer zeitlos gültigen Frage, in: HK 33 (1979), 43–49.

Brecht, M., Martin Luther. Sein Weg zur Reformation 1483–1521, Stuttgart 1981. (III 3 a)

Brink, G. van den, Almighty God: A Study of the Doctrine of Divine Omnipotence, Kampen 1993.

Bro, B., Le pouvoir du mal, Paris 1976.

Broch, Th., Das Problem der Freiheit im Werk von Teilhard de Chardin, Mainz 1977.

Brockmann, D., Ganze Menschen – Ganze Götter, Paderborn 1991.

Brown, P., Augustinus von Hippo. Eine Biographie, Frankfurt a. M. 1973.

Buck, A., Machiavelli, Darmstadt 1985.

Buggle, F., Denn sie wissen nicht, was sie glauben. Oder warum man redlicherweise nicht mehr Christ sein kann, Reinbek 1992.

– /*E. Dahl*, Der Preis des christlichen Trostes, in: E. Dahl (Hg.), Die Lehre des Unheils, Hamburg 1993, 156–161.

Bürklin, H., Ein Gott für Menschen. Entwurf einer christozentrischen Anthropologie nach Pascal, Freiburg i. Br. 1976.

Cassirer, E., Leibniz' System in seinen wissenschaftlichen Grundlagen, Marburg 1902. (IV I a)

Chalier, C., La persévérance du mal, Paris 1987.

Cioran, E. M., Vom Nachteil, geboren zu sein, Wien 1977.

Claret, B. J., Geheimnis des Bösen. Zur Diskussion um den Teufel, Innsbruck 1997.

Clark, R. W., Charles Darwin, Frankfurt a. M. 1985.

Collet, G., Art. Befreiungstheologie I. und II., in: LThK^3 2, Freiburg i. Br. 1991, 130–134.

Colpe, D./W. Schmidt-Biggemann (Hg.), Das Böse: eine historische Phänomenologie des Unerklärlichen, Frankfurt a. M. 1993.

[*Concilium* 1970], Die Herausforderung des christlichen Glaubens durch die Infragestellung des sittlich Bösen, Themennummer Concilium 6 (1970), Heft 6/7, 383–415.

[*Concilium* 1975], Satan – „Die Dämonen sind Nichtse", Themennummer Concilium 11 (1975), Heft 3, 149–219.

[*Concilium* 1976], Menschliches Versagen, Themennummer Concilium 12 (1976), Heft 3, 141–200.

[*Concilium* 1983], Ijob und das Schweigen Gottes, Themennummer Concilium 19 (1983), Heft 11, 667–737.

[*Concilium* 1996), Feministische Theologie weltweit, Themennummer Concilium 32 (1996), Heft 1, 1–110.

[*Concilium* 1998], Die Faszination des Bösen, Themennummer Concilium 24 (1998), Heft 1, 1–106.

Condrau, G., Angst und Schuld als Grundproblem der Psychotherapie. Philosophische und psychotherapeutische Betrachtungen zu Grundfragen menschlicher Existenz, Frankfurt a. M. ^{2}1976.

– */F. Böckle*, Schuld und Sünde, in: Christlicher Glaube in moderner Gesellschaft 12, Freiburg i. Br. 1981, 91–135.

Danielson, D. R., Milton's good God: a study in Literatury theodicy, Cambridge 1982.

Dantine, W., Hoffen – Handeln – Leiden, Wien 1976.

Darwin, Ch., Über die Entstehung der Arten durch natürliche Zuchtwahl …, übers. v. J. Victor Carus, Darmstadt ND 1992.

Deleuze, G./F. Guattari, Anti-Ödipus (Kapitalismus und Schizophrenie I), Frankfurt 1977

Delhaye, P., Jacob Boehme ou De la difficulté du discours sur Dieu, in: RSR 67 (1979), 4–30.

Delumeau, J., Le péché et la peur. La culpabilisation en Occident, Paris 1984.

Dembowski, H., Menschliches Leiden und der dreieinige Gott, Freiburg (Schw.) 1979.

Denker, R. (1974), Angst und Aggression, Stuttgart 1974.

– (1975), Aufklärung über Aggression, Stuttgart ^{5}1975.

Deschner, K. H., Kriminalgeschichte des Christentums, mehrere Bde., Hamburg 1986 ff.

Detering, H., Theodizee und Erzählverfahren. Narrative Experimente mit religiösen Modellen im Werk Wilhelm Raabes, Göttingen 1990.

Dexinger, F., u. a., Ist Adam an allem schuld? Erbsünde oder Sündenverflochtenheit?, Innsbruck 1971.

Dietz, W., Sören Kierkegaard. Existenz und Freiheit, Frankfurt a. M. 1993.

Dinkler, E., Die Anthropologie Augustins, Stuttgart 1934.

Disse, J., Kierkegaards Phänomenologie der Freiheitserfahrung, Freiburg i. Br./München 1991.

Dollard, J., Frustration und Aggression, Weinheim 1970.

Dömer, M., Das Heil Gottes. Studien zur Theologie des lukanischen Doppelwerkes, Köln/Bonn 1978.

Drewermann, E., Strukturen des Bösen. Die jahwistische Urgeschichte in exegetischer, psychoanalytischer und philosophischer Sicht, 3 Bde., Paderborn 1977 f.

Dubarle, A.-M., Le péché originel. Perspectives théologiques, Paris 1983.

Duquoc, Ch., Dämonie und Gottes Unberechenbarkeit, in: Concilium 19 (1983), 732–737.

Ebach, J., Das Erbe der Gewalt. Eine biblische Realität und ihre Wirkungsgeschichte, Gütersloh 1980.

Ebeling, G. (1960), Glaube und Unglaube im Streit um die Wirklichkeit, in: Wort und Glaube, Tübingen ^{3}1960, 393–406.

– (1975), Theologie zwischen reformatorischem Sündenverständnis und heutiger Einstellung zum Bösen, in: Wort und Glaube III, Tübingen 1975, 173–204.

Ebertz, M. N., Erosion der Gnadenanstalt. Zum Wandel der Sozialgestalt der Kirche, Frankfurt a. M. 1998.

Echternach, H., Die Lutherische Erbsündenlehre – als ökumenische Verheißung, Amsterdam 1973.

Ehrenreich, B., Blutrituale. Ursprung und Geschichte der Lust am Krieg, o. J.

Eicher, P., Bürgerliche Religion. Eine theologische Kritik, München 1983.

Eichinger, W., Erbsündentheologie. Rekonstruktion neuerer Modelle und eine politisch orientierte Skizze, Frankfurt a. M. 1980.

Eickhoff, J., Theodizee. Die theologische Antwort Paul Tillichs im Kontext der philosophischen Fragestellung, Frankfurt a. M. 1997.

Enge, T. O., Der Ort der Freiheit im Leibnizschen System, Hanstedt 1979.

Epicurea, hg. v. H. Usener, Rom 1963.

Epstein, J. J., Francis Bacon. A Political Biography, Athens (Ohio) 1977.

Erasmus von Rotterdam, Diatribe seu collatio de libero arbitrio, in: W. Welzig (Hg.), Erasmus v. Rotterdam, Ausgewählte Schriften IV, Darmstadt 1969, 1–195.

Evans, G. R., Augustine on Evil, Cambridge 1982.
Evers, T., Mythos und Emanzipation, Hamburg 1987.
Evdokimov, P., Dostoievski et le problème du mal, Paris 1979.

Faber, R., Der Selbsteinsatz Gottes. Grundlegung einer Theologie des Leidens und der Veränderlichkeit Gottes, Würzburg 1995.
Fiedler, P. (1978), Jesus und die Sünder, Frankfurt a. M./Bern 1978.
– (1996), Sünde und Sündenvergebung in der Jesustradition, in: Frankemölle (Hg.), a. a. O. 76–91.
Fischer, H., Subjektivität und Sünde. Kierkegaards Begriff der Sünde mit ständiger Rücksicht auf Schleiermachers Lehre von der Sünde, Itzehoe 1963.
Flasch, K., Augustin. Einführung in sein Denken, Stuttgart ^{2}1994.
Fohrer, G., Studien zum Buche Hiob, Gütersloh 1963.
(*Foucault, M.* [1978]), Dispositive der Macht. Michel Foucault. Über Sexualität, Wissen und Wahrheit, Berlin 1978.
– (1988), Die Ordnung der Dinge, Frankfurt a. M. ^{7}1988.
Frankemölle, H. (Hg.), Sünde und Erlösung im Neuen Testament, Freiburg i. Br. 1996.
– Sünde und Befreiung von Sünde, in: – (Hg.), a. a. O. 9–17.
Freud, S., Studienausgabe (thematisch geordnet), hg. v. A. Mitscherlich u. a., 10 Bde., Frankfurt a. M. 1969–1978.
Frey, Ch., Die Theologie Karl Barths, Frankfurt a. M. 1988
Fromm, E., Anatomie der menschlichen Destruktivität, Stuttgart ^{2}1974.
Fuchs, G. (Hg.), Angesichts des Leids an Gott glauben? Zur Theologie der Klage, Frankfurt a. M. 1996.
Fukuyama, F., Das Ende der Geschichte. Wo stehen wir?, München 1992.
Funk, R., Mut zum Menschen. Erich Fromms Denken und Werk, seine humanistische Religion und Ethik, Stuttgart 1978.

Galot, J., Dieu souffre-t-il?, Paris 1976.
Geerlings, W., Zur Frage des Nachwirkens des Manichäismus in der Theologie Augustins, in: ZkTh 93 (1971), 45–60.
Genthe, H. J., Martin Luther, Göttingen 1996.
Gerhardt, V./F. Kaulbach, Kant, Darmstadt 1979.
Gesang, B., Angeklagt: Gott. Über den Versuch, vom Leiden in der Welt auf die Wahrheit des Atheismus zu schließen, Tübingen 1997.
Geyer, C.-F. (1983), Leid und Böses in philosophischen Deutungen, Freiburg i. Br./München 1983.
– (1992), Die Theodizee, Diskurs, Dokumentation, Transformation, Wiesbaden/Stuttgart 1992.
Girard, R. (1972), La violence et le sacré, Paris 1972. (IV 2 b)
– (1978), Das Ende der Gewalt. Analyse des Menschheitsverhängnisses, Freiburg i. Br. 1978.
Gnilka, J., Die Verstockung Israels, München 1961.
Goldbrunner, J., Realisation, Freiburg i. Br. 1966.

Goldstain, J., Genèse 1–11; création et péché, Paris 1968.
Gollwitzer, H., Die marxistische Religionskritik und der christliche Glaube, Gütersloh ⁷1981.
Görres, A./K. Rahner, Das Böse. Wege zu seiner Bewältigung in Psychotherapie und Christentum, Freiburg i. Br. 1982.
Gouhier, H., Pascal et les humanistes chrétiens. L'affaire Saint-Ange, Paris 1974.
Greshake, G. (1973), Erlösung und Freiheit. Zur Neuinterpretation der Erlösungslehre des Anselm von Canterbury, Theol. Quartalschrift 153 (1973), 323–345.
– (1978), Der Preis der Liebe. Besinnung über das Leid, Freiburg i. Br. 1978.
Griffin, D., God, power and evil; a process theodicy, Philadelphia 1976.
Grimm, G. E./H.-P. Beyerdörfer, Im Zeichen Hiobs. Jüdische Schriftsteller und deutsche Literatur im 20. Jahrhundert, Frankfurt a. M. ²1986.
Gross, J., Geschichte des Erbsündedogmas. Ein Beitrag zur Geschichte des Problems vom Ursprung des Übels, 4 Bde., München/Basel 1960–1972.
Gross, W./K.-J. Kuschel, „Ich schaffe Finsternis und Unheil!" Ist Gott verantwortlich für das Übel?, Mainz 1992.
Günther, H. J., Das Problem des Bösen in der Aufklärung, Bern 1974.
Gutiérrez, G., Theologie der Befreiung, Mainz ¹⁰1992.

Haag, E., Der Mensch am Anfang, Trier 1970.
Haag, H. (1968), Der ‚Urstand' nach dem Zeugnis der Bibel, in: ThQ 148 (1968), 385–404.
– (1974), Teufelsglaube. Mit Beiträgen von Katharina Elliger, Bernhard Lang und Meinrad Limbeck, Tübingen 1974.
– (1978), Vor dem Bösen ratlos? In Zusammenarbeit mit Katharina und Winfried Elliger, München 1978.
– (1993), Der Gottesknecht bei Deuterojesaja, Darmstadt ²1993.
Habermas, J. (1981), Theorie des kommunikativen Handelns, 2 Bde., Frankfurt a. M. 1981.
– (1985), Der philosopische Diskurs der Moderne, Frankfurt a. M. 1985.
Hacker, F., Aggression. Die Brutalisierung der modernen Welt, Wien 1971, Hamburg 1973.
Hadot, P., Plotin ou la simplicité du regard, Paris 1973.
Häring, H. (1979), Die Macht des Bösen. Das Erbe Augustins, Zürich 1979.
– (1983), Verlossing – ondanks Jezus' lijden en dood?, in: H. Häring u. a. (Hg.), Meedenken met Edward Schillebeeckx, Baarn 1983, 171–187.
– (1987), Ijob in unserer Zeit. Zum Problem des Leidens in der Welt, in: Th. Schneider/L. Ullrich (Hg.), Vorsehung und Handeln Gottes, Herder/Leipzig 1987/88, 168–191.
– (1988a), Das Böse, In: Wörterbuch des Christentums, Gütersloh 1988, 165–168.
– (1988b), Waar is God dan nog goed voor? Over Kushners ‚Als 't kwaad goede mensen treft', in: Wending 42 (1988), 243–251.

– (1989), Naar een nieuwe omschrijving van vrijheid: Erasmus' diskussie met Luther, in: Tijdschrift voor Theologie 29 (1989), 19–37.
– (1993), De redding komt alleen van God: Het laatste oordeel bezien vanuit de apokalyptiek, in: Tijdschrift voor Theologie 33 (1993), 348–370.
– (1996), „Uitschreeuwen wat er gaande is". Over de relevantie van eschatologie en apokalyptiek, in: Tijdschrift voor Theologie 36 (1996), 246–269.
– (1998a), Zwischen Theorie, Praxis und Imagination, in: Concilium 34 (1998), Heft 1: Die Faszination des Bösen, 21–37.
– (1998b), De schriften, 'ziel van de theologie': Pleidooi voor een herontdekking van de bijbel, in: Tijdschrift voor Theologie 38 (1998), 280–300.
– (1998c), „Laat mij jouw wonden zien". Over pijn, lichamelijkheid en identiteit, in: J.-P. Wils (red.), Pijn en lijden, Best 1998.
Hansen, K., Der andere Kierkegaard. Zu Sören Kierkegaards Christentumsverständnis, in: H.-H. Schrey (Hg.) (1971), 120–140.
Harskamp, A. van u. a. (Hg.), Voorbij goed en kwaad?: Christendom en boeddhisme, Kampen 1991.
Hartl, F., Der Begriff des Schöpferischen. Deutungsversuche der Dialektik durch Ernst Bloch und Franz von Baader, Regensburg 1979.
Hasitschka, M. (1992), Dämonen und Teufel bei Johannes. Protokolle zur Bibel 1 (1992), 79–84.
– (1996), Befreiung von Sünde nach dem Johannesevangelium, in: Frankemölle (Hg.), a. a. O. 92–107.
Hauke, H., Heilsverlust in Adam, Paderborn 1993.
Hebblethwaite, B., Evil, Suffering and Religion, London/New York 1976.
Heberer, G. (Hg.), Ein Jahrhundert menschlicher Abstammungsgeschichte, Stuttgart 1960.
–, Nachwort zu Ch. Darwin, Die Entstehung der Arten, a. a. O. 679–687.
Hedinger, U., Wider die Versöhnung Gottes mit dem Elend. Eine Kritik des christlichen Theismus und A-Theismus, Zürich 1972.
Heering, H. J., Over het boze als macht en als werkelijkheid, Meppel 1974.
Hegel, G. W. F., Vorlesungen über die Philosophie der Geschichte, Werke 12, Hamburg 1986, Einleitung (11–141).
Heidegger, M., Sein und Zeit, Tübingen ^{11}1967.
Heintel, P./L. Nagl (Hg.), Zur Kantforschung der Gegenwart, Darmstadt 1981.
Helle, H. J., Soziologie und Symbol. Verstehende Theorie der Werte in Kultur und Gesellschaft, München ^{2}1980.
Hemmerle, K. (1963), Franz von Baaders philosophischer Gedanke der Schöpfung, Freiburg i. Br./München 1963.
– (1967), Das Böse, in: Sacramentum Mundi I, Freiburg i. Br. 1967, 619–624.
Hengel, M., Leiden in der Nachfolge Jesu, in: H. Schulze (Hg.), Der leidende Mensch, Neukirchen 1974.
Hermanni, F./P. Koslowski (Hg.), Die Wirklichkeit des Bösen, München 1998.
Hesse, F. (1955), Das Verstockungsproblem im Alten Testament, Berlin 1955.
– (1978), Hiob, Züricher Bibelkommentare Altes Testament 14, Zürich 1978.

Heym, St., Der König David Bericht, München 1972.
Hick, J., Evil and God of Love, London 1966.
Hildebrandt, K., Leibniz und das Reich der Gnade, Den Haag 1953.
Hildesheimer, F./M. Pieroni Francini, Il giansenismo, Mailand 1994.
Hinkelammert, F. J., Die ideologischen Waffen des Todes. Zur Metaphysik des Kapitalismus, Freiburg (Schw.)/Münster 1985.
Hobbes, Th., Leviathan. Erster und zweiter Teil, übers. v. J. Mayer, Nachw. v. M. Dießelhorst, Stuttgart 1970.
Hochstaffl, J., Negative Theologie. Ein Versuch zur Vermittlung des patristischen Begriffs, München 1976.
Hoerster, N., Zur Unlösbarkeit des Theodizeeproblems, in: Theologie und Philosophie 60 (1985), 400–409.
Höffe, O. (Hg.), Thomas Hobbes, Anthropologie und Staatsphilosophie, Freiburg (Schw.) 1981.
[*Hoffnung*] Unsere Hoffnung. Ein Bekenntnis zum Glauben in dieser Zeit: in: Gemeinsame Synode der Bistümer in der Bundesrepublik Deutschland I, Freiburg i. Br., 85–111.
Holzhey, H./J.-P. Leyvraz (Hg.), Die Philosophie und das Böse/La philosophie et le mal, Bern 1993.
Horbury, W./B. McNeill (Hg.), Suffering and Martyrdom in the New Testament, Cambridge 1981.
Horkheimer, M., Zur Kritik der instrumentellen Vernunft. Aus den Vorträgen und Aufzeichnungen seit Kriegsende, hg. v. A. Schmidt, Frankfurt a. M. 1974.
– */Th. W. Adorno*, Dialektik der Aufklärung, Amsterdam 1947; NA Frankfurt a. M. 1969; zit. nach Fischer TB 1971.
Horstmann, U., Das Untier – Konturen einer Philosophie der Menschenflucht, Berlin 1983.
Hübener, W., Sinn und Grenzen des Leibnizschen Optimismus, in: Studia Leibnitiana 10, Wiesbaden 1978, 222–246.
Huftier, M. (1964), Le tragique de la condition chrétienne chez Augustin, Paris 1964.
– (1966), Libre arbitre, liberté et péché chez saint Augustin, in: RThAM 33 (1966), 187–281.
Hull, D. L., Darwin and his critics. The reception of Darwin's theory of evolution by the scientific community, Cambridge, Mass. 1973.
Hünermann, P./A. T. Khoury (Hg.), Warum leiden? Die Antwort der Weltreligionen, Freiburg i. Br. 1987.
Huntington, S. P., Kampf der Kulturen. Die Neugestaltung der Weltpolitik im 21. Jahrhundert, München 1996.
Hygen, J. B., Art. Böse, das, in: TRE VI, Berlin 1981, 8–17.

Jalabert, J., Le Dieu de Leibniz, Paris 1960.
Janßen, H. G. (1982), Das Theodizee-Problem der Neuzeit. Ein Beitrag zur historisch-systematischen Grundlegung politischer Theologie, Frankfurt a. M. 1982.

Janßen, H. G. (1992), Gott – Freiheit – Leid. Das Theodizeeproblem in der Philosophie der Neuzeit, Darmstadt ²1992.

– (1996), Dem Leiden widerstehen. Aufsätze zur Grundlegung einer praktischen Theodizee, Münster 1996.

Jaspers, K. (1951), Das radikal Böse bei Kant, in: Ders., Über die Bedingungen und Möglichkeiten eines neuen Humanismus, München (1951), 53–81.

– (1983), Der philosophische Glaube angesichts der Offenbarung, München 1983.

Jolivet, R., Le problème du mal d'après saint Augustin, Paris ³1936.

Jonas, H. (1979), Das Prinzip Verantwortung, Versuch einer Ethik für die technologische Zivilisation, Frankfurt a. M. 1984.

– (1984), Der Gottesbegriff nach Auschwitz. Eine jüdische Stimme, in: F. Stern/H. Jonas, Reflexionen in finsterer Zeit, Tübingen 1984.

Jones, E., Das Leben und Werk von S. Freud, 3 Bde., Bern/Stuttgart 1960–1962.

Jossua, J.-P. (1977), Pierre Bayle ou l'obsession du mal, Paris 1977.

– (1979), Discours chrétiens et scandale du mal, Paris 1979.

Jüngel, E., Gott als Geheimnis der Welt, Tübingen 1977.

Jung, C. G., Antwort auf Hiob, Zürich 1952, NA 1972, Olten 1981.

Kadenbach, J., Das Religionsverständnis von Karl Marx, München 1970.

Kant, I., Über das Mißlingen aller philosophischen Versuche in der Theodizee (1791), in: W. Weischedel (Hg.), Werke in 10 Bdn., IX, Wiesbaden 1964, ND Darmstadt 1981, 103–124.

Käsemann, E. (1968), Der Ruf der Freiheit, Tübingen ³1968.

– (1973), An die Römer (HNT 8 a), Tübingen 1973.

Kasper, W./K. Lehmann (Hg.), Teufel, Dämonen, Besessenheit, Mainz 1978.

Kassel, M., Biblische Urbilder, Freiburg i. Br. 1980.

Keel, O. (1978a), Die Gottesreden im Buche Ijob, Göttingen 1978.

– (1978b), Jahwes Entgegnung an Ijob: eine Deutung von Ijob 38–41 vor dem Hintergrund der zeitgenössischen Bildkunst, Göttingen 1978.

Kekes, J., Facing evil, Princeton 1990.

Kerlen, D., Assertio. Die Entwicklung von Luthers theologischem Anspruch und der Streit mit Erasmus von Rotterdam, Wiesbaden 1976.

Kern, W. (1965), Art. Theodizee, in: $LThK^2$ X (Freiburg i. Br. 1965) Sp. 26.

– (1969), Theodizee: Kosmodizee durch Christus, in: Mysterium Salutis III/2, Einsiedeln 1969, 549–580.

Kessler, H., Sucht den Lebenden nicht bei den Toten. Die Auferstehung Jesu Christi, Düsseldorf 1985.

Kierkegaard, S., Der Begriff der Angst, in: E. Hirsch/H. Gerdes (Hg.), GW. Abt.11/12, Düsseldorf 1965/Gütersloh 1981.

Kim, J., Das Reich des Bösen bei Albrecht Ritschl: biblische Grundlegung und theologiegeschichtliches Weiterwirken, Regensburg 1995.

Kitamori, K., Theologie des Schmerzes Gottes, Göttingen 1972.

Klauck, H.-J., Heil ohne Heilung? Zu Metaphorik und Hermeneutik der Rede von Sünde und Vergebung im Neuen Testament, in: Frankemölle (Hg.), a. a. O. 18–52.
Kleffmann, T., Die Erbsündenlehre im sprachtheologischen Horizont, Tübingen 1994.
Knapp, M., „Wahr ist nur, was nicht in diese Welt paßt". Die Erbsündenlehre als Ansatzpunkt eines Dialoges mit Theodor W. Adorno, Würzburg 1983.
Knierim, R., Die Hauptbegriffe für Sünde im Alten Testament, Gütersloh 1965.
Koch, K., Gibt es ein Vergeltungsdogma im Alten Testament?, in: K. Koch (Hg.), a. a. O. 130–180.
– (Hg.), Um das Prinzip der Vergeltung in Religion und Recht des Alten Testaments, Darmstadt 1972.
Koch, T., Das Böse als theologisches Problem, in: KuD 24 (1978), 285–320.
Kogan, M. S., „Sorgt Gott sich wirklich?" – Saadja Gaon, Juda Halevi und Maimonides über das Problem des Bösen, in: H. H. Henrix (Hg.): Unter dem Bogen des Bundes. Beiträge aus jüdischer und christlicher Existenz, Aachen 1981.
Kohls, E.-W., Luther oder Erasmus. Luthers Theologie in Auseinandersetzung mit Erasmus, Basel 1972.
König, R., Im Namen des Staates. Die Begründung der Staatsraison in der Frühen Neuzeit, Frankfurt a. M. 1986.
Korsch, D., Der Grund der Freiheit. Eine Untersuchung zur Problemgeschichte der positiven Philosophie und zur Systemfunktion des Christentums im Spätwerk F. W. J. Schellings, München 1980.
Korte, A.-M., Een passie voor transcendentie. Feminisme, theologie en moderniteit in het denken van Mary Daly, Kampen 1992.
Körtner, U., Weltangst und Weltende, Göttingen 1988.
Koslowski, P., Der leidende Gott – Theodizee in der christlichen Philosophie und im Gnostizismus, in: W. Oelmüller (Hg.), Theodizee – Gott vor Gericht?, München 1990, 33–66.
Koselleck, R./R. Schnur (Hg.), Hobbes-Forschung, Berlin 1969.
Krämer, H. J., Der Ursprung der Geistmetaphysik. Untersuchungen zur Geschichte des Platonismus zwischen Platon und Plotin, Amsterdam 1964.
Kraus, G., Vorherbestimmung. Traditionelle Prädestinationslehre im Licht gegenwärtiger Theologie, Freiburg i. Br. 1977.
Krause, B., Leiden Gottes – Leiden des Menschen. Eine Untersuchung zur kirchlichen Dogmatik Karl Barths, Calw 1980.
Kreiner, A., Gott im Leid. Zur Stichhaltigkeit der Theodizee-Argumente, Freiburg i. Br. 1997.
Kremer, J., Das Problem der Theodizee in der Philosophie und Literatur des 18. Jahrhunderts mit besonderer Rücksicht auf Kant und Schiller, Berlin 1909.
Kroesen, J. O., Kwaad en zin: Over de betekenis van de filosofie van Emmanuel Levinas voor de theologische vraag van het kwade, Kampen 1991.
Krohn, W., Francis Bacon, München 1987.

Krötke, W., Sünde und Nichtiges bei Karl Barth, Berlin 1970.
Kulmann, A., Alptraum Technik?, Köln 1977.
Kunert, G., Erstes Buch Mose. Die Schlange und die Vertreibung, in: ders., Die letzten Indianer Europas. Kommentar zum Traum, der Leben heißt, München 1991.
Küng, H. (1967), Gott und das Leid, Zürich 1967.
– (1970), Menschwerdung Gottes. Eine Einführung in Hegels theologisches Denken als Prolegomena zu einer künftigen Christologie, Freiburg i. Br. 1970.
– (1974), Christ sein, München 1974.
– (1978), Existiert Gott? Antwort auf die Gottesfrage der Neuzeit, München 1978.
– (1990), Projekt Weltethos, München 1990.
– (1992), Credo. Das Apostolische Glaubensbekenntnis – Zeitgenossen erklärt, München 1992.
– */K.-J. Kuschel* (1993), Erklärung zum Weltethos. Die Deklaration des Parlaments der Weltreligionen, München 1993.
– (1994), Das Christentum. Wesen und Geschichte, München 1994.
– (1997), Weltethos für Weltpolitik und Weltwirtschaft, München 1997.
Künzli, A., Gotteskrise. Fragen zu Job – Lob des Agnostizismus, Reinbek 1998.
Kuschel, K.-J. (1990), Geboren vor aller Zeit? Der Streit um Christi Ursprung, München 1990.
– (1997), Im Spiegel der Dichter. Mensch, Gott und Jesus in der Literatur des 20. Jahrhunderts, Düsseldorf 1997.
Kushner, H. F., Wenn guten Menschen Böses widerfährt, München 1983.

Labrousse, E., Pierre Bayle, 2 Bde., Den Haag 1963/64.
Lactantius, L. C. F., De ira Dei, CSEL 27, 67–132.
Lang, B., Ist der Mensch hilflos? Zum Buch Kohelet, Zürich 1979.
Lange, A. de/O. Zijlstra (Hg.), Als ik Job niet had. Tien denkers over God en het lijden, Zoetermeer 1997.
Langenhorst, G. (1995), Hiob unser Zeitgenosse. Die literarische Hiobrezeption als theologische Herausforderung, Mainz ^{2}1995
– (1996), „Zuviel warum gefragt". Die Hiobsgestalt bei jüdischen Dichtern unserer Zeit, in: F. Fuchs (Hg.), Angesichts des Leids an Gott glauben? Zur Theologie der Klage, Frankfurt a. M. 1996, 187–226.
Laporte, J., La doctrine de Port-Royal, 2 Bde., Paris 1923.
Leibniz, G. W. (1960), Die philosophischen Schriften, hg. v. C. J. Gerhardt, Berlin 1875–1885, ND Hildesheim 1960, VI, 21–471, übers. v. A. Buchenau mit einem einf. Essay v. M. Stockhammer, Hamburg ^{2}1968.
– (1985), Die Theodizee. Von der Güte Gottes, der Freiheit des Menschen und dem Ursprung des Übels, übers. und hg. v. H. Herring, in: Philosophische Schriften, Studienausgabe, zweisprachig, Band 2/1 und 2/2, Darmstadt 1985.
Lemper, E. H., Jakob Böhme. Leben und Werk, Berlin 1976.
Leroy, H., Zur Vergebung der Sünden, Stuttgart 1974.

Limbeck, M. (1974), Jesus und die Wirklichkeit des Bösen. Das Böse im Verständnis der Synoptiker, in: Haag (1974), 173–218; 219–346.

– (1975), Flucht oder Annahme? Das Beispiel Jesu in der Auseinandersetzung mit dem Bösen, in: Bibel und Kirche 30 (1975), 41–43.

– (1976), Was Christsein ausmacht. Nachfolge Jesu als unverzichtbarer Weg, Stuttgart 1976.

Locher, C., Jahwes Entgegnung an Ijob, in: Orientierung 42 (1978), 238–241.

Loewenich, M. v., Luthers theologia crucis, München 1929, ^{4}1954.

Lohfink, G., Wie hat Jesus Gemeinde gewollt? Zur gesellschaftlichen Dimension des christlichen Glaubens, Freiburg i. Br. 1982.

Lohfink, N. (1955), Der theologische Hintergrund der Genesiserzählung vom Sündenfall, in: Realität und Wirksamkeit des Bösen. Studien und Berichte der katholischen Akademie in Bayern, Würzburg 1955.

– (Hg.) (1983), Gewalt und Gewaltlosigkeit im Alten Testament, Freiburg i. Br. 1983.

Lohse, B., Luthers Theologie in ihrer historischen Entwicklung und in ihrem systematischen Zusammenhang, Göttingen 1995.

Lorenz, K., Das sogenannte Böse, Wien 1963.

Lötzsch, F., Vernunft und Religion im Denken Kants, Köln 1976.

Lübbe, H., Religion nach der Aufklärung, Graz 1986.

Luhmann, N., Funktion der Religion, Frankfurt a. M. 1977.

Luther, M. (1962), Ablaßthesen, in: K. Aland (Hg.), Luther Deutsch II, Stuttgart 1962, 32–82.

– (1963), Vom versklavten Willen, in: K. Aland (Hg.), Luther Deutsch III, Stuttgart 1963, 151–334.

– (1982), Ablaßthesen, in: K. Bornkamm/G. Ebeling (Hg.), Martin Luther. Ausgewählte Schriften I, Frankfurt a. M. 1982, 28–37.

Lüthi, K., Gott und das Böse. Eine biblisch-theologische und systematische These zur Lehre vom Bösen, entworfen in Auseinandersetzung mit Schelling und mit Karl Barth, Zürich 1961.

Lutz-Bachmann, M., Geschichte und Subjekt. Zum Begriff der Geschichtsphilosophie bei I. Kant und K. Marx, Frankfurt a. M./Mainz 1988.

Machiavelli, N., Politische Schriften, hg. v. H. Münkler, Frankfurt a. M. 1990.

Marquard, O. (1973), Schwierigkeiten mit der Geschichtsphilosophie, Frankfurt a. M. 1973.

– u. a. (1980), Art. Malum, in: Ritter-Gründer (Hg.), Hist. Wörterb. der Philosophie, Basel/Stuttgart, Bd. 5 (1980), 652–706.

Marquardt, F.-W., Was dürfen wir hoffen, wenn wir hoffen dürften? Eine Eschatologie, 3 Bde., Gütersloh 1993/94/96.

Martens, E., Zwischen Gut und Böse. Elementare Fragen angewandter Philosophie, Stuttgart 1997.

Martin, G. M., Erbe der Mystik im Werk von Ernst Bloch, in: H. Deuser/P. Steinacker (Hg.), Ernst Blochs Vermittlungen zur Theologie, München 1983, 115–127.

Marx, W., Schelling. Geschichte, System, Freiheit, Freiburg i. Br. 1977
Mason, H. T., Pierre Bayle and Voltaire, London 1963.
Masson, E., Art. Mal, in: DThC IX (1927), 1679–1704.
McSorley, H. J., Luthers Lehre vom unfreien Willen nach seiner Hauptschrift De Servo Arbitrio im Lichte der biblischen und kirchlichen Tradition, München 1967.
Meesen, F., Unveränderlichkeit und Menschwerdung Gottes. Eine theologiegeschichtlich-systematische Untersuchung, Freiburg i. Br. 1989.
Mensching, G., Das Böse, in: RGG I, 1343 f.
Merkelbach, R., Mani und sein Religionssystem, Opladen 1986
Metz, J. B. (1968), Art. Politische Theologie, in: Sacramentum Mundi III, Freiburg i. Br. (1968), 1232–1240.
– (1977), Glaube in Geschichte und Gesellschaft. Studien zu einer praktischen Fundamentaltheologie, Mainz 1977.
– (1993), Zeit ohne Finale? Zum Hintergrund der Debatte über „Resurrektion oder Reinkarnation“, in: Concilium 29 (1993), Heft 5, 458–462.
– (Hg.) (1995), „Landschaft aus Schreien“. Zur Dramatik der Theodizeefrage, Mainz 1995.
Meyer, R. W. (Hg.), Das Problem des Fortschrittes heute, Darmstadt 1969.
Michaelis, W., Verhalten ohne Aggression? Versuch zur Integration der Theorien, Köln 1976.
Mieth, D., Die Welterfahrung des einzelnen Christen, in: Handbuch der christlichen Ethik I, Freiburg i. Br./Gütersloh 1978, 217–227.
Mitscherlich, A. (Hg.) (1969), Bis hierher und nicht weiter. Ist die menschliche Aggression unbefriedbar? Mit Beiträgen von A. M. Becker u. a., München 1969.
Mitscherlich, A. (1970), Die Idee des Friedens und die menschliche Aggressivität, Frankfurt a. M. 1970.
– */M. Mitscherlich,* Die Unfähigkeit zu trauern. Grundlagen kollektiven Verhaltens, München 1970.
Moltmann, J. (1965), Theologie der Hoffnung, München 1965.
– (1972), Der gekreuzigte Gott. Das Kreuz Christi als Grund und Kritik christlicher Theologie, München 1972.
Momose, P. F., Kreuzestheologie. Eine Auseinandersetzung mit Jürgen Moltmann, Freiburg i. Br. 1978.
Mostert, W., Gott und das Böse. Bemerkungen zu einer vielschichtigen Frage, in: ZThK 77 (1980), 453–478.
Mühlenberg, E., Das Verständnis des Bösen in neuplatonischer und frühchristlicher Sicht, in: KuD 15 (1969), 226–238.
Mulisch, H., Die Entdeckung des Himmels, München/Wien 1993.
Müller, H.-P. (1970), Hiob und seine Freunde. Traditionsgeschichtliches zum Verständnis des Hiobbuches, Zürich 1970.
– (1978), Das Hiobproblem. Seine Stellung und Entstehung im Alten Orient und im Alten Testament, Darmstadt 1978.

Müller, J., Die christliche Lehre von der Sünde, 2 Bde., Breslau (1838) ^{2}1844.
Müller, M., Die Lehre des Hl. Augustinus von der Paradiesesehe und ihre Auswirkung in der Sexualethik des 12. und 13. Jahrhunderts bis Thomas von Aquin. Eine moralgeschichtliche Untersuchung, Regensburg 1954.
Müllner, I., Gewalt im Hause Davids, Freiburg i. Br. 1997.
Münkler, H., Im Namen des Staates, Frankfurt a. M. 1987.
Mußner, F., Traktat über die Juden, München 1979.

Nagel, P. (Hg.), Studien zum Menschenbild in Gnosis und Manichäismus, Halle 1979.
Naves, R., Voltaire. L'homme et l'œuvre, Paris 1958.
Neuhaus, G., Theodizee – Abbruch oder Anstoß des Glaubens, Freiburg i. Br. 1993.
Neumann, E., Tiefenpsychologie und neue Ethik, Zürich 1949.
Nietzsche, F., Die fröhliche Wissenschaft III,125, in: K. Schlechta (Hg.), F. Nietzsche, Werke in 3 Bdn., München 1954–1965, II 127 f.
Nnamani, A. G., The Paradox of a Suffering God, Frankfurt a. M. 1995.
Nocke, F.-J. (1977), Theologische Aspekte zum Thema Leid, in: Katechetische Blätter 102 (1977), 851–861.
– (1993), Liebe, Tod und Auferstehung, Mainz ^{3}1993.
Nygren, A., Eros und Agape. Gestaltwerdung der christlichen Liebe, 2 Bde., Gütersloh 1936/37.

Oberman, H. A., Luther. Mensch zwischen Gott und Teufel, Berlin 1983.
O'Connell, R. J., De libero arbitrio I. Stoicisme revisited, in: Augustinian Studies I (1970), 49–68.
Oeing-Hanhoff, L./W. Kasper, Negativität und Böses, in: Christlicher Glaube in moderner Gesellschaft, Bd. 9, Freiburg i. Br. 1981, 147–201.
Oelmüller, W. (1973), Das Böse, in: HphGb I, München 1973, 255–268.
– (1990), Philosophische Antwortversuche angesichts des Leidens, in: Ders. (Hg.), Theodizee – Gott vor Gericht?, München 1990, 67–86.
– (Hg.) (1992), Worüber man nicht schweigen kann. Neue Diskussionen zur Theodizee-Frage, München 1992.
Oomen, P. M. F., Doet God ertoe? Een interpretatie van Whitehead als bijdrage aan een theologie van Gods handelen, Kampen 1998.

Pannenberg, W. (1962) u. a., Offenbarung als Geschichte, Göttingen 1962.
– (1977a), Aggression und die theologische Lehre von der Sünde, in: ZEE 21 (1977), 161–173.
– (1977b), Wissenschaftstheorie und Theologie, Frankfurt a. M. 1977.
– (1983), Anthropologie in theologischer Perspektive, Göttingen 1983.
– (1988), Systematische Theologie I, Göttingen 1988.
Pascal, B., Œuvres complètes, hg. v. J. Chevalier, Paris 1954.

Pascal, B., Pensées. Über die Religion und über einige andere Gegenstände, übertr. und hg. v. E. Wasmuth, Darmstadt [9]1994.

Pesch, O. H., Hinführung zu Luther, Mainz 1982.

Petersdorff, E. v., Dämonologie, 2 Bde., München 1956/57.

Peukert, H., Wissenschaftstheorie – Handlungstheorie – fundamentale Theologie, Düsseldorf 1976.

Pieper, A., Gut und Böse, München 1997.

Plotin, Plotins Schriften, übers. v. R. Harder/R. Beutler/W. Theiler, 6 Bde., Hamburg 1956–1971.

Pohier, J., Dieu fractures, Paris 1985.

Pomeau, R., La religion de Voltaire, Paris 1956.

Post, W., Art. Entfremdung I, in: LThK[3] 3, Freiburg i. Br. 1995, 679 f.

Pröpper, Th., Erlösungsglaube und Freiheitsgeschichte. Eine Skizze zur Soteriologie, München [3]1991.

Puech, H.-Ch., Plotin et les gnostiques, in: Les Sources de Plotin. Entretiens de la fondation Hardt sur l'antiquité classique, Paris [5]1960.

Raban, T., Wie schwach ist der Allmächtige? Gedanken zu einer Theologie der Schöpfung, in: Diakonia 11 (1980), 317–321.

Rad, G. v., Theologie des Alten Testaments I, München [3]1969.

Rattner, J. (1962), Individualpsychologie. Eine Einführung in die tiefenpsychologische Lehre von A. Adler, München/Basel 1962.

– (1972), Aggression und menschliche Natur. Individual- und Sozialpsychologie der Feindseligkeit und Destruktivität des Menschen, Frankfurt a. M. 1972.

Ratzinger, J., Volk und Haus Gottes in Augustins Lehre von der Kirche, München 1954.

Rauschning, H., Masken und Metamorphosen des Nihilismus, Frankfurt a. M./Wien 1954.

Rex, W., Essays on Pierre Bayle and religious Controversy, Den Haag 1965.

Richter, H.W., Der Gotteskomplex. Die Geburt und die Krise des Glaubens an die Allmacht des Menschen, Hamburg 1979.

Ricœur, P. (1971), Phänomenologie der Schuld, 2 Bde., Freiburg i. Br./München 1971.

– (1974), Die „Erbsünde" – Eine Bedeutungsstudie, in: Hermeneutik und Psychoanalyse. Der Konflikt der Interpretationen II, München 1974, 140–161.

– (1986), Le mal: un défi à la philosophie et la théologie; avant-propos de Pierre Gisel, Genève 1986.

Riedlinger, H., Vom Schmerze Gottes, Freiburg i. Br. 1982.

Rief, J., Der Ordobegriff des jungen Augustinus, Paderborn 1962.

Riepe, M., Das Gespenst der Gewalt. Was Sie schon immer über Gewaltdarstellungen wissen wollten, sich aber bislang nicht zusammenzureimen trauten, in: Das Böse, a. a. O. 290–327.

Ringleben, J., Hegels Theorie der Sünde. Die subjektivitätstheologische Konstruktion eines theologischen Begriffs, Berlin 1977.

Ritter, W. H. u. a., Der Allmächtige. Annäherungen an ein umstrittenes Gottesprädikat, Göttingen 1997.

Rodin, E. S., Evil and Theodicy in the Theology of Karl Barth, New York 1977.

Roll, E., Mani. Der Gesandte des Lichts, Stuttgart 1976.

Röttgers, K., Spuren der Macht. Begriffsgeschichte und Systematik, Freiburg i. Br. 1990.

Ruppert, L., Der leidende Gerechte und seine Feinde. Eine Wortfelduntersuchung, Würzburg 1973.

Russell, J. B., Satan: The Early Christian Tradition, 1981.

Sade, Marquis de (1982), Philosophie im Boudoir, Wiesbaden 1982.

– (1990), Justin und Juliette I, München 1990.

Safranski, R., Das Böse oder das Drama der Freiheit, München 1997.

Sage, A., Péché originel. Naissance d'un dogme, in: REA 13 (1967), 211–248.

Sanders, E. P., Paul and Palestinian Judaism, London 1977, 1–406.

Schandt, H.-G., Der Blick, der aufs Grauen geht. Zur Bestimmung von Theologie in Geschichte als Unheilskontinuum, Frankfurt a. M. 1989.

Scharbert, J., Prolegomena eines Alttestamentlers zur Erbsündenlehre, Freiburg i. Br. 1968.

Scharfenberg, J., S. Freud und seine Religionskritik als Herausforderung für den christlichen Glauben, Göttingen ^{3}1971.

Schauenburg, L., Luthers Lehre vom verborgenen, allein wirksamen Gott und von der Unfreiheit des Willens, Göttingen 1949.

Schepers, G., Schöpfung und allgemeine Sündigkeit. Die Auffassung Paul Tillichs im Kontext der heutigen Diskussion, Essen 1974.

Scherzberg, L., Sünde und Gnade in der feministischen Theologie, Mainz ^{2}1992.

Schieder, Th., Weltabenteuer Gottes. Die Gottesfrage bei Hans Jonas, Paderborn 1998.

Schillebeeckx, E. (1975), Jesus, die Geschichte von einem Lebenden, Freiburg i. Br. 1975.

– (1977), Kritische Erinnerung an die leidende Menschheit, in: Christus und die Christen. Die Geschichte einer neuen Lebenspraxis, Freiburg i. Br. 1977, 651–704.

Schleiermacher, F. D. E., Der christliche Glaube. Nach den Grundsätzen der evangelischen Kirche im Zusammenhange dargestellt (1821/22) Tbd. L, hg. v. M. Redeker, Berlin 1980.

Schlette, H. R., Das Eine und das Andere. Studien zur Problematik des Negativen in der Metaphysik Plotins, München 1966.

Schlier, H., Mächte und Gewalten im Neuen Testament, Freiburg i. Br. ^{3}1963.

Schmidt-Biggemann, W. (1994) u. a., Das Böse, in: LThK^{3}, Bd. 2, Freiburg i. Br. 1994, 604–609.

Schmitz-Moormann, K., Die Erbsünde. Überholte Vorstellung – bleibender Glaube, Olten/Freiburg i. Br. 1969.

Schnackenburg, R. (Hg.), Die Macht des Bösen und der Glaube der Kirche, Düsseldorf 1979.

– Das Problem des Bösen in der Bibel, in: – (Hg.), 11–32.

Schneider, R., Seele und Sein. Ontologie bei Augustin und Aristoteles, Stuttgart 1957.

Schoonenberg, P., Der Mensch in der Sünde, in: Mysterium Salutis, hg. v. J. Feiner/M. Löhrer II, Zürich 1967, 845–941.

Schrey, H.-H. (Hg.) (1971), Sören Kierkegaard, Darmstadt 1971.

– (1975), Entfremdung, Darmstadt 1975.

Schubert, V., Pronoia und Logos. Die Rechtfertigung der Weltordnung bei Plotin, München/Salzburg 1968.

Schulte, Ch., Radikal böse: die Karriere des Bösen von Kant bis Nietzsche, München ^{2}1991.

Schultz-Henke, H., Der gehemmte Mensch, Stuttgart ^{2}1947.

Schulz, B., Die Frage nach dem verborgenen Gott in der Theologie nicht nur Martin Luthers, in: ThGl 59 (1969), 84–115.

Schulz, W. (1957), Der Gott der neuzeitlichen Metaphysik, Pfullingen ^{4}1957.

– (1972), Philosophie in der veränderten Welt, Pfullingen 1972.

Schumacher, Th., Theodizee. Bedeutung und Anspruch eines Begriffs, Frankfurt a. M. 1994.

Schupp, F., Schöpfung und Sünde. Von der Verheißung einer wahren und gerechten Welt, vom Versagen der Menschen und vom Widerstand gegen die Zerstörung, Düsseldorf 1990.

Schur, M., S. Freud, Leben und Sterben, Frankfurt a. M. 1972.

Schütz, F., Der leidende Christus. Die angefochtene Gemeinde und das Christuskerygma der lukanischen Schriften, Stuttgart 1969.

Schwager, R., Brauchen wir einen Sündenbock? Gewalt und Erlösung in den biblischen Schriften, München 1978.

Schwarz, H., Im Fangnetz des Bösen. Sünde – Übel – Schuld, Göttingen 1993.

Schweizer, E., Jesus im vielfältigen Zeugnis des Neuen Testaments, München/Hamburg 1968.

Selg, H., Diagnostik der Aggressivität, Göttingen 1968.

Sellier, Ph., Pascal et Saint Augustin, Paris 1970.

Sentis, L., Saint Thomas d'Aquin et le mal: foi chrétienne et theodicee, Paris 1993.

Sertillanges, A.-D., Le problème du mal, 2 Bde., Paris 1948/51.

Seybold, M., Sozialtheologische Aspekte der Sünde bei Augustinus, Regensburg 1963.

Sievernich, M., Schuld und Sünde in der Theologie der Gegenwart, Frankfurt a. M. 1982.

Simonis, W., Heilsnotwendigkeit der Kirche und Erbsünde bei Augustinus. Ein dogmengeschichtlicher Beitrag zur Klärung zweier Fragen der gegenwärtigen theologischen Diskussion, in: ThPh 43 (1968), 481–501.

Sloterdijk, P., Kritik der zynischen Vernunft, 2 Bde., Frankfurt a. M. 1983.

Smulders, Th., Theologie und Evolution, Essen 1963.

Sobrino, J. (1978), Christology at the crossroads, New York 1978.
– (1982), Der Glaube an den Sohn Gottes aus der Sicht eines gekreuzigten Volkes, in: Concilium 18 (1982), 171–176.
Sofsky, W., Traktat über die Gewalt, Frankfurt a. M. 1996.
Sölle, D., Leiden, Stuttgart [5]1980.
Sommer, W. (Hg.), Zeitenwende – Zeitenende. Beiträge zur Apokalyptik und Eschatologie, Stuttgart 1997.
Sorge, H., „Wer leiden will, muß lieben" – Gedanken über die Liebe in der Vorstellung vom Gekreuzigten Gott, in: Feministische Studien, Weinheim 1983, 54–69.
Spaemann, H., Macht und Überwindung des Bösen, München 1979.
Sparn, W., Leiden – Erfahrung und Denken. Materialien zum Theodizeeproblem, München 1980.
Sperber, M., A. Adler oder Das Elend der Psychologie, Wien 1970.
Splett, J., Art. Schuld, in: Handb. phil. Grundbegr., München III (1974), 1277–1288.
Stamm, J. J., Das Leiden der Unschuldigen in Babylon und Israel, Zürich 1946.
Stolleis, M., Staat und Staatsraison in der frühen Neuzeit, Frankfurt a. M. 1990.
Stork, H., Einführung in die Philosophie der Technik, Darmstadt 1977.
Storr, A., Lob der Aggression, Düsseldorf/Wien 1970.
Streminger, G., Gottes Güte und die Übel der Welt, Tübingen 1992.
Struck, P., Zuschlagen, Zerstören, Selbstzerstören. Wege aus der Spirale der Gewalt, Darmstadt 1995.
Suchla, P., Kritischer Rationalismus in theologischer Prüfung. Zur Kontroverse zwischen Hans Albert und Gerhard Ebeling, Frankfurt a. M./Bern 1982.
Suchocki, M. H., The End of Evil. Process Eschatology in Historical Context, Albany 1988.
Swinburne, R., Theodicy, Our Well-Being, an God's Right, in: Intern. Journal for Philosophy of Religion 38 (1995), 75–91.

Thaidigsmann, E. (1978), Falsche Versöhnung. Religion und Ideologiekritik beim jungen Marx. Vorarbeit zu einer ideologiekritischen Hermeneutik des Evangeliums, München 1978.
– (1983), Identitätsverlangen und Widerspruch. Kreuzestheologie bei Luther, Hegel und Barth, München 1983.
Theissen, G., Der Schatten des Galiläers. Historische Jesusforschung in erzählender Form, München 1986.
Theobald, G., Hiobs Botschaft. Die Ablösung der metaphysischen durch die poetische Theodizee, Gütersloh 1983.
Theunissen, M., Der Begriff der Verzweiflung, Frankfurt a. M. 1993.
Thyen, H., Studien zur Sündenvergebung im Neuen Testament und seinen alttestamentlichen und jüdischen Voraussetzungen, Göttingen 1970.

Topitsch, E., Erkenntnis und Illusion. Grundstrukturen unserer Weltauffassung, Hamburg 1979.
Tracy, D., The Analogical Imagination. Christian Theology and the Culture of Pluralism, New York 1981.
Trau, J. M., The co-existence of God and evil, New York 1991.

Uhl, A., Leiden an Gott und Mensch. Nietzsche und Dostojewski, in: Concilium 17 (1981), 382–389.
Urban, L./D. N. Walton (Hg.), The Power of God: Readings on omnipotence and evil, New York 1978.

Vandervelde, G., Original Sin. Two Major Trends in Contemporary Roman Catholic Reinterpretation, Amsterdam 1975.
Vanneste, A., Het dogma van de erfzonde. Zinloze mythe of openbaring van een grondstructuur van het menselijk bestaan, Utrecht 1969.
Varillon, F., La souffrance de Dieu, Paris 1975.
Ven, J. A. van der (1978), Schmerz – Leid – Leiden. Zur Frage nach dem Sinn des Schmerzes, in: Diakonia 9 (1978), 219–244.
– (1990), Unterwegs zu einer empirischen Religionspädagogik des Leidens, in: Katechetische Blätter 115 (1990), 770–783.
Vetter, H. (1980), Der Schmerz und die Würde der Person, Frankfurt a. M. 1980.
Vierzig, S., Das Böse, Stuttgart 1983.
Voltaire (Fr.-M. Arouet), GA besorgt v. L. Moland (Hg.), Paris 1877–1885 (52 Bde.).
– (1968), Candide ou l'optimisme, hg. v. Ch. Thacker, Genf 1968.

Wagner, H., Mit Gott streiten. Neue Zugänge zum Theodizee-Problem, Freiburg i. Br. 1998.
Wahle, H., Das gemeinsame Erbe, Innsbruck 1980.
Wasmuth, E., Der unbekannte Pascal. Versuch einer Deutung seines Lebens, Regensburg 1962.
Weber, M., Das Problem der Theodizee, in: Wirtschaft und Gesellschaft I (hg. v. J. Winckelmann), Tübingen 1956/Köln 1964, 405–411.
Weger, K.-H., Theologie der Erbsünde, Freiburg i. Br. 1970.
Wehr, G., Franz von Baader. Zur Reintegration des Menschen in Religion, Natur und Erotik, Freiburg i. Br. 1980.
Welker, M. (Hg.), Diskussion über Jürgen Moltmanns Buch „Der gekreuzigte Gott", München 1979.
Welte, B., Über das Böse. Eine thomistische Untersuchung, Freiburg i. Br. 1959.
Wenz, G., Luthers Streit mit Erasmus als Anfrage an protestantische Identität, in: F. W. Graf/K. Tanner (Hg.), Protestantische Identität heute, Gütersloh 1992, 135–160; 275–281.
West, D. C. (Hg.), Joachim of Fiore in Christian Thought, New York 1975.
Westermann, Ch. (1971), Schöpfung, Berlin 1971.
– (1983), Genesis I, Neukirchen [3]1983.

Widengren, G. (Hg.), Der Manichäismus, Darmstadt 1977.
Wiedenhofer, S., „Erbsünde" – eine universale Erbschuld? Zum theologischen Sinn des Erbsündedogmas, in: ThQ 162 (1982), 30–44.
Wiederkehr, D., Art. Kreuz/Leid, in: NHthGb II, 354–363.
Wiehart-Howaldt, A., Essenz, Perfektion, Existenz. Zur Leibnizschen Theologia Naturalis, Wiesbaden/Stuttgart 1996.
Wiersinga, H., Doem of daad. Een boek over zonde, Baarn 1982.
Willms, B., Thomas Hobbes. Das Reich des Leviathan, München 1987.
Wils, J.-P., „Ästhetische Güte". Philosophisch-theologische Studien zu Mythos und Leiblichkeit von Ethik und Ästhetik, München 1990.
Winklhofer, A., Traktat über den Teufel, Frankfurt a. M. 1961.
Wolde, E. van, A Semiotic Analysis of Genesis 2–3. A Semiotic Theory and Method of Analysis Applied to the Story of the Garden of Eden, Assen 1989.
Wolff, Ch., Vernünfftige Gedanken von Gott, der Welt und der Seele des Menschen ..., Halle ^{5}1751.
Wolfinger, F., Leiden als theologisches Problem, in: Cath 32 (1978), 242–266.
Wuketits, F. M., Verdammt zur Unmoral?: Zur Naturphilosophie von Gut und Böse, München 1993.
Wyss, D., Die tiefenpsychologischen Schulen von den Anfängen bis zur Gegenwart. Entwicklung, Probleme, Krisen, Göttingen ^{4}1972.

Zahrnt, H., Wie kann Gott das zulassen? Hiob – Der Mensch im Leid, München 1985.
Zenger, E., Tohuwabohu. Die Schöpfung zwischen Chaos und Kosmos: Auf den Spuren des Tohuwabohu, Bensberg 1992.
Zimmerli, W. Ch., Technik oder: wissen wir, was wir tun?, Basel/Stuttgart 1976.
Zorn, F., Mars. Mit einem Vorwort von Adolf Muschg, München 1977.
Zuiderna, S. U., De ordo-idee in Augustinus' dialoog De ordine. Twee werelden, in: Philosophia reformata 28 (1963), 1–18.

Register

1. Schriftstellen

Genesis
1–9: 23
1: 23
3: 24
4: 24
6–8: 24
6,5: 24
8,21: 2; 14
9,15: 24
11,1–9: 23
12–36: 59
19,1–29: 24
19,19: 19
21,9–21: 24
27: 102
27,1–40: 24
37: 24
37–50: 28
39,9: 19
41,1 ff.: 19
44,34: 19
48,16: 19
50,20: 19; 28

Exodus
3,8: 22
4,21: 25
6,3: 194
7,3: 25
10,1: 25
10,7: 25
15,2 ff.: 20

Numeri
20,5: 19

Deuteronomium
6,4: 23, 100
6,5: 23
13,6: 39; 170
26,5: 22
26,8: 27
32,35: 28
34: 22

Josua:
10,13: 194

Richter
20,34: 19

Rut
2,12: 28

1 Samuel
6,18: 20
18,25: 20

2 Samuel
3,39: 28

1 Könige
19,1–13: 21
19,12 f.: 194

2 Könige
2,19: 19
14,10: 19

Nehemia
1,3: 19

2 Makkabäer
1,24: 195
7,28: 23

Ijob
30–36
2,10: 25
5,17: 194
40,2: 195

Psalmen
8: 59
19: 59
22: 37
29: 15; 58
37,1–3: 40
44,27: 30
47,10: 197
88,19: 30
94,1: 28
96,5: 147
104: 59
121,1: 204
121,7: 28
135: 59
137,1 f.: 21
137,8 f.: 21

Sprichwörter
5,14: 19
8; 9: 26
8,22–30: 58
16,4: 26
25–27: 29

Kohelet
1,15: 39; 170

3,1–8: 58
3,17: 29
7,13: 39
7,20: 24

Hohelied
8,6: 43; 197

Weisheit
1–6: 58
11,20: 26; 197

Jesus Sirach
15,11–13: 27
15,15: 27

Jesaja
1,4: 24
2,2: 23
6,9 f.: 25
6,10: 14
7,9: 44
25,6: 23
32,3 f.: 25
42,49: 37
43,10–12: 128
45: 25
45,7: 25
45,9: 25; 205
52 f.: 37
53,3: 37
53,4: 124
53,7: 37
60–66: 37
60,1–22: 22

Jeremia
2,13: 19
5,23 f.: 23
18,1–12: 205
18,6: 25
24,1 f.: 19
44,2 f.: 19; 26
49,9–44: 19

Joel
3,1: 196

Amos
3,8: 26
9,1–4: 26

Micha
4: 23

Matthäus
2,7–11: 161
5: 43; 100
5,3–12: 44; 161
5,5: 39; 170
5,14: 200
5,17–48: 39
5,39: 38; 39; 42; 170
5,43–48: 44
8,36: 46
9,1–8: 162
9,36: 46
11,25–27: 175; 181
11,25: 197
13: 169
13,24–30: 170
13,44: 200
16,21–23: 46
18,15–17: 170
18,21 f.: 44
18,22: 105
20,15: 39; 162
22,34–40: 43; 44
25: 43
25,40: 180
25,41: 39

Markus
1,17: 179
2,5–10: 162
2,5–11: 42
2,16: 162
8,17: 24
9,24: 43; 163
15,34: 37; 181
15,39: 184
16,1–8: 194
16,6: 43

Lukas
4,18 f.: 40
7,47: 162
10,18: 42
10,25–37: 180
13,4: 40
15,1–32: 161
16,25: 19
23,43: 184
24,21: 166
24,26: 167

Johannes
1,1: 26
1,10–12: 44
1,14: 185
1,29: 125
3,16: 173
8,6: 161
8,44: 154
9,2 f.: 29
9,3: 40
12,40 f.: 25
12,44–48: 44
14,27: 42
20,16: 194
20,23: 162

Apostelgeschichte
2,17–21: 196
3,15: 166

Römer
2,17–29: 24; 40
3,5: 130
4,18: 43
5,12: 38; 100; 101
5,12–14: 158
6,9: 47
7,14–25: 98
8,19–22: 197

8,38: 197
9,12: 103
9,20 f.: 205
10,9: 45
11,36: 26
12,17: 40
12,19: 28
12,21: 40; 170
14,17: 42

1 Korinther
1,18–31: 144; 182
1,20: 43
4,7: 102
5,5: 170
13,1–13: 199
13,8: 199
15,3: 165
15,13: 47
15,28: 147
15,52: 148
15,54: 43; 147
16,22: 201

2 Korinther
4,8 f.: 180
5,17: 141; 162
6,8: 206

Galater
3,10: 27; 154
3,11: 44
3,13: 184
5: 160

Epheser
1,20–23: 59
2,14: 42
3,9–13: 59
6,12: 59
6,13: 19

Kolosser
1,15: 26
1,15–20: 58
1,16: 58; 160
2,8–15: 59

1 Thessalonicher
5,15: 40

Hebräer
10,30: 28
12,2: 179

1 Petrus
2,21: 47
3,9: 40
3,15: 129

1 Johannes
4,8: 44; 197
4,12: 44
4,7–20: 44
4,16: 44; 147; 176

Offenbarung
1,8: 207
4,8: 207
6,10: 49; 148
7,4: 200
11,17: 207
15,3: 207
16,7: 207
16,14: 207
16,16: 207
19,6: 207
19,15: 207
21,3 f.: 49
21,8: 200
21,22: 207
22,20: 201

2. Personen

Adams, R. 206. 209
Adler, A. 69. 71–73. 204. 209. 227
Adorno, Th. W. 60. 62. 67. 73. 140. 148. 175 170. 187. 209. 219
Ahern, M. B. 203. 209
Akerboom, T. 109. 209
Aland, K. 205. 221
Albert, H. 209
Althaus, P. 205. 209
Altner, G. 61. 204. 209
Ambrosius 80
Ammicht-Quinn, R. 209
Anders, G. 3. 63. 148. 209
Anselm v. Canterbury 83. 103. 105. 165. 209
Arens, E. 45. 172. 209
Assman, J. 23. 209
Augustijn, C. 108. 209
Augustinus 3. 10. 52–57. 60. 77–82. 88. 94–105. 106. 107. 110. 113. 114. 122. 153. 209. 211. 213. 214. 217. 218. 223. 224. 226. 227. 229

Baader, F. v. 190. 206. 216. 228
Bacon, F. 63–64. 72. 113. 210. 219
Balthasar, H. U. v. 185

Bandt, H. 205. 210
Barreau, J. C. 1. 203. 210
Barth, H.-M. 107. 210
Barth, K. 8. 83–88. 90. 92. 93. 114. 117. 147. 149. 210. 220. 221. 225
Bataille, G. 210
Battke, M. 205. 210
Bauman, Z. 76. 153. 210
Baumann, U. 104. 205. 210
Baumbach, G. 24. 203. 210
Bayle, P. 113. 116. 210. 218. 220. 222. 224
Beck, I. 210
Becker, J. 24. 203. 210
Beek, A. van de 210
Bengel, J. A. 158
Benjamin, W. 49
Benrath, G. A. 106. 210
Berger, K. 48. 210
Berger, P. L. 58. 153. 172. 210
Berges, U. 34. 35. 36. 203. 210
Berkhof, H. 200. 210
Bernhart, J. 203. 209. 210
Beyerdörfer, H. P. 35. 215
Billicsich, Fr. 131. 133. 203. 204. 206. 211
Biser, E. 176. 211
Bitter, W. 211
Blank, J. 203. 211
Bloch, E. 15. 131. 132. 141. 149. 153. 176. 191. 211. 216. 221
Blumenberg, H. 211
Böckle, F. 125. 205. 212
Böhlig, A. 204. 211
Böhme, J. 190. 206
Bolingbroke, H. 136
Bonhoeffer, D. 172. 183. 211
Borgman, E. 175. 211
Bornkamm, K. 205. 221
Boss, M. 118. 211
Boyer, Ch. 204. 211
Brandenburger, E. 211
Brandt, H.-M. 211
Brantschen, J. B. 211
Brecht, M. 107. 205. 211
Brink, G. van den 194. 211
Britting, G. 203
Bro, B. 203. 211
Broch, Th. 211
Brockmann, D. 118. 211
Brown, P. 153. 204. 211
Buck, A. 204. 211
Buggle, F. 211
Bürklin, H. 205. 212

Calvin, J. 110. 130. 158
Camus, A. 191
Cassirer, E. 212
Chalier, C. 212
Cicero 53. 77
Cioran, E. M. 141. 212
Claret B. J. 11. 38. 104. 212
Clark, R. W. 204. 212
Collet, G. 140. 212
Colpe, D. 203. 212
Condrau, G. 125. 205. 212

Dahl, E. 211
Danielson, D. R. 212
Dantine, W. 206. 212
Darwin, Ch. 65–67. 68. 72. 212. 216. 217
Deleuze, G. 16. 212
Delhaye, P. 206. 212
Delumeau, J. 94. 119. 205. 212
Dembowski, H. 212
Denker, R. 61. 69. 204. 213
Descartes, R. 98. 111
Deschner, K. H. 13. 151. 213
Detering, H. 213
Deuser, H. 221
Dexinger, F. 203. 205. 213
Dietz, W. 205. 213
Dinkler, E. 204. 213
Disse, J. 204. 213
Döblin, A. 203
Dollard, J. 73. 204. 213
Dömer, M. 46. 213
Dostojewski, F. M. 145. 191. 214

Drewermann, E. 117. 154. 158. 205. 213
Dubarle, A.-M. 205. 213
Duquoc, Ch. 173. 213

Ebach, J. 19. 20. 213
Ebeling, G. 173. 205. 213
Ebertz, M. N. 172. 213
Echternach, H. 205. 213
Eckhart 158
Ehrenreich, B. 11. 76. 155. 213
Eichinger, W. 158. 213
Eickhoff, J. 213
Einstein, A. 75
Enge, T. O. 206. 213
Epikur 129. 130
Epstein, J. J. 63. 213
Erasmus v. Rotterdam 108. 109. 123. 209. 213. 219. 229
Eriskon, E. 198
Evans, G. R. 99. 204. 214
Evers, T. 118. 214
Evdokimov, P. 214

Faber, R. 186. 206. 214
Feuerbach, L. 139. 176. 192. 198
Fiedler, P. 203. 214
Fischer, H. 205
Flasch, K. 79. 81. 98. 204. 214
Fohrer, G. 203. 214
Foucault, M. 121. 141. 153. 159. 214
Frankemölle, H. 203. 214. 219
Freud, S. 67–71. 74–76. 94. 97. 118. 155. 192. 214. 218. 225. 226
Frey, Ch. 83. 214
Fromm, E. 3. 63. 73. 124. 136. 153 f. 156–159. 164. 214
Fuchs, G. 214
Fukuyama, F. 1. 2. 148. 214
Funk, R. 214
Furtmüller, C. 209

Galot, J. 206. 214
Geerlings, W. 204. 214
Genthe, H. J. 205. 214
Gerhardt, V. 205. 214
Gesang, B. 128. 142. 214
Geyer, C.-F. 37. 132. 139. 141. 143. 145. 149. 155. 194. 197. 203. 206. 214
Girard, R. 167. 168 f. 214
Gnilka, J. 25. 214
Goldbrunner, J. 118. 214
Goldstain, J. 203. 215
Goll, Y. 203
Gollwitzer, H. 215
Görres, A. 125. 203. 215
Gouhier, H. 205. 215
Greshake, G. 143. 165. 215
Griffin, D. 146. 215
Grimm, G. E. 35. 128. 203. 215
Gross, J. 102. 205. 215
Gross, W. 25. 26. 30. 110. 146. 200. 215
Guattari, F. 16. 212
Günther, H. J. 132. 206. 215
Gutiérrez, G. 125. 140. 215

Haag, E. 23. 215
Haag, H. 11. 23. 25. 27. 37. 169. 170. 203. 215
Habermas, J. 60. 62. 138. 159. 206. 215
Hacker, F. 65. 73. 204. 215
Hader, R. 204
Hadot, P. 204. 215
Hansen, K. 205. 216
Häring, H. 35. 53. 57 f. 80. 95–103 passim. 109. 113. 132. 146. 151. 154. 172. 179. 196. 203–206. 215. 216
Harskamp, A. van 216
Hartl, F. 206. 216
Hasitschka, M. 38. 216
Hauke, H. 205. 216
Hauptmann, G. 203
Hebblethwaite, B. 203. 216
Heberer, G. 66. 204. 216
Hedinger, U. 189. 190. 216
Heering, H. J. 3. 203. 216

Hegel, G. W. F. 32. 46. 65. 82. 114. 132. 139. 151. 153. 158. 186. 190. 216. 224
Heidegger, M. 119. 216
Heinisch, K. J. 216
Heintel, P. 206. 216
Heisenberg, W. 60
Helle, H. J. 183. 216
Hemmerle, K. 203. 206. 216
Hengel, M. 46. 203. 216
Hermanni, F. 203. 216
Hesse, F. 25. 203. 216
Heym, St. 207. 217
Hick, J. 146. 178. 206. 217
Hildebrandt, K. 206. 217
Hildesheimer, F. 112. 113. 217
Hinkelammert, F. J. 11. 159. 217
Hobbes, Th. 64–65. 68. 72. 113. 217. 219
Hochstaffl, J. 175. 217
Hoerster, N. 217
Höffe, O. 64. 217
Holzhey, H. 203. 217
Horbury, W. 217
Horkheimer, M. 60. 62. 63. 140. 148. 217
Horstmann, U. 3. 141. 217
Hübener, W. 206. 217
Huftier, M. 204. 217
Hull, D. 204. 217
Hünermann, P. 203. 206. 217
Huntington, S. P. 2. 188. 217

Irenäus von Lyon 101
Iserloh, E. 209

Jalabert, J. 131. 217
Janßen, H.-G. 46. 143. 188. 206. 217. 218
Jaspers, K. 67. 205. 218
Joachim von Fiore 153. 229
Jolivet, R. 204. 218
Jonas, H. 62. 82. 149. 191. 195. 218. 225
Jones, E. 69. 204. 218
Jossua, J.-P. 113. 218
Jung, C. G. 118. 203. 218
Jüngel, E. 105. 128. 182. 187. 188. 190. 191. 199. 206. 218

Kadenbach, J. 218
Kaléko, M. 203
Kant, I. 113–115. 116. 120. 135–139. 142. 143. 155. 205. 214. 218. 220. 221
Käsemann, E. 100. 218
Kasper, W. 203. 218
Kassel, M. 118
Kaulbach, F. 205. 218
Keel, O. 33. 203. 218
Kerlen, D. 108. 218
Kern, W. 129. 218
Kessler, H. 146. 183. 218
Khoury, A. T. 217
Kierkegaard, S. 32. 105. 111. 115–117. 119. 121. 158. 213. 214. 218. 226
Kim, J. 218
Kitamori, K. 206. 218
Klauck, H.-J. 203. 219
Kleffmann, T. 158–105. 219
Knapp, M. 140. 151. 219
Knierim, R. 203. 219
Koch, K. 29. 219
Koch, T. 219
Kogan, M. S. 219
Kohls, E. W. 205. 219
Kojève, A. 2
Kokoschka, O. 203
König, R. 204. 219
Korsch, D. 206. 219
Korte, A.-M. 175. 219
Körtner, U. 153. 219
Koselleck, R. 64. 219
Koslowski, P. 190. 219
Krämer, H. J. 204. 219
Kraus, G. 104. 110. 130. 158. 219
Krause, B. 83. 190. 219
Kreiner, A. 143. 206. 219
Kremer, J. 132. 206. 219

Kroesen, J. O. 219
Krohn, W. 63. 210. 219
Krötke, W. 83. 220
Kulmann, A. 220
Kunert, G. 203. 220
Küng, H. 9. 32. 59. 62. 76. 139. 146. 149 f. 161. 175. 178. 180. 181. 186. 187. 190. 191. 198. 203. 205. 206. 220
Künzli, A. 128. 173. 206. 220
Kuschel, K.-J. 9. 11. 36. 110. 128. 130. 145. 175. 187. 200. 203. 220
Kushner, H. F. 193. 206. 210. 229

Labrousse, E. 113. 220
Laktanz 129 f. 220
Lang, B. 29. 220
Lange, A. de 220
Langenhorst, G. 35. 128. 145 f. 203. 220
Laporte, J. 112. 220
Lassalle, F. 66
Lehmann, K. 218
Leibniz, G. W. 83. 130–136. 206. 209. 212. 217. 220. 229
Lemper, E. H. 206
Leroy, H. 203. 220
Lévinas, E. 219
Leyvraz, J.-P. 203. 217
Limbeck, M. 38. 42. 203. 221
Linné, C. 66
Locher, C. 33. 203. 221
Loewenich, M. v. 182. 221
Lohfink, G. 170. 221
Lohfink, N. 203. 221
Lohse, B. 205. 221
Lorenz, K. 70. 76. 221
Lötzsch, F. 205. 221
Lübbe, H. 129. 221
Luhmann, N. 57. 129. 221
Luther, M. 105. 106–110. 111–113. 119. 122 f. 145. 153. 182. 191. 205. 209. 213. 214. 218. 219. 221. 222. 223. 224. 229
Lüthi, K. 83. 221
Lutz-Bachmann, M. 206. 221

Machiavelli, N. 64. 113. 221
MacLeish, A. 203
Mani 77
Marquard, O. 203. 221
Marquardt, F.-W. 37. 153. 196. 221
Martens, E. 221
Martin, G. M. 176. 221
Marx, K. 66. 117. 122. 139 f. 149–153. 158. 192. 218. 227
Marx, W. 206. 221. 222
Mason, H. T. 133. 222
Masson, E. 203. 222
McNeill, B. 217
McSorley, H. J. 205. 222
Meessen, F. 189. 222
Mensching, G. 203. 222
Merkelbach, R. 204. 222
Metz, J. B. 140. 146. 148. 149. 166. 222
Metzger, W. 209
Meyer, R. W. 148. 222
Michaelis, W. 204. 222
Mieth, D. 222
Mitscherlich, A. 70. 73. 204. 222
Mitscherlich, M. 204. 222
Moltmann, J. 32. 97. 135. 149. 182. 185. 187. 189. 206. 222. 228
Momose, P. F. 206. 222
Mostert, W. 5. 203. 222
Mühlenberg, E. 204. 222
Mulisch, H. 64. 222
Müller, H. P. 222
Müller, J. 203. 223
Müller, M. 103. 223
Müllner, I. 20. 223
Münkler, H. 204. 223
Mußner, F. 223

Nagel, P. 67 A. 204. 223
Nagl, L. 206
Naves, R. 133. 223
Neuhaus, G. 128. 144. 145. 187. 190. 191. 193. 203. 206. 223

Neumann, E. 163. 223
Nietzsche, F. 3. 46. 72. 94. 116. 121. 145. 146. 191. 192. 223
Nnamani, A. G. 206. 223
Nocke, F.-J. 176. 223
Nygren, A. 223

Oberman, H. A. 107. 223
Ockham, W. v. 106
O'Connell, R. J. 204. 223
Oeing-Hanhoff, L. 203. 223
Oelmüller, W. 140. 188. 203. 206. 219. 223
Oetinger, F. Ch. 158
Oomen, P. 144. 194. 223

Pannenberg, W. 9. 65. 103. 113. 117. 122. 126. 149. 158. 163. 187. 195. 205. 223
Pascal, B. 111–113. 116. 133. 223. 224. 226. 228
Pelagius 102
Perl, C. J. 204. 209
Pesch, O. H. 107. 109. 110. 205. 224
Petersdorff, E. v. 224
Peukert, H. 127. 152. 224
Pieper, A. 203. 224
Pieroni, M. F. 204. 217
Plack, A. 204
Plotin 53–60. 78–82. 94. 132. 204. 219. 224. 225. 226
Pohier, J. 199. 224
Polgar, A. 203
Pomeau, R. 133. 224
Pope, A. 206
Post, W. 206. 224
Pröpper, Th. 176. 224
Puech, H.-Ch. 45. 204. 224

Raban, T. 224
Rad, G. v. 203. 224
Rahner, K. 125. 185. 215
Rattner, J. 204. 224
Ratzinger, J. 98. 224
Rauschning, H. 224
Reich, W. 204
Rex, W. 113. 224
Richter, H. E. 106. 224
Ricœur, P. 5. 24. 33. 34. 82. 93. 98. 104. 119–123. 124. 157. 203. 205. 224
Riedlinger, H. 206. 224
Rief, J. 204. 224
Riepe, W. 156. 224
Ringleben, J. 139. 224
Ritschl, A. 218
Ritter, W. 194. 225
Robespierre, M. de 154
Rodin, E. S. 83. 149. 225
Roll, E. 204. 225
Roth, J. 203
Röttgers, K. 189. 225
Ruge, A. 140
Ruppert, L. 46. 203. 225
Russel, J. 225

Sachs, N. 203
Sade, Marquis de 155. 225
Safranski, R. 76. 90. 93. 118. 155. 225
Sage, A. 105. 225
Sartre, J. P. 191
Schandt, H.-G. 225
Schaper, E. 203
Scharbert, J. 124. 203. 225
Scharfenberg, J. 204. 225
Schatz, O. 159. 206. 211
Schauenburg, L. 205. 225
Schelling, F. W. J. 132. 135. 190. 206
Schepers, G. 117. 225
Scherzberg, L. 125. 225
Schieder, Th. 149. 191. 199. 225
Schillebeeckx, E. 46. 151. 161. 166. 181. 200. 203. 206. 225
Schleiermacher, F. D. E. 114. 118. 225
Schlette, H. R. 204. 225
Schlier, H. 225
Schmidt-Biggemann, W. 16. 203. 212. 225

Schmitz-Moormann, J. 225
Schnackenburg, R. 203. 226
Schneider, R. 101. 226
Schnur, R. 219
Schoonenberg, P. 125. 157. 158. 187. 226
Schopenhauer, A. 113. 132. 141
Schrey, H. H. 158. 159. 205. 226
Schubert, V. 204. 226
Schultz-Henke, H. 73. 204. 226
Schulz, B. 205. 226
Schulz, W. 3. 82. 157. 226
Schumacher, Th. 226
Schur, M. 204. 226
Schütz, F. 46. 226
Schwager, R. 145. 167. 168. 226
Schwarz, H. 203. 226
Schweizer, E. 203. 226
Selg, H. 226
Sellier, Ph. 205. 226
Sentis, L. 226
Sertillanges, A.-D. 105. 205. 226
Seybold, M. 86. 204. 226
Shaftesbury, Earl 206
Shaw, G. B. 203
Sievernich, M. 122. 125. 204. 226
Simmel, E. 69
Simonis, W. 226
Sloterdijk, P. 148. 226
Smulders, Th. 226
Sobrino, J. 164. 181. 227
Sofsky, W. 11. 76. 156. 227
Sölle, D. 145. 146. 158. 165. 171. 180. 185. 187. 189. 190. 206. 227
Sommer, W. 3. 146. 153. 227
Sorge, R. J. 191. 203. 227
Spaemann, H. 227
Spark, M. 203
Sparn, W. 136. 206. 227
Sperber, M. 204. 227
Splett, J. 93. 227
Stamm, J. J. 227
Steinacker, P. 222
Stolleis, M. 204. 227
Stork, H. 60. 227
Storr, A. 73. 227
Streminger, G. 206. 227
Strindberg, A. 191
Struck, P. 155
Suchocki, M. H. 143. 227
Swinburne, R. 206. 227

Teilhard de Chardin 211
Thaidigsmann, E. 151. 182. 206. 227
Theissen, G. 203. 227
Theobald, G. 35 f. 203. 227
Theunissen, M. 205. 227
Thimme, W. 209
Thomas v. Aquin 83. 103. 105. 226
Thyen, H. 161. 227
Tillich, P. 117. 158. 213. 225
Topitsch, E. 62. 158. 228
Tracy, D. 143. 228
Trau, J. M. 228

Uhl, A. 228
Urban, L. 131. 199. 1978

Vandervelde, G. 205. 228
Vanneste, A. 205. 228
Varillon, F. 206. 228
Ven, J. A. van der 206. 228
Vetter, H. 229
Vierzig, S. 166. 206. 228
Voltaire 133–135. 222. 223. 224. 228

Wagner, H. 143. 187. 206. 228
Wahle, H. 228
Walton, D. N. 206. 228
Wasmuth, E. 205. 228
Weber, M. 60. 62. 67. 189. 228
Weger, K.-H. 103. 228
Wehr, G. 206. 228
Welker, M. 187. 228
Wells, H. G. 203
Welte, B. 228
Welzig, W. 213
Wenz, G. 109. 228
West, D. C. 153. 228
Westermann, Ch. 48. 203. 229

Widengren, G. 204. 229
Wiechert, E. 203
Wiedenhofer, S. 105. 229
Wiederkehr, D. 206. 229
Wiehart-Howaldt, A. 206. 229
Wiersinga, H. 229
Wiesel, E. 185. 187. 203
Willms, B. 65. 229
Wils, J.-P. 99. 229
Winklhofer, A. 229
Wojtyla, K. 203
Wolde, E. van 203. 229
Wolff, Chr. 132. 229
Wolfinger, F. 190. 229
Wolfskehl, K. 203
Wuketits, F. M. 73. 76. 229
Wyss, O. 204. 229

Zahrnt, H. 128. 229
Zenger, E. 67. 229
Zijlstra, O. 220
Zimmerli, W. Ch. 60. 229
Zorn, F. 229
Zuiderna, S. U. 204. 229

3. Sachen

Adam 7. 24. 98. 100–105. 114f. 117. 124f. 139. 161. 213. 216
Aggression 65. 67. 69–73. 74–76. 158. 165. 174. 204. 213. 215. 222. 223. 224. 227
Agnostizismus 191. 220
Angst 19. 40. 70. 77. 107. 111. 115–117. 118. 152. 163. 193. 211. 212. 213. 218. 219
Anthropodizee 140. 141. 171
Anthropologie 12. 46. 56. 81. 91. 93. 97. 103. 110. 111. 122. 123. 157. 212. 213. 217. 223
Apokalyptik 9. 15. 37. 49. 63. 146. 148. 152f. 183. 195. 196. 200. 215. 227
Appell 8. 16. 30–32. 39. 54. 59. 95. 99. 100. 124. 180. 196
Atheismus 31. 140–142. 172. 175. 191. 192. 211. 214
Auferstehung/Auferweckung 43. 47. 88. 146. 147. 153. 167. 183f. 187. 190. 197–199. 218. 223

Befreiung 18. 20. 27. 49. 42. 45–48. 49. 62. 93. 109. 127. 140. 145. 151. 154. 160. 163. 169f. 173. 175. 183. 191. 192. 196. 201. 211. 212. 214. 215. 216
Bekenntnis
- zu Gott und Jesus Chr. 27. 43. 45. 111. 166. 172. 184. 194. 217. 220
- zur Schuld 5. 93. 103. 123. 124. 127
Betroffenheit 5. 8. 10. 12. 36. 40. 75. 76. 90. 101. 116. 124. 127. 134. 144. 162. 174
Böses I f.
- Umschreibung und Begriff 3f. 124. 132
- biblische Stellen 12f.
- Erkenntnis 3. 13. 54. 83f. 85f. 87. 89. 105. 112. 123. 165. 170
- Mangel an Gutem 67–72
- Nichtiges 80. 83–88. 91. 93. 148. 210. 220
- radikal Böses 113f. 116. 120. 218. 220
- religiöses Problem 5. 8–12. 13. 25. 41. 44. 50. 104f. 113. 122. 160
- Vielfalt 10–12. 17f. 24. 53f. 66. 69. 73. 89. 93. 99. 104. 111. 113. 116. 124. 149f. 154f. 159. 168f. 183
- s. Macht, Übel
Bosheit 7. 9. 23–26. 38. 44. 54. 57. 76f. 80. 83. 84. 89. 94. 95. 97. 100.

102. 107. 108. 111. 113. 122. 130. 141. 148. 151. 163. 173. 183. 187. 190. 191

Christologie 37–44. 45–49. 85. 161–167. 178–181. 182–184. 220

David 19 f. 22. 217. 223

Entfremdung 117. 147–157. 158–160. 224. 226
Erbsünde, Erbsündentheorie 98. 100–105. 107. 110. 112. 114. 115. 116. 124–126. 158. 210. 213. 215. 219. 224. 225. 227. 228. 229
Erbverderbnislehre 102
Erinnerung 47. 64. 56. 119. 129 f. 129. 144. 151. 152. 160. 164–171. 179–182. 189. 190. 225
(Er)schrecken 7. 11. 15. 17. 37. 43. 46. 48. 56. 84. 128. 132. 152 f. 166. 167. 183. 191. 196
Eschatologie 37. 149. 215. 221. 227
Evolution 60 f. 65–67. 118. 217. 227

Fallbericht 24. 28. 38. 157. s. Adam
Folter 11. 156. 177
Frankfurter Schule 61. 140. s. Adorno, Benjamin, Horkheimer
Freiheit
– allgem. 2. 3. 4. 5. 13. 16. 24. 37. 68. 73. 76. 88. 90 f. 111. 114–116. 123–127. 130–132. 135. 141. 142. 144. 153. 157. 160. 162. 163. 165. 166. 168. 180. 191. 196. 204. 209. 211. 213. 215. 218. 219. 220. 222. 224. 225
– Grenze/Verlust 25 f. 100–105. 114. 119–122
– im Leiden 47. 48. 49. 59. 166. 168–170. 180
– im Weltsystem 55–57. 59
– Option 123 f.
– und Angst 115 f.
– und Verantwortung/Schuld 3. 5. 24. 25. 26. 59. 82. 95 f. 99. 100. 103 f. 111. 124. 216 f. 152. 160. 163
– „versklavter Wille“ 108–110
– Wahlfreiheit/freier Wille 56. 94–100. 105. 123
Friede 2. 13. 22. 38. 39 f. 42. 45. 51. 53. 63. 65. 68. 153. 157. 170. 222

Geduld 59. 90. 136. 146. 179. 190. 195
Gegenwart 18. 20. 44. 50. 52. 57. 64. 88. 100. 101. 105. 117. 125. 129. 134. 139. 143. 146. 149. 180. 191
Gemeinschaft 8. 20. 21. 22. 33. 40. 51. 58. 59. 72. 74. 149. 151. 161–164. 170. 181. 182
Gerechtigkeit 1. 2. 22. 26. 27. 28–36. 37. 39. 41. 44. 49. 51. 54 f. 57. 95. 102. 107 f. 110. 130. 152. 158. 161–164. 182. 190. 196. 200. 225. 226
Geschichte 1. 2. 7. 13. 15. 16. 17. 23. 24. 25. 37. 45. 46. 47. 48. 54. 64. 65. 76. 82. 90. 93. 95. 99. 104. 115. 119 f. 121. 124. 128. 130. 134. 139. 146. 147–157. 163. 164. 167. 172. 173. 177. 179. 184. 186. 189. 190. 196. 213. 214. 216. 220. 221. 222. 223. 224. 226
Gesellschaft 9. 16. 26. 39. 59. 63. 67 f. 73 f. 89–91. 93. 104. 118. 125 f. 133 f. 135. 140–143. 147–157. 159. 164. 168. 169. 172. 173. 174. 176. 178. 182. 191. 210. 212. 216. 221. 222. 223. 228
Gewalt, Gewaltlosigkeit 1. 12. 20. 21. 37–50. 58. 59. 74. 132. 144. 145. 148–157. 160. 167. 168–171. 176–179. 189. 196. 197. 200. 213. 214. 221. 223. 224. 225. 226. 227
Glaube 5. 6–14. 18. 22–28. 31–36. 38. 40–50. 56. 59. 62. 83. 85. 92. 98. 100. 107. 111–117. 121 f. 128 f.

132–134. 137–139. 140. 142–149. 151 f. 156. 163. 167. 168–172. 177–181. 187. 192 f. 197–200. 211. 212. 213. 214. 215. 217. 218. 220. 221–227
Gott
– Erfahrung 23. 25. 26. 30. 39. 42. 43. 112. 148. 167. 175. 177. 178. 180. 181. 185. 191. 194. 197. 198. 200
– Existenz 129. 131. 136. 143. 145
– Frage an 8. 32. 35. 181. 184. 185. 190
– Gegenwart und Abwesenheit 31. 110. 180. 181. 183. 184. 185. 191. 196
– Handeln 24. 31. 32. 88. 108. 136. 146. 183. 196. 215. 223
– gerecht 26–29. 95. 102 f. 107. 110. 130. 145
– gut 25–36. 44. 45. 82. 110. 128. 143. 173. 175 f. 187. 220. 227
– Herrscher 83
– Macht/Allmacht/Ohnmacht 77 f. 106. 128. 134. 144. 172. 192–201. 177 f. 189. 192–196. 197. 200. 207
– Retter 13. 21 f. 44. 49. 120 f. 182. 210. 213
– und Böses, Negativität 9. 10. 13. 26. 29–36. 48. 56. 83. 87. 92. 135. 173. 190. 210. 211. 215. 221. 223. 225
– und Chaos 16. 32. 33. 48. 60. 67. 195 f. 229
– und Jesus Christus 31. 42. 85. 139. 144. 146. 166. 175. 184–187
– und Leid 12
– und mächtig 130. 134. 144. 170
– und Mensch (Freiheit, Leid, Verantwortung) 16. 35 f. 60. 65. 81. 84. 94–100. 108 f. 110 f. 117. 122. 146. 158–160. 164. 167. 173. 181. 191. 209. 212. 218. 219. 220
– und Schöpfung 17. 23. 33. 52–60. 91. 96. 131 f. 173
– Wille 15. 27. 42. 83. 106. 109. 137. 146. 165. 180. 188
– Sonstiges 9. 17. 21. 42. 55. 78–80. 106 f. 112. 121. 136. 141. 142. 167. 172. 177. 185. 190. 211
– s. Glaube, Liebe, Leiden, Reich Gottes, Tod, Vergebung, Vergeltung, Verstockung, Theodizee
Gottesknechtlieder 37. 46. 169. 125

Hoffnung 8. 9. 12. 15. 17. 21. 22. 26. 27. 30. 31. 37. 42. 43. 44. 47. 49. 64. 78. 87f. 93. 97. 121. 124. 126. 127. 129. 134. 136. 141. 148. 149. 152. 153. 154. 157. 159. 162. 164. 166f. 171. 173. 175. 178. 180. 183. 188. 193. 199. 211. 212. 217. 221. 222

Ideologie, Ideologiekritik 4. 11. 13. 20. 21. 46. 59. 62. 89. 94. 112. 117. 122. 123. 125. 140. 148. 150. 159. 160. 166. 182. 192. 193. 195. 200. 217. 227
Ijob(buch) 17. 25. 29–36. 37. 41. 42. 48. 54. 108. 135–139. 145. 180. 183. 191. 194. 203. 210. 211. 212. 214. 215. 216. 218. 220. 221. 222. 228. 229
Individuum 2. 5. 11. 59. 63. 64. 65. 67. 68. 73. 75. 82. 92. 94–100. 108. 116. 119. 126. 132. 141. 147. 149. 159. 161
Individualisierung 47. 58. 71. 81. 114. 124 f. 168

Jahwe 20. 21. 23. 24. 25. 26. 28. 29. 30. 33. 40. 128. 183. 191. 194. 196. 218. 221
Jansenismus 112
Jesus von Nazaret allg. 37–50. 171. 175. 180. 187. 211. 220. 221. 225. 226
– Auftreten, Botschaft und Leben

24. 39. 41. 42. 43. 161–164. 165 f. 210. 214
– Erinnerung und Geschichte 18. 38. 41. 47. 129. 151. 166. 167. 190
– Jesus Christus, Messias 40. 42. 44. 45. 85. 210
– Leiden, Tod und Auferweckung 16. 41. 43. 45–47. 88. 126. 127. 144. 146. 165 f. 168–171. 181–184. 185. 190. 197. 199. 218
– Zeit Jesu 10. 150
– s. Lebenspraxis Jesu, Nachfolge
Juden, Judentum 7. 10. 11. 12. 16. 18. 21. 24. 28. 35. 38. 39. 41. 42. 44. 47. 62. 64. 100. 144. 149. 162. 167. 169. 182. 185. 191. 194. 193. 210. 215. 218. 219. 220. 223. 228

Kirche 4. 10. 11. 45. 94. 102. 107. 143. 149. 151. 153. 170. 182. 186. 189. 209. 213. 222. 221. 224. 227
Kommunikation über das Böse 36. 126. 239. 143. 174
Konflikt, Konflikttheorien 7. 19. 64. 66. 68. 69. 74. 76. 84. 87. 138. 181. 187. 188
Kontingenz(erfahrung) 129. 139
Kosmos, Kosmologie 9. 33. 38. 44. 52. 53–60. 61. 62. 65. 66. 88. 107. 108. 218. 229
Kreuz, Kreuzigung 16. 46. 85. 144. 146. 166 f. 168. 184. 185. 187. 190. 222. 227. 229
– Theologie des 168. 181 f. 183. 187. 191. 222. 227. 228
Krieg 2. 11. 20. 22. 26. 30. 53. 74. 75. 87. 113. 150. 151. 155. 157. 159. 164. 165. 184. 213
Kriterium des Bösen 51. 54. 70. 92. 126

Leben 1. 3. 5. 8. 13. 17. 18. 19. 20. 22. 28. 34. 40. 42. 43. 47. 48. 51. 58. 60. 62. 66. 71. 73. 74 f. 86. 89. 91. 118. 119. 128. 144. 147. 152–154. 156. 163. 166. 169. 170. 179. 183. 184. 192. 193. 194. 199. 209. 218. 220. 225
Lebenspraxis
– allgem. 8. 40. 58. 82. 90. 91. 103. 105. 121. 219. 137. 139. 146. 179. 180. 182. 187. 225
– Jesu 40. 42 f. 45. 169. 179. 180. 183. 187
Leib, Körper 10. 13. 38. 56. 79. 80. 81. 89. 96 f. 99. 103. 112. 114. 118. 229
– /Geist 51. 61. 62. 68. 77–79. 80. 82. 98. 100. 112. 114. 115
– /Seele 62. 68. 77. 78. 80. 81. 96. 98. 99. 111. 115. 131. 226
Leiden 7. 12. 25. 30–36. 46. 47–50. 51. 54. 58. 59. 85. 87. 129–131. 134. 140. 141 f. 143. 145. 146. 148. 150. 152. 164. 166. 173. 175. 177. 180. 188. 193. 210. 212. 214. 215. 216. 217. 218. 223. 225. 227. 228. 229
– Gottes 144. 185–187. 190 f. 195. 214. 219
– Jesu 37. 43. 45–47. 144. 164–171. 179. 225. 226
Leidenschaften 131. 155. 200
Leviathan 11. 33. 65. 67. 217. 229
Liebe 44 f. 49. 74. 97. 120. 133. 141. 143. 145. 157. 158. 162. 166. 169. 172–178. 193
– Gott als Liebe 44. 185. 186
– Gottesliebe 23. 43. 75. 100
– Nächsten-, Feindesliebe 38. 43. 75. 89. 98
– und Macht 173 f. 179. 182. 183 f. 189. 192. 196–200
Lust, Begierde 74. 96–98. 99. 101. 103. 114. 120. 155

Macht 1. 21 f. 46. 63. 85. 95. 97. 106. 119. 136. 139. 153. 158. 168. 178. 181 f. 186. 189. 196. 205

- des Bösen 5. 10. 13. 36. 40. 42. 77. 91. 93. 100. 104. 127. 144. 145. 153. 163. 177. 182. 185. 190
- Gottes 26. 33. 65. 77 f. 87. 128. 130. 146. 170. 173. 188. 191–196. 197 f. 199 f.
- Politische 12. 16. 22. 36. 62 f. 65. 74. 150. 157. 181
- /Ohnmacht 32. 64. 72. 85. 106. 110. 146. 172. 181. 183. 190

Mächte 17. 48. 59. 107. 160. 161. 173. 174. 189. 193. 196. 197. 200. 225

Manichäismus 77–81. 95. 102. 105. 204. 211. 214. 222. 223. 229

Masse, sündige 79. 101. 102

Materie 51. 53. 56. 60. 61. 66. 68. 77–81. 89. 92. 140

Moralität, moralische Interpretation 2. 4. 23. 25. 34. 39. 44. 48. 52. 54. 56. 57. 59. 64. 68. 71. 95. 97. 100. 108. 119–123. 130. 131. 133. 136. 137. 138. 148. 150. 154. 155. 157. 159. 160. 161. 163. 173. 177. 190. 197

Nachfolge 43. 45. 46. 126. 166. 170. 178–181. 183. 216. 221

Naherwartung, Eschatologie 9. 15. 37–40. 42. 46. 49. 127. 146. 149. 162. 215. 221. 227

Natur 1. 4. 19. 51. 53. 56–59. 63–65. 67. 68. 71. 84. 85. 90. 95. 101. 111. 113. 131. 150. 155. 173. 224. 228. 229
- -gesetze 53. 55. 75
- -wissenschaft und Technik 52. 60–63. 66. 68. 76. 90. 123. 143. 164. 220. 227. 229

Neuzeit 8. 35. 52. 56. 63. 64. 65. 67. 76. 81. 91. 93. 100. 104. 105. 106. 108. 109. 116. 117. 125. 126. 128. 134. 135. 175. 188. 211. 217. 218. 219. 220. 226. 227

Ohnmacht
- Gottes 172. 177. 178. 182. 193. 196. 197. 200
- des Menschen 32. 64. 85. 106. 115. 129. 165. 181. 183. 185. 187. 199

Optimismus 54. 71. 95. 131–135. 156. 217. 228

Ordnung, Ordnungstheorie 5. 16. 26. 29. 33. 51. 52–60. 61. 62. 64–67. 71. 76–78. 81–92. 94. 95. 103. 112. 133. 136. 140. 150. 152–155. 157. 167. 170. 173. 190. 204. 209. 214. 226

Pessimismus 99. 113. 133. 156

Politik, politisch 2. 16. 17. 22. 28. 33. 37. 39. 43. 57. 61. 63. 64. 68. 90. 97. 105. 125. 135. 140. 145. 147–150. 152. 155. 163. 166. 168. 169. 178. 182. 213. 217. 220. 221. 222

Philosophie 3. 5–9. 32. 53. 55. 58. 64. 67. 76–80. 82. 84. 88. 89. 91. 93–95. 98. 101. 109. 110. 113. 116. 121. 123. 129. 130. 132–135. 137. 139. 143. 145. 151–153. 171. 173. 176. 194. 211–229 passim

Prädestination 95. 104. 125. 151. 219

Protest 29–36. 41. 48. 72. 118. 134. 139. 140. 142. 146. 164. 170. 190. 191. 200

Rational(ität), Rationalisierung 3. 8. 27. 30–32. 35. 42. 52. 53. 61–65. 71 f. 75 f. 78. 82. 85. 88. 90. 92. 103. 104. 111. 129 f. 135. 138. 143–145. 155. 157. 178. 194

Rationalismus 13. 137. 227

Rechtfertigung(slehre) 17. 28. 107 f. 113. 128. 139. 143. 161. 226

Reich Gottes 22. 38–40. 45. 113. 121. 162. 164. 166. 168. 170 f. 178. 181. 183. 193. 199

Religion, Religionen 5–10. 12 f. 32. 39. 48. 57. 61. 75. 77. 112 f. 123. 129. 134–138. 142. 146. 159. 154. 157. 159. 168. 178. 181. 185. 192. 196 f. 205. 210–228 passim
Religionskritik 13. 32. 135. 139. 141. 151. 168. 173. 176. 182. 192. 198. 215. 225
Rettung, Errettung 5. 8. 13. 15. 17. 19. 21 f. 27. 37. 44. 47. 49. 65. 75. 89. 120 f. 128. 132. 144. 152. 170. 178. 185. 188 f. 194
– s. Gott, Retter

Sadismus 11. 71. 155. 165. 225
Schlechtes 3. 13. 19–25. 29. 37. 51 f. 55. 58. 70. 77 f. 80 f. 94 f. 97. 108. 131. 133. 135
– s. Böses, Übel
Schönheit 5. 20. 33. 132. 137
Schöpfung 17. 23–26. 33. 48. 52 f. 57. 59. 65. 67. 76. 78. 83–85. 90 f. 116. 132. 142. 195–197. 216. 225. 226. 229
– Neue 141. 162
Schöpfungslehre 83. 88. 224
Schuld 4 f. 7. 18. 24. 28–37. 40. 68. 85. 93 f. 99–105. 109. 111 f. 114–128. 131. 141. 147. 157–167. 172. 179. 210. 211. 212. 213. 224. 226. 227. 229
Selbstannahme 117
Selbstbetrug 112 f.
Sexualität 10. 71. 89. 97. 98. 214. 223
Skepsis 112. 141
Solidarität 17. 39. 41. 45 f. 59. 91. 99. 124. 126 f. 145 f. 157. 170. 175 f. 181. 188. 190. 193
Spott 30. 134
Sprache 5. 7 f. 28. 36. 41 f. 86. 93. 126. 147. 160. 181. 185. 188. 192
– Bilder und Symbole 5. 7. 11. 18. 43. 64. 117. 124. 148. 150. 152. 167. 175. 183. 184. 187. 216
– Mythen 5. 6. 26. 53. 59. 60. 68. 77. 104. 121. 124. 125. 155. 166. 186. 214. 229
– religiöse 5. 7 f. 31. 104. 171. 174. 176. 186. 197. 200
– Sprachlosigkeit 81. 132
Staat 10 f. 21. 22. 26. 64–66. 68. 74. 132. 153. 159. 166. 170. 210. 217. 219. 223. 227
Stoa 53 f. 77. 81. 96 f. 223
Strafe 24. 28. 30. 54. 95. 96. 102. 127. 131. 161
– s. Gerechtigkeit
Subjekt, Subjektivität 69. 91. 98. 116–118. 120. 121. 125. 131. 159. 169. 172. 174. 188. 193. 198. 214. 221. 224
Sünde, Sünder 16. 23 f. 27. 29. 34. 38 f. 40. 42 f. 57. 86. 90. 93. 95 f. 99–108. 111 f. 114–117. 125–127. 131. 139. 151. 157 f. 161–166. 189. 195. 210. 212. 213. 214. 216. 219. 220. 221. 223. 224. 226. 228
– der Welt 125. 158 f.
– Sündenbock 90. 145. 169. 226

Täter – Opfer 3. 5. 7. 38. 40. 43. 49. 99. 148. 151. 154. 157–160. 179. 211
Teufel 11. 38. 47. 64. 93. 104. 107. 110. 153. 154. 156. 163. 200. 210. 211. 212. 215. 216. 218. 223. 229
– Dämonen 21. 42. 62–64. 67. 147. 160. 212. 213. 216. 218. 224
– Satan 11. 16. 30. 34. 38. 42. 104. 106 f. 109 f. 132. 212. 225
– Namen 10. 38. 104
Theodizee 4. 17. 35. 62. 82 f. 128. 129–147. 171 f. 173. 175. 178. 181. 188. 190. 193. 206. 209. 213. 214. 217. 218. 219. 220. 222. 223. 226. 227. 228
– „authentische“ 137 f. 175. 181

Theologie des Bösen 7–9. 12. 18. 36. 85 f. 89. 91. 105. 121. 137 f. 152. 165. 182
– und Kreuz Christi 46. 85. 146. 166. 167. 185. 187. 222
– des Kreuzes 168. 182. 225. 227
– negative Theologie 175. 211. 217
– und Philosophie 5. 6–9. 89. 116. 137
– emanzipatorische Theologien 13. 125. 140. 145. 154. 169 f. 174. 212. 225. 227
Tod 3 f. 15. 18 f. 28. 32. 38. 40. 43. 48 f. 51. 54. 58. 60. 67. 86. 89. 92. 100 f. 110. 112. 121. 127. 129. 141. 147. 149. 150. 164. 193 f. 141. 147. 149 f. 164. 193 f. 196–200. 217. 223
– Gottes 139. 185. 190–192
– Jesu 41 f. 45–47. 85 f. 126. 129. 144. 150 f. 165–184
– Todestrieb 74–76. 118
Traduzianismus 103
Tragik, Verhängnis, Schicksal 13. 18. 28 f. 33–37. 43. 47. 59. 75. 78. 84. 86. 100. 110. 113. 126. 132. 153. 158. 160. 169. 174. 179. 181. 187. 193. 214
Triebe 64. 67–77. 89. 114. 118

Übel 3. 4. 16. 19. 22. 26. 28. 29. 40. 52 f. 56–59. 61. 85. 86. 88 f. 91 f. 95. 110. 129. 130–132. 136. 145. 149. 150. 211. 215. 220. 226. 227
– metaphysisches 131
– moralisches 4. 23. 34. 52. 56. 95. 128
– physisches 3. 95. 131
– strukturelles 5. 64. 125. 159
– s. Böses
Unfreier Wille 24. 56. 120. 125. 222. 225
– s. Freiheit
Unschuld 29–34. 36. 41. 111. 115. 157. 161. 164. 167. 227
Utopie 1. 3. 9. 47. 63. 65. 13. 42. 141

Verantwortung 3–5. 7. 10. 16. 24–26. 36. 56. 59. 68. 82. 85. 93 f. 95. 99–101. 106. 111. 120. 124. 126 f. 131. 146. 152. 157. 160. 162 f. 188. 195. 215. 218
Vergebung 5. 17. 38. 40 f. 43–45. 100. 106. 127. 161–163. 214. 219. 221. 228
Vergeltung 10. 28 f. 35. 40. 178. 219
Verinnerlichung 38. 81. 100. 113. 148. 165
Verstockung 25. 27. 214. 216
Vertrauen 1. 4. 9. 13. 29. 34 f. 43–45. 49. 54. 58. 61. 75. 88. 106. 121. 146. 161. 170. 179 f. 183. 196. 198–201. 211
Verzweiflung 1. 15. 17. 33. 78. 113. 116. 132. 156. 177. 191. 196. 228

Welt 2 f. 7. 9. 10. 23. 25 f. 34–36. 41. 44. 46. 63. 65 f. 77–79. 83 f. 90–92. 94. 101. 104. 108–111. 118 f. 125. 130. 135–138. 151 f. 158. 164. 167. 174 f. 177. 185. 189. 192. 196. 200. 214. 215. 218. 220. 222. 225. 227
– bestmögliche 131 f.
– Symbolwelt 167. 183. 186
– -flucht 11. 77. 81. 93. 185 f.
– -anschauung, -bild 12. 13. 20. 28. 37. 62. 67. 89. 98. 123. 143 f. 161. 179
– -geschichte, -politik, -situation 1. 17. 26. 43. 65. 81. 87. 89. 96. 106. 126. 129. 139. 140. 145. 188. 226
– -ordnung, -system 33. 48. 51–58. 61 f. 75. 89. 226
Wille s. Freiheit

Zerstörung, Destruktivität 3. 23. 47. 51 f. 67. 70–76. 85 f. 89. 107. 113. 117 f. 132. 145. 150. 166–169. 199. 209. 214. 224. 226. 227

Zukunft 1. 9 f. 17. 37. 42–48. 51. 61. 64. 92. 101 f. 120 f. 122. 124. 127. 145. 148. 150. 153. 162–164. 178. 188. 193. 196–198. 201. 211